ESV

KulturKommerz Band 13

Management-Handbuch Bildungssponsoring

Grundlagen, Ansätze und Fallbeispiele für Sponsoren und Gesponserte

Herausgegeben von
Dr. Ariane Bagusat,
Professor Dr. Arnold Hermanns

Erich Schmidt Verlag

Bibliografische Information der Deutschen Bibliothek:
Die Deutsche Bibliothek verzeichnet diese Publikation in der Deutschen Nationalbibliografie; detaillierte bibliografische Daten sind im Internet über http://dnb.ddb.de abrufbar.

Weitere Informationen zu diesem Titel finden Sie im Internet unter
ESV.info/3 503 09388 5

Finanzgruppe
Wissenschaftsförderung

Die Veröffentlichung wurde gefördert von der Wissenschaftsförderung der Sparkassen-Finanzgruppe e. V.

ISBN-13: 978 3 09388 5
ISBN-10: 3 503 09388 5
ISSN: 0944-4351

www.ESV.info

Dieses Papier erfüllt die Frankfurter Forderungen der Deutschen Bibliothek und der Gesellschaft für das Buch bezüglich der Alterungsbeständigkeit und entspricht sowohl den strengen Bestimmungen der US Norm Ansi/Niso Z 39.48-1992 als auch der ISO Norm 9706.

Druck: Difo-Druck, Bamberg

Geleitwort

Die Trendwende bei der Finanzierung von Bildung und Forschung in Deutschland ist seitens des Bundes eingeläutet. Die Bundesregierung hat die Investitionen in Bildung und Forschung von 1998 bis 2005 um 38 % erhöht. Mit dem Ganztagsschulprogramm in Höhe von vier Milliarden Euro wurde das bundesweit größte Schulentwicklungsprogramm aufgelegt, das es jemals gab. Auch Initiativen der Länder zur Verbesserung ihrer Schulsysteme beginnen Früchte zu tragen: Die Ergebnisse der jüngsten PISA-Studie (PISA-E 2003) belegen dies mit einem klar erkennbaren Aufwärtstrend hinsichtlich des Kompetenzniveaus im internationalen Vergleich.

Investitionen in die Köpfe lohnen sich, da Bildung die beste „Versicherung" gegen Arbeitslosigkeit und die beste Voraussetzung für eine funktionierende Volkswirtschaft ist. Aber es bleibt noch viel zu tun: Einem steigenden Bedarf an gut ausgebildeten Fachkräften steht ein Rückgang der jungen Bevölkerung gegenüber. Höhere Qualifizierungen und Beteiligung aller Bürgerinnen und Bürger am Lebenslangen Lernen werden daher zu entscheidenden Erfolgsfaktoren für unsere Zukunft. Der Staat wird diese Aufgaben aber nicht alleine erfüllen können. In einer demokratischen Gesellschaft sind ebenso die Privatwirtschaft und jeder Einzelne gefragt, die schließlich in erheblichem Maße von den Erträgen guter Bildung profitieren.

Mit Sponsoring übernimmt die Wirtschaft bereits in direkter und vielfältiger Weise gesellschaftliche Verantwortung: In Deutschland werden dafür schätzungsweise zwei Milliarden Euro jährlich ausgegeben. Mit diesem Engagement werden vor allem im Sport und in den Künsten Spitzenleistungen ermöglicht. Das Sponsoring von Schulen und Hochschulen spielt derzeit noch eine untergeordnete Rolle – wohl nicht zuletzt weil die Wirtschaft selbst massiv in berufliche Aus- und Fortbildung investiert. Bildungssponsoring wird aber zunehmend interessanter, da von beiden Seiten – der Wirtschaft wie der Bildung – die Chancen erkannt werden. So haben verschiedene, gemeinsame Initiativen, wie zum Beispiel „Schulen ans Netz", die IT-Ausstattung der Schulen stark verbessern können. Dieses steigende Interesse ist aber nicht nur der Aussicht auf eine ertragreiche Zusammenarbeit zu verdanken, sondern besonders auch der Verbesserung der Rahmenbedingungen.

Die Politik von Bund und Ländern hat die Grundlagen für die bildungsbereichsübergreifende Zusammenarbeit in entscheidender Weise verbessert und fördert die Öffnung von Bildungseinrichtungen. Dem liegt die Leitidee zu

Grunde, dass Lernen ein Leben lang ermöglicht werden muss, also auch vor und nach der Schulzeit, im Arbeitsleben und in der Freizeit. Um die institutionellen Grenzen zwischen den Bildungsbereichen zu überwinden und Lernen als fortdauernden Prozess zu begreifen, sind dauerhafte Kooperationsstrukturen gefragt. Die bundesweit größte Initiative mit diesem Ziel ist das BMBF-Programm „Lernende Regionen – Förderung von Netzwerken“: Kofinanziert aus dem Europäischen Sozialfonds fördert der Bund in Kooperation mit den Ländern 70 regionale Netzwerke, die sich konsequent an den Lebensumständen der Lernenden und den Bedarfen der Unternehmen orientieren und ein maßgeschneidertes Beratungs-, Lern- und Bildungsangebot aufbauen. In den Netzwerken arbeiten deshalb Bildungseinrichtungen mit Unternehmen, Kommunen, Arbeitsverwaltungen, Sozialpartnern und anderen zusammen. Sie etablieren zudem ein regionales Bildungsmarketing und erreichen neue Kunden. Sponsoringpartnerschaften mit der Wirtschaft sind hier ein viel versprechender Weg, um in diesem Sinne nachhaltig und professioneller zu arbeiten. Der Staat zieht sich dabei keinesfalls aus der finanziellen Verantwortung zurück, sondern ermöglicht Freiräume für mehr Engagement auf allen gesellschaftlichen Ebenen, wie es die von Bund und Ländern verabschiedete „Strategie für Lebenslanges Lernen in der Bundesrepublik Deutschland“ vom 05.07.2004 beschreibt.

Lebenslanges Lernen ist eine gemeinschaftliche Aufgabe, der vor allem kleine und mittelgroße Unternehmen noch zu zögerlich gegenüberstehen. Ich lade die Wirtschaft und die Sozialpartner ein, mitzuwirken und würde mich freuen, wenn dieses Handbuch ihnen den Weg ins Bildungssponsoring weist.

Wolf-Michael Catenhusen
(Staatssekretär im Bundesministerium für Bildung und Forschung)

Vorwort

Das Thema Bildungssponsoring gewinnt – nicht zuletzt aufgrund der Bildungsdiskussion in Folge der PISA Studien – zunehmend an Bedeutung. Laut der aktuellen Studie „Sponsor Visions 2005" sehen rund 50 % der befragten Sponsoring-Experten eine Zunahme der Investitionen in den Bereichen Schule und Hochschule. Nur 17 % halten jedoch das Sponsoring-Management im öffentlichen Bereich für professionell, weitere 17 % stufen es sogar als unprofessionell ein. Dabei handelt es sich um ein hoch aktuelles Thema, das sowohl Wissenschaft wie Praxis bewegt, da sich aufgrund der zunehmenden staatlichen Einsparungen der Finanzmittel und Zuschüsse im Bildungssektor immer mehr öffentliche Schulen und Hochschulen für das Engagement für Sponsoren öffnen. Hinzu kommen sämtliche privat organisierten Bildungsinstitutionen, wie Akademien, berufsweiterbildende Schulen oder Kindertagesstätten, die im Rahmen des Fundraising ebenfalls das Bildungssponsoring für sich als Finanzierungsquelle entdeckt haben.

Als sich die Herausgeber vor ca. fünf Jahren anlässlich eines Vortrages auf dem Deutschen Sponsoring Kongress mit dem Thema Bildungssponsoring auseinander setzten, keimte bereits die Idee auf, ein Buch zu diesem Thema zu verfassen. Dieser Gedanke wurde vor zweieinhalb Jahren in die Realität umgesetzt, nachdem nach und nach von mehreren Seiten – Wissenschaft wie Praxis gleichermaßen – ein erhöhtes Interesse an einer Publikation in diesem Bereich zu erkennen war, was nicht nur den einschlägigen Medien entnommen werden konnte, sondern auch immer wieder in Gesprächen und Vorträgen persönlich an die Herausgeber herangetragen wurde. Die Konzeption eines Management-Handbuches sollte dem zunehmenden und gesteigerten Interesse am Thema Bildungssponsoring von Seiten der Unternehmen als potenzielle Sponsoren sowie den Bildungsträger in ihrer Funktion als Gesponserte gerecht werden, zumal es bis dato keine deutsche Publikation gibt, die dem Informationsbedürfnis dieser Zielgruppen gerecht wird.

Das vorliegende Management-Handbuch ist vor diesem Hintergrund mit der Intention entstanden, Sponsoren wie Gesponserten, die sich im Bereich Bildungssponsoring engagieren bzw. engagieren wollen, einen umfassenden Überblick in Form eines Management-Leitfadens in diese Thematik zu ermöglichen. Neben der Vermittlung prinzipieller Grundlagen des Bildungssponsoring werden die spezifischen Rahmenbedingungen und Probleme sowohl für Sponsoren als auch für Gesponserte aufgezeigt, die ein potenzielles Sponsorship in diesem sensiblen Bereich tangieren. Im Fokus des Handbuches stehen die unterschiedlichen Facetten eines Managementansatzes, die sowohl aus Sicht der sponsernden Unternehmen, die Bildungssponsoring als Kommunikationsinstrument einsetzen, als auch aus der Perspektive der gesponserten Bildungsinstitutionen, für die Bildungssponsoring ein Beschaffungsinstrument im Rahmen des Fundraising darstellt, aufgezeigt werden. Ziel ist es, beiden Zielgruppen Managementempfehlungen und Anregungen zu geben, die durch konkrete Fall- und Praxisbeispiele unterstützt werden. Dabei finden von den unterschiedlichen Erscheinungsformen des Bildungssponsoring vor allem das Kindertagesstätten-, Schul- und Hochschulsponsoring im vorliegenden Management-Handbuch besondere Berücksichtigung. Das Buch richtet sich sowohl an alle Unternehmen, die als Sponsoren im Bereich Bildung tätig werden wollen, als auch an alle Bildungsinstitutionen, die auf der Suche nach potenziellen Sponsoren sind und ein erfolgreiches Sponsoring planen und umsetzen wollen. Zudem wendet sich das Buch auch an Agenturen und Organisationen, die als Vermittler von Bildungssponsoringprojekten tätig werden sowie an Dozenten und Studenten, die sich im Bereich der Betriebswirtschaftslehre und den Kommunikationswissenschaften mit diesem Thema auseinandersetzen.

Die Konzeption und Umsetzung dieses Handbuches machte umfangreiche Recherchen erforderlich, um die geeigneten Experten, Fachleute, Praktiker und „Pioniere“ des Bildungssponsoring für einen vielseitigen und zugleich qualifizierten Überblick über das Thema zu erreichen. Allen, die die Herausgeber bei den Recherchen und Arbeiten an diesem Buch unterstützt haben, sei an dieser Stelle gedankt. Unser Dank gebührt zudem Herrn *Dr. Joachim Schmidt* vom Erich Schmidt Verlag, der mit großem Interesse auf unsere Verlagsanfrage reagierte und sofort bereit war, dieses Buchprojekt in sein Verlagsprogamm aufzunehmen. Zu großem Dank sind wir der *Wissenschaftsförderung der Sparkassen-Finanzgruppe e.V.* verpflichtet, die die Drucklegung des Handbuches mit einem großzügigen finanziellen Zuschuss unterstützt hat. Ein besonderer Dank gilt unseren Autoren, die sich mit der Mitarbeit an diesem Handbuch neben ihrem Tagesgeschäft einer zusätzlichen Aufgabe gewidmet haben und dadurch nicht nur zur Verwirklichung des Handbuches beigetragen, sondern dieses auch durch ihre Erfahrungen sowie ihr Wissen im Bereich des Bildungssponsoring angereichert haben. Frau *Maria Vogl* gebührt unser besonders herzlicher Dank für ihr großes Engagement und ihre stete Unterstützung bei zahlreichen Organisations- und Koordinationsaufgaben sowie der formalen Gestaltung des Handbuches.

München, im Februar 2006 *Ariane Bagusat & Arnold Hermanns*

Inhaltsverzeichnis

Kapitel 3: Managementansätze

Kapitel 5: Perspektiven

Kapitel 1
Einführung

Wirtschaft und Bildung: Symbiose oder Antipode?

Prof. Dr. Arnold Hermanns
Universität der Bundeswehr
München

Dr. Ariane Bagusat
Universität der Bundeswehr
München

1. Zur Entwicklung der Annäherung von Wirtschaft und Bildung

Bei einer Betrachtung der Entwicklung der Bundesrepublik Deutschland fällt auf, dass der **Staat** mit seinen Körperschaften Bund, Länder und Gemeinden die wichtigsten Subsysteme der Gesellschaft wie die Kunst, den Sport oder die Bildung fast ausschließlich allein finanziert hat. Dies entsprach einem breiten politischen Willen, der zum einen die Unabhängigkeit der Subsysteme, wie z.B. der Kunst, manifestieren sollte und zum anderen die unmittelbare Gestaltungsverantwortung für die Subsysteme, wie z.B. der Bildung, nicht aus der Hand geben wollte. So gab es im Bildungssektor mit wenigen Ausnahmen mehrere Jahrzehnte kaum private Kindertagesstätten, Schulen oder Hochschulen. Diese Situation hat sich seit Ende der achtziger und zu Beginn der neunziger Jahre des letzten Jahrhunderts mehr und mehr gewandelt (vgl. Abbildung 1).

> ***„Wirtschaft sponsert Schulen in Niedersachsen***
>
> *Hannover (dpa) – Angesichts leerer öffentlicher Kassen suchen immer mehr Gymnasien in Niedersachsen finanzielle Unterstützung bei der Wirtschaft. Nach Angaben des Philologenverbandes erhalten etwa 40 Prozent der 230 Gymnasien des Landes Sponsorengelder und Sachleistungen von Unternehmen, Banken, Versicherungen oder Organisationen wie Rotary- und Lionsclub. Eine Umfrage habe ergeben, daß an 95% aller Gymnasien Fördervereine existieren, die ihrer Schule jährlich im Schnitt 7.500 Mark an Mitteln zur Verfügung stellen. Mit den Spenden würden vor allem Computer, Videorecorder und -kameras, Geräte für den naturwissenschaftlichen Unterricht, Bücher für die Schulbibliothek sowie Sportgeräte und Musikinstrumente angeschafft."*

Abbildung 1: Hinweis auf externe Schulfinanzierung aus dem Jahre 1996 (o.V. 1996, S. 6)

Auslöser dieser Entwicklung waren und sind noch immer die laufend geringer werdenden finanziellen Ressourcen des Staates sowie eine wachsende gesellschaftliche Überzeugung, dass der Staat künftig nicht mehr ausschließlich allein für die Gestaltung und Entwicklung der Bildung und ihrer Einrichtungen verantwortlich zu sein hat, sondern die Verantwortung stärker auf die Institutionen selbst übertragen werden müsse. Geringer werdende finanzielle Mittel schränken die Möglichkeiten von Kindertagesstätten, Schulen und Hochschulen qualitativ und quantitativ mehr und mehr ein. Dabei werden gleichzeitig Dysfunktionalitäten im Bildungsbereich deutlich, wie z.B. mangelnde und zu wenig bildungsorientiert arbeitende Kindertagesstätten, schlechte Leistungen der Schulen – vor allem gemessen an internationalen Standards (siehe die sogenannten Pisa-Studien (*OECD* 2004a und 2004b)) – sowie unzureichende Forschungs- und Ausbildungsstandards der Hochschulen, was ebenfalls im internationalen Vergleich deutlich wird.

Nun steht auch seit Beginn der neunziger Jahre des letzten Jahrtausends die These im Raum, dass sich die **Wirtschaft** mehr und mehr mit anderen gesellschaftlichen Subsystemen befasst und über ein differenziertes Instrumentarium die sich abzeichnenden finanziellen Lücken zu schließen hilft. Die betriebswirtschaftlichen Begrifflichkeiten zur Kennzeichnung dieses Phänomens sind noch nicht hinreichend geklärt; sie reichen von ganzheitlichen strategischen Orientierungen wie Corporate Social Responsibility (umfassende soziale und ökologische Verantwortung des Unternehmens, vgl. hierzu ausführlich *Habisch et al.* 2005; *Hansen/Schrader* 2005; *Schneider/Steiner* 2004; *Wieser* 2005) über komplexere Partialansätze wie Corporate Citizenship (das Unternehmen als guter Bürger im Staat, vgl. hierzu *Behrent/Wieland* 2003; *Brinkmann* 2004; *Habisch* 2003; *Laeis* 2005; *Maaß/Clemens* 2002; *Westebbe/Logan* 1995) bis hin zu konkreten Überlegungen wie Community Involvement (das Unternehmen als guter Bürger an seinen Standorten, vgl. hierzu *Chanan* 1997). All diesen Überlegungen ist heute gemein, dass die Unternehmen ihre Engagements nach außen hin sichtbar machen wollen: Die Stakeholder sollen das gesellschaftliche Engagement erkennen können und letztlich positiv würdigen. Bildungssponsoring[1] stellt eine Möglichkeit für die Unternehmen dar, ihr gesellschaftliches Engagement zu kommunizieren (vgl. *Hermanns/Falt* 2002, S. 32), und dient zugleich den gesponserten Bildungsinstitutionen als Beschaffungs- bzw. Finanzierungsinstrument, die monetären Lücken auszugleichen.

2. Erläuterung zu den Begriffen „Bildung", „Symbiose" und „Antipode"

Um ein einheitliches Begriffsverständnis für die sich anschließende Diskussion zu schaffen, ob es sich bei dem Beziehungsgeflecht von Wirtschaft und Bildung um eine Symbiose oder eher Antipode handelt, werden die hierfür zentralen Begriffe der Symbiose und Antipode definiert. Zunächst jedoch soll der facettenreiche Bildungsbegriff an sich näher erläutert werden.

---

[1] Bildungssponsoring ist gekennzeichnet durch die Zuwendung von Finanz-, Sach- und/oder Dienstleistungen von einem Unternehmen (Sponsor) an eine Einzelperson, eine Gruppe von Personen oder eine Organisation bzw. Institution aus dem Bildungssektor (Gesponserter) gegen die Gewährung von Rechten zur kommunikativen Nutzung von Personen bzw. Institutionen und/oder Aktivitäten des Gesponserten auf der Basis einer vertraglichen Vereinbarung (*Mayer* 2005, S. 27).

Bildung ist ein sprachlich, kulturell und historisch bedingter Begriff, der auf den deutschen und skandinavischen Sprachraum begrenzt[2] ist und eine sehr komplexe und vielfältige Bedeutung aufweist. Der moderne dynamische und ganzheitliche **Bildungsbegriff** steht für den lebensbegleitenden Entwicklungsprozess des Menschen, bei dem dieser seine geistigen, kulturellen und lebenspraktischen Fähigkeiten sowie seine personalen und sozialen Kompetenzen erweitert. Nach *Daniel Goeudevert* ist Bildung „ein aktiver, komplexer und nie abgeschlossener Prozess, in dessen glücklichem Verlauf eine selbstständige und selbsttätige, problemlösungsfähige und lebenstüchtige Persönlichkeit entstehen kann" (*Goeudevert* 2001). **Historisch** beginnt die Beschäftigung des Menschen mit seiner geistigen Bildung bereits in der griechischen Antike. Nach *Platon* findet der Mensch seine wahre eigene Ordnung durch die Erkenntnis der wahren Ordnung, d.h. in der Harmonie der Welt. In diesem Sinne ist die Bildung nach *Platon* universal. Die Lehre, dass das wahre Wesen des Menschen (humanitas) sich in der Harmonie seiner Person manifestiert, geht auf *Cicero* zurück (vgl. hierzu *Cicero/Gunermann* 2003). *Wilhelm von Humboldt* erhebt Bildung schließlich zum Programm, wobei es stets um die Ausbildung und Vervollkommnung der eigenen Persönlichkeit und das Erlangen von Individualität geht. Dabei wird dieses „Sich-Bilden" nicht betrieben, um ein materielles Ziel zu erreichen, sondern um seiner selbst willen (vgl. hierzu *Hentig* 2004 sowie den Beitrag von *Prof. Dr. Heide Ziegler*). *Johann Wolfgang von Goethe* forderte schließlich neben einer harmonisch ausgestalteten Persönlichkeit auch eine berufliche Spezialisierung, weil dies die bürgerliche Gesellschaft verlange (*o.V.* 2006a, o.S.). Mit der Bürokratisierung, z.B. in Form von Gymnasiallehrplänen, wird Bildung ein bürgerliches Statussymbol und messbares Gut, das am praktischen Leben orientiert sein muss. Bildung genügt sich nun nicht mehr allein, sondern soll Nutzen und möglichst auch Gewinn bringen. Beispielsweise werden heute auch die allgemeinbildenden Schulen mit immer größerer Selbstverständlichkeit unter dem Gesichtspunkt der „Optimierung von Lernprozessen im Hinblick auf deren Relevanz für ökonomisch verwertbare Arbeit" (*Ribolits* 1995, S. 13) bewertet, was nicht zuletzt die Diskussion um die Pisa-Studien zeigt. Bildung wird zunehmend zum Statussymbol der Gesellschaft und zum sozialen Abgrenzungskriterium.

An der Geschichte des Bildungsbegriffs lässt sich verfolgen, dass dieser Begriff im Laufe der Zeit nicht eine, sondern mehrere Konnotationen erhalten

---

2 Im Englischen werden die im deutschen unterschiedlich belegten Begriffe der Bildung und Erziehung im Wort „education" zusammengefasst. Während im Deutschen der Begriff der Erziehung eher äußere Steuerungsimpulse der Persönlichkeitsentwicklung meint, bezieht sich die Bildung wesentlich auf Prozesse und Ergebnisse der individuellen Verarbeitung und Aneignung.

hat: angefangen bei der religiösen Bedeutung über die Persönlichkeitsentwicklung bis hin zur „Ware" Bildung. In heutigen gesellschaftlichen Debatten wird der Bildungsbegriff mit allen diesen Konnotationen zugleich oder in Teilen verwendet, je nach dem, in welchem Kontext die Äußerung steht. Zu den **unterschiedlichen Begriffsbedeutungen** zählen u. a. die Jugend- und Erwachsenenbildung, Schul- und Berufsbildung, Allgemein- und Spezialbildung sowie die volkstümliche und wissenschaftliche Bildung (*o.V.* 1967, S. 729). Im Gegensatz zur Allgemeinbildung, die sich vorwiegend auf geisteswissenschaftliches Wissen bezieht, wird mit **Berufsbildung** die Ausbildung bezeichnet, die den Berufstätigen in die Lage versetzt, seinen Beruf bzw. Job auszuüben. Der Begriff Ausbildung bezeichnet dabei das Erlernen bestimmter Fähigkeiten und Fertigkeiten, die auf die Ausübung eines Berufes hinführen. Folgende Arten der Berufsbildung lassen sich im deutschen Ausbildungssystem unterscheiden: die betriebliche, schulische (Fachschule, Berufsfachschule, Berufskolleg) und duale Ausbildung (Lehre in Verbindung mit Berufsschule) sowie das Studium (Fachhochschule, Hochschule, Universität). Von der Berufsausbildung ist die berufliche **Weiterbildung** abzugrenzen, die berufsbegleitend an (Berufs-)Akademien angeboten wird. Die Begriffe Weiterbildung und **Erwachsenenbildung** werden in der Fachliteratur zunehmend synonym verwendet (*Tippelt* 1999, S. 11) und definiert als „Fortsetzung oder Wiederaufnahme organisierten Lernens nach Abschluß einer unterschiedlich ausgedehnten ersten Ausbildungsphase. (...) Das Ende der ersten Bildungsphase und damit der Beginn möglicher Weiterbildung ist in der Regel durch den Eintritt in die volle Erwerbstätigkeit gekennzeichnet" (*Deutscher Bildungsrat* 1970, S. 197). Eine staatliche Pflicht zur Förderung der Erwachsenenbildung ergibt sich aus Artikel II-74, Ziffer 1 der EU-Verfassung: „Jede Person hat das Recht auf Bildung sowie Zugang zur beruflichen Ausbildung und Weiterbildung." In Deutschland bilden die verschiedenen Landesgesetze die Grundlage der staatlichen Förderung, die dementsprechend unterschiedlich ausgestaltet ist.

Der technische Wandel, der stetige Änderungen der Qualitätsanforderungen und der Arbeitsprozesse in den Unternehmen fordert, macht nicht nur eine berufliche Weiterbildung notwendig, sondern auch ein weiterführendes, **lebenslanges Lernen** nach Eintritt in die Erwerbstätigkeit unentbehrlich, das sich über die betriebliche Weiterbildung hinaus auf die Erweiterung der berufsüberschreitenden Allgemeinbildung erstreckt (vgl. hierzu den Beitrag von *Rolf Prudent*). Im Gegensatz zur Berufsausbildung ist die Bildung zwar nicht *unmittelbar* an ökonomische Zwecke gebunden, der Erwerb allgemeinbildender Abschlüsse, insbesondere des Abiturs, ist jedoch oft Voraussetzung für den Zugang zu gut bezahlten Berufen. Weil in unserer Gesellschaft hauptsächlich Wissen verlangt wird, besteht lebenslang ein äußerer Druck, möglichst viele Informationen aufzunehmen. Wissen und Lernen allein ergeben jedoch noch keine Bildung, denn nicht die Masse dessen, was man weiß oder gelernt hat macht die Bildung aus, sondern die Kraft und Eigentümlichkeit womit man es sich angeeignet hat und zur Auffassung und Beurteilung des ihm Vorliegenden zu verwenden versteht (*Paulsen* 1903).

Der Begriff **Symbiose** (von griechisch „symbíosis" = das Zusammenleben) bezeichnet das partnerschaftliche Zusammenleben verschiedener Arten zu gegenseitigem Nutzen (*o.V.* 1978, S. 88), wobei dieses Zusammenleben immer dann erfolgreich ist, wenn sich dadurch die Überlebenschancen beider Partner erhöhen. Ursprünglich findet der Begriff der Symbiose in der Biologie seine Anwendung, formalisiert kann die Symbiose jedoch als Zusammenwirken zweier Systeme zum beiderseitigen Vorteil betrachtet werden, die durch ein gegenseitiges Abhängigkeitsverhältnis einen Teil ihrer Autonomie verloren haben. Die in die Interaktion eingebrachten Produkte oder Handlungen sind für die andere Seite wesentlich und nicht ohne weiteres austauschbar.

Als **Antipoden** (von griechisch „anti" = gegen und „podos" = Fuß bzw. antípodes = Gegenfüßler) werden Menschen bezeichnet, die auf der gegenüberliegenden Erdoberfläche mit ihren Füßen auf dem Boden stehen, d.h. an einem diametral entgegengesetzten Punkt der Erde wohnen (*o.V.* 1999, S. 258), so dass man zwischen diesen beiden Punkten eine gerade Verbindungslinie durch den Erdmittelpunkt legen könnte. Im übertragenen Sinne wird der Begriff Antipode auch für einen Menschen verwendet, der beispielsweise in einer Diskussion eine extrem gegensätzliche Position durch seine entgegengesetzte Geisteshaltung oder gegenteilige Meinung vertritt, bzw. für zwei Dinge, die im Grunde diametral voneinander entgegengesetzt sind.

3. Zur Diskussion der Beziehung von Wirtschaft und Bildung im Rahmen des Bildungssponsoring

Die finanzielle Situation des **öffentlichen Bildungssektors** wird sich wahrscheinlich nicht verbessern, was langfristige Konsequenzen insbesondere für die Kindertagesstätten, Schulen und Hochschulen zur Folge hat. Vor dem Hintergrund der demographischen und gesellschaftlichen Entwicklung (wie z.B. Anstieg des Anteils alleinerziehender Eltern oder zunehmende Erwerbstätigkeit beider Elternteile) sowie der damit verbundenen Probleme der Sozialsysteme stehen die **Kindertagesstätten** derzeit im Blickpunkt der politischen Auseinandersetzung: Prinzipiell sollen mehr Kindertagesstätten geschaffen und die Elternbeiträge sinken bzw. steuerlich berücksichtigt werden. Den Ausbau und die stärkere Kostenübernahme durch öffentliche Institutionen wird der Statt voraussichtlich aber nicht alleine schultern können. Der Ausweg ist zum einen in einer stärkeren Privatisierung dieses Sektors und zum anderen durch Partnerschaften, insbesondere mit der regionalen Wirtschaft möglich (vgl. die richtungsweisenden Ansätze in den Beiträgen von *Birgitt A. Cleuvers* sowie *Birgit Hackl* und *Christoph Potting*). Auch der finanzielle Druck auf die **Schulen** wird sich erhöhen, was eine verstärkte Finanzierung von spezifischen Teilbereichen der pädagogischen Aufgaben, wie z.B. Projektarbeit, Sportausübung, Praxisvermittlung, Anwendungsorientierung oder das Arbeiten mit technischer Infrastruktur, durch Dritte notwendig werden lässt. In all diesen Bereichen ist eine finanzielle Kooperation mit Unternehmen möglich und sinnvoll, setzt aber das Engagement der Schulen bzw. der Lehrer voraus. Beispiele von Privatschulen, die als Alternative zur öffentlichen Schulträgerschaft zu sehen sind, zeigen, dass solche Kooperationen mit der Wirtschaft sehr erfolgversprechend sein können. Aufgrund des zunehmend höheren Grades der eigenen Finanzierungsverantwortung und Selbständigkeit spielt bei den **Hochschulen** Sponsoring mittlerweile im Rahmen ganzheitlicher Finanzierungskonzepte (Fundraising) eine wesentliche Rolle (vgl. hierzu die Beiträge von *Dr. Marita Haibach, Prof. Dr. Karin Reinhard* und *Thomas Osburg* sowie *Dr. Hans Georg Helmstädter*). Drittmittel werden nicht mehr nur für die Forschung, sondern vermehrt auch für die Institution als solche eingeworben, wie dies bereits zu Beginn der 1990er Jahre in Großbritannien und den USA üblich war.

Das Instrumentarium zur Unterstützung und Förderung von Bildungsinstitutionen durch **Unternehmen** setzt sich im wesentlichen aus Spenden, Stiftungen und Sponsoring zusammen. Das Bildungssponsoring als ein Ansatz des marktwirtschaftlichen „do ut des[3]" stellt ein Geschäft auf Gegenseitigkeit dar, da die Leistungen des Sponsors und die Gegenleistungen des Gesponserten vertraglich geregelt sind. Bildungssponsoring entspricht in einem besonderen Maße den aktuellen Anforderungen einer Unterstützung von Bildungsinstitutionen durch die Wirtschaft bzw. den Unternehmen, da die Unternehmen für ihre Leistungen eine Gegenleistung erhalten, nämlich das Recht zur kommunikativen Nutzung des Engagements im Rahmen ihrer Marketingkommunikation. Zudem stehen die Unternehmen mehr und mehr in der gesellschaftspolitischen Verantwortung. Sie sind nachhaltig auf die sogenannte „Ressource" Mensch und auf ein positives Ansehen angewiesen. Dies gilt in nationaler und internationaler Sicht ebenso wie in den Kommunen, in denen sie ansässig sind. Die Unternehmen fordern daher, dass ihre Maßnahmen zur Übernahme von gesellschaftlicher Verantwortung auch öffentlich wahrgenommen werden. Das Bildungssponsoring als ein marktwirtschaftliches In-

[3] lateinisch für: „Ich gebe, damit Du gibst".

strument ist hierfür besonders geeignet: Die Unternehmen kommunizieren ihre Bildungsengagements und hoffen auf eine positive Zustimmung und Einstellung durch die Gesellschaft, wobei die gesponserten Institutionen ihrerseits durch die Unterstützung der Unternehmen ihre Bildungsaufgaben besser wahrnehmen können.

Die Frage, wie stark die Unternehmen den Staat bei der Finanzierung dieser geforderten (Aus-)Bildung insgesamt entlasten können und sollen, kann derzeit nicht beantwortet werden. Die Unterstützung bzw. Förderung mag im Einzelfall sehr hoch ausfallen, wie z.B. bei der einen oder anderen privaten Schule oder Hochschule (vgl. hierzu den Beitrag von *Dr. Hans Georg Helmstädter*), oder sogar total sein, wie z.B. bei der geplanten Volkswagen AutoUni, bei der eine anwendungsorientierte Ausbildung der Studenten im Hinblick auf den Unternehmenskontext erfolgt. Der Extremfall einer nahezu alleinigen privatwirtschaftlichen Finanzierung der Bildung im Sinne einer **„Vermarktlichung“ der Bildung** ist sicherlich nicht zu befürworten, da in diesem Falle die Gefahr eines länder- und regionenspezifischen Ungleichgewichtes aufgrund unterschiedlichen Bildungs- und Ausbildungsstandards außerordentlich zunehmen würde. Beispielsweise ist anzunehmen, dass je nach Schulform (Grundschule, Hauptschule, Gymnasium, Förderschule, Gesamtschule etc.) und Standtort (z.B. Schule im sozialen Brennpunkt Hasenbergl vs. im sozial gehobeneren Stadtteil Bogenhausen in München) die einzelnen Schulen unterschiedlich attraktiv für potenzielle Sponsoren sind und evtl. aufgrund ihrer äußeren Rahmenbedingungen weniger zur Sponsoringkonzeption und den damit verbunden Zielvorstellungen der Unternehmen passen. Ebenso besteht die Gefahr, dass einzelne Fachgebiete, die zwar für eine universale Bildung wichtig, jedoch für potenzielle Sponsoren aus der Wirtschaft verhältnismäßig uninteressant sind, verloren gehen bzw. nicht mehr angeboten werden können. Beispiele hierfür stellen das Schulfach Latein sowie die geisteswissenschaftlichen Disziplinen der Philosophie und Soziologie dar, die im Gegensatz zu Schulfächern wie Sport, Physik und Chemie bzw. den Fachgebieten der Medizin, Natur- und Ingenieurwissenschaften mutmaßlich unattraktiver für eine Vielzahl der Sponsoren sein werden. Um diesen Gefahren vorzubeugen ist eine staatliche Unterstützung vor allem für sozial schwache Gegenden und evtl. unattraktiven Fachgebieten notwendig. Die Entwicklung wird vermutlich dahin gehen, dass der Staat eine Grundfinanzierung für die Bildungsinstitutionen zur Verfügung stellt und diese wiederum für die Ergänzungsfinanzierung selbst verantwortlich sein werden (vgl. hierzu Abbildung 2). Als Partner für eine solche Ergänzungsfinanzierung kommen im Wesentlichen Unternehmen in Betracht.

> ***„Streit über Uni-Finanzierung***
> ***CSU plädiert für Sponsoren, SPD nimmt Staat in die Pflicht***
>
> *München – In Zusammenhang mit der geplanten Hochschulreform ist es zwischen der CSU und der SPD zu einem Streit über die künftige Finanzierung der Universitäten gekommen. Während die Opposition fordert, dass der Staat auch in Zukunft den Hochschulen das notwendige Budget zur Sicherstellung ihrer Aufgaben bereit stellt, will die CSU die Einrichtungen verpflichten, sich mehr Mittel von Sponsoren sowie von öffentlichen Forschungsinstitutionen zu beschaffen. In der Gesetzesnovelle, die derzeit im Landtag diskutiert wird, heißt es inzwischen nur mehr, dass der Staat ‚Mittel' und nicht mehr, dass er ‚die Mittel' bereit stelle…"*

Abbildung 2: Wandel in der Auffassung über die öffentliche Finanzierung von Hochschulen 2006 (*Burtscheidt* 2006, S. 33)

In dem Maße, wie sich der Staat aus der Finanzierung der Bildung zurückzieht, gibt dieser Kompetenzen ab und überträgt die Verantwortung hierfür auf die konkreten Bildungsträger und Unternehmen, die sich nun entscheiden müssen, wer als Sponsor bzw. Gesponserter in Frage kommt und wie diese Partnerschaft gestaltet werden soll. Als Basis für diese sich verstärkt anbahnende **Partnerschaften zwischen Bildungsinstitutionen und Unternehmen** muss der gegenseitige Respekt vor der Eigenständigkeit der Partner und nicht das Motto „Wer zahlt schafft an!" stehen. Nur auf dieser Basis kann eine nachhaltige Partnerschaft entstehen und entwickelt werden, wobei gerade die Nachhaltigkeit für eine Bildungsinstitution besonders wichtig ist. Bildungssponsoring kann dazu beitragen, die „Bildungsmisere" in Deutschland zu mildern, wenn dieses im Sinne einer gleichwertigen Partnerschaft umgesetzt wird und gewisse ethisch-moralische Grundsätze eingehalten werden (vgl. hierzu die Beiträge von *Kirstin Schiewe* sowie *Dr. Ludwig Eckinger*), so dass nach wie vor die geistige Freiheit und Unabhängigkeit der (Aus-)Bildung gewährleistet bleibt.

4. Struktur und Aufbau des Management-Handbuches

Das Ziel und die Intention des vorliegenden Management-Handbuches ist, das Thema Bildungssponsoring möglichst umfassend und aus verschiedenen Perspektiven zu beleuchten. Dem Leser bietet sich damit die Möglichkeit, sich intensiv mit den verschiedenen Aspekten des Bildungssponsoring auseinander zu setzen, die sowohl aus Sicht der Sponsoren als auch aus der Sicht der gesponserten Bildungsinstitutionen vorgestellt werden. Dabei werden insbesondere die Bildungsinstitutionen der Kindertagesstätten, Schulen und Hochschulen berücksichtigt.

Nach dieser Einführung im **Kapitel 1** über die Struktur des Management-Handbuches widmet sich **Kapitel 2** den **Grundlagen** des Bildungssponsoring in drei Teilabschnitten. Der erste Abschnitt beschäftigt sich mit der **Definition, Entwicklung und** den **Auswirkungen** des Bildungssponsoring. Nach einem einführenden Überblick zu Bedeutung, Definition und Erscheinungsformen des Bildungssponsoring von *Dr. Ariane Bagusat* (Universität der Bundeswehr München), zeigt der Beitrag von *Prof. Dr. Heide Ziegler* (Universität Stuttgart) die Entwicklung des Bildungssponsoring am Vergleich des Hochschulsponsoring in den USA und Deutschland auf. Der Beitrag von *Dr. Dr. Gerhard Beisenherz* (Deutsches Jugendinstitut) schließt mit einer Darstellung der Auswirkungen des Bildungssponsoring am Beispiel des Schulsponsoring in Deutschland den ersten Abschnitt ab. Der zweite Teilabschnitt gibt einen Einblick in verschiedene **Arten** des Bildungssponsoring. So zeigt *Martin Gries* (Bücherpiraten e.V.) die Grundlagen und Erscheinungsformen des Sponsoring von Kindertagesstätten auf, während *Jan Dirk Kemming* (Bilkent University Ankara) unterschiedliche Formen des Schulsponsoring sowie deren Chancen und Grenzen darstellt. Auf die Grundlagen und Arten des Hochschulsponsoring geht der Beitrag von *Thomas Osburg* (Intel GmbH) ein und die Formen des Bildungssponsoring an berufsbildenden Schulen werden anhand von Fallbeispielen aus Deutschland und USA von *Prof. Dr. Karin Reinhard* (BA University of Cooperative Education Ravensburg) und *Prof. Dr. Dietmar Waterkamp* (TU Dresden) betrachtet. Der dritte Abschnitt von Kapitel 2 behandelt die **sozial-ethischen und politisch-rechtlichen Rahmenbedingungen** des Bildungssponsoring. Während *Kirstin Schiewe* (Impulse) die ethisch-moralischen Grenzen des Bildungssponsoring darstellt und *Dr. Ludwig Eckinger* (Verband Bildung und Erziehung e.V.) die ethischen Rahmenbedingungen und erforderlichen Grundsätze des Bildungssponsoring am Beispiel des Schulsponsoring aufzeigt, gibt *Regierungsdirektor Hans Meyer-Albrecht* (Kultusministerium des Landes Sachsen-Anhalt) einen Überblick zu den Rechtsfragen des Bildungssponsoring, dargestellt am Beispiel des Schulsponsoring.

Kapitel 3 widmet sich in drei Teilabschnitten dem **Management** des Bildungssponsoring. Dabei werden sowohl aus der Sicht der Sponsoren als auch aus der Sicht der Gesponserten unterschiedliche **Ansätze** und Aspekte eines erfolgreichen Managements behandelt. Im ersten Abschnitt geben *Prof. Dr. Arnold Hermanns* und *Dr. Ariane Bagusat* (Universität der Bundeswehr München) einen Einblick in die **Grundlagen** zum Management des Bildungssponsoring aus Sicht der Sponsoren und Gesponserten. Im zweiten Abschnitt, der sich den **Managementansätzen aus Sicht der Sponsoren** widmet, betrachtet *Stephanie C. Kiendl* (Universität der Bundeswehr München) zunächst Bildungssponsoring allgemein als Instrument der Marketingkommunikation und dessen Integration in den Kommunikationsmix, bevor *Birgitt A. Cleuver*s und *Dr. Dieter Dohmen* (Forschungsinstitut für Bildungs- und Sozialökonomie) die Anforderungen an das Management eines Sponsoring von Kindertagesstätten aufzeigen. Mit dem Management eines Schulsponsoring durch Einschaltung einer Sponsoringagentur beschäftigt sich der Beitrag von *Brigitte Schünemann* (GFS Europe EWIV). Der dritte Abschnitt betrachtet **Managementansätze aus der Perspektive der Gesponserten**. Die beiden ersten Beiträge in diesem Abschnitt von *Dr. Marita Haibach* (Brakeley Limited) und *Dr. Christoph Müllerleile* (Deutscher Fundraising Verband e.V.) zeigen die wesentlichen Schritte zur Erschließung privater Finanzierungsquellen durch die Entwicklung und Umsetzung eines Sponsoringkonzeptes auf. Mit dem konkreten Management eines Sponsorships aus Sicht von Kindertagesstätten befasst sich der Beitrag von *Christa Zeller* (Fachhochschule Heilbronn), dem der Beitrag von *Gerhard Regenthal* (Corporate Identity Akademie) zur Entwicklung von Corporate Identity Strategien für ein erfolgreiches Schulsponsoring folgt. Mit dem Management eines Sponsoring aus Sicht der Hochschulen beschäftigt sich sowohl der Beitrag von *Dr. Stefanie Beier* (Universität Hannover), in dem die hierfür erforderlichen grundlegenden Anforderungen an eine Hochschule dargelegt werden, als auch der Beitrag von *Prof. Dr. Karin Reinhard* (BA University of Cooperative Education Ravensburg) und *Thomas Osburg* (Intel GmbH) zur Entwicklung einer Marketing-Konzeption für universitäres Fundraising.

Gegenstand des **Kapitels 4** sind aktuelle **Fallbeispiele aus der Praxis** des Bildungssponsoring in Kindergärten, Schulen, Hochschulen und der Erwachsenenbildung. Ein Praxisbeispiel zum Kindergartensponsoring schildert *Birgitt A. Cleuvers* (Forschungsinstitut für Bildungs- und Sozialökonomie) und *Birgit Hackl* stellt gemeinsam mit *Christoph Potting* (Script – Corporate + Public GmbH) ein Modellprojekt zum Bildungssponsoring und Wissenschaftslernen mit Kindern vor. Praxisbeispiele zum Schulsponsoring liefern *Manfred Weber* und *Stefanie Gleim* (Konzept 360° GbmH & Co. KG) mit den 360° Bildungsprojekten, *Tilman Falt* und *Enno Urbeinz* (Bob Bomliz Group) mit der Bahn Basketball Academy at School der Deutschen Bahn AG sowie *Christine Kadolli* (Deutscher Sparkassenverlag Stuttgart) mit dem Schulsponsoringengagement des Sparkassen-SchulService. Ein Fallbeispiel zum Hochschulsponsoring aus Sicht einer privaten Business School erörtert *Dr. Hans Georg Helmstädter* (HHL – Leipzig Graduate School of Management) und *Rolf Prudent*

(Lernende Region Tölzer Land gGmbH) gibt einen Einblick in das Bildungssponsoring der Lernenden Regionen.

Abschließend zeigt **Kapitel 5** die **Perspektiven** des Bildungssponsoring mit dem Beitrag von *Dr. Dieter Mussler* (Dr. Mussler & Partner) auf, der auf die Entwicklungstendenzen im Bildungssponsoring eingeht.

5. Fazit

Strukturelle und grundlegende Veränderungen in Wirtschaft und Gesellschaft erfordern ein tiefgreifendes Umdenken in allen Bereichen. Besonders der Bildungssektor muss sich auf die Anforderungen der Wissensgesellschaft einstellen, um sich neu zu positionieren und verantwortlich für die Zukunft auszubilden. Hierzu kann Bildungssponsoring beitragen, wenngleich dieses nicht nur Zuspruch erfährt, sondern sich auch einer – in Teilen berechtigten Kritik – ausgesetzt sieht und verantworten muss: So sehen die Kritiker die Chancengleichheit und Ausbildungsqualität gefährdet, da nicht auszuschließen ist, dass sich die Bildungsinstitutionen und -einrichtungen durch eine derartige Fremdfinanzierung in Abhängigkeiten begeben und damit der öffentliche Bildungsauftrag beeinträchtigt wird. Demgegenüber betrachten die Befürworter das Bildungssponsoring als ein probates Mittel, den Schwierigkeiten, die sich aus den knappen öffentlichen Kassen ergeben und sich z.B. in Unterrichtsausfall, mangelnder Unterrichtsqualität, zu großen Klassen, ungenügender Kinder-, Schüler- und Studentenbetreuung manifestieren, zu begegnen. Letztlich sollte Bildungssponsoring dann keinen Vorbehalten begegnen, wenn es gelingt, eine Vernetzung der Interessen der Bildungseinrichtungen und der Unternehmen bzw. der Wirtschaft herzustellen. Erste positive Ansätze hierzu sind bereits erkennbar (vgl. die Fall- und Praxisbeispiele in diesem Buch).

Waren in der Bundesrepublik Deutschland Wirtschaft und Bildung vielleicht einmal so etwas wie Antipoden, vor allem zu Zeiten der starken gesellschaftspolitischen Auseinandersetzungen in den sechziger und siebziger Jahren des letzten Jahrhunderts, so wird das Verhältnis derzeit und mutmaßlich in der Zukunft noch mehr durch partnerschaftliche Prinzipien geprägt, allerdings nicht im Sinne einer Symbiose, sondern vielmehr durch den Respekt der gesellschaftlichen Notwendigkeit des jeweils anderen Partners. Die Natur des Bildungssponsoring kommt dieser Entwicklung des Verhältnisses von Wirtschaft und Bildung besonders entgegen.

Literatur

Behrent, M./Wieland, J. (2003): Corporate Citizenship und strategische Unternehmenskommunikation in der Praxis, München u. Mering 2003

Brinkmann, J. (2004): Corporate Citizenship und Public-Private Partnerships, Zum Potential der Kooperation zwischen Privatwirtschaft, Entwicklungszusammenarbeit und Zivilgesellschaft, WZGE-Studien Nr. 1/2004, Wittenberg 2004

Burtscheidt, C. (2006): Streit über Uni-Finanzierung, CSU plädiert für Sponsoren, SPD nimmt Staat in die Pflicht, in: Süddeutsche Zeitung vom 25.01.2006, S. 33

Chanan, G. (1997): Active Citizenship and Community Involvement: Getting to the Roots, A Discussion Paper, Luxembourg 1997

Cicero, M. T./Gunermann, H. (2003): De officiis: lateinisch und deutsch, Vom pflichtgemäßen Handeln, übers., kommentiert und hrsg. von Heinz Gunermann, Stuttgart 2003

Deutscher Bildungsrat (1970): Empfehlungen der Bildungskommission: Strukturplan für das Bildungswesen, Stuttgart 1970

Goeudevert, D. (2001): Der Horizont hat Flügel, Die Zukunft der Bildung, München 2001

Habisch, A. (2003): Corporate Citizenship, Gesellschaftliches Engagement von Unternehmen in Deutschland, Berlin u.a. 2003

Habisch, A./Jonker, J./Wegner, M./Schmidpeter, R. (2005): Corporate Social Responsibility Across Europe, Berlin u.a. 2005

Hansen, U./Schrader, U. (2005): Corporate Social Responsibility als aktuelles Thema der Betriebswirtschaftslehre, in: Die Betriebswirtschaft, Nr. 4/2005, S. 373-395

Hentig, H. v. (2004): Bildung: ein Essay, 5., leicht überarb. Aufl., Weinheim u. Basel 2004

Hermanns, A./Falt, T. (2002): Bildungssponsoring wird attraktiv, Akzeptanz auf Seiten der Unternehmen und Schulen nimmt zu, in: Stiftung & Sponsoring, Nr. 4/2002, S. 31-33

Laeis, C. E. (2005): Corporate Citizenship, Unternehmerische Bürgerkompetenz im Dienste einer Erneuerung der Sozialen Marktwirtschaft, Ein Mittelstandskonzept, Münster 2005

Maaß, F./Clemens, R. (2002): Corporate Citizenship, Das Unternehmen als "guter Bürger", 1. Aufl., Wiesbaden 2002

Mayer, A. (2005): Bildungssponsoring: Grundlagen, Management und Entwicklungstendenzen im Überblick, in: Stiftung & Sponsoring, Nr. 4/2005, S. 26-29

OECD (2004a): Messages from PISA 2000, URL: http://www.pisa.oecd.org/dataoecd/31/19/34107978.pdf [Stand 20.01.2006]

OECD (2004b): Lernen für die Welt von morgen, Erste Ergebnisse von PISA 2003, URL: http://www.pisa.oecd.org/dataoecd/18/10/34022484.pdf [Stand 20.01.2006]

o.V. (1967): Bildung, in: Brockhaus Enzyklopädie, 2. Band: ATF – Blis, 17., völlig neu bearb. Aufl., Wiesbaden 1967, S. 729-730

o.V. (1978): Symbiose, in: *Bibliographisches Institut* (Hrsg.): Meyers Enzyklopädisches Lexikon, Band 23: Sue - Tuo, 9., völlig neu bearb. Aufl., Mannheim 1978, S. 88

o.V. (1996): Wirtschaft sponsert Schulen in Niedersachsen, in: Süddeutsche Zeitung vom 07.02.1996, S. 6

o.V. (1999): Antipode, in: *Wissenschaftlicher Rat der Dudenredaktion* (Hrsg.): Duden, Das große Wörterbuch der Deutschen Sprache, Band 1: A - Bedi, 3., völlig neu bearb. u. erw. Aufl., Mannheim 1999, S. 258

o.V. (2006): Bildung, in: fluter – Das Jugendmagazin der Bundeszentrale für politische Bildung, URL: http://www.fluter.de/look/issues/issue13/bildung.htm [Stand: 6.02.2006]

Paulsen, F. (1903): Bildung, in: *Rein, W.* (Hrsg.): Encyclopädisches Handbuch der Pädagogik, 2. Aufl., Langensalza 1903, S. 658-670

Ribolits, E. (1995): Die Arbeit hoch? Berufspädagogische Streitschrift wider die Totalverzweckung des Menschen im Post-Fordismus, München u. Wien 1995

Schneider, U./Steiner, P. (2004): Betriebswirtschaftslehre und gesellschaftliche Verantwortung, Mit Corporate Social Responsibility zu mehr Engagement, 1. Aufl., Wiesbaden 2004

Tippelt, R. (1999): Handbuch Erwachsenenbildung, Weiterbildung, 2., überarb. u. aktual. Aufl., Opladen 1999

Westebbe, A./Logan, D. (1995): Corporate Citizenship – Unternehmen im gesellschaftlichen Dialog, Wiesbaden 1995

Wieser, C. (2005): Corporate Social Responsibility – Ethik, Kosmetik oder Strategie?, Über die Relevanz der sozialen Verantwortung in der Strategischen Unternehmensführung, Wien 2005

Kapitel 2
Grundlagen des Bildungssponsoring

2.1 Definition, Entwicklung und Auswirkungen des Bildungssponsoring

Grundlagen des Bildungssponsoring: Bedeutung, Definition, Erscheinungsformen und Rahmenbedingungen

Dr. Ariane Bagusat
Universität der Bundeswehr München

1. Bedeutung des Bildungssponsoring
2. Definition und charakteristische Merkmale des Bildungssponsoring
   2.1 Abgrenzung des Bildungssponsoring von anderen Förderungsformen
   2.2 Die Sponsoren
   2.3 Die Gesponserten
   2.4 Die Leistung des Sponsors und die Gegenleistung des Gesponserten
3. Rahmenbedingungen
4. Fazit

Literatur

1. Bedeutung des Bildungssponsoring

Aufgrund der staatlichen Einsparungen im Bildungssektor hat die Bedeutung des Bildungssponsoring in den letzten Jahren kontinuierlich zugenommen, was nicht nur den aktuellen Diskussionen zu entnehmen ist, sondern auch den gängigen **Sponsoring-Studien**, die dieses Thema nun in ihre Erhebungen integriert haben: Sponsoring wird generell in der Gesellschaft akzeptiert. Mehr als 80 % der Deutschen befürworten das Sponsoring gemäß der Umfragen von INRA Deutschland. Dies eröffnet grundsätzlich eine **positive Perspektive** für das Sponsoring, zumal von Unternehmensseite insgesamt 3,6 Mrd. Euro im Jahr 2005 für Sponsoring-Maßnahmen ausgegeben wurden, wovon 300 Mio. Euro auf das Public Sponsoring entfallen, das Öko-, Sozio- und Bildungssponsoring umfasst (vgl. *Sponsor Visions* 2005, S. 6 u. 11). Allerdings sieht sich das Bildungssponsoring einigen Bedenken und Vorurteilen ausgesetzt: So wird oftmals im Rahmen eines Sponsorships der Grundsatz von Freiheit in Forschung und Lehre angezweifelt und die Verletzung von pädagogischen Prinzipien durch Machteinfluss und Gelddominanz des Sponsors befürchtet. Trotzdem wird aber die Förderung von Bildungsinstitutionen durch die Wirtschaft – gerade vor dem Hintergrund sinkender finanzieller Mittel und Ressourcen, die von staatlicher Seite aus zur Verfügung gestellt werden können – von der Mehrheit der Bevölkerung als wichtig eingestuft. Beispielsweise gaben 76 % der Befragten in einer 2003 durchgeführten Emnid-Umfrage an, dass es unbedenklich sei, wenn Unternehmen Schulfeste oder Arbeitsgemeinschaften unterstützen und dafür auf Plakaten werben und weitere 74 % finden nichts dabei, wenn Firmen für den Mathematikunterricht Lernmaterialien sponsern, auf denen ihr Firmenlogo abgebildet ist (*Gieritz* 2005, S. 115). Ferner empfinden laut einer repräsentativen Umfrage von Ipsos 69 % der Befragten das Sponsoring einer Kindertagesstätte als sehr gut bis akzeptabel (*Ipsos* 2001, S. 8). Auch die Unternehmen stehen dem Bildungssponsoring positiv gegenüber: Über 60 % der Unternehmen, die Sponsoring betreiben, schätzen Schul- und Hochschulsponsoring – die bislang bekanntesten Varianten des Bildungssponsoring – als attraktive Kommunikationsmöglichkeit ein (vgl. hierzu Abbildung 1) und knapp ein Drittel der Unternehmen engagiert sich bereits in diesem Bereich (*Hermanns/Riedmüller* 2002, S. 28 ff.).

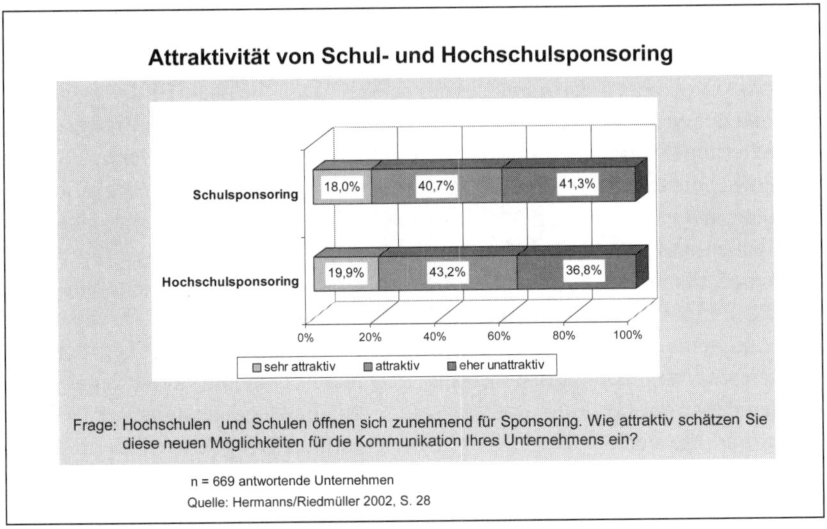

Abbildung 1: Attraktivität von Schul- und Hochschulsponsoring

Zwar gibt es bisher keine Untersuchung über die Höhe der Investitionen im Bildungssponsoring, die zukünftige Entwicklung dieser Sponsoringform wird allerdings vor dem Hintergrund der geschilderten Finanzierungsprobleme positiv eingeschätzt (vgl. *Hermanns/Falt* 2002, S. 31 ff.). Nach der Bildungsdiskussion in Folge der PISA II Studie prognostizieren rund 50 % der wichtigsten Sponsoring-Experten in Deutschland eine Zunahme der Investitionen in den Bereichen Schule und Hochschule und jedes zweite Unternehmen erwartet, dass sich die Schulen stärker für die Zusammenarbeit mit Wirtschaftsunternehmen öffnen werden (*Sponsor Visions* 2005, S. 11).

2. Definition und charakteristische Merkmale des Bildungssponsoring

Auf der Grundlage der allgemeinen **Definition** des Sponsoringbegriffes von Hermanns (vgl. *Hermanns* 1997, S. 36 f.) wird **Bildungssponsoring** definiert als „die Zuwendung von Finanz-, Sach- und/oder Dienstleistungen von einem Unternehmen (Sponsor) an eine Einzelperson, eine Gruppe von Personen oder eine Organisation bzw. Institution aus dem Bildungssektor (Gesponserter) gegen die Gewährung von Rechten zur kommunikativen Nutzung von Personen bzw. Institutionen und/oder Aktivitäten des Gesponserten auf der Basis einer vertraglichen Vereinbarung“ (*Mayer* 2005, S. 27). Dabei handelt es sich um ein vereinbartes **Geschäft auf Gegenseitigkeit**, welches die Leistungen des Sponsors und die Gegenleistungen des Gesponserten vertraglich regelt. Die konkrete Übereinkunft zwischen Sponsor und Gesponsertem auf der Basis einer vertraglichen Vereinbarung wird aus der Sicht der Sponsoren als **Sponsorship** bezeichnet (*Hermanns* 1997, S. 37). Während sich Bildungssponsoring aus der Sicht der Gesponserten in erster Linie als ein Beschaffungs- bzw. Finanzierungsinstrument – häufig im Rahmen des Fundraising – erweist, stellt Bildungssponsoring für den Sponsor überwiegend ein Kommunikationsinstrument dar, das die anderen Instrumente der Marketing-Kommunikation nach außen und innen unterstützen und ergänzen soll.

Neben der oben genannten Definition lässt sich das Bildungssponsoring anhand einiger **charakteristischer Merkmale** detaillierter beschreiben, um ein umfassenderes Begriffsverständnis zu vermitteln. Nach einer begrifflichen Abgrenzung des Bildungssponsoring gegenüber anderen Förderungsformen werden daher die Leistung des Sponsors sowie die Gegenleistung der Gesponserten und die verschiedenen Erscheinungsformen bzw. Arten des Bildungssponsoring näher betrachtet.

2.1 Abgrenzung des Bildungssponsoring von anderen Förderungsformen

Im Zuge der Begriffsklärung gilt es, das Bildungssponsoring von anderen Förderungsformen, wie dem Mäzenatentum, Spendenwesen oder Stiftungen, die sowohl die Unternehmen wie auch die Bildungseinrichtungen und -institutionen ergreifen können, abzugrenzen.

Die Wurzen des **Mäzenatentums** liegen im ersten Jahrhundert vor Christus, als der Römer Gaius Clinicus Maecenas, der ein Freund und Berater des damaligen Kaisers Augustus war, die drei wichtigsten Dichter seiner Zeit um sich versammelte, um sie bei ihrer künstlerischen Tätigkeit zu unterstützen und zu fördern (vgl. *Bortoluzzi Dubach/Frey* 2002, S. 15 ff.; *Bruhn* 2003, S. 3). Von seinem Namen ist der Begriff Mäzenatentum abgeleitet, der heute für die Förderung der Kultur und des Gemeinwesens aus altruistischen und uneigennützigen Zielen steht, ohne dass dafür eine konkrete Gegenleistung erwartet wird (vgl. *Brückner/Schormann* 1996, S. 10 f.; *Haibach* 2003, S. 74; *Schiewe* 1995, S. 20). Im Mittelalter wurde diese Funktion erst vom Adel, später auch vom wohlhabenden Bürgertum übernommen. Der Unternehmer tritt dagegen erst am Ende des 18. Jahrhunderts als Mäzen in Erscheinung. Hieraus entwickelte sich in den Vereinigten Staaten das Corporate Giving und in der Bundesrepublik Deutschland das **Spendenwesen**, bei dem es sich um eine freiwillige Übertragung von Geld-, Sach- oder Dienstleistungen ohne (äquivalente) Gegenleistung des Empfängers handelt (*Schneider* 1996, S. 50). Zivilrechtlich ist die Spende eine Schenkung, die jede Art eines Leistungsaustausches ausschließt (*Meininger* 2000, S. 70). Dabei spielen neben dem

Fördermotiv und dem Bewusstsein für die gesellschaftliche Verantwortung auch steuerliche Vorteile für den Geber eine wichtige Rolle, da dieser die Spende als Förderung mildtätiger, religiöser, wissenschaftlicher oder gemeinnütziger Zwecke steuerlich geltend machen kann (vgl. hierzu *Boochs* 2000, S. 96 ff.; *Burens* 1998, S. 9 ff.; *Porter/Kramer* 2003, S. 40 ff.). Im Gegensatz dazu stellen **Stiftungen** keine einmaligen oder singulären Förderungen dar, sondern sind auf Dauer angelegte Institutionen, die bei ihrer Gründung von einem Stifter mit Vermögen ausgestattet werden und einen vom Stifter beabsichtigten, gemeinnützigen oder wohltätigen Zweck verfolgen, den sog. Stiftungszweck (vgl. *Delp* 1991; *Diekhof* 2001, S. 32 f.; *Haibach* 2002, S. 165 ff.).

Der **Unterschied** dieser Förderungsformen **zum Bildungssponsoring** besteht letztlich darin, dass bei all diesen Förderungsmaßnahmen keine vertraglichen Vereinbarungen über Gegenleistungen der Geförderten getroffen werden, wenngleich seitens des Förderers geschäftliche Nutzenerwartungen – allerdings ohne Rechtsanspruch an den Geförderten – durchaus bestehen können (vgl. *Haibach* 2002; *Hermanns* 1997, S. 37 ff.). Bildungssponsoring stellt ein Verfahren der Finanzierung von Bildungsinstitutionen dar, das sich in Systemen mit relativ hoher Autonomie der einzelnen Bildungsinstitutionen schon weit entwickelt hat und sich auch in stärker zentral administrierten Systemen durchsetzt (*Waterkamp* 2000, S. 200 ff.). Bildungssponsoring ist jedoch kein Mäzenatentum, sondern ein Geschäft auf Gegenseitigkeit, mit dem neben der kommunikativen Nutzung auch Förderabsichten verbunden sein können, jedoch nicht müssen.

2.2 Die Sponsoren

Als die klassischen Sponsoren sind die **privaten Unternehmen** anzusehen, diese rekrutieren sich aus allen Branchen der Industrie, der Dienstleistungen und des Handels. Bildungssponsoring eignet sich aber nicht nur für große Unternehmen, sondern insbesondere gerade auch für kleine und mittelständische Unternehmen, die eine Bildungsinstitution bzw. -einrichtung lokal und/oder regional unterstützen (vgl. hierzu Abbildung 2). Neben den privaten Unternehmen können prinzipiell auch **Verbände** sowie **öffentliche Unternehmen** und sonstige Organisationen als Sponsoren auftreten.

Praxisbeispiele im Bildungssponsoring

- Die bisher mit dem größten finanziellen Aufwand betriebene Kampagne für Schulen ist die gemeinsame Initiative der **Deutschen Telekom AG** und des **Bundesministeriums für Bildung und Forschung** zur Vernetzung aller deutschen Schulen mit dem Internet bis Ende 2001, gebündelt in dem Verein **„Schulen ans Netz“.** Die Deutsche Telekom AG stellt Sach- und Dienstleistungen sowie Geldmittel zur Verfügung. Der Gesamtgegenwert aller Aktivitäten betrug bis 2001 nach eigenen Angaben ca. € 125 Mio. Euro. Heute besteht die Schwerpunktaufgabe des Vereins in der Begleitung der schulischen Computernutzung (*www.schulen-ans-netz.de)*.
- Aber auch abseits der großen, deutschlandweiten Kampagnen erzielen Sponsoring- und Kooperations-Projekte in kleinem Rahmen große Erfolge. In Berlin hat die **IHK** im Dezember 2005 den 125sten Partnerschaftsvertrag besiegelt. Im Rahmen der Initiative **„Partnerschaft Schule-Betrieb“** schließen einzelne Schulen mit einzelnen Berliner Unternehmen Kooperationsabkommen über Leistungen und Gegenleistungen wie z.B. finanzielle oder Know-how-Unterstützung durch die Betriebe für die Schule, welche im Gegenzug z.B. die Nutzung der Sporthalle für den Betrieb einräumt oder Englischkurse für die Auszubildenden des Unternehmens anbietet (www.berlin.ihk24.de).

Abbildung 2: Praxisbeispiele unterschiedlicher Sponsoren im Bildungssponsoring

Eine denkbare **Systematisierung von Sponsoren** kann anhand der Nähe der Unternehmen bzw. ihrer Produkte zu den Sponsoringobjekten erfolgen (in Anlehnung an *Drees* 1992, S. 38 f.). Die Nähe der Sponsoren zum Sponsoringobjekt wird auf einer vierstufigen kontinuierlichen Skala von „großer Nähe zum Sponsoringobjekt“ bis „große Ferne zum Sponsoringobjekt“ gemessen. Die vier Grade der kontinuierlichen Skalen stellen sich wie folgt dar:

- **Erster Grad** (verbunden): direkt und unmittelbarer Bezug zwischen Sponsor und Sponsoringobjekt aufgrund der Branche bzw. den Produkten des Sponsors und der Anwendung oder Verwendung beim Gesponserten;
- **Zweiter Grad** (nah): keine direkte und unmittelbare Anwendung im Rahmen der Aktivität des Gesponserten, aber in direkter und unmittelbarer Verbindung damit;
- **Dritter Grad** (fern): es liegt nur eine mittelbare Verbindung zwischen dem Sponsor und dem Sponsoringobjekt vor, bspw. aufgrund gemeinsamer Imagekomponenten;
- **Vierter Grad** (fremd): keine unmittelbare oder mittelbare Beziehung zwischen Sponsor und Sponsoringobjekt.

2.3 Die Gesponserten

Der Begriff Bildungssponsoring umfasst das Sponsoring von Kindertagesstätten (inkl. Kindergärten), allgemeinbildenden, berufsorientierten und weiterführenden Schulen, wie z.B. Grund-, Haupt-, Berufs- und (Volks-) Hochschulen, sowie privaten Bildungsinstitutionen und Akademien. Die Gesponserten im Bildungssponsoring können demzufolge **alle Einrichtungen des Bil-**

dungswesens sein. Hierzu zählen nach einer Einteilung des *Bundesministeriums für Bildung und Forschung (BMBF)* in der Bundesrepublik Deutschland (vgl. *BMBF* 2002, S. 10):

- der **Elementarbereich** mit Kindergarten und Sonderkindergarten,
- der **Primarbereich** mit Grundschule und Sonderschule,
- der **Sekundarbereich I** mit Gymnasium, Realschule, Hauptschule, Gesamtschule und Sonderschule,
- der **Sekundarbereich II** mit der Berufsausbildung im dualen System (Berufsschule und Betrieb), Berufsfachschule, Fachoberschule, Berufoberschule und gymnasialer Oberstufe sowie der Fachschule und dem Abendgymnasium/Kolleg,
- der **tertiäre Bereich** mit Berufsakademie, Universitäten und Hochschulen in den unterschiedlichen Formen, Fachhochschule sowie
- der **Weiterbildung** in Form der allgemeinen, beruflichen und wissenschaftlichen Weiterbildung in vielfältigen Formen. Träger und Anbieter für die vielfältigen Formen der Weiterbildung sind u.a. die Volkshochschulen und Heimvolkshochschulen, gewerkschaftliche und kirchliche Einrichtungen, Bildungszentren der Kammern (z.B. Industrie- und Handelskammer sowie Handwerkskammer), private Bildungseinrichtungen, Bildungseinrichtungen in Betrieben und an den Hochschulen.

Dabei können Einzelpersonen, Gruppen von Personen oder Organisationen bzw. Institutionen aus den oben genannten Bereichen des Bildungssektors gesponsert werden. Unter den Gesponserten kann weiter differenziert werden zwischen Personen oder Organisationen mit Erwerbscharakter und solchen ohne Erwerbscharakter (vgl. *Hermanns* 1997, S. 49). Während die erste Gruppe vor allem Organisationen oder Personen umfasst, die eine explizite Vermarktung ihrer Tätigkeit oder Persönlichkeitsrechte anstreben, wie dies z.B. bei den privaten Business Schools der Fall ist, zählen zur zweiten Gruppe die Masse der nichterwerbswirtschaftlichen Organisationen, die häufig gemeinnützig sind, wie z.B. staatliche Schulen oder sog. Schwesternschulen, beispielsweise die Berufsschule Schwesternschule des Diakonischen Mütterhauses Aidlingen. Sowohl für erwerbswirtschaftliche als auch nichterwerbswirtschaftliche Organisationen stellt Sponsoring eine zusätzliche Einnahmequelle zur Abdeckung zunehmender Aufwendungen dar, wobei darüber hinaus bei den nichterwerbswirtschaftlichen Organisationen das Streben nach planerischer Unabhängigkeit von Mittelzuschüssen aus öffentlichen Haushalten hinzukommt (vgl. *Schalk* 1993, S. 25).

2.4 Die Leistung des Sponsors und die Gegenleistung des Gesponserten

Als **Leistung** kann der Sponsor – basierend auf einer vertraglichen Vereinbarung – Bildungseinrichtung Finanzleistungen, Sachmittel oder Dienstleistungen zur Verfügung stellen. Die **Finanz- bzw. Geldleistungen** können dabei auch zweckgebunden sein und z.B. zur Unterstützung von Projekten, Wettbewerben auf regionaler und überregionaler Ebene oder zur Förderung der Teilnahme von einzelnen Schülerinnen und Schülern an Wettbewerben eingesetzt werden. Als **Sachmittel** kommen sowohl Materialien als auch Geräte für den Einsatz im Fachunterricht in Frage, wie z.B. Labormaterialien für den naturwissenschaftlichen Unterricht, Rechner und Software, Lehrerhandreichungen oder Textsammlungen. Mögliche **Dienstleistungen**, die der Sponsor der Bildungsstätte bietet, stellen das Einbringen von Expertenwissen in den Fachunterricht, in Diskussionsrunden oder Vorträgen ebenso dar, wie Betriebserkundungen und Betriebspraktika für Schüler, Seminarangebote und Öffnung der betrieblichen Weiterbildungsmaßnahmen für Lehrkräfte, Durchführung von Planspielen oder die Öffnung der Betriebsstätten (Labore, Computerräume, Werkstätten) für die Durchführung von Unterrichtseinheiten (vgl. hierzu ausführlich *Ministerium für Schule, Wissenschaft und Forschung des Landes NRW* o.J., S. 1). Für das Jahr 2005 planen die Unternehmen vor allem Maßnahmen im Bereich von Universitäts-Forschungsprojekten, Lehrmaterialien sowie Schüler- und Studentenwettbewerben (vgl. Abbildung 3).

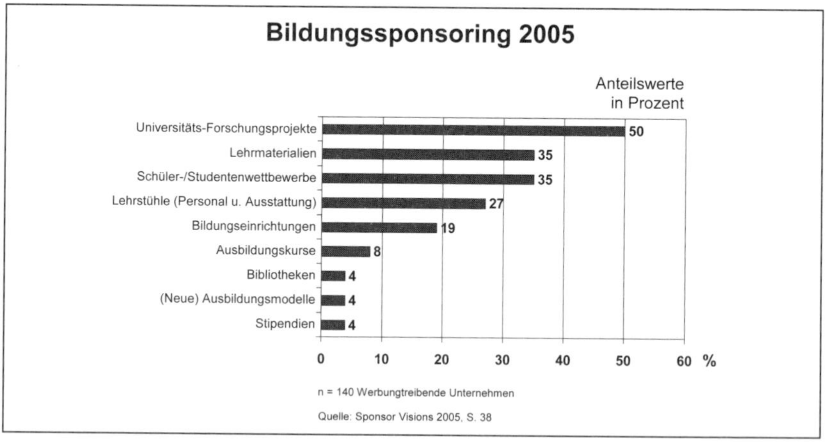

Abbildung 3: Geplante Maßnahmen im Bildungssponsoring 2005

Die **Gegenleistung** der gesponserten Bildungseinrichtungen zeigt sich weniger in Werbetafeln, Banden in der Turnhalle, im Eingangsbereich oder gar in den Klassen, als vielmehr in der **umfassenden kommunikativen Nutzung** der gemeinsamen Maßnahmen mit dem Sponsor: Dabei handelt es sich sowohl um die Überlassung der Kommunikationsrechte, die (gemeinsame) Kommunikation des Sponsoringengagements in der Öffentlichkeit oder gemeinsame Auftritte bei Events, wie auch um Werbemaßnahmen des Sponsors im Umfeld der gesponserten Bildungsinstitution. Die Gegenleistungen einer Hochschule können z.B. darin bestehen, das gesponserte Objekt, beispielsweise einen Lehrstuhl, nach dem Sponsor zu benennen, Sachmittel oder Bücher mit dem Logo des Sponsors zu versehen oder Produktpräsentationen des Sponsors im Rahmen öffentlicher Veranstaltungen der Universitäten abzuhalten. Darüber hinaus sind auch gemeinsame Vortragsreihen und Tagungen, die Nutzung von Prädikaten wie „Offizieller Sponsor der Universität" oder die Nennung des Sponsors in der Öffentlichkeitsarbeit der Universität möglich (vgl. *Hermanns/Falt* 2002, S. 33). Für Schulen bietet sich auch die Möglichkeit – neben der allgemeinen Kommunikationsmöglichkeit in der öffentlichen Presse und im Internet – in der Schülerzeitung und in Rundbriefen an die Eltern auf den Sponsor bzw. dessen Sponsoringengagement hinzuweisen.

3. Rahmenbedingungen

Die **rechtlichen Rahmenbedingungen** des Bildungssponsoring unterscheiden sich danach, welche Bildungsinstitution gesponsert wird. Für das **Hochschulsponsoring** existieren auf landesverfassungsrechtlicher Ebene keine einschränkenden gesetzlichen Regelungen. Entscheidend ist allein, ob sich die Hochschule der Förderung durch Wirtschaftsunternehmen öffnen will, wofür ggf. eine Anzeige oder Genehmigung erforderlich ist. Auch **Schulsponsoring** ist mittlerweile in allen Landesschulgesetzen in Deutschland prinzipiell erlaubt, allerdings unter der Maßgabe, dass der Werbeeffekt deutlich hinter dem pädagogischen Nutzen zurückbleiben muss. Reine Werbemaßnahmen sind in allen Bundesländern – mit Ausnahme von Berlin, Bremen, Hessen, Mecklenburg-Vorpommern und Sachsen-Anhalt – verboten. Die jeweilige Sponsoringmaßnahme muss mit dem Bildungs- und Erziehungsauftrag der Bildungsstätte vereinbar sein und darf diesen nicht gefährden. Bei der Entscheidung für oder gegen Schulsponsoring müssen in der Regel neben dem Schulleiter die Schulkonferenz und Schulträger, meist Gemeinden und Kommunen, mit eingebunden werden. Hinsichtlich des Sponsoring von **Kindertagesstätten** gibt es derzeit keine übergreifenden staatlichen Vorschriften. Verantwortlich für die Sponsoring-Aktivitäten sind die jeweiligen Träger der Kindertagesstätten, die sich jedoch an gewisse ethische Grundregeln halten sollten. Hierzu zählt z.B. die Gewährleistung der Unabhängigkeit von inhaltlichen und pädagogischen Handlungen, die Unverletzlichkeit der Menschenwürde und die Glaubwürdigkeit der Inhalte als oberstes Gebot sowie die Tatsache, dass Sponsoring nur eine Drittmittelfinanzierung sein und die öffentliche Hand nicht aus ihrer Verantwortung entlassen kann (vgl. hierzu *Zeller* 2001).

Die **sozial-ethischen Rahmenbedingungen** des Bildungssponsoring resultieren aus den evtl. gegensätzlichen Interessen von Sponsoren und Bildungsinstitutionen, die sich nachteilig auf die **Freiheit der Lehre** auswirken können. Neben dem elterlichen Erziehungsauftrag, dem Recht des Schülers auf freie Entfaltung seiner Persönlichkeit sowie dem (staatlichen) Bildungsauftrag der einzelnen Bildungsinstitutionen sind die Interessen und Zielsetzungen der Sponsoren zu vereinbaren. Dies kann zu Konflikten führen, wenn die jeweiligen Interessen zu unterschiedlich bzw. gegensätzlich sind. Aus Artikel 6 des Grundgesetzes, der das elterliche Erziehungsrecht schützt, entsteht für Schulen beispielsweise eine Pflicht zur politischen, weltanschaulichen und religiösen Neutralität. Es liegt eine Verfassungverstoß vor, wenn eine gezielte Beeinflussung der Schüler/innen im Dienste einer ideologischen Richtung stattfindet. Für die Auswahl potenzieller Sponsoren bedeutet dies, dass Sponsoren aus bestimmten Branchen und Tätigkeitsbereichen nicht in Frage kommen. Hierzu zählen z.B. Zigaretten, Alkohol, Parteien, Religionen und Sekten. Die Bildungsinteressen müssen stets Vorrang vor fiskalischen Überlegungen haben, d.h.:

- das Sponsorship darf keinen Einfluss auf die prinzipielle Lehr- und Methodenfreiheit der Bildungsinstitution haben,
- die Bildungsinstitution darf sich in **keine finanzielle Abhängigkeit** begeben, die sich auf die Lehre, deren Inhalte und pädagogischen Unterricht auswirkt.

Die didaktische und pädagogische Qualität der Bildungsangebote ist sicherzustellen, indem ethische Grundnormen sowohl von Seiten der Sponsoren als auch von Seiten der gesponserten Bildungsinstitutionen eingehalten werden.

4. Fazit

Die Finanzierungsschwierigkeiten der Länder und Gemeinden sowie der Mangel an Finanzmitteln im Bildungssektor haben auf Seiten der zuständigen Ministerien und Schulen zu der Erkenntnis geführt, dass Kooperationen mit der Wirtschaft eine Alternative in der Mittelbeschaffung darstellen. Dies hat unter anderem zu einem Rückgang der gesetzlichen Einschränkungen geführt (vgl. *Käckenhoff* 2005, S. 25 f.; *Rinsum* 2001, S. 100). Einen besonderen Stellenwert nimmt vor dem Hintergrund dieses Öffnungs- und Modernisierungsprozesses das Bildungssponsoring ein, das zumindest anteilig eine Finanzierungsalternative darstellt. Für die Unternehmen entsteht dadurch die Möglichkeit, einerseits ihr gesellschaftliches Engagement zu kommunizieren und andererseits an die aus betriebswirtschaftlicher Sicht interessanten Zielgruppen der Kinder, Jugendlichen, Schüler und Studenten heranzutreten (vgl. *Reidel* 1998, S. 39 f.; *Stippel* 2005, S. 14 ff.). Solange die Bildungsinteressen durch die Einhaltung ethischer Grundnormen gewahrt bleiben, trägt Bildungssponsoring – als Kommunikationsinstrument für den Sponsor und Finanzierungsinstrument für den Gesponserten – zu einer gewinnbringenden Zusammenarbeit für beide Seiten bei.

Literatur

Boochs, W. (2000): Sponsoring in der Praxis – Steuerrecht, Zivilrecht, Musterfälle, Neuwied 2000

Bortoluzzi Dubach, E./Frey, H. (2002): Sponsoring: Der Leitfaden für die Praxis, 3., aktual. u. erw. Aufl., Bern u.a. 2002

Brückner, M./Schormann, S. (1996): Sponsoring-Kompass, Heidelberg 1996

Bruhn, M. (2003): Sponsoring, Systematische Planung und integrativer Ansatz, 4. Aufl., Wiesbaden 2003

Bundesministerium für Bildung und Forschung (BMBF) (2002): Grund- und Strukturdaten, Bonn 2002

Burens, P.-C. (1998): Der Spendenknigge: erfolgreiches Fundraising für Kultur, Sport, Wissenschaft, Umwelt und Soziales, München 1998

Delp, U. A. (1991): Die Stiftung & Co. KG: eine Unternehmensform der rechtsgestaltenden Beratungspraxis, Heidelberg 1991

Diekhof, R. (2001): „Tue Gutes und rede darüber“, in: werben & verkaufen, Nr. 48/2001, S. 32-34

Drees, N. (1992): Sportsponsoring, 3., durchgeseh. Aufl., Wiesbaden 1992

Gieritz, V. (2005): Gibst Du mir, dann geb' ich Dir ..., in: Focus-Schule, Nr. 4/2005, S. 114-116

Haibach, M. (2002): Handbuch Fundraising, 2., überarb. Aufl., Frankfurt/Main 2002

Haibach, M. (2003): Begriffe aus dem Fundraising, in: *Fundraising Akademie* (Hrsg.): Fundraising, Handbuch für Grundlagen, Strategien und Instrumente, 2., überarb. Aufl., Wiesbaden 2003

Hermanns, A. (1997): Sponsoring, Grundlagen, Wirkungen, Management, Perspektiven, 2., völlig überarb. u. erw. Aufl., München 1997

Hermanns, A./Falt, T. (2002): Bildungssponsoring wird attraktiv, in: Stiftung & Sponsoring, Nr. 4/2002, S. 31-33

Hermanns, A./Riedmüller, F. (2002): Sponsoring Trends 2002, Bonn 2002

Ipsos (2001): Kindergarten Sponsoring 2001, Hamburg 2001

Käckenhoff, U. (2005): Auf der Schulbank dazugelernt, in: markenartikel, Nr. 3/2005, S. 25-26

Mayer, A. (2005): Bildungssponsoring: Grundlagen, Management und Entwicklungstendenzen im Überblick, in: Stiftung & Sponsoring, Nr. 4/2005, S. 26-29

Meininger, F. (2000): Möglichkeiten, Grenzen und Praxis des Sponsoring der öffentlichen Verwaltung – Die Öffentliche Verwaltung in ihrer Eigenschaft als Sponsor und Gesponserte, Speyer 2000

Ministerium für Schule, Wissenschaft und Forschung des Landes NRW (MSWF-NRW) (o.J.): Schul-Sponsoring heute, Ein Leitfaden für Schulen, Schulträger und Unternehmen, URL: http://www.learnline.de/angebote/agenda21schulen/medio/Download/misc/Sponsoring.pdf [Stand 28.06.05]

Porter, M. E./Kramer, M. R. (2003): Wohltätigkeit als Wettbewerbsvorteil, in: Harvard Business Manager, Heft März/2003, S. 40-56

Reidel, M. (1998): Sponsoring geht zur Schule, in: PR-Magazin, Nr. 9/1998, S. 39-41

Rinsum, H. van (2001): Die letzte Bastion fällt, in: werben & verkaufen, Nr. 29/2001, S. 100-102

Schalk, I. van der (1993): Sponsoringmanagement in Vereinen – Eine Analyse im Golfsport, Wiesbaden 1993

Schiewe, K. (1995): Sozial-Sponsoring: ein Ratgeber, 2. Aufl., Freiburg im Breisgau 1995

Schneider, W. (1996): Die Akquisition von Spenden als eine Herausforderung für das Marketing, Berlin 1996

Sponsor Visions (2005): Sponsor Visions 2005, Entwicklung des Sponsoring-Marktes, hrsg. v. pilot chekpoint, Hamburg 2005

Stippel, P. (2005): Sponsoring, Fußball reicht nicht mehr, in: absatzwirtschaft, Nr. 3/2005, S. 14-17

Waterkamp, D. (2000): Organisatorische Verfahren als Mittel der Gestaltung im Bildungswesen, Ein Ansatz der Strukturierung aus der Sicht der vergleichenden Erziehungswissenschaft, Münster 2000

Zeller, C. (2001): Sozial Sponsoring: Gewinnbringende Zusammenarbeit zwischen KiTas und Unternehmen, München 2001

Die Entwicklung des Bildungssponsoring – ein nicht ganz triviales Thema, aufgezeigt am Vergleich des Hochschulsponsoring in den USA und Deutschland

Prof. Dr. Heide Ziegler
Universität Stuttgart

1. Hochschulsponsoring in den USA und der Bundesrepublik Deutschland

1.1 Hochschulsponsoring in den USA: das Vorbild

Es gilt als Binsenweisheit, dass das Hochschulsponsoring in den USA besser funktioniert als in Deutschland. Dafür werden in der Regel historische Gründe angeführt:

- das Hochschulsponsoring habe in den USA eine lange Tradition,
- die Alumni eine feste Bindung an ihre Alma Mater, weil sie von Anfang an in diese Tradition eingebunden seien,
- jede Universität in den USA versuche seit ihrer Gründung (und als Teil des Gründungskonzepts), ihr eigenes Image so zu gestalten, dass eine unverwechselbare Corporate Identity für alle Mitglieder der Universität entstehe,
- es gehöre in den USA zum guten gesellschaftlichen Ton, der Universität, welche einem den Weg zum beruflichen Erfolg gebahnt habe, später im Leben so wie hilfreichen Eltern (der Begriff Alma Mater werde wörtlich verstanden) entsprechende Unterstützung zukommen zu lassen.

Alles dies ist richtig, aber gerade wenn es richtig ist und die Quelle für die vielfach sprudelnde finanzielle Zuwendung an die amerikanischen Universitäten ist (und zwar offenbar umso mehr, je reicher die Universität ohnehin schon ist, weil sie sich dann die besten *„fundraisers"* und den größten Stab für ihre Alumni leisten kann), dann stellt sich doch die dringliche Frage, warum diese Faktoren für deutsche Universitäten keine oder doch nur eine sehr geringe Rolle spielen; und die noch dringlichere Frage, warum es trotz der Anstrengungen der letzten Jahre nicht recht gelingen will, sie auch für deutsche Universitäten fruchtbar zu machen. Denn dass die deutschen Universitäten – von wenigen Ausnahmen abgesehen – eine längere Tradition haben als die amerikanischen, ist schließlich eine historische Tatsache. Zudem haben sich viele berühmte amerikanische Universitäten, wie etwa die Johns Hopkins University, bei ihrer Gründung an dem Modell der früheren deutschen Humboldt Universität ausgerichtet, und viele Jahre lang besaß die Johns Hopkins University mit *Steven Muller* einen auch deutschsprachigen Präsidenten, der zudem lange im Deutschen Wissenschaftsrat tätig war.

1.2 Hochschulsponsoring in der Bundesrepublik Deutschland: die Probleme

Selbstverständlich können Gründe für das Fehlen eines erfolgreichen Hochschulsponsoring in Deutschland genannt werden, die ihre eigene historische Berechtigung haben und die hier auch besprochen werden sollen:

- die Tatsache, dass es kaum private Universitäten in Deutschland gibt, dass es sich dabei durchgängig um kleinere Universitäten mit einem eingeschränkten Profil und zugleich um relative Neugründungen handelt,
- die sozialdemokratisch geprägte, in der deutschen Bildungspolitik vorherrschende Meinung, dass Ausbildung und Abschlüsse an allen deutschen Universitäten möglichst gleichwertig sein sollten, um eine größere Mobilität der Studierenden zu initiieren und zu gewährleisten – eine Verwechslung von Ursache und Wirkung, die dem angestrebten Wettbewerb zwischen den Universitäten nicht eben förderlich ist,
- das immer noch weitgehend mit öffentlichen Geldern durchfinanzierte Universitätsmodell, das sich aus dem Bildungsmonopol des Staates ableiten lässt – wobei Bund und Länder um jeweils vorrangigen Einfluss kämpfen,
- die zunehmende institutionelle Trennung von Forschung und Lehre durch die vermehrte Einrichtung und Förderung reiner Forschungsstätten wie Max Planck Instituten oder Forschungszentren der Helmholtz Gesellschaft sowie
- die ausschließliche Förderung von Forschungsprojekten an den Universitäten durch die Deutsche Forschungsgemeinschaft.

Die Liste ließe sich fortsetzen, aber dies sind sicher einige der wesentlichsten allgemein bekannten Differenzkriterien, wenn es um einen Vergleich Hochschulsponsoring in den USA und Deutschland geht. Sie sollen im folgenden auch durchaus angesprochen werden; dennoch scheint es an der Zeit, dass dieser so häufig angestellte Vergleich generell unter einen neuen Aspekt gestellt wird, aus dem sich möglicherweise auch neue Lösungsansätze für die deutsche Bildungsmisere ergeben.

2. Die historische Perspektive

2.1 Ausgangslage

1998 ist eine recht interessante Studie im Luchterhand Verlag erschienen. Sie wurde von *Arnold Hermanns* und *Anton Glogger* zusammengestellt und nennt sich *„Management des Hochschulsponsoring"* (*Hermanns/Glogger* 1998). Die Studie geht auf ein Forschungsprojekt des Instituts für Produktionswirtschaft und Marketing an der Universität der Bundeswehr München zurück, und sie setzt sich zum Ziel, die Professionalität im Umgang mit dem Sponsoring an deutschen Hochschulen zu erhöhen. Die Autoren kommen im wesentlichen zu dem Schluss, dass Hochschulmanagement und Hochschulmarketing in einer Hand liegen müssen, beziehungsweise dass das jeweilige Hochschulmanagement von der Notwendigkeit eines umfassenden Hochschulmarketing durchdrungen sein müsse: Grundlage des Marketinggedankens ist die konsequente Ausrichtung des Leistungsangebotes an den Bedürfnissen der Zielgruppen im engeren Sinne und an den Erwartungen der verschiedenen gesellschaftlichen Anspruchsgruppen im weiteren Sinne. Das Leistungsangebot ist dabei so zu gestalten, dass hieraus auf den Absatz- und Beschaffungsmärkten Wettbewerbsvorteile gegenüber anderen Hochschulen gewonnen werden können. Die gesamte Hochschule hat sich dieser Philosophie unterzuordnen (*Hermanns/Glogger* 1998, S. 10).

Eine solche Forderung scheint auf den ersten Blick – bedenkt man die oben geschilderte Situation in Deutschland – in der Tat das Gebot der Stunde zu sein, ganz abgesehen davon, dass in Deutschland Professionalität in der Regel mit einem umfassenden Organisationskonzept und dessen strikter Umsetzung gleichgesetzt wird. Dennoch soll in diesem Beitrag leiser Zweifel an diesem Ansatz angemeldet werden, und dieser Zweifel nimmt eine in der Studie selbst zitierte Bemerkung eines Unternehmensvertreters zum Ausgangspunkt, die im Rahmen einer empirischen Untersuchung zum Hochschulsponsoring angeführt wird. Auf die Frage von Hochschulvertretern an mehrere Unternehmen, ob das Unternehmen bereits Hochschulsponsoring betrieben habe und ob die mit dem Sponsorship erwarteten Ziele erreicht wurden, antwortete der Vertreter der Bayerischen Hypotheken- und Wechsel-Bank, *Hans-Michael Besig*: „Nicht die Universitäten als Institution, sondern interessante Menschen sind für uns von Bedeutung." (*Hermanns/Glogger* 1998, S. 106).

Diese Aussage ist für die im folgenden entwickelte These aufschlussreich. Denn diese These lautet: das Hochschulsponsoring in den USA ist deshalb im Verhältnis zu Deutschland so erfolgreich, weil die Tradition des Deutschen Idealismus gerade an denjenigen Universitäten in den USA, die sich bei ihrer Gründung am Charakter-Konzept Wilhelm von Humboldts orientierten, nie unterbrochen wurde. Diese auf die zentrale Bedeutung des Individuums gegründete Tradition aber hatte sich in Deutschland spätestens mit dem Dritten Reich erledigt, und die deutsche Universität hat nach dem Zweiten Weltkrieg nie wieder erfolgreich an sie angeknüpft.

Bevor diese These allerdings im einzelnen auf die oben genannten Differenzkriterien zwischen amerikanischem und deutschem Hochschulsponsoring bezogen wird, bedarf sie einer grundsätzlichen Erläuterung. Denn es ließe sich leicht einwenden, dass auch zu Zeiten, als die Tradition des Deutschen Idealismus in Deutschland noch in voller Blüte stand, von einem umfassenden Hochschulsponsoring der deutschen Universität durch deutsche Unternehmen keinesfalls die Rede sein konnte. So war die unerhört hohe Zuwendung von einer Million Mark von *Robert Bosch* an *Carl Bach* von der Technischen

Hochschule Stuttgart, mit deren Hilfe der jahrzehntelange Ruhm der Fakultät Elektrotechnik an der Universität Stuttgart begründet wurde, eine große Ausnahme und galt als eine Form des Mäzenatentums (*Beier* 2003, S. 30), wie sie nicht üblich war und daher bis heute nicht vergessen ist (*Heuss* 1986, S. 182). In diesem Zusammenhang muss jedoch bedacht werden, dass die politische Absicht, welche der preußische König mit der Gründung der Humboldt Universität verfolgte (die für alle anderen deutschen Universitäten beispielgebend wurde), nicht unbedingt mit derjenigen von *Wilhelm von Humboldt* übereinstimmte – eine Tatsache, die auch schon *Wilhelm von Humboldt* bewusst war. Die deutsche Universität Humboldt'scher Prägung sollte den preußischen, später den deutschen Staatsbeamten ausbilden; *Humboldt* selbst aber – ganz dem Deutschen Idealismus verhaftet – wollte vor allem das Individuum in den Mittelpunkt der Universitätsausbildung rücken; die Bildung des einzelnen Charakters erschien ihm wesentlich. Und an genau diese letztere Tradition hat die amerikanische an Humboldt orientierte Universität angeknüpft, wie man sieht mit großem Erfolg.

2.2 Friedrich von Schiller und der Deutsche Idealismus

Die Entstehung des Deutschen Idealismus kann – was für eine bedeutende geistesgeschichtliche Strömung ganz ungewöhnlich ist – im wesentlichen auf ein einziges Individuum zurückgeführt werden: *Friedrich von Schiller*, der mit *Wilhelm von Humboldt* lebenslang eng befreundet war. Die Tatsache, dass sich dieses Jahr der 200. Todestag *Friedrich von Schillers* jährt (er starb am 9. Mai 1805), hat der Bundesrepublik eine Reihe von neuen Studien über *Schiller* beschert, manche davon überfällig. Zu den wichtigen Büchern gehört zweifelsfrei die Studie von *Rüdiger Safranski*, *„Friedrich Schiller oder Die Erfindung des Deutschen Idealismus“* (*Safranski* 2004). Hier erläutert *Safranski*, was es bedeutet, dass *Schiller*, auch und gerade aus dem philosophischen Kontext seiner Zeit heraus, die Rolle des Individuums idealistisch neu definierte, sie dramatisch umsetzte und popularisierte und vor allem so *lebte*, dass er eine ganze Generation mitzureißen vermochte – was, so lässt sich hinzufügen, seine Nachwirkungen in der Neuen Welt nicht verfehlte.

Von seinem Lehrer *Jakob Friedrich Abel* an der Carlsschule in Stuttgart zur Philosophie hingeführt, vermochte *Schiller*, seine ihn überwältigende Shakespeare-Erfahrung, die ihn den Autor in seinem Werk, den Menschen *William Shakespeare*, verzweifelt aber vergeblich suchen ließ, mit der neuen „Popularphilosophie“ zu verbinden, die der englischen Aufklärungsphilosophie eines *Locke* und *Newton* verpflichtet war: Populär – das bedeutete: erzieherisch. Philosophische Erkenntnisse sollten dem Leben dienen, und die Vernunft sollte weniger als Gehalt unbestreitbarer Erkenntnisse verstanden werden denn als Energie, als eine Kraft, die nur in ihrer Ausübung und Auswirkung richtig erfahren werden kann. Und so galt neben der erzieherischen Publizität als zweites Prinzip das „Selbstdenken", das bedeutete, dass man das Kriterium der nachvollziehbaren Erfahrung, die jedermann zugänglich sein sollte, gelten ließ (*Safranski* 2004, S. 61 f.).

Um sich aber gleichzeitig jedem Systemdenken entziehen und die Energie und vor allem die Kreativität des Individuums feiern und philosophisch rechtfertigen zu können, bedurfte es des Ideals, des vollkommenen Gegenbildes zur Wirklichkeit, an dem die Erscheinungen der Wirklichkeit gemessen und danach notfalls verworfen werden konnten. *Schiller* verzichtete eher auf einen Freund als auf das Ideal der Freundschaft, denn nur so konnte er Enttäuschungen überwinden und sich neue Freundschaften erschließen. Identitätsstiftend wird das Ideal für *Schiller* in der Kunst: das Ideal der Schönheit ist es, durch welches man zu der Freiheit wandert. So jedenfalls postuliert es *Schiller* 1794 – nach seiner politischen Enttäuschung über den Verlauf der Französischen Revolution – in *„Über die ästhetische Erziehung des Menschen"*.

Bis heute dauert der Streit an, ob Schillers – in Reaktion auf die *terreur* – entwickeltes idealistisches Kunstkonzept das eines enttäuschten politischen Kopfes ist, Dokument der Flucht, Kompensation sozialer Ohnmacht, ein apolitisches Konzept, dessen negative Folgen bis in das 21. Jahrhundert wirken, oder ob diese Texte, die die Veredlung der sinnlichen Kultur des Menschen als ein unabdingbares Element sozialer Ordnung erscheinen lassen und in denen die Französische Revolution unterschwellig an keiner Stelle aufhört zu gewittern, nicht vielmehr eine große Schrift der Moderne sind (*Damm* 2004, S. 156).

2.3 Wilhelm von Humboldt und das erkämpfte Ideal

Zwischen den Gedanken, die in der amerikanischen Unabhängigkeitserklärung niedergelegt sind, und den Ideen der Französischen Revolution bestehen viele Parallelen. 1792 beschließt die französische Nationalversammlung, einer Reihe von bedeutenden Ausländern, die das Gedankengut der Französischen Revolution in ihren jeweiligen Ländern zu verkörpern scheinen, das französische Bürgerrecht zu verleihen. *George Washington* und *Thomas Paine* sind unter den Vorgeschlagenen sowie – *Friedrich Schiller*. Im Grunde ist dieser Vorgang paradox, denn hier sollen Individuen ausgezeichnet werden, die den antiindividualistischen Grundsätzen von Freiheit und Gleichheit weltweit Geltung verschafft haben. Aus politischen Gründen äußert sich *Schiller* nicht zu dieser Ehrung, die er im wesentlichen für sein Drama *„Die Räuber"* erhält, aber sie befriedigt ihn zutiefst. Denn sie beweist ihm, dass die ästhetische Erziehung des Menschen nicht nur eine idealistische, sondern auch eine gesellschaftliche Möglichkeit darstellt, generelle Grundsätze der Erziehung mit den Formen des Selbstdenkens zu verbinden. Das Erlebnis der Schönheit kann durch eine ästhetische Erziehung generell ermöglicht werden, setzt dabei aber die jeweils eigene Energie und Kreativität frei. Das so gelebte Ideal äußert sich als Enthusiasmus, und dieser Enthusiasmus entzündete sich sowohl für *Schiller* als auch für *Humboldt* immer wieder an dem Vorbild der griechischen Antike.

Die griechische Götter- und Heroenwelt ist in Deutschland längst versunken; auch wenn *Wilhelm von Humboldt* ebenso wie *Schiller* glaubten, dass die Beschäftigung mit ihr charakterbildende Funktion habe, so hat doch das Aufkommen der Natur- und Ingenieurwissenschaften an den deutschen Universitäten in der zweiten Hälfte des 19. Jahrhunderts die von der Antike noch längere Zeit bestimmten Geisteswissenschaften erfolgreich in den Hintergrund gedrängt. Dieser spezifische Verdrängungsprozess aber – und das ist entscheidend – musste in den USA nicht stattfinden, da hier eine idealisierte Antike wegen der historischen und geographischen Distanz des Vorbilds nie eine besondere Rolle gespielt hat. Und genau aus diesem Grund konnte auch die Grundhaltung des Deutschen Idealismus mit ihrer gelebten Spannung zwischen Ideal und Wirklichkeit an den Universitäten in den USA erhalten bleiben. Was *Safranski* als die Schillers Idealismus zugrundeliegende Überzeugung beschreibt – philosophische Erkenntnisse sollen dem Leben dienen, und die Vernunft soll als Energie, als eine Kraft verstanden werden, die nur in ihrer Ausübung und Auswirkung richtig erfahren werden kann – dies könnte Teil des Mission Statement jeder amerikanischen Universität sein. Darum verkennt auch – mit fatalem europäischem Hochmut – die Rolle der Liberal Arts in den amerikanischen Bachelor-Programmen, wer in ihrer Vermittlung einen Nachholbedarf im Anschluss an die amerikanische *highschool*-Ausbildung sieht – und dies etwa gar noch im Vergleich mit der „Allgemeinbildung", welche die deutsche Gymnasialausbildung vermittele. Vor allem private *highschools* in den USA erzeugen keinen solchen Nachholbedarf – im Gegenteil: sie legen umgekehrt die Grundlage für die der Ausbildung an amerikanischen Universitäten zugrundeliegenden Überzeugung, dass das Individuum und sein „Selbstdenken", dass die Energie und die Willenskraft, die sich aus der Freiheit dieses „Selbstdenkens" immer dann ergibt, wenn das Gegenüber von denselben Prinzipien ausgeht und sie zu verstehen gelernt hat, den Erfolg der amerikanischen Wirtschaft und des amerikanischen Lebensstils gewährleistet.

3. Was du ererbt von deinen Vätern

Aber kehren wir zurück zum Thema des Hochschulsponsoring und setzen die soeben entwickelte These zu den oben aufgestellten Differenzkriterien zwischen dem Hochschulsponsoring in den USA und in Deutschland in Beziehung.

3.1 Die Rolle privater Universitäten in den USA und in der Bundesrepublik

Private Universitäten sind – wie der Name schon sagt – im wesentlichen auf nichtstaatliche Finanzierung angewiesen, also in ganz besonderem Maße neben Einnahmen aus Studiengebühren auf Zuwendungen in Form von privaten Spenden oder auf Firmensponsoring. Spenden spielen insbesondere in den **USA** beim Unterhalt und vor allem beim Ausbau privater Universitäten eine große Rolle, und die regelmäßig von den Universitäten durchgeführten *fundraising*-Kampagnen zielen im wesentlichen auf Alumni, also auf ehemalige eigene Studenten, die inzwischen zu Geld gekommen sind. Firmensponsoring findet dagegen im großen Umfang vor allem in den Research Universities statt und impliziert die professorale Einwerbung von Geldern für bestimmte Forschungsprojekte, die von interessierten Ressort-Leitern in den Unternehmen zur Verfügung gestellt werden. Es geht also in jedem Fall darum, ein oder mehrere Individuen davon zu überzeugen, dass die der Universität gemachten Zuwendungen nutzbringend sind und zweckentsprechend verwendet werden. Dies bedeutet keineswegs, dass nicht ausführliche Anträge gestellt und begründet, dass die geplanten Projekte nicht detailliert vorgestellt werden müssen. Doch diese Tätigkeit ist in der Regel nicht anonym. Selbst bei dem periodisch wiederkehrenden Akkreditierungsprozess, dem sich alle Universitäten unterziehen und der – erfolgreich bestanden – die Basis für weiteres Hochschulsponsoring bildet, kann der Präsident einer Universität zu der geplanten Zusammenstellung von Gutachtergremien vorab Stellung nehmen, und seine – informierte – Meinung ist von Belang.

Anders ist es in **Deutschland**. Zwar können auch Professoren privater Universitäten beispielsweise Anträge bei der Deutschen Forschungsgemeinschaft (DFG) auf Forschungsmittel stellen, aber häufig haben sie nicht das zusätzliche Personal, um die vorgeschriebenen umfangreichen Anträge stellen zu können. Eine persönliche Überzeugungsarbeit bei den beurteilenden Gremien ist nicht vorgesehen; sie widerspräche wohl dem Prinzip der Objektivität, das deshalb besonders wichtig erscheint, weil die DFG vom Bund finanziert wird. Noch komplizierter und anonymer, aber vor allem für private Universitäten letztlich dennoch aussichtsreicher scheint es zu sein, Anträge auf Forschungsmittel bei der Europäischen Union einzureichen. Zumindest werden dort private Universitäten nicht diskriminiert. Denn es ist offensichtlich, dass in den Gutachtergremien der deutschen Organisationen, die über Fördermittel wachen, überproportional viele Gutachter von großen staatlichen Universitäten sitzen, die vordringlich das eigene Fach oder die eigene Universität privilegieren. Selbstverständlich handelt es sich hier auch um Individuen, die immer wieder auch privat angesprochen werden und daraus häufig persönliche Befriedigung beziehen, aber diese Ansprache ist nicht sanktioniert und dient insofern nicht dem offenen Wettbewerb. Mit anderen Worten: was diese Individuen mitbewilligen, müssen sie nicht mitverantworten.

In diesem Zusammenhang spielt vor allem der **deutsche Wissenschaftsrat** eine unrühmliche Rolle. Denn der Wissenschaftsrat, der keine Gelder verteilt und insofern nicht dem Zwang unterliegt, ohnehin schon gut ausgestattete Institute um der Sache willen dennoch zusätzlich zu fördern, wäre dazu berufen, den Idealismus, mit dem die Gründung und Leitung privater Universitäten häufig betrieben wird, anzuerkennen. Er könnte weiterhin die auf *Humboldts* Vorstellungen zurückgehende Forderung nach der Einheit von Forschung und Lehre hochhalten und somit dazu beitragen, die Reform des deutschen Bildungswesens voranzutreiben. Da diese angestrebte Einheit von Forschung und Lehre häufig gerade das Merkmal privater Universitäten ist, sollte der Wissenschaftsrat das Sponsoring privater Universitäten – nach einer Überprüfung ihrer diesbezüglichen Qualität – empfehlen und auf diese Weise auch die schwerfälliger organisierten staatlichen Universitäten zu offeneren, am engagierten Individuum orientierten Maßnahmen anregen. Das Gegenteil ist leider der Fall. Der Wissenschaftsrat setzt auf die traditionelle Universität, an der alle Fächer vertreten sind, statt auf schlanke, zukunftsorientierte Profilbildung zu achten; er misst die Forschungsleistung kleiner privater Universitäten an der Höhe der insgesamt eingeworbenen Drittmittel und nicht an der individuellen Forschungsleistung einzelner Professoren oder gar an der Güte der Absolventen für die deutsche Wirtschaft. Er interessiert sich auch nicht dafür (obwohl er, wie gesagt, keine deutschen Steuergelder verteilt), welche Studenten privater Universitäten sich für Ph.D.-Programme im Ausland qualifizieren – obwohl dies für gute Lehrleistungen der Alma Mater und die gesamtgesellschaftliche Relevanz der Institution spricht. Kurz und gut: die privaten Universitäten, der Reformwille ihrer Gründer und die Leistung ihrer Mitglieder finden beim Wissenschaftsrat und den deutschen Wissenschaftsorganisationen insgesamt wenig Anklang und werden damit auch weiterhin keine Chance auf Bildungssponsoring durch Unternehmen haben, die sich nicht gegen allgemein vertretene bildungspolitische Tendenzen aufstellen können und wollen. Dies zeigt exemplarisch der Stifterverband für die Deutsche Wissenschaft, der zwar von der Wirtschaft finanziert wird und Gelder der Wirtschaft verwaltet, aber dennoch eher politische Interessen wahrnimmt und sich (zumindest in der Vergangenheit) nicht primär für die Belange der Wirtschaft eingesetzt hat – etwa im Sinne eines Plädoyers für eine straffere und besser strukturierte Universitätsausbildung, für die Förderung angewandter Forschung oder die Durchlässigkeit im Lehrbereich zwischen Universitäten und Unternehmen.

3.2 Mobilität und Wettbewerb

Mobilität und Wettbewerb dürfen sich nicht ausschließen. Hier ist der Unterschied zwischen den USA und Deutschland besonders eklatant und verhindert effektiv ein deutsches Bildungssponsoring durch die Wirtschaft. Es ist offensichtlich, dass es den erfolgreichen Alumni einer ambitionierten amerikanischen Universität bei der finanziellen Unterstützung ihrer Alma Mater nicht nur nostalgisch darum geht, Dank für die während der eigenen Studienzeit genossene Ausbildung abzustatten (denn Erfolg rechnet man sich in der Regel selbst zu), sondern eine geeignete Bildungsstätte für die eigenen Söhne und Töchter mitzufinanzieren. Es wäre daher geradezu abträglich für amerikanische Universitäten, wollten sie denselben Rang wie alle anderen anstreben, und das seit Jahrzehnten in den USA durchgeführte jährliche Ranking aller Universitäten spricht eine unmittelbar andere Sprache. Es soll gar nicht bestritten werden, dass nicht jeder Absolvent, der ein Abschlusszeugnis von einer der Ivy League Universitäten vorweisen kann, besser ist als ein Absolvent einer beliebigen anderen amerikanischen Universität, aber von seinem individuellen Selbstverständnis und wahrscheinlich auch von seiner generellen Bildung her gesehen ist er sehr viel mehr für den Erfolg prädestiniert als der bekannte Tellerwäscher – der übrigens weiterhin, und dies steigert wiederum den Wettbewerb, durchaus Aufstiegschancen in einer Gesellschaft hat, die individuelle Leistung über alles schätzt.

Auch um die Förderung studentischer Mobilität müssen sich amerikanische Bildungspolitiker keine Gedanken machen. Die amerikanische Gesellschaft ist historisch mit der allmählichen Eroberung des Westens der USA immer schon sehr mobil gewesen, und dies hat sich bis heute nicht geändert. Auch das deutsche Phänomen, dass Studenten dort studieren wollen, wo die Eltern zuhause sind, ist in den USA weitgehend unbekannt. Lange vor Beginn des Studiums beginnt der zukünftige amerikanische Student, unterstützt von seinen Eltern, welche in der Regel für die Studiengebühren aufkommen müssen, seine Suche nach einer geeigneten Universität, und die Auswahl bestimmt sich sowohl nach seiner Begabung als auch nach den finanziellen Möglichkeiten der Eltern. Vielfache Stipendienmöglichkeiten, die zumeist aus privaten Spenden finanziert sind und von der Absicht her durchaus einem Hochschulsponsoring entsprechen, helfen dabei der einzelnen Universität, die begabtesten Studenten weltweit anzusprechen und anzuziehen.

Mit der Unterzeichnung der Bologna-Deklaration hat sich die Mehrzahl der Länder der Europäischen Union verpflichtet, die Mobilität europäischer Studenten durch kompatible Abschlüsse und das sogenannte ECTS (European Credit Transfer System) zu fördern. Nicht genügend beachtet wurden allerdings in diesem Zusammenhang die vielfachen Sprachbarrieren innerhalb der Europäischen Union, zu deren Überwindung ein längeres, nicht ein kürzeres Studium als in den USA erforderlich ist. Das nunmehr festgeschriebene dreijährige Bachelor-Studium kann somit in der Regel internationalen Ansprüchen nicht genügen (das Bachelor-Studium in den USA umfasst in der Regel vier Jahre). Stipendien bieten auch in Deutschland für Studierende einen Anreiz, in anderen europäischen Ländern oder auch außerhalb Europas zu studieren, und der DAAD (Deutscher Akademischer Austauschdienst) ist vom Bund gut finanziert. So gut sogar, dass jeder Student mit etwas Mühe leicht in eins der Austauschprogramme einsteigen kann. Worum sich der DAAD allerdings nicht kümmert, ist, was mit den so geförderten Studenten im Anschluss an das Studium geschieht. Er legt Programme für gewisse Länder auf, nicht aber Programme für bestimmte ausländische Universitäten, welche auf die Integration des geförderten Studenten in die Gesellschaft des Gastlandes Wert legen: durch die Vermittlung von betreuten Praktika beispielsweise oder durch Abkommen mit Unternehmen, die im Sinne des Hochschulsponsoring Trainee-Programme für internationale Studenten auflegen. Auch hier fehlt die Förderung des individuellen Ansatzes und des individuellen Engagements. Und so muss man sich nicht wundern, wenn Unternehmen sich fragen, warum sie Stipendien für Studenten aus dem Ausland sponsern sollen, wenn der DAAD dies scheinbar ohnehin umfassend tut und wenn sie diese internationalen Absolventen nicht zu besonders günstigen Bedingungen entweder in Deutschland oder im Heimatland der Absolventen einsetzen können.

3.3 Bund, Länder, Universitäten: der Kompetenzenstreit

Viele Kultus- und Wissenschaftsministerien deutscher Länder haben begonnen, die Bemühungen ihrer Universitäten um die Einwerbung von Drittmitteln zu unterstützen, sei es, dass sie solche Gelder in immer höherem Maße einfordern oder gar vorschreiben, sei es, dass sie die Einwerbung von Drittmitteln durch zusätzliche staatliche Gelder „belohnen“. Dabei hat ein Wettbewerb zwischen den Ländern eingesetzt, den es so in den USA niemals geben würde.

Dort findet der Wettbewerb zwischen den Universitäten statt, niemals zwischen den einzelnen Staaten der USA. So interessieren sich Einrichtungen des Bundes zwar durchaus für die Forschungsleistungen einzelner Professoren und hoffen, aus dem Forschungssponsoring Vorteile zu erzielen, aber zu diesem Zweck wenden sich *federal institutions* an die Universität, nicht an die Regierung des Staates, in welchem sich die Universität befindet. Wieder lässt sich dasselbe Grundmuster erkennen: man setzt auf die individuelle Institution, auf das Individuum innerhalb dieser Institution, auf die individuelle Forschungsleistung. Nicht umsonst weisen die USA mehr Nobelpreisträger auf als jedes andere Land. Energie, eigene Kraft, „Selbstdenken" zählen, nicht die Qualität oder Struktur einer wie auch immer gearteten Wissenschaftsorganisation.

Dieser Unterschied zu Deutschland hat durchaus etwas mit der Mischfinanzierung der amerikanischen Universität zu tun: viele geldgebende Gruppen müssen befriedigt werden, und das persönliche Interesse etwa der einzelnen Trustees, denen gegenüber der Präsident wie einem Aufsichtsrat Rechenschaft ablegen muss, dürfte in jedem Fall berücksichtigt werden. Selbstverständlich haben es der Präsident und die Dekane einer amerikanischen Universität auch mit akademischen Gremien zu tun, und die Spannung zwischen der akademischen und der unternehmerischen Ausrichtung ist aus keiner erfolgreichen amerikanischen Universität wegzudenken. Entscheidend ist jedoch, dass sich diese Spannung zwar im Einzelfall destruktiv entladen kann, wie es jüngst der Streit um *Larry Summers*, den Präsidenten der Harvard University gezeigt hat, dass sie aber im Grundsatz gut geheißen wird, da eine kluge Politik des Management immer auch die wegen gegenwärtiger wirtschaftlicher und gesamtgesellschaftlicher Interessen Benachteiligten nicht nur mit den notwendigen finanziellen Zuwendungen versehen, sondern ihnen auch ihren Wert innerhalb der Universität bewusst machen wird.

Deutschland dagegen wird vom „Kompentenzengerangel" bestimmt: Kultus- und Wissenschaftsminister versus Bundesbildungsministerium, Kultus- und Wissenschaftsminister der SPD-regierten Länder gegen solche der CDU-regierten Länder, Kultus- und Wissenschaftsministerien innerhalb der Länder versus Universitäten und Landesrektorenkonferenzen. Der Kampf um die Bewahrung und Ausweitung der Kulturhoheit der deutschen Länder erstickt alle Ansätze zur Eigeninitiative der Universitäten – wie der jüngste Streit um die vom Bund gewollte Einrichtung von etwa zehn Eliteuniversitäten zeigt. Während sich die zu Elite-Universitäten ernannten Hochschulen gern dem Bund zugeordnet gesehen hätten, reklamierten die Länder die vorgesehenen Mittel unmittelbar für das eigene Ressort – dünn kaschiert durch die Bitte um deren Zuweisung an die DFG, die dann wiederum besonders gute Fachbereiche mit zusätzlichen Mitteln versehen soll.

3.4 Einheit versus Trennung von Forschung und Lehre

Der größte Unterschied aber zwischen dem amerikanischen und dem deutschen Universitätssystem, der direkt aus der ungebrochenen Tradition des Deutschen Idealismus in den USA abgeleitet werden kann, besteht darin, dass in dem amerikanischen Bildungssystem keine offizielle Trennung von Forschung und Lehre stattgefunden hat. Dabei ist unbestritten, dass es in den USA privilegierte sogenannte Research Universities gibt, an denen die Forschung eine weit größere Rolle spielt als an den übrigen Universitäten; auch kennen die USA den Professor, der wegen hervorragender Forschungsleistungen nur noch sehr geringe Lehrverpflichtungen wahrzunehmen hat – zum Neid seiner deutschen Kollegen. Entscheidend ist jedoch, dass Forschung in den USA fast ausschließlich an den Universitäten stattfindet (die Raumfahrt und die Militärforschung sind signifikante Ausnahmen, und auch hier sind Universitäten maßgeblich involviert). Damit kennen die amerikanischen Forschungsinstitute auch nicht das Problem, geeignete Nachwuchswissenschaftler zu finden. Im Gegenteil: an bedeutenden Universitäten, wo die Studenten handverlesen sind, etwa dem MIT, ist es keine Seltenheit, dass Studenten schon in frühen Semestern Mitglieder einer Forschungsgruppe sind. Und viele renommierte amerikanische Universitäten, etwa Stanford, bevorzugen in ihren Ph.D.-Programmen Absolventen mit einem exzellenten Bachelor-Abschluss, da diese mehr Zeit und Energie in ein Dissertationsvorhaben investieren und investieren können als die älteren Master-Studenten.

Aber es geht nicht nur um Nachwuchswissenschaftler, die ja ohnehin nur einen geringen Teil der Studentenschaft ausmachen. Es geht darum, dass einzelne Unternehmer, Alumni oder an der Sache interessierte Individuen eher eine Hochschule fördern, an der sich Forschung und Lehre verbinden, sofern diese Verbindung für die Gesellschaft sichtbar wird und sichtbar gemacht wird. Denn Individuen fördern Individuen, am liebsten aber Individuen innerhalb einer Institution, die einerseits eine gewisse Kontinuität und andererseits gesellschaftlichen Fortschritt verspricht. Zwischen Kontinuität und gesellschaftlichem Fortschritt sehen sie keinen Widerspruch – so wenig wie das idealistische Individuum seine Identität in Frage stellt, wenn es sich wandelt.

Es soll keineswegs bestritten werden, dass an den großen Forschungsinstitutionen der Bundesrepublik vorzügliche Forschungsergebnisse erzielt werden: Forschungsergebnisse, die auch international von Bedeutung sind. Sicher lässt sich auch das eine oder andere Forschungsergebnis schneller erzielen, wenn sich die Mitglieder des Forschungsteams ausschließlich auf eine einzige Aufgabe konzentrieren können. Aber unter dem Aspekt des Hochschulsponsoring und der Einbindung der Forschung in einen gesamtgesellschaftlichen Bildungszusammenhang ist die zunehmende Trennung von Forschung und Lehre, die nicht mehr vergleichbare und kaum noch umkehrbare verschiedenartige Ausrichtung von Universitäten und Forschungseinrichtungen, gelinde gesagt, kontraproduktiv. Kennzeichen dafür ist, dass jede bundesrepublikanische Regierung das Thema Bildung zwar immer wieder auf die Tagungsordnung setzt und Bildungsinitiativen durchaus fördert, dabei aber entweder Kindergärten und Schulen oder international anerkannte Forschung im Auge hat. Das heißt: Lehre und Forschung driften immer mehr auseinander.

4. Wege zum individuellen Hochschulsponsoring

Da die Einheit von Forschung und Lehre nur über einzelne engagierte Individuen, das heißt: über „Köpfe" realisierbar ist, derlei Individuen aber nicht einmal vom Grundsatz her eine wichtige Rolle in der Bildungspolitik der Bundesrepublik spielen, ist es fraglich, ob hier – historisch gesehen – ein Umdenken überhaupt noch möglich ist. Ein solches Umdenken wäre – wie der Vergleich mit den USA gezeigt haben dürfte – allerdings die unabdingbare Voraussetzung, um einem umfassenden Hochschulsponsoring den Weg zu ebnen. Man könnte in der Bundesrepublik versuchen, durch einige gezielte Strukturmaßnahmen ein solches Umdenken zuallererst zu ermöglichen. Der Erfolg bliebe allerdings abzuwarten.

Mindestens drei solcher Strukturmaßnahmen sollte eine neue Bundesregierung andenken und wenn irgend möglich umsetzen:

1. Der **Wissenschaftsrat** sollte aufgelöst und seine Aufgaben zusätzlich der DFG übertragen werden. Damit würden Evaluation und die Übernahme der Verantwortung für die Konsequenzen dieser Evaluation ein und derselben Wissenschaftsorganisation übertragen. Es würde außerdem erreicht, dass die DFG nicht nur wissenschaftliche Schwerpunkte definiert und Projekte, welche diesen Schwerpunkten zuzuordnen sind, gezielt fördert, sondern sie müsste ihre Aktivitäten auch in einem größeren bildungspolitischen Zusammenhang rechtfertigen.
2. **Universitätsprojekte**, welche die Re-Integration von Forschung und Lehre zu fördern versprechen, sollten durch besondere finanzielle und organisatorische Maßnahmen des Bundes unterstützt, allerdings auch von einem strengen Controlling-Prozess begleitet werden. Zu solchen Maßnahmen gehören etwa die verbindliche Einrichtung von Graduate Schools an Hochschulen mit Promotionsrecht oder die (zeitweilige) Übernahme von (Landes-) Universitätsprofessuren durch Mitarbeiter der (Bundes-) Forschungseinrichtungen.

3. Es sollten generelle **Studiengebühren** eingeführt werden. Eine Grund-Studiengebühr sollte mit den anderen Staaten abgesprochen werden, welche die Bologna-Erklärung unterschrieben haben. Darüber hinaus sollte den einzelnen Universitäten in Deutschland freigestellt werden, zusätzliche Studiengebühren zu erheben, und zwar entweder universitätsweit oder fachgebunden. Die Gründe für die Erhebung einer zusätzlichen Studiengebühr sowie die Form der studentischen Auswahlverfahren müssten von den Universitäten offengelegt und von staatlich anerkannten Akkreditierungsorganisationen akzeptiert worden sein.

Diese und ähnliche Aufgaben müssten allerdings politisch gewollt sein und gezielt von der Regierung in Angriff genommen werden. Sie dürften nicht zum Zankapfel zwischen Bund und Ländern oder bei Konferenzen und in Kommissionen zerredet werden, deren Mitglieder sich paritätisch aus den Vertretern aller Wissenschaftsorganisationen zusammensetzen. Um dies zu verhindern, müssten entsprechende Entwürfe auf Bundesebene vorbereitet, europaweit abgeklärt und möglicherweise mit dem Department of Education in Washington, D.C. beraten werden. Wichtig bleibt dabei festzuhalten, dass ein Umdenken in Bildungsfragen in der Bundesrepublik zwar nur durch Strukturmaßnahmen, die das deutsche Bildungssystem internationalem höchstem Standard anpassen, überhaupt in Gang gesetzt werden kann, dass aber das erklärte Ziel dieser Strukturmaßnahmen die Entlassung der Universitäten in die Freiheit sein muss – sei diese von den Universitäten nun gewollt oder nicht. Denn sie impliziert unter anderem, dass die Universitäten selbst Sponsoring-Strategien entwickeln müssten (vgl. *Westebbe* 1997, S. 39). Das heißt nun gerade nicht: Kompatibilität mit allen anderen europäischen (und amerikanischen) Bildungssystemen anzustreben, sondern die Grundprinzipien des Erfolges der amerikanischen Universität mit unseren geistigen Traditionen, vor allem der Tradition des Deutschen Idealismus, wieder in Einklang zu bringen.

Literatur

Beier, S. (2003): Hochschul-Sponsoring: Rahmenbedingungen und Faktoren erfolgreicher Kooperationen, Hannover 2003

Damm, S. (2004): Das Leben des Friedrich Schiller, Eine Wanderung, Frankfurt am Main u. Leipzig 2004

Hermanns, A./Glogger, A. (1998): Management des Hochschulsponsoring, Orientierungshilfen für die Gestaltung und Umsetzung von Sponsoringkonzepten an Hochschulen, Neuwied u.a. 1998

Heuss, T. (1986): Robert Bosch, Leben und Leistung, Stuttgart 1986

Safranski, R. (2004): Friedrich Schiller oder Die Erfindung des Deutschen Idealismus, München u. Wien 2004

Westebbe, A./Winter, E./Trost, O. (1997): Hochschul-Sponsoring, Ein Leitfaden für Sponsoringpraxis an Hochschulen, Berlin u.a. 1997

Auswirkungen des Schulsponsoring in Deutschland

Dr. Dr. Gerhard Beisenherz
Deutsches Jugendinstitut

1. Umfang und Grenzen des Schulsponsoring

1.1 Definition von Schulsponsoring

Seit einigen Jahren finden sich verstärkt Hinweise in den Medien auf das Vordringen von Sponsoring auch an den Schulen (vgl. *o.V.* 2002, S. 114; *Frankerl* 2003, S. 36; *Obermann/Müller-Bialon* 2003, S. 33; *Frydrych* 2002, S. V2/14). Über die **Definition des Sponsoring** besteht heute wohl weitgehend Einigkeit. Sponsoring wird generell angesehen als eine spezifische Art der kommerziellen Kommunikation, also einer Aktivität, die heute zunehmend als Oberbegriff für jede Form des Kontaktes von Unternehmen mit der Öffentlichkeit und den Verbrauchern gewählt wird, die nicht einfach der bloße Leistungsaustausch, also z.B. den Kauf eines Produktes, meint (vgl. *BEUC* 1996; *Beisenherz/ Furtner* 1997). Auch die besonderen Charakteristika des Sponsoring von Schulen und Schulaktivitäten sind heute kaum noch kontrovers. So kommen verschiedene Handreichungen von Kultusministerien bzw. Schulbehörden zu einer weitgehend übereinstimmenden Einschätzung (vgl. *MSWF-NRW* o.J.; *MBWFK-SH* 2003; *Stadtverwaltung Köln* 2001).

Über diese regierungsamtlichen Dokumente, die den Schulen entweder in Form von Richtlinien oder in Form offiziöser Broschüren das Rüstzeug an die Hand geben, in der Praxis mit Sponsoren problemfrei umzugehen, ergibt sich ein erster Zugang zum **Schulsponsoring**. In diesen Texten wird zum einen eine Definition von Sponsoring geliefert und dieses gegenüber traditionellem Mäzenatentum und schlichten Spenden einerseits und gegen Werbung andererseits abgegrenzt. Im Hinblick auf die möglichen Vorteile der Sponsoren werden hier die steuerrechtlichen Aspekte dargestellt und es wird erläutert, was schulrechtlich möglich und zulässig ist und was dagegen nicht genehmigt werden kann. Aufgeklärt wird hier auch darüber, wer bei Sponsoringverträgen überhaupt Vertragpartner sein kann und wie solche Verträge zu Stande kommen und auszusehen haben. Diese Handreichungen geben einen guten ersten Einblick in die formalen Aspekte des Sponsorings.

Unter Sponsoring wird die Zuwendung verstanden, die von einer werbewirksamen Gegenleistung abhängig gemacht wird (zum Beispiel durch Erwähnung des Firmennamens in einem Druckwerk oder mündlich bei geeigneter Gelegenheit). Leistungen eines Sponsors beruhen häufig auf einer vertraglichen Vereinbarung zwischen dem Sponsor und dem Empfänger der Leistungen, in der Art und Umfang der Leistung des Sponsors und des Empfängers geregelt sind. Für Sponsoring gibt es keinen eigenständigen Vertragstypus, es handelt sich vielmehr um einen gegenseitigen Vertrag im Sinne des Bürgerlichen Gesetzbuches (BGB), der allgemeinen Vertragsregelungen folgt

(*MBWFK-SH* 2003, S. 7). Somit ist Sponsoring klar vom so genannten Mäzenatentum zu unterscheiden. Die mäzenatische Förderung, d.h. die Spende, ist eine Förderung ohne Gegenleistung. Die Förderung durch Sponsoring ist eine Förderung mit Gegenleistung und Werbewirkung der Imagewerbung Sponsoren unterstützen das pädagogische Konzept einer Schule oder Schulprojekte durch finanzielle Beiträge, Sachausstattung oder auch personelle Ressourcen (*MSWF-NRW* o.J., S. 16).

Diese Definitionen folgen weitgehend der vom Gesetzgeber im Rahmen der **Steuergesetzgebung** vorgegebenen **Leitlinien**. So heißt es in dem Erlass des Bundesministeriums der Finanzen über die Ertragsteuerliche Behandlung des Sponsoring vom 18.02.1998: „Begriff des Sponsoring: Unter Sponsoring wird üblicherweise die Gewährung von Geld oder geldwerten Vorteilen durch Unternehmen zur Förderung von Personen, Gruppen und/oder Organisationen in sportlichen, kulturellen, kirchlichen, wissenschaftlichen, sozialen, ökologischen oder ähnlich bedeutsamen gesellschaftspolitischen Bereichen verstanden, mit der regelmäßig auch eigene unternehmensbezogene Ziele der Werbung oder Öffentlichkeitsarbeit verfolgt werden. Leistungen eines Sponsors beruhen häufig auf einer vertraglichen Vereinbarung zwischen dem Sponsor und dem Empfänger der Leistungen (Sponsoring-Vertrag), in dem Art und Umfang der Leistungen des Sponsors und des Empfängers geregelt sind" (*Bundessteuerblatt* 1998, Teil I, S. 212 f.). In diesem Erlass sowie in Urteilen des BFH ist zudem weiter geregelt, unter welchen Bedingungen es sich bei den Aufwendungen des Sponsors um Betriebsaufwendungen handelt und wann um Spenden. Darauf soll hier jedoch nicht weiter eingegangen werden.

1.2 Leistung und Gegenleistung beim Schulsponsoring

Bedeutsam zu Verständnis des Sponsorings an Schulen und in Bildungseinrichtungen ist dagegen der Katalog der jeweils zulässigen Leistungen und Gegenleistungen sowie der damit verbundenen möglichen Einflussnahmen. Als generelle Regel vermerkt etwa die Handreichung in Schleswig-Holstein: „Das jeweilige Schulprofil und das Sponsoring sollten aufeinander abgestimmt sein; die Sponsoren sollten deshalb zum Schulprogramm passen. Der Werbezweck muss bei allen Gegenleistungen der Schule immer deutlich im Hintergrund gegenüber dem zu fördernden Zweck stehen" (*MBWFK-SH* 2003, S. 8). Daraus ergeben sich dann einige konkrete Empfehlungen zu zulässigen und unzulässigen Maßnahmen. Am Beispiel einzelner konkreter Schulen führt etwa der Leitfaden für NRW aus: „Die Unterstützung von Schulen durch Unternehmen, die inhaltliche Kooperation, ist breit gefächert: Bereitstellung von Materialien und Geräten für den Einsatz im Fachunterricht (Labormaterialien für den naturwissenschaftlichen Unterricht, Rechner und Software, Lehrerhandreichungen, Textsammlungen), Betriebserkundungen und Betriebspraktika für Schüler und Lehrer, Seminarangebote speziell für Lehrerinnen und Lehrer und Öffnung der betrieblichen Weiterbildungsmaßnahmen für Lehrkräfte, Durchführung von Planspielen, Öffnung der Betriebsstätten (Labore, Computerräume, Werkstätten) für die Durchführung von Unterrichtseinheiten, Unterstützung von Wettbewerben auf regionaler und überregionaler Ebene, Förderung der Teilnahme von einzelnen Schülerinnen und Schülern an Wettbewerben, Unterstützung von Projekten durch finanzielle Zuwendungen, Sachmittel und Know-how, Einbringen von Expertenwissen in den Fachunterricht, in Diskussionsrunden und Vorträgen. Das Engagement trägt zur Profilbildung der Schulen bei und eröffnet ihnen den schnelleren Zugang zu innovativen Entwicklungen" (*MSWF-NRW* o.J., S. 1). Zu den Gegenleistungen einzelner konkreter Schulen heißt es weiter: „Die Peter-Härtling-Schule ist keine Schule mit Werbetafeln, Banden in der Turnhalle, im Eingangsbereich oder gar in den Klassen. Die Gegenleistung der Schule sieht anders aus. Das Zauberwort heißt „Kommunikation". Die Schule kommuniziert die gemeinsamen Maßnahmen mit unseren Sponsoren in der öffentlichen Presse, in der Schülerzeitung, im Internet und in Rundbriefen an die Eltern. Das Wasserwerk wiederum, unser Hauptsponsor, kommuniziert das Zusammengehen mit der Schule unternehmensintern. Ein weiteres zukunftsorientiertes Unterfangen ist der Versuch der gemeinsamen „Vermarktung" aller Langenfelder Grundschulen. Ein erster Erfolg: die Stadtwerke Langenfeld GmbH sponsern in Verbindung mit dem Sportamt den Erdgas-Grundschul-Fußball-Cup. Erster Preis: eine Klassenrenovierung, bezahlt durch die Stadtwerke (*MSWF-NRW* o.J., S. 4).

Ein anderes Beispiel weist zudem auf eine besondere Problematik hin, die auch für Schulen entstehen kann. Nicht bei allen Formen des Sponsorings bleiben die Einnahmen der Schule steuerfrei, wie der folgende Fall zeigt: „Die naturwissenschaftlichen Klassen einer Gesamtschule schließen sich zu einem Öko-Projekt zusammen. Mit finanzieller Unterstützung und personeller Betreuung eines regionalen Umwelt und Energieunternehmens errichten sie eine Solaranlage, eine Windkraftanlage und eine biologische Kläranlage; sie beschäftigen sich mit Stromsparmaßnahmen an Gebäuden und im Privathaushalt, mit abfallarmer Hauswirtschaft, nachhaltigem Wirtschaften u.a.m. Als Gegenleistung für die Zuwendungen des Unternehmens hat sich die Schule verpflichtet, im Rahmen ihrer regelmäßigen Öffentlichkeitsarbeit auf die Unterstützung des Unternehmens in vertraglich festgelegter Form publikumswirksam hinzuweisen. Das Briefpapier der Schule, die vom Öko-Projekt herausgegebenen Broschüren und Veranstaltungsplakate sind mit dem Unternehmenslogo und einem ins Auge springenden Vermerk „Offizieller Sponsor des Öko-Projekts" zu versehen. Das Unternehmen tritt hier als Sponsor auf. Seine Zahlungen für das Öko-Projekt sind als Betriebsausgaben steuerlich abzuziehen. Die Schule muss die Einkünfte aus dem Sponsor-Verhältnis versteuern, wenn die Einnahmegrenze von 60.000 DM im Jahr nachhaltig überschritten wird (*MSWF-NRW* o.J., S. 5).

Zusammenfassend kann man feststellen: Schulen, die Sponsoringaktivitäten planen, treten in einer neuen Rolle als Anbieter auf. Sie suchen einen Partner, der ihr Angebot unterstützt. Das **Angebot von Schulen** kann man wie folgt zusammenfassen:

- Schulen sind im lokalen Aktionsfeld prädestiniert für Vernetzungsaktivitäten.
- Schulen verfügen im Sinne einer erweiterten Schulgemeinde über weitreichende Kommunikationsstrukturen, auch Ehemalige.
- Schulen sind Zentren der Kommunikation, Stützpfeiler der kulturellen Landschaft und stiften Identität.
- Schulen entwickeln und vermitteln Schlüsselqualifikationen (individuelle Leistungsbereitschaft, Teamfähigkeit, Medienkompetenz, Sozialkompetenz, Fachkompetenz).
- Schulen verfügen über eine große Vielfalt von Begabungen in ihrer Schülerschaft und ermöglichen Unternehmen, über bestimmte Projekte Kontakte zu potenziellen künftigen Mitarbeitern aufzubauen.
- Durch die Öffnung von Schulen werden Lernprozesse mit Ernstcharakter initiiert.
- Professioneller Unterricht und lebendige Schule fördern die Persönlichkeitsbildung und wirken prophylaktisch gegen Gewalt, Drogen, Kriminalität und politischen Extremismus (*MSWF-NRW* o.J., S. 3).

Umgekehrt gilt, dass daher folgende **Aktivitäten** zu Gunsten des Sponsors nicht zulässig sind:

- Der Sponsor versucht, Einfluss auf die inhaltliche Ausgestaltung von Unterricht und Erziehung zu nehmen.
- Die Unvoreingenommenheit schulischer Entscheidungen könnte durch die Zuwendung beeinträchtigt werden.
- Es besteht möglicherweise die Gefahr einer Abhängigkeit des Unterrichtsbetriebes von einem bestimmten Sponsor auf Grund der Höhe, der Dauerhaftigkeit oder der Regelmäßigkeit der Zuwendung.
- Es könnte sich ein Gefälle zwischen den Schulen einer Schulart beziehungsweise zwischen den Schularten durch die Höhe der Zuwendung mit der Folge bilden, dass die Chancengleichheit aller Schülerinnen und Schüler in ihrer schulischen Ausbildung beeinträchtigt werden könnte (*MBWFK-SH* 2003, S. 8 f.).

2. Daten zum Schulsponsoring: Zwei Schulerhebungen des Deutschen Jugendinstituts (DJI)

Statistische Daten zum Sponsoring in der Schule sind nur schwer zu finden. Das meiste Wissen über Schulsponsoring ist über die vielen einzelnen Aktivitäten und Darstellungen sowohl der Schulen als auch einzelner Verbände, die im Sponsoring Bereich tätig sind, zugänglich. Der Sinn des Sponsorings ist ja die Darstellung des Sponsors und seiner Aktivität als Sponsor in der Öffentlichkeit. Solche Darstellungen sind daher vielfältig und notwendig mit dem Sponsoring verbunden, aber häufig auch auf einen lokalen oder regionalen Kontext eingeschränkt. Verständlicherweise gibt es über diese vielfältigen Darstellungen keine halbwegs repräsentative Untersuchung, die begründete Rückschlüsse auf das Phänomen, seine Verbreitung und Bedeutung erlauben würde. Allerdings vermittelt der Zugriff auf eine Vielzahl von Sponsoringdarstellungen, die sich mittlerweile im Internet finden lassen und häufig von Dachverbänden der Wirtschaft oder Initiativen[1] angeboten werden, einen Eindruck, wie weit Sponsoring heute entwickelt ist und in welchen Formen es sich ausgebreitet hat. Beispielhaft sei hier etwa hingewiesen auf die Seite http://www.kurs-21.de der Initiative „Schulen unternehmen Zukunft“. Hier findet man etwa einen Überblick über so genannte „Lernpartnerschaften“ [2], in denen sich Schulen mit lokalen Unternehmen zusammenfinden, um ein gemeinsames Lernthema mit Unterstützung des Unternehmens in der Schule zu erschließen. Unterstützt wird diese Initiative durch das Institut „Unternehmen&Schule“ an der Universität Düsseldorf.

---

1 In Bayern wurde die Stiftung Bildungspakt Bayern ins Leben gerufen, eine Initiative des Bayerischen Staatsministeriums für Unterricht und Kultus, der mittlerweile über 100 Firmen angehören (Infos unter www.Bildungspakt-Bayern.de). Baden Württemberg stimuliert lokale Aktivitäten durch Veranstaltungen des Ministeriums für Unterricht und Kultus, wie dem Sponsoringkongress vom 24.1.2002 in Fellbach und dem Arbeitskreis „Bildung Qualifikation“ im Rahmen der Initiative D. Die Initiative D21 steht unter Vorsitz des Bundeskanzlers und hat die umfassende Wandlung Deutschlands zur Wissensgesellschaft zum Ziel. In diesen Kontext gehört auch die weltweite Initiative von Intel, das unter dem Namen INTEL1 und INTEL2 eine Kampagne der Lehrerfortbildung durchführt mit dem Ziel, die Rezeptivität der Schulen für IT-Technologie im Unterricht zu steigern. In Deutschland ist die Lehrerfortbildungsakademie Dillingen federführend für diese Initiative, die Lehrer aller Schularten erreicht.

2 Die Liste dieser Lernpartnerschaften (LP) in der Region Wuppertal ist erstaunlich: Metro ist LP der Else Lasker GS, Johnson&Johnson des Gymnasiums Sedanstraße, Bayer des Carl-Fuhlrott Gymnasiums, die Hauptschule Katernberg hat Raumfabrik GmbH als LP, die Realschule Max-Planck ist Lernpartner von DELPHI usw. Es handelt sich hierbei quasi um eine Art Patenschaft.

2.1 Die Untersuchung „Werbepädagogik in der Grundschule“

Empirische sozialwissenschaftliche Erhebungen zum Sponsoring, die Repräsentativität beanspruchen könnten und darauf fokussiert sind, stehen zur Zeit ebenfalls noch aus. In einigen quantitativen Erhebungen wurde das Phänomen allerdings zumindest am Rande mit berücksichtigt. Daten zum Sponsoring wurden z.B. erhoben in den beiden folgenden Untersuchungen des Deutschen Jugendinstituts: Die Untersuchung „Werbepädagogik in der Grundschule“ erhob im Jahre 1995 Daten zur Verbreitung von Werbung in bayerischen und brandenburgischen Grundschulen, und die Untersuchung „Schule und soziale Netzwerke“ erhob im Jahre 2001 in einer repräsentativen bundesweiten Erhebung Daten zur Einbindung von Schulen in den lokalen Kontext. Dabei wurde auch danach gefragt, ob es Sponsoren oder Fördervereine an den Schulen gibt und welche Bedeutung diese für die Schule haben.

In der Studie „Werbepädagogik in der Grundschule“ waren 1018 Grundschullehrer aus 182 Grundschulen in Bayern und 515 Grundschullehrkräfte in Brandenburg von 113 Schulen befragt worden. Für die beiden Bundesländer war die Stichprobe jeweils repräsentativ (zur Stichprobe im Einzelnen vgl. *Feil* 1997). Hinsichtlich des Sponsoring im weitesten Sinne wurden die Schulleiter befragt. Immerhin 40 % der Grundschulen in Bayern und 60 % derjenigen in Brandenburg bejahten die Frage, ob es Sponsoring an der Schule gibt (*DJI* 1997, S. 263). Schon in dieser Untersuchung fiel auf, dass die neuen Bundesländer mit ihrer größeren Finanznot in den Gemeinden in stärkerem Ausmaß aktiv Spendengelder einwarben. 85 % der Schulleiter dort gaben an, sich aktiv um Spenden zu bemühen, gegenüber 56,2 % in Bayern (DJI 1997, S. 264). Auffällig ist auch der Unterschied beim Einwerben der Spenden: Während in Bayern das Einwerben über den Elternbeirat mit 74 % (gegenüber 9 % in Brandenburg) dominierte, dominiert in Brandenburg mit 86 % der Nennungen das Einwerben bei kleineren Betrieben im Schulumfeld (gegenüber 19 % in Bayern). Vermutlich zeigt sich in dieser Differenz die unterschiedliche Tradition beider Länder: In Bayern ist die Schule als Erziehungseinrichtung eher auf das Elternhaus ausgerichtet, in Brandenburg wirkt die DDR-Tradition mit der starken betrieblichen Orientierung nach. Aber auch die früher einsetzende Finanznot in Brandenburg spiegelt sich hier schon wider (vgl. *Beisenherz/Furtner-Kallmünzer* 1997, S. 29). Die häufigste Art, sich beim Spender für die Spende zu bedanken, war in 51 % (Bayern) bzw. 76 % (Brandenburg) die Nennung desselben auf Schulveranstaltungen (*DJI* 1997, S. 263).

Die stärkere Orientierung am sozialen Umfeld über die Familien der Schüler hinaus zeigte sich auch in der Verbreitung von Fördervereinen. Nur 9,6 %

in Bayern gegenüber 33,3 % in Brandenburg gaben an, dass ein solcher existiert, und immerhin noch 30 der Schulleiter in Brandenburg wollen einen solchen für die Schule haben, gegenüber – damals (!) – nur 1,7 % in Bayern. Die unterschiedliche Orientierung – in Bayern auf die persönlichen Verbindungen, in Brandenburg auf die materielle Unterstützung – kam auch in der Gewichtung der Aufgaben von Fördervereinen zum Ausdruck. Während für bayerische Schulleiter der persönliche Einsatz der schulexternen Personen im Mittelpunkt der Fördervereine stand, war dies für die Schulleiter in Brandenburg eindeutig die Unterstützung mit Sach- und Geldspenden.

Insgesamt war aber damals die Höhe der jährlichen Geld- und Sachspenden für die Grundschulen doch sehr bescheiden. Der Mittelwert lag bei 2.033,- DM (Bayern) bzw. 2.133,- DM (Brandenburg). Allerdings verbirgt sich hinter dem Mittelwert ein breite Spanne. Ca. die Hälfte der Schulen erhielten weniger als 1000,- DM, aber 9 % (Bayern) bzw. 13,3 % (Brandenburg) erhielten mehr als 4000,- DM, und im Maximum wurden Beträge von 15.000,- und 20.000,- DM genannt (*Furtner-Kallmünzer* 1997, S. 111 f.). Mitte der 1990er Jahre dominierte gerade im Bewusstsein der Lehrer und Schulleiter im Kontext der Kommerzialisierung des Schülerlebens und der Schulen das Problembewusstsein bezüglich der Beeinflussung der Schüler durch Werbung, und zwar außerhalb, weniger innerhalb der Schule. Die Unterstützung für einen Ausbau der „Werbepädagogik“ als ein Teil der Medienpädagogik war daher groß. Dagegen wurde kaum die Gefahr gesehen, dass die Kinder durch Werbung in der Schule selbst oder gar durch Sponsoring beeinflusst werden könnten (vgl. *Beisenherz/Furtner-Kallmünzer* 1997, S. 27 ff.; *Furtner-Kallmünzer* 1997, S. 116 ff.; *Beisenherz* 1997, S. 132 ff.). An diesem Befund hat sich auch in den Folgejahren wenig geändert. So kam noch 1999 in einem Überblick über praktische Ansätze zur Werbe- und Konsumerziehung im internationalen Rahmen *Furtner-Kallmünzer* zu dem Resultat: „Die vielen kommerzialisierten „Erlebnisangebote“ die den Kindern in ihrer Freizeit begegnen, bei denen Spaß, Unterhaltung und Aktivität im Vordergrund stehen, geraten nicht ins Blickfeld. (...) Auch Werbung in der Schule selbst ist m. E. ein besonderes Problem. Gerade für Grundschulkinder kann die Schule noch positiv besetzt sein, (...) so dass (...) Sponsoring von Unterrichtsmaterial, Aktionen usw. nicht hinterfragt werden“ (*Furtner-Kallmünzer* 1999, S. 171). Werbung in der Schule und auch Sponsoring selbst wurden somit identifiziert als der gelbe Fleck im Auge der Werbepädagogik.

2.2 Die Untersuchung „Schule und soziale Netzwerke“

In der Studie „Schule und soziale Netzwerke“ wurden ebenfalls die Schulleiter befragt, ob es Sponsoren oder Fördervereine gibt. Hier wurden sämtliche Schulformen erfasst. Im Vergleich zu den anderen Schulformen ist das Sponsoring durch Wirtschaftsbetriebe demnach bei den Grundschulen mit 23 % am geringsten und bei den Gymnasien mit 56 % am höchsten[3]. Insgesamt deutlich höher liegt der Anteil der Schulen mit Fördervereinen: 60 % der Grundschulen haben diese, aber sogar 91 % der Gymnasien. 10 % der Grundschulen nennen noch sonstige Sponsoren. Insgesamt geben 30 % der Grundschulen und nur 5 % der Gymnasien an, keinerlei Sponsoring zu kennen. Von den Schulleitern der Grundschulen, die Sponsoren aus der Wirtschaft angaben, halten zudem 34 % diese Sponsoren für unverzichtbar und 42 % für bedeutsam. Für die anderen Schularten sind die vergleichbaren Zahlen ähnlich. Noch höher wird freilich weiter die Bedeutung der Fördervereine eingeschätzt. Bei den Grundschulen nennen 68 % der Schulleiter mit Fördervereinen diese „unverzichtbar“ und 2 % halten sie für bedeutsam. Niemand von den Grundschullehrern will zudem die Kooperation mit Sponsoren in Zukunft verringern, alle wollen sie erweitern oder zumindest erhalten. Diese Auskunft signalisiert eine im Vergleich zu der früheren DJI Untersuchung gestiegene finanzielle Bedeutung des Sponsorings für die Schulen (alle Zahlen: *Infratest Sozialforschung/Deutsches Jungendinstitut* 2002).

Die Untersuchung „Schule und soziale Netzwerke“ ermöglicht es zudem, für ausgesuchte Details zu prüfen, ob und wie sich Schulen mit Sponsoren und solche ohne unterscheiden. Dabei beziehen wir uns auf die Gesamtheit der befragten Schulen. Schulen mit Sponsoren haben häufiger zwei und mehr Internetzugänge (65 % gegenüber 50 %). Im Durchschnitt haben sie 8,2 Zugänge gegenüber 5,2 % bei den Schulen ohne Sponsoren. Das Internet wird dann auch häufiger genutzt. 69 % geben häufige Nutzung durch die Lehrer an gegenüber 59 % bei den Schulen ohne Sponsoren. Für die Schüler gilt gleiches (53 % häufig bei Schulen mit Sponsoren gegenüber 42 % bei den anderen). Insbesondere wird das Internet für die Außendarstellung bei Schulen mit Sponsoren deutlich häufiger genutzt (30 %) als bei den Schulen ohne Sponsoren (16 %).

Die verstärkte Außenorientierung der Schulen mit Sponsoring zeigt sich auch bei den sonstigen Kooperationspartnern wie Erziehungsberatung, Schulpsychologischer Dienst, Schulsozialarbeit, Förderzentrum etc. Während 27 % der Schulen ohne Sponsoren angeben, dass sie überhaupt nicht extern koope-

[3] Insgesamt wurden 2576 Grundschulen befragt.

rieren, sagen dies nur 14 % der Schulen mit Sponsoren. Noch ausgeprägter ist die Differenz, wenn man nach den sonstigen Kooperationspartnern in der Kommune fragt, wie Arbeitsamt, Betriebe, Kirchen, Sportvereine, Gemeindeverwaltung, kulturelle Einrichtungen etc. Immerhin 16 % der sponsorlosen Schulvereine nennen überhaupt keine Kooperation, nur 4 % der Schulen mit Sponsoren haben keine weiteren Kooperationspartner. Interessanter Weise betrifft dies auch die kulturellen Einrichtungen (65 % versus 45 %). Ohne Sponsoren gehen also allgemein die Aussenbezüge der Schule zurück. Man kann dies auch so formulieren: Wenn die Schule das Konzept der offenen Schule stärker favorisiert, findet man auch Sponsoring, beides geht offenbar Hand in Hand.

Über die Wirkungsrichtung lässt sich an Hand dieser Zusammenhänge allerdings keine Aussage treffen. Obwohl die Schulen mit Sponsoren ohnehin eine höhere Kooperationsorientierung haben als die anderen Schulen, planen diese mit 56 % zudem eine Erweiterung, wogegen die anderen Schulen dies nur zu 42 % vorhaben. In gesponserten Schulen ist zudem das Aktivierungsniveau der Eltern und der Schüler höher. Aus einer relativ umfangreichen Liste möglicher schulbezogener extra-curricularer Tätigkeiten machen 50 % der Schüler an gesponserten Schulen keine der Aktivitäten gegenüber 67 % derjenigen an nicht-gesponserten Schulen. Bei den Elternaktivitäten ist der Unterschied noch größer: Nur 12 % der Eltern an Schulen mit Sponsoren machen keine der Aktivitäten gegenüber 34 % an den anderen Schulen. Nicht verwunderlich ist, dass Eltern insbesondere nicht als Werber für Sponsoren in Erscheinung treten, wenn die Schule kein Sponsoring kennt. Das zeigt erneut, dass viele dieser Schulen sich nicht darum bemühen, und nicht etwa trotz Bemühen keinen Sponsor finden. Die stärkere Öffnung der gesponserten Schulen zeigt sich auch in der Beteiligung von externen Personen wie Künstlern oder Handwerkern am Unterricht oder an extracurricularen Aktivitäten (Musik, Theater etc.). Nur 27 % der Schulen mit Sponsoren gegenüber 47 % bei den anderen Schulen verzeichnen überhaupt keine Beteiligung solcher externen Personen an den Schulaktivitäten.

3. Der veränderte Stellenwert des Schulsponsorings heute

Diese wenigen Zahlen, die aus empirischen Erhebungen über das Schulsponsoring zugänglich sind, zeigen immerhin folgende **historische Situation** auf: Die Probleme der frühen 90er Jahre, die zur Diskussion von Sponsoring führten, stehen heute nicht mehr im Mittelpunkt der Aufmerksamkeit. Damals ging es primär um das Problem, ob sich die Werbung über das Sponsoring einen (weiteren) Zugang zu den Kindern verschaffen würde, um diese als die jüngste

Gruppe der Verbraucher zu erreichen und zu beeinflussen. Es war die Kommerzialisierung der Lebenswelt der Kinder, die insbesondere durch die mediale Werbeflut seit Einführung der privaten Fernsehsender in die Kinderzimmer schwappte, die an der Wiege von Untersuchungen zur Werbepädagogik (*Deutsches Jungendinstitut* 1997) oder zur Mitgliederbefragung des *BEUC* (*Consumentenbond/BEUC* 1996) stand. Sponsoring in der Schule, vor allem in der Art, wie es aus den angelsächsischen Ländern bekannt wurde, wurde als das trojanische Pferd der Werbung angesehen, um Kinder selbst in dem abgeschirmten Unterrichtsraum z. B. durch Firmenlogos in Schulheften oder Schulmaterialien oder über Produkte der Schulnahrung zu erreichen. Die Auseinandersetzung wurde angetrieben von der Sorge, wie sie *Jim Murray*, Direktor des BEUC, 1998 folgendermaßen ausdrückte: „Zwischen der Wiege und der Bahre sind Kinder und Eltern in jedem Teilaspekt ihres täglichen Lebens den kommerziellen Kommunikationen ausgesetzt: beim Frühstück, im Briefkasten, auf dem Weg zur Schule, beim Spielen, in Zeitungen, Fernsehen, Comics, Zeichentrickfilmen und anderen Formen der Unterhaltung. Eine Einzelbotschaft an sich ist nicht unbedingt das Problem: Sorge bereitet vielmehr die Allgegenwärtigkeit und schiere Masse der kommerziellen Kommunikation insgesamt sowie der von ihnen ausgeübte kumulative Kaufdruck“ (*Murray* 1998, S. 5).

Der Blick ins Ausland, insbesondere in die angelsächsischen Länder, zeigte aber schon damals, dass längst eine andere Entwicklung ins Haus stand als die Ausbreitung von Schulheften, die mit einem Spenderlogo versehen sind, oder die Erwähnung und publizistische Verbreitung der Sponsorennamen, die eine Schultheateraufführung oder einen Preiswettbewerb durch ihre Spenden ermöglicht hatten. Längst kündigte sich an, dass die informationstechnologische Revolution der 1980er und frühen 1990er Jahre nun auch die Schulen einholen würde und diese in finanzielle Abhängigkeit von Drittmitteln bringen könnte. So schrieb etwa in der erwähnten internationalen Vergleichsstudie zur Konsumerziehung der Medienforscher *Jo Groebel*: „Ein großes Problem der Schule der Zukunft ist die Tatsache, dass sie mit der technologischen Entwicklung didaktisch und apparativ mithalten müsste, jedoch von einer auf absehbare Zeit kaum prosperierenden öffentlichen Finanzsituation nicht die notwendigen Subventionen zu erwarten sind. Selbst größere einmalige Investitionen dürften noch keine strukturelle Änderung bewirken. Viele Vertreter der europäischen (Bildungs-)Politik setzen daher auf eine stärkere Übernahme des amerikanischen Modells. Dabei können die Grenzen zwischen privater Zuwendung und kommerziellen Interessen fließend sein“ (*Groebel* 1999, S. 66). *Groebel* sieht die Gefahr, dass durch eine verstärkte Einbindung privater Sponsoren als Finanzier notwendiger Sachausrüstung der Schulen deren Kapazität gemindert wird, die Fähigkeit zum kritischen Umgang mit Information zu fördern (*Groebel* 1999, S. 66). Genau der erste Teil dieser Entwicklung ist aber inzwischen eingetreten, wieweit auch die Folgerungen daraus die Befürchtung *Groebels* bestätigen werden, bleibt abzuwarten. Dass die durch vielfältige Initiativen heute betriebene Verbindung von Schule und Wirtschaft schon ab der Grundschule kaum dazu beitragen wird, das Denken in alternativen Mustern und die Utopie anderer und weniger problematischer sozialer Lebensformen zu fördern, dürfte freilich auf der Hand liegen.

Ein Beispiel mag die **Ambivalenz** verdeutlichen, die in der Intensivierung der Kooperation zwischen Schulen und Sponsoren angelegt ist. Die Initiative „Schule unternehmen Zukunft“ aus Baden Württemberg berichtet auf ihrer Internetseite u.a. folgendes Beispiel: „Im zweiten Good-Practice-Beispiel gaben das Scheffold-Gymnasium Schwäbisch Gmünd und die WELEDA AG einen Einblick in ihre Kooperationsaktivitäten. Im Mittelpunkt der Präsentation von Chemielehrerin *Susanne Wiker* stand „Die Herstellung einer Creme“, die von den Neuntklässlern im neuen Fächerverbund Naturwissenschaft und Technik (NwT) erkundet und selbst ausprobiert wurde. Die Schülerinnen und Schüler lernten bei WELEDA aber nicht nur die Produktion einer Calendula Baby-Creme, sondern auch das Unternehmensprinzip der Nachhaltigkeit kennen. Der Fragenkatalog, den die Schüler vorher im Unterricht erstellt hatten, forderte auch die WELEDA-Mitarbeiter, wie *Holger Biller*, Umweltbeauftragter bei WELEDA, ergänzte. Nach der Betriebserkundung rührten die Schülerinnen und Schüler im Schullabor mit den WELEDA-Rohstoffen selbst eine Calendula-Creme an und dokumentierten diesen Prozess. Das Ergebnis konnte sich sehen lassen: In einer PowerPoint-Präsentation und auf liebevoll gestalteten Stellwände fassten die Schüler/-innen ihr neu gewonnenes Wissen zusammen. In weiteren Kooperationsaktivitäten stehen außerdem noch Verkehrsströme und Internationalisierung, Heilpflanzen und ihre Wirkungen sowie Forschung und Entwicklung auf dem gemeinsamen Stundenplan“ (*o.V.* 2004, o.S.).

So sinnvoll es sein mag, wenn Schüler lernen, wie eine Baby-Creme hergestellt wird, so sehr drängt sich doch auch die Frage auf, warum dies an Hand einer speziellen Marken-Creme gelernt werden muss und welche Sicht der Globalisierung, der Forschung, der Heilpflanzen Patente – um nur einige Punkte zu nennen – vermittelt wird, wenn dies im Rahmen weiterer „Kooperationsaktivitäten“ erfolgt. Der Bildungsauftrag, der ja auch die Ausbildung zum kritischen Verbraucher und Bürger umfasst, dürfte so seine kritische Dimension zumindest etwas relativieren.

Die **heutige Situation** rund um das Schulsponsoring ist daher nicht mehr von der Sorge geprägt, dass Kinder auch in der Schule von der Werbung eingeholt würden und so keinerlei werbefreien Zonen mehr für ihre Entwicklung hätten. Diese Gefahren scheinen durch die rechtlichen Regelungen zum Schulsponsoring gegen Ende der 1990er Jahre weitgehend gebannt; sie werden zudem auch kaum noch als ernsthafte Gefahren debattiert. Das moderne Sponsoring steht vielmehr im Zentrum einer Entwicklung, die ursprünglich vielleicht unter dem Motto der Öffnung der Schule eingeläutet wurde, nun aber eine Richtung nimmt, die eher auf eine Ökonomisierung der Schule zuläuft. „Die Berührungsängste zwischen Schule und Wirtschaft sind in den vergangenen Jahren deutlich abgebaut, in vielen Fällen schon ganz beseitigt worden. Dazu haben vor allem Projekte beigetragen, die ein intensives gegenseitiges Kennenlernen zum Inhalt hatten. Traditionelles Sponsoring, wie man es früher kannte, war dazu weniger geeignet: Die Wirtschaft wurde eher als „Almosengeber" für die Schule angesehen; die Schule fühlte sich als Bittsteller. Heute sind die Schulen selbstbewusster geworden, sie wissen, dass sie etwas zu bieten haben und sie suchen sich passende Partner, mit denen eine langfristige Kooperation das begehrte Win-Win-Verhältnis verspricht" (*Hohlmeier* 2004, S. 24). Diese Tendenz gilt im übrigen nicht nur für die Schulen. Vielmehr ist sie im Rahmen einer allgemeinen Entwicklung hin zur Privatisierung ehemals staatlicher Aufgabenerfüllung zu sehen. Dazu führt die bayerische Kultusministerin aus: „Ein besonders gelungenes Beispiel für die Zusammenarbeit von Schule und Wirtschaft haben wir hier in Bayern, nämlich die Stiftung Bildungspakt Bayern, die in dieser Form einmalig ist. Mittlerweile 117 Unternehmen, darunter auch viele Zeitungen, Fernsehen und Rundfunk, und der Freistaat Bayern haben sich hier in einem Private-Public-Partnership zu kontinuierlicher Zusammenarbeit bei der Weiterentwicklung des bayerischen Schulwesens verpflichtet. Die Sitzungen des Förderausschusses und des Stiftungsrats sind vitale Brainstormings für eine zukunftsorientierte Ausrichtung der bayerischen Schulen" (*Hohlmeier* 2004, S. 25).

Natürlich hat bei dieser Entwicklung der hohe Finanzbedarf für die von *Groebel* angesprochene informationstechnische Modernisierung der Schulen eine wichtige Rolle gespielt. Verstärkt wurde dieser durch die sich fortlaufend verschärfende Krise der öffentlichen Finanzen, die sich in immer rigoroseren Sparprogrammen auch im Schulbereich niederschlug. Schließlich traten einflussreiche Bündnisse aus der informationstechnologischen Industrie mit politischen Kräften auf den Plan, die eine informationstechnologische Modernisierung des Bildungswesens als Vorraussetzung für Wettbewerbsfähigkeit im Globalisierungsprozess propagierten und organisatorisch umsetzten. Diesen Bestrebungen kam zum einen die von der pädagogischen und didaktischen Seite aus seit längerem betriebene Öffnung der Schule entgegen, die nun freilich weniger in einer Öffnung gegenüber dem sozialen Umfeld der Schule besteht, sondern primär das ökonomische Umfeld zum Ziel und Gegenstand hat. Zum anderen bereitete die erste PISA Studie dem deutschen Schulsystem einen Schock und tiefe Verunsicherung, so dass daraufhin die Impulse für eine informationstechnologische Modernisierung schulischen Lernens begierig aufgegriffen wurden.

Abgesehen von den möglichen Folgen, wie sie etwa *Groebel* schon 1999 befürchtete, zeigen sich nun aber noch weitere unerwünschte Folgeerscheinungen. Häufig werden die Mittel für die Schulen über Fördervereine eingesammelt, die dann für die Schulleitung wichtige Partner bei der Entwicklung der Schulausstattung werden. „Es ist in der heutigen Zeit keine Seltenheit, daß die Mittelzuweisung eines Fördervereins die Zuweisung des Schulträgers deutlich übersteigt. Ebenso werden heute vielfach Fördervereine von Firmen bzw. privaten Geldgebern unterstützt, die nicht unmittelbar als Eltern mit der jeweiligen Schule in Verbindung stehen“ (*Hendrich* 1999, S. 17). Eine sicher unerwünschte aber offensichtlich reale Gefahr besteht im Zusammenhang damit, dass sich die gesellschaftliche Polarisierung und die Segregation von Wohlstandszonen und Armutszonen nun ähnlich wie schon lange in den USA auch – jedenfalls im Ansatz – in Deutschland im Schulwesen durchsetzt.

Es ist nicht abzustreiten, dass mit der Gründung der ersten Fördervereine die finanzielle Schieflage von Schulen begonnen hat. Schulen in sozialen Brennpunkten, Schulen für Lernbehinderte aber auch Hauptschulen bekommen, wenn überhaupt ein Förderverein eingerichtet werden konnte, hierüber nur geringfügige Mittelzuweisungen. Um nur eines von vielen denkbaren Beispielen einer Wettbewerbsverzerrung zu nennen, wäre z. B. der zeitlich eingeschränkte bzw. der uneingeschränkte Zugang zum Internet an einer Schule für Eltern ein Bewertungskriterium für deren Leistungsfähigkeit. Zusammenfassend kommt man als Schulträger bei nüchterner Betrachtungsweise schon zu dem Ergebnis, dass Sponsoring dazu geeignet ist, das bereits vorhandene Problem der finanziellen Schieflage von Schulen noch zu verschärfen (*Hendrichs* 1999, S. 19). Soweit auch ein demokratischer Ausgleich von privater Chancenungleichheit durch das öffentliche Schulwesen zum demokratischen Bildungsauftrag des Schulwesens gehört, steht durch das Sponsoring in der heutigen Form gerade dieser Auftrag, der auch durch PISA nochmals deutlich angemahnt wurde, in der Gefahr, verdrängt zu werden durch eine Form der Modernisierung, die entgegen ihrer eigenen Intention letztlich den „digital divide“ verstärken wird.

Literatur

Beisenherz, H. G./Furtner-Kallmünzer, M. (1997): Werbung als Gegenstand und Problemfeld der Grundschulpädagogik, in: *Deutsches Jugendinstitut* (Hrsg.): Werbepädagogik in der Grundschule, Opladen 1997, S. 11-36

Beisenherz, H. G. (1997): Werbung und Werbefolge: Meinungen und Handlungsdispositionen der Lehrerinnen und Lehrer, in: *Deutsches Jugendinstitut* (Hrsg.): Werbepädagogik in der Grundschule, Opladen 1997, S. 123-144.

Consumentenbond/BEUC (1996): Kinder und Werbung, Eine europäische Studie über an Kinder gerichtete kommerzielle Kommunikationen und der gegenwärtig geltenden Vorschriften zu ihrer Kontrolle, Den Haag 1996

Deutscher Instituts Verlag (2002): Macht Sponsoring Schule? Kölner Texte und Thesen Nr. 63, Köln 2002

Deutsches Jugendinstitut (1997): Werbepädagogik in der Grundschule, Opladen 1997

Feil, C. (1997): Stichprobe, Durchführung und Repräsentativität der empirischen Erhebung, in: *Deutsches Jugendinstitut* (Hrsg.): Werbepädagogik in der Grundschule, Opladen 1997, S. 199

Frankerl, R. (2003): Bedenkliches Signal, in: FR vom 16.10.2003, S. 36

Frydrych, G. (2002): Werbung in der Schule, in: SZ vom 4.06.2002, S. V2/14

Furtner-Kallmünzer, M. (1997): Kommerzielle Einflüsse auf die Schule, in: *Deutsches Jugendinstitut* (Hrsg.): Werbepädagogik in der Grundschule, Opladen 1997, S. 97-122

Furtner-Kallmünzer, M. (1999): Ein föderalistisches Puzzle: Werbeerziehung in Deutschland, in: *Deutsches Jugendinstitut* (Hrsg.): Werbe- und Konsumerziehung international, Opladen 1999, S. 125-193

Groebel, J. (1999): Vom Vertrauen in den Markt: Das Beispiel USA, in: *Deutsches Jugendinstitut* (Hrsg.): Werbe- und Konsumerziehung international, Opladen 1999, S. 49-68

Hendrichs, R. (1999): Sponsoring im Schulbereich – Alltag an vielen Schulen!, in: bbv, Heft 1/1999, S. 17-19

Hohlmeier, M. (2004): Rede der Bayerischen Staatsministerin für Unterricht und Kultus anlässlich der Hauptversammlung des GfM Möbeleinkaufsverbundes zum Thema „Wirtschaft und Schule: Partner für Bildung" am 03. Juli 2004 in München, in: Pressemitteilung des Staatsministeriums für Unterricht und Kultus, URL: http://www.km.bayern.de/km/asps/suche_neu.asp

Infratest Sozialforschung/Deutsches Jugendinstitut (2002): Schule und soziale Netzwerke, Methodenbericht und Tabellenband Teil 1, Schulleiterbefragung, München 2002

Lipski, J./Behr, A. (2003): Schule und soziale Netzwerke, Erste Ergebnisse der Befragung von Kooperationspartnern allgemeinbildender Schulen, DJI München 2003

Ministerium für Schule, Wissenschaft und Forschung des Landes NRW (MSWF-NRW) (o.J.): Schul-Sponsoring heute, Ein Leitfaden für Schulen, Schulträger und Unternehmen, URL: http://www.learnline.de/angebote/agenda21schulen/medio/Download/misc/Sponsoring.pdf

Ministerium für Bildung, Wissenschaft, Forschung und Kultur Schleswig-Holstein (MBWFK-SH) (2003): Schulsponsoring – Ein Leitfaden für Schulen, Schulträger und Schulförderer, Kiel 2003, URL: www.landesregierung.schleswig-holstein.de

Murray, J. (1998): Kommerzielle Kommunikationen – warum die Verbraucherverbände sich um sie sorgen, EU-Kommission, Newsletter Kommerzielle Kommunikationen 1998, URL: http://europa.eu.int/comm/internal_market/comcom/newsletter/index_de.htm

Obermann, K./Müller-Bialon, M. (2003): Schulen bessern mit Werbung Budget auf, in: FR vom 8.10.2003, S. 33

o.V. (2002): Sponsoren für Schüler, in: Wirtschaftswoche, Nr. 23/2002, S. 114

o.V. (2004): Ratifizierung zwischen dem Scheffold-Gymnasium und der Weleda AG im Rahmen der WELEDA TAGE 2004!, URL: http://www.kurs-21.de/sites/partnerschaften/baden/meldung.php?GROUP_ID_SRC=6&NEWS_ID=216 [Stand: 13.07.2005]

Stadtverwaltung Köln (2001): Allgemeine Rahmenbedingungen für Sponsorleistungen im Bereich der Stadtverwaltung Köln, Köln 2001

2.2 Arten des Bildungssponsoring

Grundlagen und Erscheinungsarten des Kindertagesstätten-Sponsoring

Martin Gries
Bücherpiraten e.V.

1. Sponsoring und die Besonderheiten von Kindertagesstätten

Es gibt wesentlich mehr Kindertagesstätten (KiTas) in Deutschland als Schulen. Diese sind sowohl von dem öffentlichen Auftreten, der Ausrichtung in der Pädagogik, als auch von der Organisation sehr unterschiedlich. Auch die Entscheidungsstrukturen innerhalb einer KiTa können sehr verschieden sein.

Zum einen gibt es **Einrichtungen in kirchlicher Trägerschaft**. 2002 waren das ca. 18 000 KiTas. Dort sind entweder die Kirchengemeinden vor Ort die Träger oder die Diakonie bzw. Caritas oder eine andere größere kirchliche Organisation. Die Rechtsformen reichen von Vereinen, Stiftungen bis hin zu gemeinnützigen GmbHs. Je nachdem, wie viel Kompetenzen die einzelne Struktur der KiTa-Leitung gibt oder nicht, schwankt die Zahl der an einem Sponsoring beteiligten Personen und Gremien sehr stark. Das gilt auch für KiTas in der Trägerschaft der anderen großen Wohlfahrtsverbände wie zum Beispiel dem Roten Kreuz, der Arbeiterwohlfahrt, dem Arbeiter-Samariter-Bund oder der Volkssolidarität. Ein ähnlich großer Teil der KiTas in Deutschland sind in **kommunaler Trägerschaft**. Auch dort gibt es Einrichtungen mit sehr weitreichenden Entscheidungsfreiheiten und Einrichtungen, die über Fundraising keine Entscheidungen treffen können. Viele kommunalen KiTas helfen sich aus dieser Situation mit einem Förderverein, der das Fundraising für die KiTa übernimmt. Die **freien KiTas**, die nicht einer Kirche oder einer großen Wohlfahrtsorganisation angehören, sind in der Mehrzahl aus Elterninitiativen entstanden. In der Regel handelt es sich um Vereine. In den letzten Jahren sind die ersten gGmbHs entstanden. Einige KiTas haben keinen gemeinnützigen Hintergrund. In vielen Regionen gibt es Dachverbände der freien KiTas. Einige Verbände haben sich nach der pädagogischen Ausrichtung zusammengefunden, z. B. Waldkindergärten, Waldorf-KiTas oder Montessori-Pädagogen. Die freien KiTas variieren in der Größe sehr stark. Von kleinen eingruppigen Einrichtungen mit weniger als 10 Kindern bis hin zu großen Vereinen mit 20 oder mehr Einrichtungen mit über 1000 Plätzen. Die Vereine haben je nach Entstehungsgeschichte sehr unterschiedliche Unternehmenskulturen. Das Spektrum reicht von Strukturen mit starken Geschäftsführerpositionen bis hin zu basisdemokratisch organisierten Einrichtungen.

Die Struktur der KiTa-Landschaft in den ostdeutschen Bundesländer ist anders als in den westdeutschen Bundesländer. Zum einen gibt es deutlich weniger kirchliche Träger. Die Versorgungsquote ist wesentlich besser. Fast alle KiTa-Plätze sind Ganztagsplätze. Die Einrichtungen sind größer und die Mitarbeiterinnen verfügen über höhere Berufsabschlüsse. Die Namensgebung von KiTas ist breit gefächert. Sie reicht von Heiligen-Namen, Straßen-Namen, Benennung nach Stadtvierteln bis hin zu putzig gemeinten Verniedlichungen.

Selten hat eine KiTa eine langfristig geplante, vermarktbare CI entwickelt. Die Zahl und die Bandbreite der KiTas in Deutschland machen ein flächendeckendes Sponsoring so gut vie unmöglich – auch in einer überschaubaren Region. Zum anderen gibt es für viele Projekte passende einzelne KiTas oder Netzwerke von KiTas. Eine Chance, die man sich nicht entgehen lassen sollte. Denn das Bild von KiTas in der Öffentlichkeit ist sehr emotional und positiv. Fast immer gilt: „Ist etwas für den Kindergarten, ist es gut". Es geht offensichtlich um Kinder und um die Region. Die KiTa wirkt im Gegensatz zur Schule mit ihren kleinen Dimensionen heimelig und als ein Teil des Zuhauses. Sie ist ein Teil der Nachbarschaft. Die KiTa kann im Idealfall die Bildungsinstitution sein, die am meisten Behördenferne ausstrahlt. Hier geht es noch um das einzelne Kind.

2. Wer initiiert das Sponsoring mit welchen Zielen?

Die tatsächlich auftretenden Sponsoring-Projekte unterscheiden sich in Struktur, Ausrichtung und Umfang sehr stark, je nach dem, welcher der Beteiligten sie initiiert, das Unternehmen oder die KiTa. Der Gebrauch des Wortes „Sponsoring" von Kindertagesstätten und Unternehmen, die in Projekten zusammenarbeiten, wird sehr breit gedehnt. In vielen Fällen mischen sich Spenden, Sponsoring und Zusammenarbeit. Ein Sponsoring im engeren Sinne, bei dem sich Leistungen und Gegenleistungen die Waage halten und als Vertrag aufgesetzt sind, ist eher selten der Fall. Beiden Seiten ist der strategische Vorteil eines langfristigen Engagement oft nicht bewusst.

2.1 Das Unternehmen initiiert Sponsoring-Projekte

Unternehmen, die ein Sponsoring initiieren, bzw. Agenturen, die von ihnen beauftragt werden, können drei Ziele damit verfolgen: Das Ziel der Werbung und der Dokumentation der gesellschaftlichen Verantwortung, der Mitarbeitermotivation oder der Kundenbindung.

2.1.1 Mit dem Ziel der Werbung und der Dokumentation der gesellschaftlichen Verantwortung

Regionale Unternehmen dokumentieren mit einem KiTa-Sponsoring ihr Selbstverständnis als Teil der Strukturen vor Ort. Die Bäckerei vor Ort versorgt selbstverständlich den Laternenumzug der KiTas mit Kuchen. Sparkassen oder Banken fordern KiTas auf, Schaufenster, Weihnachtsbäume oder riesenhafte Ostereier zu dekorieren. Das Einkaufszentrum lädt die Kindergartengruppe zum Adventssingen ein. Meist bekommen die KiTas dafür mehr oder weniger großzügige „Spenden". Genau genommen handelt es sich hierbei nicht um Spenden, sondern um mündlich vereinbarte Sponsoring-Projekte.

Der Nutzen dieser kurzfristigen Aktionen ist fragwürdig. Die KiTas stecken meist viel Arbeitszeit in solche Projekte, die mehr kostet, als das Unternehmen zahlt. Die Kinder werden z. B. auf „Gruppengrinsefotos" vorgeführt und wissen in der Regel nicht, was wofür wann geschieht. Beides schlägt über kurz oder lang negativ auf das Projekt und die initiierende Firma zurück. Eine **langfristige geplante, weiter angelegte Kooperation** zum Zwecke der Werbung, von der beide Seiten profitieren, gibt es selten auf der Basis eines Sponsorings. Wenn eine Zusammenarbeit traditionelle Formen und Selbstverständlichkeiten annimmt, geschieht das in der Regel als tatsächliche Spende von Geld, Sach- oder Dienstleistungen.

Überregionale Unternehmen entwickeln **Werbestrategien** in Zusammenarbeit mit KiTas, die tatsächlichen Gewinn für KiTas bringen. Sie können z. B. Werbe-Events zu Gunsten von KiTas veranstalten. Sie „leihen" sich dabei auf Zeit den gemeinnützigen Zweck als Blickfang für Öffentlichkeit und Presse. Die KiTa dokumentiert mit überschaubarem Aufwand, für was die Mittel in der KiTa eingesetzt werden. So hat z. B. die Nordzucker AG ihre Roadshow „Einmachen für die Kinder Ihrer Stadt" zu Gunsten regionaler KiTas in fünf verschiedenen Städten durchgeführt. Showköche zeigten die Möglichkeiten eines neuen Produktes von Nordzucker und verkauften die Ergebnisse. Die Einnahmen gingen an KiTas vor Ort.

Eine andere Variante sind **Aktionen**, bei denen sich KiTas bewerben können. Das können kurzfristige Aktionen mit großer Medienpräsenz sein, wie z. B. bei der Aktion „Bolzplätze für Deutschland" der Bitburger Brauerei. Abhängig vom Verkauf während der Aktionszeit, zahlt Bitburger für die Renovierung von Bolzplätzen. KiTas können sich mit ihren Bolzplätzen bewerben. Mit etwas Glück ist der Bolzplatz bei den Ausgewählten dabei. Bei solchen Aktionen steht die Werbung für das Produkt im Mittelpunkt. Der Etat dieser Aktionen ist um Vielfaches höher, als die Mittel, die bei gemeinnützigen Organisationen ankommen.

Eine andere Möglichkeit sind **langfristig angelegte und inhaltliche Projekte**. Sie dokumentieren das unternehmerische Selbstverständnis als Teil der Gesellschaft. Die Großbäckerei Mestemacher schreibt z. B. seit 2001 in wechselnden Bundesländern den „KiTa-Preis für geschlechterdemokratische Erziehung und Unterstützung bei der Vereinbarkeit von Familie und Beruf für Frauen und Männer" aus. Bei diesem Preis haben sich bislang über 500 KiTas mit einem ausführlichen Konzept beworben. Eine langsame aber qualitativ wirkende Wahrnehmung des Unternehmens. Sie setzt nicht nur auf Tausenderkontakte.

2.1.2 Mit dem Ziel der Mitarbeitermotivation

In vielen Branchen wird der Themenbereich der Mitarbeitermotivation und der Mitarbeiterbindung immer wichtiger. Der Grundgedanke bei der Nutzung von Sponsoring dabei ist, das Know-how der Mitarbeiter an das Unternehmen zu binden, indem man die Identifikation mit der Region und ihrer gemeinnützigen Organisationen stärkt.

Ein Instrument dafür sind **Matching funds**. Die Deutsche BP AG verdoppelt z. B. private Spenden oder ehrenamtliches Engagement ihrer Mitarbeiter. Wenn ein Mitarbeiter einer KiTa spendet oder dort ehrenamtlich arbeitet, meldet er das einer Agentur. Diese Agentur prüft den gemeinnützigen Status der Organisation. Dann bekommt die BP AG die Mitteilung, diese Spende zu verdoppeln. Jeder Mitarbeiter kann so sein privates Engagement bis zu 4.000,- € im Jahr aufwerten.

Eine weitere Möglichkeit ist das „Ausleihen“ von Mitarbeitern an eine gemeinnützige Organisation: das sogenannte **Secondment**. Einerseits können Mitarbeiter so ihre Fähigkeiten für einen guten Zweck einbringen. Andererseits eröffnet der zeitweise „Seitenwechsel“ den Mitarbeitern neue Perspektiven. Ein IT-Berater kann mit seinem Know-how z. B. in der KiTa der ökumenischen Fördergemeinschaft Ludwigshafen im Obdachlosen-Wohngebiet mit den Kindern zusammen ein Internet-Café einrichten. Das ist ein außergewöhnlicher Einsatz seines Könnens. Die Mitarbeiter bekommen eine direkte Rückmeldung, was mit ihrem Engagement Gutes bewirkt wird. Diese Tage werden auf Dauer im Gedächtnis bleiben.

Wenn ein Unternehmen die Vereinbarkeit von Familie und Beruf ihren Mitarbeitern erleichtert, steigt die Bindung zum Unternehmen ebenfalls. Eine Möglichkeit dazu ist es, bei einer KiTa Belegplätze für die Kinder der Mitarbeiter zu buchen oder erweiterte Öffnungszeiten der KiTa zu bezahlen. So passen die Betreuungszeiten der KiTa zu den Arbeitszeiten des Unternehmens. Die KiTa andererseits hat eine weitere Einnahmequelle und Planungssicherheit. Die ersten KiTas fangen an, sich diesem Markt zu öffnen. So startet zum Beispiel das Familienzentrum Färberhof gGmbH als Landesmodellprojekt des Landes Sachsen-Anhalt mit diesem Ansatz der Wirtschafts- und Sozialpartnerschaften. Das ist ein Modell, dass auch für sehr kleine Unternehmen viele Vorteile bietet.

Wenn das Unternehmen größer ist, bietet sich ein weitergehendes Engagement an. So half die BMW AG einem Verein von BMW-Mitarbeitern zum

Beispiel, mehrere eigene KiTas zu gründen. Die BMW Strolche bzw. die BMW FIZ Strolche sind betriebsnahe KiTas. Bis zu 75 % der Kinder sind Kinder von BMW-Mitarbeitern. BMW ist zwar nicht Träger dieser KiTas, beteiligt sich aber am Unterhalt der KiTa. U. a. wird der Garten von den Gärtnern des Unternehmens gepflegt und die Kosten für das Gebäude werden übernommen.

2.1.3 Mit dem Ziel der Kundenbindung

Ein anderes Ziel für ein Unternehmen kann die Kundenbindung sein. Kunden können lokale Projekte vorschlagen, z. B. von KiTas, die das Unternehmen unterstützen sollte. In Supermärkten oder Drogeriemärkten wurden sogar mehrere Projekte zur Wahl gestellt. Die Kunden konnten dann abstimmen, welches Projekt, oder in welchem Verhältnis die Projekte gefördert werden. Ein Effekt ist natürlich, dass sich die zur Wahl stehenden Organisationen dafür einsetzen, dass möglichst viele Menschen im Wahlzeitraum zu diesem Markt gehen und sich an der Wahl beteiligen.

2.2 Die Kindertagesstätte initiiert Sponsoring-Projekte

Wenn eine KiTa bzw. deren Förderverein ein Sponsoring-Projekt initiiert, verfolgt sie eines der vier Ziele: Realisierung eines konkreten Projektes, eine ausgelastete KiTa, Aufbau eines unterstützenden Netzwerkes für die KiTa oder eine höhere Präsenz in der Öffentlichkeit. Während bei den von Unternehmen initiierten Projekten meist mehrere gemeinnützige Organisationen beteiligt sind, sind bei diesen Projekten meist mehrere Unternehmen einbezogen. Der allgemeine Werbe-Effekt für Unternehmen hält sich in Grenzen. Allerdings kann das Engagement in einem solchen Projekt hervorragend für die unternehmensinterne Kommunikation und die weitere Kundenbindung genutzt werden.

2.2.1 Mit dem Ziel, ein Projekt zu realisieren

Viele Projekte zur Weiterentwicklung einer KiTa fallen nicht in die gesetzlichen Leistungen. Die ersten KiTas fangen an, sich nach alternativen Realisierungsmöglichkeiten umzusehen, wenn sie z. B. ein Außengelände neu gestalten oder einen Anbau planen.

Der Heilpädagogische Kindergarten der Lebenshilfe Aachen e. V. realisierte seinen neuen Anbau zum Beispiel mit Unterstützung von mehreren regionalen Firmen. Geld-, Sach- und Dienstleistungen im Wert von über 50.000,-

Euro ermöglichten die Umsetzung. Die Firmen wurden auf einer großen Dankes-Tafel im Neubau geehrt und zur festlichen Einweihung eingeladen.

2.2.2 Mit dem Ziel, die KiTa-Plätze auszulasten

In immer mehr Regionen ist die Zahl der Kinder stark rückläufig. Die Finanzierung der KiTas wird immer abhängiger von der tatsächlichen Auslastung der Einrichtung. Auf Dauer wird sich eine KiTa, und damit die Arbeitsplätze, nur halten können, wenn sie ausgelastet ist. Um eine stetige Auslastung zu sichern, bieten die ersten KiTas Unternehmen an, sich Öffnungsstunden, Plätze oder Gruppen in einer KiTa zu sichern.

Das Kinder- und Familienhaus der Familienzentrum Färberhof gGmbH in Stendal geht einen solchen Weg. Viele Firmen sehen die Vorteile, wenn ihre Mitarbeiter auch bei unregelmäßigen Arbeitszeiten oder Schichtarbeit wissen, dass ihre Kinder gut betreut sind. Sie können sich mit einer Pauschalsumme pro Mitarbeiter engagieren oder einen Teil des Personalschlüssels der KiTa übernehmen. Es entstehen viele Steuervorteile für das Unternehmen und die Qualität der Arbeit im Unternehmen steigt nachweislich.

2.2.3 Mit dem Ziel, ein unterstützendes Netzwerk aufzubauen

Projekt-Hopping schluckt in der KiTa viel Arbeitskraft. Wenn man für jedes Projekt neue Sponsoren sucht, die sich einmalig engagieren, ist das oft uneffektiv. Wichtiger ist es, eine langfristige Partnerschaft anzuregen. Dazu kann ein zeitlich begrenztes, medienwirksames Projekt dienen.

Bei dem Projekt „Lirum, larum. Löffelstiel – 23.000 Mahlzeiten für obdachlose Kinder" ging es für den Kindergarten der ökumenischen Fördergemeinschaft Ludwigshafen zunächst um gesunde Vollwert-Ernährung der Kinder für ein Jahr. Die regionale Presse und Rundfunk berichteten und es gelang mit Hilfe von mehreren Unternehmen, dieses Ziel zu erreichen. Für die Firmen war das der Start ihres Engagements und sie lernten die Arbeit in den Obdachlosen-Wohngebieten kennen. Die Bindung und Identifikation mit dem Kindergarten war für viele Unternehmen so groß, dass das Projekt inzwischen im fünften Jahr auch ohne Medienarbeit weiterläuft.

Gerade für eine KiTa ohne ein potentes tragendes Netzwerk von Eltern, ist der Aufbau langfristig unterstützender Strukturen von außen elementarer Auftrag.

2.2.4 Mit dem Ziel, in der Öffentlichkeit wahrgenommen zu werden

Bei der stärker werdenden Konkurrenz der KiTas untereinander und der drohenden Kürzungen finanzieller Mittel, wird es für eine KiTa, die ihren Bestand auf Dauer sichern möchte, immer wichtiger, mit ihrer Arbeit in der Öffentlichkeit wahrgenommen zu werden. Eine sehr effektive Möglichkeit dazu sind Events. Bei Events arbeiten KiTas oft mit regionalem Unternehmen zusammen.

Als der Dachverband der freien Kindertagesstätten in Lübeck zu der „ersten Lübecker Papierflugmeisterschaft“ einlud, brauchte man die Hilfe von Unternehmen. Damit die Teilnahme interessant wurde, engagierten sich neben vielen anderen z. B. die J.G. Niederegger GmbH & Co. KG mit sehr viel Marzipan oder die Friedrich Schütt + Sohn Baugesellschaft mbH & Co. KG mit einer Gratis-Stunde Radlader-Fahren in der Kiesgrube. So wurde die „erste Lübecker Papierflugmeisterschaft“ für mehrere Tausend Gäste ein gelungener Anlass, sich mit der Arbeit der KiTas des Dachverbandes auseinander zu setzen.

3. Leistungen und Gegenleistungen

Bei einem Sponsoring zwischen KiTa und Unternehmen müssen sich Leistungen und Gegenleistungen die Waage halten. Nur wenn beide Seiten zu schätzen wissen, was sie aneinander haben, wird das Sponsoring-Projekt ein langfristiger Erfolg für beide Seiten und damit in der Öffentlichkeit sein. Ein Projekt bekommt schnell einen schalen Beigeschmack, wenn sich die KiTa unter Wert verkauft, seine enormen Vorteile nicht gesehen werden, oder die Wirtschaft in der gemeinnützigen Organisation als etwas Fremdes angesehen wird. Es ist wichtig, dass beide Seiten mit einer guten Portion Kreativität an das gegenseitige Kennenlernen gehen. Erst wenn alle das Potential jenseits des „Geldzahler-Geldempfänger“-Verhältnis sehen, kann eine langfristige und gewinnbringende Partnerschaft entstehen.

3.1 Leistungen der Unternehmen

Die offensichtlichste Form für die Leistungen von Unternehmen ist das Zahlen von **Geld**. Das kann einmalig erfolgen oder regelmäßig. Für die KiTa genauso hilfreich sind **Sachleistungen**. Sie sparen im Etat der KiTa Geld ein, das nun anders verwendet werden kann. Sachleistungen können Baumaterialien für den Anbau sein, das Liefern von PCs oder Software für das Internet-Café oder die regelmäßige Lieferung von Gemüse für die KiTa-Küche.

Die Zusammenarbeit zwischen Unternehmen und KiTa ist besonders intensiv und nachhaltig, wenn es um **Dienstleistungen** geht. Unternehmen können KiTa-Mitarbeiter oder Eltern schulen, die Personal- oder Haus-Verwaltung übernehmen, Essen anliefern, Logistik zur Verfügung stellen oder ihr Expertenwissen einbringen.

3.2 Gegenleistungen der KiTas

Die häufigste Form der Gegenleistung der KiTas ist das Recht zur Kommunikation mit dem Engagement für die KiTa. Das kann der Abdruck auf Plakaten, in Anzeigen oder Spots, einer Pressemitteilung, Information auf Messen oder dem Tag der offenen Tür oder eine Erwähnung in der Weihnachtspost sein.

Bei Werbe-Aktionen „leihen" sich die Unternehmen den guten Zweck der KiTa aus, um eine höhere Aufmerksamkeit in der Presse und Öffentlichkeit zu haben. Die KiTa kann gemeinsam mit dem Sponsor Veranstaltungen gestalten, z. B. einen Messestand, einen Auftritt der KiTa-Band auf dem Tag der offenen Tür des Unternehmens oder die Vernissage einer Ausstellung zum gemeinsamen Projekt. Die KiTa kann zudem Mitarbeiterkinder in maßgeschneiderten Betreuungsmodellen aufnehmen oder bei besonderen Anlässen eine besondere Kinderbetreuung im Unternehmen anbieten. Besonders gelungen sind Projekte, in der die KiTa ihr Know-how als Berater des Unternehmens einbringt. So kann zum Beispiel niemand den neuen Kinder-Computer unter härteren Bedingungen testen als die KiTa.

4. Zusammenfassung

Kindertagesstätten sind dezentral und sehr unterschiedlich organisiert. Nur einige sind strukturell auf ein Sponsoring vorbereitet. Ihr Image ist im regionalen Bereich sehr gut, dennoch ist Sponsoring im engeren Sinne noch nicht sehr verbreitet. Je nach dem, ob ein Unternehmen ein Sponsoring initiiert oder eine KiTa, sind auf der jeweils anderen Seite häufig viele Partner beteiligt.

Unternehmen verfolgen mehrere Ziele mit einem KiTa-Sponsoring: Werbung erlangt mehr Aufmerksamkeit durch die Zusammenarbeit mit einem Partner, der sehr positiv und emotional wahrgenommen wird; Engagement im regionalen und sozialen Netzwerk kann sehr gut für die Mitarbeitermotivation genutzt werden; es bindet Kunden und dokumentiert das unternehmerische Selbstverständnis.

KiTas verfolgen ebenfalls unterschiedliche Ziele: Ein Projekt, das sonst nicht realisiert werden kann, wird möglich gemacht; die KiTa sichert die Auslastung ihrer Plätze langfristig oder ein langfristiges Unterstützer-Netzwerk wird aufgebaut. Durch ein Sponsoring-Projekt wird die KiTa verstärkt in der Öffentlichkeit wahrgenommen. Das Profil wird geschärft.

Bei einem KiTa-Sponsoring müssen beide Seiten zu schätzen wissen, dass ihr Partner genau die Sachen kann, die man selbst nicht hat. Wenn das nicht der Fall ist, wird das Projekt in der Öffentlichkeit sehr kritisch gesehen. Die Wirkung schlägt ins Gegenteil um. Das Projekt darf auf keinen Fall Schaden am guten Zweck anrichten, in dem es z. B. die Kinder vorführt. Langfristig angelegte Projekte mit einer starken pädagogischen Komponente haben auf Dauer die besten Effekte für beide Seiten.

Literatur

Gries, M. (2002): Vom Sommerfest zum Fundraising-Event, Weinheim 2002

Haibach, M. (1998): Handbuch Fundraising: Spenden, Sponsoring, Stiftungen in der Praxis, Frankfurt/Main 1998

Statistisches Bundesamt (2004): Kindertagesbetreuung in Deutschland, Wiesbaden 2004

Formen des Schulsponsoring: Chancen, Probleme und Grenzen bisheriger Ansätze

Jan Dirk Kemming
Bilkent University Ankara

1. Einleitung

Schulsponsoring ist hierzulande aktuell in vielerlei Munde. Viele Fachleute versprechen diesem Spezial-Instrument im Sponsoring-Mix eine **große Zukunft** und prognostizieren eine gehobene Rolle bei der Finanzierung der Schulbildung in Deutschland. Einige überzeugende Fallbeispiele sind geschaffen worden, und auch erste Untersuchungen zur Akzeptanz und Wirksamkeit dieses Kommunikationsinstrumentes liegen vor. Deutschland schickt sich an, die Popularität von Schulsponsoring aus den USA und Großbritannien zu importieren und die werbungtreibende Wirtschaft entdeckt scheinbar zunehmend Gefallen an diesem Instrument.

Auf der anderen Seite provoziert das Schlagwort „Werbung an Schulen" allerdings bis heute immer wieder sehr **lebhafte ideologische Diskussionen** und Proteste, die bisweilen auch juristische Auseinandersetzungen nach sich ziehen. Eine beachtliche Fraktion reklamiert den Bestand des „Schonraumes" Schule, der von vereinnahmenden Einflüssen durch Wirtschaft und Werbung geschützt werden sollte. Ein Großteil der Berichterstattung in den Medien beschäftigt sich nach Beobachtung des Autors mit solchen streitbaren Einzelfällen und ideologischen Grundsatzdebatten.

Von einem echten Boom von Schulsponsoring kann also weiterhin keine Rede sein, und der bereits seit längerem angekündigte Durchbruch steht weiterhin aus.

Für diesen fortwährenden „**Dornröschenschlaf**" versucht dieser Artikel Gründe zu finden. Als Bestandsaufnahme sollen einige erfolgreiche Ansätze im Schulsponsoring vorgestellt werden und mit Hilfe einer Synopse bestehender Untersuchungen zu diesem Thema die allgemeine Akzeptanz des Instrumentes aufgezeigt werden.

Hierauf aufbauend sollen **beide Marktseiten**, Sponsoring-Geber und Sponsoring-Nehmer, systematisch hinterleuchtet werden. Die Einzelaspekte lauten dabei:

- Mögliche Formen werblicher Kommunikation an und über Schule,
- Abgrenzung des Schulsponsoring und Bedeutung innerhalb der Marketingkommunikation,
- Aussichten für Schulen als Sponsoring-Nehmer.

Abschließend versucht sich dieser Beitrag an einer gemeinsamen Perspektive für beide Marktseiten. Dabei erscheint der Blick hinaus über den deutschen Tellerrand hilfreich.

2. Status Quo: Verbreitung und Relevanz des Schulsponsoring in Deutschland

2.1 Ausgewählte Beispiele von Sponsoring-Maßnahmen im Umfeld Schule

Als Auswahlkriterium für die exemplarischen Projekte dient, dass alle Aktivitäten die **Plattform „Schule“** nutzen, um (als Gegenleistung für eine finanzielle oder sachliche Unterstützung) über die Maßnahme sowohl direkt die Zielgruppe Schüler (und Lehrer) anzusprechen, als auch die Aktivität medial zu verstärken.

Eine der ältesten Sponsoring-Kampagnen im Umfeld Schule ist das **Kellogg's**-Sponsorship des bundesweiten Schulsport-Turniers „Jugend trainiert für Olympia“ (JtfO). Bereits seit 1987 unterstützt Kellogg's dieses Turnier, an dem jährlich bis zu 800.000 Schüler in verschiedenen Mannschafts-Sportarten teilnehmen. Nach langen Jahren als „Hauptsponsor“ ist Kellogg's 2004 als Titel-Sponsor der Beach-Volleyball- (Kellogg's Beach-Volleyball-Cup) und Fußball- (Kellogg's Fußball-Trophy) Wettkämpfe neben anderen Sponsoren wie der Bahn, Karstadt-Sport oder McDonald's aktiv.

In den 1990er Jahren entdeckte die **Deutsche Post AG** die Schule als attraktiven Kanal für eine generelle Image-Kampagne für den Brief. Die Wanderausstellung „Brief on Tour“ reiste zwischen 1995 und 2000 durch mehr als 1.000 weiterführende Schulen. Die Deutsche Post AG stellt Unterrichtsmaterial zu verschiedenen Briefsorten vom Liebesbrief bis zur Bewerbung zur Verfügung, und der internationale Brieffreundschaften-Club „LetterNet Young“ sorgt seit 1997 für regen Briefverkehr zwischen Schülern rund um die Welt.

Die bisher mit dem größten finanziellen Aufwand betriebene Kampagne für Schulen ist die gemeinsame Initiative der **Deutschen Telekom AG** und des Bundesministeriums für Bildung und Forschung zur Vernetzung aller deutschen Schulen mit dem Internet bis Ende 2001, gebündelt in dem Verein „Schulen ans Netz“. Die Deutsche Telekom AG stellt Sach- und Dienstleistungen sowie Geldmittel zur Verfügung. Der Gesamtgegenwert aller Aktivitäten betrug bis 2001 nach eigenen Angaben ca. 125 Mio. €. Heute besteht die Schwerpunktaufgabe des Vereins in der Begleitung der schulischen Computernutzung (vgl. www.schulen-ans-netz.de sowie www.kontakter.de).

Für die deutschlandweite Schulsport-Initiative „1000 Schulen in Bewegung“ wurde die **Coca-Cola** Erfrischungsgetränke AG 1999 mit dem Internationalen Sponsoring-Award ausgezeichnet. Die Schulen wurden bei der Ausrichtung von spaßorientierten Schulsport-Festen durch die Bereitstellung von Equipment und sportpädagogische Betreuung unterstützt. Seit 1996 verzeichnetet Coca-Cola Events mit mehr als 1 Million Schülerkontakten und 50.000 beteiligten Lehrern (vgl. *Falk 2000*).

Im Rahmen der Basketball-Event-Serie „Bahn Basketball Academy“ veranstaltet die **Bahn** seit 2002 an weiterführenden Schulen Basketball-Workshops, bei denen die Schüler gemeinsam mit den Stars aus der Basketball-Bundesliga trainieren. Mehr als 7.500 Schüler bewarben sich allein 2003 um einen Besuch der BBA at school an ihrer Schule. Die Zusammenarbeit mit der Stiftung Lesen, ein langjähriger Partner der Bahn, stellt die sinnvolle pädagogische Aufbereitung des Projektes sicher (Quellen: *Deutsche Bahn AG, Bob Bomliz Group*).

Aber auch abseits der großen, deutschlandweiten Kampagnen erzielen Sponsoring- und Kooperations-Projekte in kleinem Rahmen große Erfolge. In Berlin hat die **IHK** im November 2004 den 100sten Partnerschaftsvertrag gefeiert. Im Rahmen der Initiative „Partnerschaft Schule-Betrieb“ schließen einzelne Schulen mit einzelnen Berliner Unternehmen Kooperationsabkommen über Leistungen und Gegenleistungen, wie z. B. finanzielle oder know-how-Unterstützung durch die Betriebe für die Schule, welche im Gegenzug z. B. die Nutzung der Sporthalle für den Betrieb einräumt oder Englischkurse für die Auszubildenden des Unternehmens anbietet (Quelle: *IHK Berlin*).

Eine Grundschule in einem sozialen Brennpunkt in München wird von dem benachbarten Pharmakonzern **GlaxoSmithKline** mit jährlich 7.500,- € sowie einigen Sachmitteln unterstützt (vgl. *Eissele/Böttcher* 2004). Als kommunikative Gegenleistung der Schule hängen im Schulflur zwei Plakate mit Logo und Firmenslogan, und die Fußballspieler der Schulmannschaft tragen den Namen des Konzerns auf dem Rücken. Prägnant ist die Antwort des Schulleiters auf die Frage, was der Sponsor von seinem Engagement hat: „Absolut gar nichts, die machen das aus sozialem Engagement“ (*Eissele/Böttcher* 2004, S. 63).

Offensichtlich fällt eine ganze **Bandbreite von Beispielen**, die sich jeweils erheblich in Umfang und Reichweite unterscheiden, unter das „label“ Schulsponsoring. Es wird später zu klären sein, ob alle diese Beispiele die Kennzeichnung als Sponsoring im Sinne aktueller Definitionen verdienen.

2.2 Studien zum Schulsponsoring

Eine beträchtliche Anzahl von Studien liefert über diese Einzelbeispiele hinaus interessantes **Datenmaterial** zur Entwicklung und gegenwärtigen Relevanz des Kommunikationsinstrumentes und zu werblicher Kommunikation an und mit Schulen im Allgemeinen.

Das Marktforschungsinstitut **Ipsos** in Hamburg führte 2000 eine Untersuchung zur Akzeptanz von Schulsponsoring durch. Dieser Studie zur Folge finden 58 % der Deutschen über 14 Jahre Sponsoring im Bereich Schule „gut" oder „sehr gut". Je höher die eigene „Betroffenheit" (eigene Kinder an gesponserten Schulen) oder Kenntnis von Projekten, desto höher fällt auch die Zustimmung aus. 55 % aller Befragten sind der Meinung, dass Schulen dem Sponsoring zu kritisch gegenüberstehen. 41 % aller Befragten meinen aber auch, dass die Unternehmen mit ihrem Sponsoring-Engagement nicht werben dürften (*Ipsos* 2000).

Bei einer Befragung von 59 Unternehmen durch die **Bundesarbeitsgemeinschaft Schule-Wirtschaft** geben im Jahre 2000 nur 3 % an, diese Plattform für Produktwerbung nutzen zu wollen. 68 % verbuchen ihr Sponsorship als gesellschaftspolitisches Engagement, und 64 % wollen einen Beitrag zur Verbesserung der schulischen Bildung leisten. In einer weiteren Befragung wurden 829 weiterführende Schulen aller Schultypen in NRW befragt. Die Hälfte von ihnen wurden bereits finanziell oder mit Sachmitteln unterstützt (Quelle: *Institut der deutschen Wirtschaft, Köln*).

Eine nicht-repräsentative Schulleiter-Umfrage durch den Schulvermarkter **Networker's Media Group** aus dem Jahre 1999 zeigt, dass 40 % der in Berlin, Niedersachsen, Bremen und Nordrhein-Westfalen befragten Schulen bereits Kontakt zu Wirtschaftsunternehmen zwecks Sponsoring aufgenommen haben. Nur 2,7 % der Schulleiter wollen keine Werbung an der Schule zulassen; die bevorzugten Werbemittel sind Plakate und Transparente, während Schülerzeitungswerbung oder Getränkeautomaten weniger gefragt sind (Quelle: *Networker's Media Group* 1999).

Der Studie „**Sponsor Visions 2005**" der Hamburger Agentur pilot group zufolge sind 52 % der befragten Experten bei Werbungstreibenden und Agenturen der Meinung, dass Schulsponsoring im Trend über 2005 hinaus an Bedeutung gewinnen wird. Innerhalb der Sponsoring-Kategorie „public" ist Schulsponsoring damit der Sponsoring-Bereich mit dem höchsten zu erwartenden Wachstum (vgl. *w&v Studiendatenbank* 2005).

Die Schüler selbst, so eine Untersuchung der Schulvermarktungsagentur **Spread Blue**, haben ein positives Verhältnis zu Werbung an Schulen. 53 % der befragten Schüler finden Werbung an Schulen gut oder sehr gut. Nur 10 % halten Schulwerbung explizit für schlecht (vgl. *Kollbrück* 2004).

Die Bonner Kommunikationsagentur *Bob Bomliz Group* ermittelte gemeinsam mit dem Institut für Marketing der Universität der Bundeswehr in München im Rahmen der **Sponsoring Trends 2002**, dass ein gutes Drittel der 2.500 befragten Unternehmen bereits Schulsponsoring-Engagements durchgeführt haben. 58 % schätzen es als attraktiv bis sehr attraktiv ein. Besonders geeignet wird Schulsponsoring zur Ansprache junger Zielgruppen angesehen und Demonstration gesellschaftlicher Verantwortung angesehen (vgl. Abbildung 1).

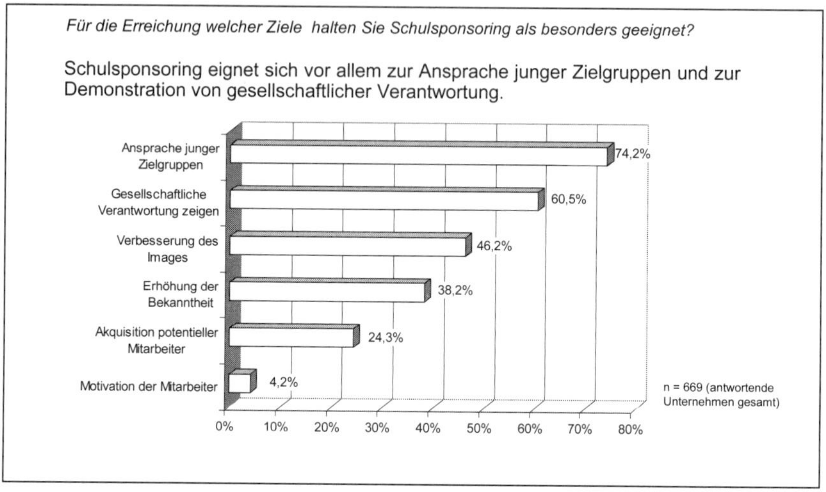

Abbildung 1: Ziele des Schulsponsoring (Bob Bomliz Group 2002, S. 32)

Zusammenfassend zeigt diese Bestandsanalyse, dass das Instrument Schulsponsoring im Kommunikationsmix deutscher Unternehmen bereits recht gut verbreitet ist und die **Potentiale erkannt** werden.

Blickt man allerdings beispielsweise auf die doch weiterhin eher kleinen Anteile in den Kommunikationsetats oder auf die einzelnen berichteten Projektbudgets, so bleibt festzustellen, dass die **tatsächliche Relevanz** diesen Erwartungen **nicht entspricht**.

3. Grundüberlegungen: Marketingkommunikation und Schule

Der deutsche Lehrerverband (DLV) forderte im vergangenen Jahr lautstark das Verbot von Schul-Sponsorings mit der folgenden Begründung durch den Vorsitzenden Josef Kraus: „Die Sponsoren erwarten ja etwas für ihr Geld, insofern ist das immer irgendeine Form von Product Placement“ (*o.V.* 2004, o. S.).

In dieser Aussage kumulieren viele **kategoriale Missverständnisse** der unterschiedlichen Disziplinen (und damit Kommunikationsabsichten von Unternehmen), die im Umfeld der Diskussion um Marketing-Kommunikation und Schule anzutreffen sind. Werbung, Verkauf, Sponsoring oder Product

Placement als Disziplinen innerhalb des Kommunikationsmix werden in einen Topf geworfen und nicht sauber von einander getrennt und geregelt.

Leider tragen auch die Behörden (wie Schulaufsichten oder Ministerien) als Verfasser von bisweilen ebenfalls **unklaren Richtlinien** (z. B. *MBWFK SH* 2003, *MSWF NW* 2004) eher zur Verstärkung dieser Missverständnisse bei (vgl. *Mohr* 2004, o. S.).

3.1 Formen schulbezogener Marketingkommunikation

Von den zahlreiche denkbaren alternativen Formen der Kommunikation mit und an Schulen mit jeweils unterschiedlichen Motiven und Erfolgsaussichten erscheinen die folgenden besonders wichtig für die Abgrenzung des Sponsorings.

3.1.1 Werbung in der Schule

Hierfür bieten sich zunächst **schulspezifische Werbemittel** wie Plakate, Gratispostkarten, Bodenwerbung oder im Sinne der Werbebotschaft gestaltete Unterrichtsmaterialien wie Schulbücher oder Hefte an; diese werden von Spezialanbietern (z. B. Youngkombi oder Spread Blue) an Schulen verteilt. Deren Genehmigung an der einzelnen Schule ist aber weiterhin ein „**Vabanquespiel**" und von vielen Faktoren abhängig, so dass diese Form der Werbung als Experimentierfeld genutzt werden kann, nicht aber als zuverlässige Kommunikationsplattform.

Eine bundesweit ausgerichtete Kampagne müsste im schlechtesten Fall 16 unterschiedliche Adaptionen an die Regelungen der einzelnen Bundesländer liefern und obendrein vermutlich noch mit jedem Direktor einzeln abgestimmt und freigegeben werden. Besonders effizient erscheint dieses System nicht, und es erscheint da doch wesentlich nahe liegender, durch Werbung in den reichweitenstarken Jugendmedien in TV, Print oder online ein solches Kommunikationsziel zu erreichen.

Das gleiche gilt prinzipiell auch für Promotion-Maßnahmen, wie z. B. das Sampling von Produktproben. Auch hier erscheint es erheblich effizienter, bereits etablierte Kanäle wie z. B. Gastro- oder Szenepromotions zu nutzen und so die Jugendlichen in ihrem Freizeitumfeld anzutreffen.

Trikotwerbung oder andere Formen der Außenwerbung sind zwar denkbar, aber sie scheinen wirtschaftlich kaum Sinn zu machen in Anbetracht der doch recht geringen Reichweiten, die hiermit zu erreichen wären.

Bleiben noch die Versuche, klassische Werbemaßnahmen mit im Schulsystem bereits vorhandenen Medien durchzuführen. Die gute alte Schülerzeitung fällt dabei zuerst ein. Trotz einiger Bemühungen, die Mediaplanung von Schülerzeitungen zu bündeln und so mit einem einheitlichen Angebot an den Markt zu bringen, steckt auch dieses Angebot nach Beobachtung des Autors noch in den Kinderschuhen.

Für die Zwecke reiner **Absatzwerbung** erscheint der Kommunikationskanal Schule bei der herrschenden (recht unklaren und uneinheitlichen) Regelungs- und Gesetzeslage recht **uneffizient**; eine Ausnahme bilden möglicherweise lokale, individualisierte Werbeaktionen für örtliche Kleinbetriebe ohne überregionale Zielgruppen, die traditionell die Nähe zu Schulen suchen. Von Sponsoring sind solche Werbemaßnahmen aber qua Definition deutlich zu differenzieren.

3.1.2 Werbung mit Schule

Eine weitere klar abzugrenzende Form besteht in der direkten Ansprache von Kindern und Jugendlichen als Konsumenten von Produkten **über das Thema Schule**. Zwar wird nicht direkt an Schulen geworben, aber die Schule wird zum zentralen Thema oder Anlass der werblichen Kommunikation.

Diese Form ist häufig Gegenstand intensiver öffentlicher Debatten: Der Konzern Kellogg's sah sich in 2004 einer Klage vor dem Bremer Landgericht durch den Bundesverband der Verbraucherzentralen (VZBV) ausgesetzt wegen eines vermeintlichen Verstoßes gegen das Schulwerbeverbot. Kellogg's hat seit 2003 im Rahmen der Kampagne „Kellogg's Frosties für den Schulsport" Sportmaterial gegen Sammelpunkte (Tony-Taler aus dem Konsum von Frosties) eingetauscht und diese Aktion im TV, mit Anzeigen und PoS-Material und im Internet beworben. Die Klage wurde allerdings abgewiesen, da sich Kellogg's nicht unmittelbar an die Schulen gewandt hatte (vgl. *Kollbrück* 2004, *Eissele/Böttcher* 2004, S. 64).

Das Vorbild für diese Kampagne fand sich in England, wo Cadbury's nach einer massiven PR-Schlacht eine ähnliche Aktion absetzte, nachdem Verbraucherschützer herausgefunden hatten, das die adressierten Schüler für ein Volleyball-Set 5.440 Schokoladenriegel essen müssten, die 3kg Fett und fast 1,25 Mio. Kalorien enthielten, was offensichtlich deutlich widersinnig zum „Stiftungszweck" ist (vgl. *Clark* 2004).

Bemerkenswerterweise übernahm im deutschen Fall ein Gericht die **kategoriale Einordnung** der Kommunikationsmaßnahme. Da nicht in Schulen direkt geworben wurde, kann dies kein Verstoß gegen Schulwerbeverbote sein, da in Deutschland ein Unternehmen prinzipiell über alles in seiner Werbung sprechen darf (natürlich nur, solange keine Straftatbestände erfüllt werden, und man bereit ist, ggf. die Kritik des Werberates zu ertragen).

3.1.3 Verkauf/Promotion an Schulen

Schulen sind weiterhin attraktive **direkte Absatzkanäle** für Unternehmen. Der etwas possierliche Hausmeister-Kiosk mit Schulmilchverkauf ist hier im internationalen Maßstab sicherlich ausbaufähig.

Die Mutter dieser Schlachten wird in den USA geschlagen. Dort war z. B. die Präsenz der großen Softdrink-Hersteller Coca-Cola und Pepsi in den Schulen, meist in Form von Exklusiv-Kontrakten zwischen Schule/Schuldistrikt über die Aufstellung von sog. „vending machines", lange Zeit selbstverständlich. Mittlerweile ist auch hier zunehmend Widerstand von gesundheitsbewussten und markenkritischen Verbrauchern anzutreffen. Aus Los Angeles, einem der größten Schuldistrikte der USA, wird von der Verbannung aller Markenautomaten seit 2004 berichtet (vgl. *Smith* 2003, S. 15).

Bei der bisweilen etwas populistisch geführten Diskussion (‚amerikanische Verhältnisse') über den Verkauf von bisweilen sogar gesundheitsschädlichen Produkten an Schulen unter der Überschrift „Schulsponsoring" wird allerdings übersehen, dass diese Formen der Unternehmenskommunikation und Distributionspolitik mit der landläufigen **Sponsoring-Definition** ebenfalls **nichts gemein haben**. Diese Maßnahmen zielen auf den direkten Absatz von Produkten, und beabsichtigen nicht vordringlich einen Image-Effekt durch die Kommunikation über die Maßnahme.

3.1.4 Sponsoring von Schulen

Eine von den zuvor genannten Ansätzen **klar zu unterscheidende** Form der Kommunikation an, in und über Schule ist das Sponsoring.

Unternehmen suchen Themen, um über diese zu kommunizieren. Der Wettbewerb um Themen, die sich Unternehmen und Produkte als ihr eigenes kommunikatives Terrain sichern können, ist von zentraler Bedeutung für die Unternehmens- und Marketingkommunikation geworden.

Genau so wie das Sponsoring eines gesellschaftlich hoch relevanten Ereignisses in den Bereichen Sport oder Kultur genutzt wird, um die Präsenz und Aktualität eines Unternehmens in der Öffentlichkeit zu demonstrieren, ist auch die Schule ein **gesellschaftlich sehr bedeutsames Feld**. Das Thema ist ein zentrales Zukunftsanliegen der Deutschen und es dominiert die politischen Agenden. Warum sollte also dieser Bereich für die Unternehmenskommunikation „geschlossen" bleiben?

„Tue Gutes und rede darüber", verlauten zahlreiche Lehrbücher noch heute als Essenz der PR, der Teildisziplin im Mix der Marketingkommunikation also, der das Sponsoring ursprünglich mal entsprang. Und das ist zunächst auch ein Motiv, das Thema Schule kommunikativ zu nutzen.

Hiermit ergibt sich ein Schlüsselmotiv von Sponsoring: Sponsoring ist, wie die PR, eine **imagebildende Disziplin** für Marken oder Produkte.

Ein **Imagewert**, der häufig mit dem Engagement an Schulen angestrebt wird, ist die Demonstration **gesellschaftlicher Verantwortung**. Sponsorships sollten weitreichende Affinitäten mit dem Zielimage eines Unternehmens aufweisen. Ein Unternehmen, dem z. B. die langfristige Stärkung und die internationale Wettbewerbsfähigkeit des Produktionsstandorts Deutschland am Herzen liegt, handelt in konzeptioneller Sicht richtig, wenn es sich für ein Engagement im Schulbereich entscheidet. Damit sichert sich das Unternehmen ein passendes und attraktives Terrain, um Markenbotschaften zu verknüpfen.

Weiterhin sind Unternehmen die **Abnehmer des Outputs des Systems Bildung** in Form von Arbeitskräften. Es erscheint daher sehr nahe liegend, dass sich Unternehmen gewissermaßen persönlich und möglichst frühzeitig um die Qualifizierung und Qualität dieses Nachwuchses kümmern. In diesem Zusammenhang ist auch die Strategie gut nachvollziehbar, sich als Arbeitgeber möglichst frühzeitig im „relevant set" des Nachwuchses zu positionieren.

Um den Kreis zur Kommunikation zu schließen: Dass ein solches Engagement Unternehmen mit positiven Imageattributen anreichert und sie im Wettbewerb mit anderen Unternehmen kommunikativ unterscheidbar macht, ist einsichtig. Eine Kommunikationskampagne, die von dem Engagement eines Unternehmens im Bereich Schule „erzählt", tut zunächst also eigentlich **zweifach Gutes**: Sie hilft Schulen bei der Bewältigung ihrer Aufgaben und sie hilft Unternehmen, sich zu differenzieren.

Für effiziente Schulsponsorings wird das **gesamte Kommunikationsspektrum** eines Unternehmens genutzt, um das Sponsorship umfassend zu vernetzen. Hierin findet sich übrigens auch die entscheidende Abgrenzung zu Spenden oder dem Mäzenatentum. Die unbegrenzte steuerliche Absetzbarkeit von Sponsorships als Betriebsausgaben setzt die öffentliche Verbreitung, also die Wahrnehmung/Wahrnehmbarkeit in der Öffentlichkeit voraus. Spenden können nicht als Betriebsausgaben steuerlich geltend gemacht werden. Sie können lediglich innerhalb gesetzlicher Höchstgrenzen abgesetzt werden (*Voss* 2000, S. 33).

Die Diskussion um Schulsponsoring leidet unter der **pauschalisierten Überlagerung** verschiedener Kommunikationsaktivitäten in der öffentlichen Wahrnehmung. Die eigentlich sehr spannende Frage, wie es gelingen kann, ein Engagement von Wirtschaftsunternehmen in Schulen zur Demonstration der sozialen Verantwortung zu fördern, wird häufig überlagert von dem **Generalverdacht** der direkten „Konsumverführung" minderjähriger Kunden.

3.2 Bedeutungen des Sponsoring für Schulen

Worin bestehen die benefits eines Schulsponsorings für Schulen und wie können sich Schulen noch effektiver als Sponsoring-Objekte vermarkten?

3.2.1 Nutzen von Sponsorships für Schulen

Das offensichtlichste Motiv für Schulen, Sponsorships zu akquirieren, besteht natürlich in der **finanziellen** oder sachlichen **Unterstützung** bei ihrer Aufgabenerfüllung. Konsens ist mittlerweile wohl unter allen Beteiligten, dass Sponsorships nie zur Grundversorgung einer Schule eingesetzt werden dürfen (das fällt weiterhin in das Hoheitsgebiet der staatlichen Schulverwaltung), sehr wohl aber einen Beitrag zur Realisierung besonderer Maßnahmen oder Aktionen an der Schule leisten können.

Doch gibt es darüber hinaus zahlreiche **andere benefits** für Schulen aus einer Sponsoring-Partnerschaft mit Wirtschaftsunternehmen. Ein Beispiel: Ähnlich dem oben angeführten Berliner Modell „Partnerschaft Schule-Betrieb" führt in Bonn das Projekt „Kooperationsnetze Unternehmen der Region und Schulen" (KURS) ortsansässige Firmen und Schulen zusammen. Das Carl-von-Ossietzky-Gymnasium kooperiert mit T-Mobile. Das Ziel ist es, Lerninhalte mit der unternehmerischen Wirklichkeit des Konzerns zu verknüpfen. Im Informatik-Unterricht wird der Aufbau eines Mobilfunk-Chips besprochen, der Pädagogik-Unterricht behandelt die Frauen- und Familienförderung des Unternehmens, im Fach Deutsch werden Besonderheiten der Textsorte SMS behandelt oder das Üben von Bewerbungsschreiben praxisnah mit einem potentiellen Arbeitgeber abgestimmt (vgl. *Daub* 2004).

In einer Zeit des Megatrends „wirklichkeitsnaher Unterricht" erscheint eine solche **Öffnung des Unterrichts** sehr aktuell. Zahlreiche didaktische Modelle, wie z. B. der Projektunterricht, sind sogar geradezu darauf ausgelegt, eine Abwechselung des Lernens sowohl durch Durchbrechung der typischen Strukturen und bisweilen hermetischen Schulgrenzen im Bezug auf Zeiten und Orte, aber eben auch in inhaltlicher Sicht zu bewirken.

So erscheinen nicht nur in didaktischer Hinsicht Kooperationen mit Wirtschaftsunternehmen sinnvoll. Ebenfalls im Bezug auf die Makrostruktur der Schule – z. B. im Rahmen der Debatte um eine stärkere Autonomie der Schule von der staatlichen Aufsicht – erscheinen Sponsoring-Partnerschaften zwischen Wirtschaft und Schule interessant. Sie können z. B. helfen, das Profil einer Schule zu schärfen, in dem ein **Know-how-Transfer** aus dem „wettbewerberprobten" Unternehmen auf die Schule erfolgt. So wird nicht nur die

Schülerschaft zu einer Zielgruppe der Partnerschaft, sondern auch das pädagogische und administrative Personal einer Schule.

Ein beträchtlicher Teil der **Schulautonomie** besteht in größerer budgetärer Freiheit, also der stärkeren Dezentralisierung von Mittelaufkommen und -verwendung an Schulen. Und hierin findet sich auch ein sehr spannender Aspekt im Zusammenhang der finanziellen Unterstützung von Schulen durch Unternehmen. Eine größere Dezentralisierung von Budgetverantwortung hat grundsätzlich die Kehrseite der gestiegenen Anforderungen an das Controlling und Reporting. Die eigenständige Schule wird ihre Leistung stärker messen lassen müssen und über die effiziente Verwendung ihrer Mittel an die Geldgeber (u.a. Sponsoren) zeitnah Bericht erstatten müssen (vgl. *van Lith* 2003). Auf diesem Wege werden Schulsponsorings möglicherweise zu einem beachtlichen **Reformmotor** des öffentlichen Schulwesens.

3.2.2 Aufgaben für Schulen als Sponsoring-Nehmer

Wie oben angedeutet, kann eine **klare Profilbildung** der Schulen hilfreich sein, um sich im Wettbewerb um Sponsoren (aber auch um Schüler als „Kunden") erfolgreich zu behaupten (vgl. *Pütter* 2001, S. 42).

Wichtig ist weiterhin die Bereitstellung entsprechender **Kommunikationsplattformen** für den Sponsor. Die Schule sollte also sowohl die Integration entsprechender Sponsorenhinweise bei den eigenen Kommunikationsmitteln berücksichtigen, wie auch ihre eigenen Kommunikationsaktivitäten wie z. B. Presse- und Öffentlichkeitsarbeit dahingehend professionalisieren, dass eine wirksame Einbettung des Sponsors möglich erscheint.

Die größten **Bedenken gegen Schulsponsoring** bestehen gegenwärtig auf der Seite der Unternehmen darin, das Sponsorship nicht erfolgreich (wirksam) kommunikativ vernetzten zu können. Hier ist, wie angedeutet, auch ein erhebliches Engagement der Schulen gefragt – wie im übrigen auch jeder Fußballverein in der heutigen Sponsoringlandschaft große Bemühungen anstellen muss, die **Kommunikationsleistungen** für den Sponsor zu optimieren.

Welche Risiken verbinden Sie mit dem Einsatz von Schulsponsoring?

Die Risiken des Schulsponsoring liegen vor allem in der nur schwer zu kalkulierenden Wirkung. Angst vor Unglaubwürdigkeit oder negativer Presse stellen hingegen keine Hemmschwellen dar.

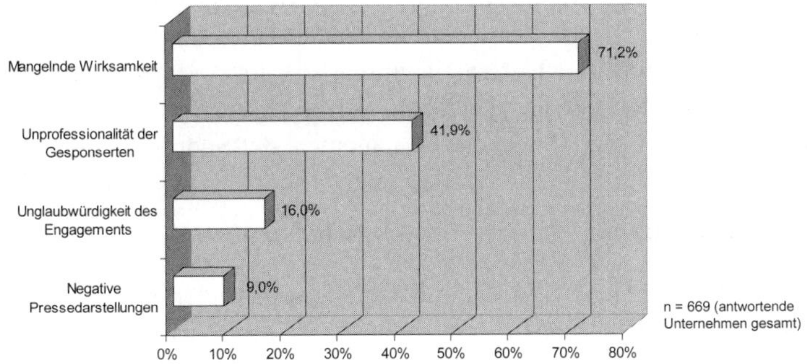

Abbildung 2: Risiken des Schulsponsoring (*Bob Bomliz Group* 2002, S. 33)

Aber auch der Aspekt der fehlenden Professionalität der Gesponserten sollte den Schulen, die sich um Sponsorships bemühen, nachdrücklich bewusst sein (vgl. Abbildung 2). Professionalität bedeutet neben Fachkompetenz und Kenntnis um das Management eines Sponsorships vor allem auch **Bereitschaft zur Dienstleistung** gegenüber dem Kunden „Sponsor“, um mit anderen Sponsoring-Plattformen mithalten zu können. Hier muss sicherlich ein Umdenken in vielen Schulen stattfinden.

Beide letztgenannten Argumente zeigen, dass ein Sponsoring nach dem Prinzip „Wasch mir den Pelz, aber mach mich nicht nass“ nicht funktionieren kann. Dieser Hinweis richtet sich sowohl an einzelne Schulen, aber genau so auf der Makroebene an die Schulverwaltungen und zuständige Ministerien. Nach Einschätzung des Autors demonstrieren viele Akteure auf der Seite der Schulen und Schulverwaltung eine Haltung, die zwar finanzielle Zuwendungen ausdrücklich begrüßt, auf der Seite der Gegenleistungen aber noch **wenig Engagement und Verständnis** für das Wesen von Sponsoring beweist.

Ein sehr eindrücklicher Beleg für diese These findet sich in der **Branchenexklusivität**, die einige Richtlinien der Schulaufsicht zum Schulsponsoring explizit ausschließen (vgl. z. B. *MBWFK SH* 2003, S. 9). Wie kann ein Sponsorship für ein Unternehmen attraktiv sein, wenn keine Branchenexklusivität gewährt wird? Dies widerstrebt dem Sinn einer Sponsoring-Maßnahme (Besetzen eines kommunikativen „Claims“), gegenüber seinen Wettbewerbern (ob in einem lokalen oder nationalen Markt) einen Imagevorsprung zu erwerben.

Offensichtlich **mangelndes Verständnis** der Ziele und Methoden von Unternehmenskommunikation lassen Erlasse zustande kommen, die mehr als kontraproduktiv für einen Boom des Schulsponsorings erscheinen.

Wir stellen fest: Die beiden Seiten des Sponsoring-Marktes haben noch **keinen Königsweg zueinander** gefunden. Die werbungtreibende Wirtschaft wählt innerhalb der zur Verfügung stehenden Instrumentarien häufig Formen der Schulwerbung und trifft nicht immer die Idee des Sponsoring, und die Schulen haben noch einige Aufgaben, vor allem im Bezug auf ihre kommunikativen Gegenleistungen und das Management der Sponsorships, zu erledigen.

4. Perspektiven und Chancen für das Schulsponsoring

Positive Anzeichen für ein Aufeinanderzugehen finden sich im Ausland, wo Berührungsängste durch unterschiedliche Schulsysteme geringer erscheinen und die Möglichkeiten daher flexibler sind. Damit soll allerdings nicht gesagt sein, dass die prinzipiellen Vorbehalte gegen den werblichen Auftritt z. B. in den USA oder in Großbritannien geringer sind als in Deutschland. Ein Blick in die erziehungswissenschaftlichen Journale in diesen Ländern zeigt, dass dort genau so wie hier mit pädagogischer Brille zur Vorsicht gemahnt wird.

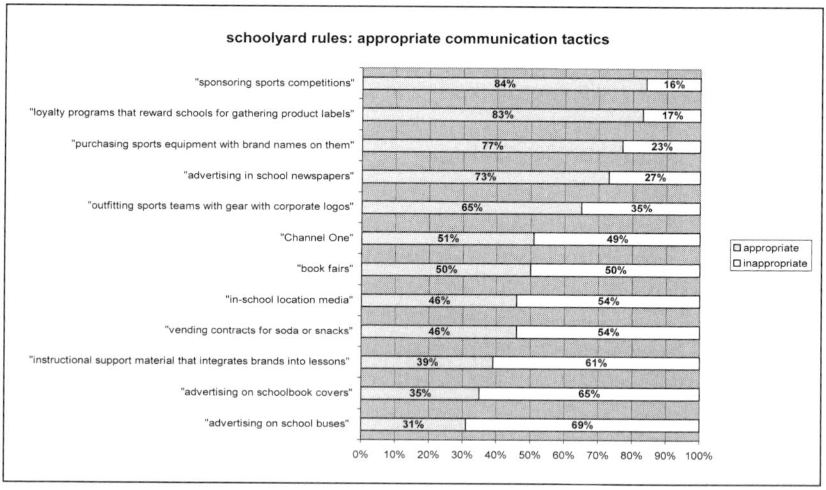

Abbildung 3: Angemessene und unangemessene Formen der „Schulwerbung“ (*Harris Interactive*, zit. n. *Fielding* 2004, S. 4).

So zeigt z. B. ein Blick in die **USA**, dass selbst Schulvermarkter die **Vorbehalte gegen allzu aggressive Kommunikation** an Schulen teilen. Eine aktuelle Befragung von 900 Jugendmarketing-Experten in den USA im Februar

2004 (durch Harris Interactive, Rochester N.Y. (vgl. *Fielding* 2004, S. 4 u. Abbildung 3)) zeigt deutliche Bedenken gegenüber einer reinen Absatzorientierung von Schulengagements. Im Promotion-Paradies USA scheinen Sammelaktionen („loyalty programs“) hingegen weniger problematisch angesehen zu werden.

Bei „Channel One“ handelt es sich um einen New Yorker TV-Sender, der Schulen in den USA TV-Geräte stiftet sowie kindgerecht aufbereitete 10-Minuten Nachrichten (vergleichbar mit dem ZDF-Format „logo“) liefert, die von 2 Minuten Werbung unterbrochen werden.

In **Großbritannien** (mit geschätzten 300 Mio. £ für schulbezogene Kommunikation ein beachtlicher Markt (*Clark* 2004, o.S.)) haben sich alle Marktbeteiligten (Sponsoring-Geber und Sponsoring-Nehmer) auf einen **Code of Conduct** geeinigt, in dem Möglichkeiten und Grenzen des Schulsponsoring festgehalten sind. Die ISBA („the voice of British Advertisers“ – Interessensgemeinschaft der Werbungstreibenden in Großbritannien) und die Verbraucherschutzorganisation Consumer's Association haben gemeinsam unter Beteiligung des „department for education and skills“ (und damit auch der Lehrerverbände) eine Sammlung von „best practise principles“ zusammengetragen, die für beide Marktseiten als Orientierung dienen sollen (vgl. Abbildung 4).

Auch in Deutschland gibt es schon eine Menge von Richtlinien und Regelungen zu dem Thema. Nach Beobachtung des Autors fehlt allerdings bis heute eine verbindliche Übereinkunft zwischen den repräsentativen Interessenvertretungen von Sponsoring-Gebern und Nehmern.

Ein solcher Code of Conduct wäre nicht nur eine praktische Richtlinie für die einzelnen Marktseiten. Es wäre auch ein **gemeinsames Commitment**, das für alle Beteiligten eigentlich gewinnbringende Instrumentarium „marktreif“ werden zu lassen, in dem allgemein anerkannte Spielregeln geschaffen werden. Nach Meinung des Autors ginge dann die Nützlichkeit einer solchen Vereinbarung über die konkrete Unterstützung der Vertragsgestaltung deutlich hinaus. Eine klare Abgrenzung der Kommunikationsdisziplinen wäre genauso möglich wie eine Vereinbarung, welche Kommunikationsziele von Unternehmen sich mit dem pädagogischen Auftrag von Schulen vereinbaren lassen und welche nicht.

So sind auch in Deutschland Projekte mit allseitiger Unterstützung denkbar, ohne dass juristische Auseinandersetzungen oder ideologische Grabenkämpfe in der Öffentlichkeit den Erfolg schmälern. Unter Einbeziehung aller Interessengruppen können darüber hinaus, vergleichbar mit der freiwilligen Selbstkontrolle im Bereich der Medien, ein Gremium installiert werden, das in Streitfragen schlichtet oder Präzedenzfälle klärt.

Best practise principles

The Principles

Educational Value and Content

1 Activities should be relevant and add educational value to teaching and learning.

2 Materials should not encourage unhealthy, unsafe or unlawful activities. (Visit www.ohn.gov.uk/ for further guidance)

3 The company should give a broad statement covering its purpose in providing the resource/activity.

4 The company should ensure that all information supplied is accurate and current – materials should be dated, especially where the information or resource is time sensitive.

5 Expressions of opinion should be distinguished from statements of fact.

6 Explicit sales messages should be avoided where possible, but may be unavoidable in the context of collector schemes.

7 Any specialist resources required by schools to utilize or demonstrate the activity must be highlighted from the outset.

8 Materials should respect diversity of gender, race, disability and cultural issues and reflect contemporary UK society.

Branding

9 The level of branding should be appropriate to the activity.

Consultation and Testing

10 Activities should be developed in partnership with teachers, pupils, parents and educationalists and piloted where possible.

11 Research and testing should reflect variations in the education system in all parts of the UK.

Distribution of Material

12 Where possible, the company should seek permission before forwarding materials to the school.

13 The resource should be carefully labelled and should specify both source and target audience.

14 The company should not impose any restrictions on the school in return for the distribution of the materials/provision of resources e.g. data collection of pupils; restricted use of suppliers.

Collector Schemes

Collector schemes are schemes in which people can collect points, vouchers or tokens by purchasing a company's products. Schools can then exchange the points, vouchers or tokens for items such as books, computers, or for other benefits.

Unlike other commercial activities, collector schemes may require direct participation by schools, pupils and parents. Financial or other costs will be incurred. Remember, the key question is:

Do the educational benefits of the scheme outweigh the potential disbenefits?

15 Rules governing the scheme must be made available to collectors, including:

- Information on the number of vouchers required
- The scheme's closing date
- A policy covering non-availability of the requested item
- Any restriction for participation in the scheme (e.g. overseas)
- A system of redress if the goods received are faulty in any way.

Best practise principles

Abbildung 4: Best practise principles (*ISBA/CA* 2005, S. 3 f.)

In der Folge würden die aktuell vorhandenen **Unsicherheiten** im Bezug auf die Verfahren und Rechtslage auf Seite der Unternehmen **deutlich abnehmen**. Wenn dazu die Schulen ihre Hausaufgaben machen und ihre Kapazitäten für Kommunikation und Management von Sponsoring verbessern, könnte dem sehr attraktiven Instrument Schulsponsoring in der Tat bald eine gute Zukunft bevorstehen.

Literatur

Bob Bomliz Group/Institut für Marketing der Universität der Bundeswehr, München (Hrsg.) (2002): Sponsoring Trends, Bonn 2002

Clark, S. (2004): Advertising in schools, in: Time Educational Supplement vom 25.6.2004. URL: http://www.tes.co.uk/search/story/?story_id =396901 [Stand 31.1.2005], o. S.

Daub, F. (2004): Die Retter der Schule – Schulsponsoring, URL: http://www.wdr.de/tv/q21/354.0.phtml (Sendung vom 9.3.2004)

Eissele, I./Böttcher, D. (2004): Der Herr Rektor setzt auf Reklame, in: Stern, Nr. 50/2004, S. 62-64

Falk, K. (2000): Gold für die Coca-Cola Schulsport-Initiative „1000 Schulen in Bewegung“, in: *Strahlendorf, P.* (Hrsg.): Jahrbuch Sponsoring 2000, Hamburg 2000, S. 108-110

Fielding, M. (2004): Hey kids, buy this! Schoolyard rules, in: Marketing News, No. Sept./2004, S. 4

Ipsos Deutschland (2000): Grundlagenstudie Schul-Sponsoring, Hamburg 2000

ISBA/CA (2005): Commercial activities in school, Best practice principles, URL: http://www.isba.org.uk/ [Stand: 30.1.2005], o. S.

Kolbrück, O. (2004): Werbepause auf dem Schulhof, in: Horizont, Nr. 27/2004, S. 17

Ministerium für Bildung, Wissenschaft, Forschung und Kultur des Landes Schleswig Holstein (MBWFK SH) (Hrsg.) (2003): Schulsponsoring – ein Leitfaden für Schulen, Schulträger und Schulförderer, Kiel 2003

Ministerium für Schule, Wissenschaft und Forschung des Landes Nordrhein-Westfalen (MSWF NW) (Hrsg.) (2004): Schul-Sponsoring heute, Ein Leitfaden für Schulen, Schulträger und Unternehmen. Düsseldorf 2004

Mohr, M. (2004): Werbung an Schulen – Ein wahrhaft zukunftsträchtiger Markt, URL: http://www.spiegel.de/unispiegel/geld/0,1518,295548,00.html [Stand 17.04.2004], o. S.

Networker's Media Group (1999): Schulsponsoring – Nicht-repräsentative Schulleiter-Umfrage 1999, Düsseldorf 1999

o.V. (2004): Lehrerverband fordert Verbot von Schulsponsoring. URL: http://www.stern.de/campus-karriere/schule/index.html?id=522720 [Stand: 14.4.2004], o. S.

Pütter, C. (2001): Die Schule wird zur Marke, in: werben&verkaufen, Nr. 19/2001, S. 42-46

Smith, R. (2003): Is tide starting to turn on advertising in school?, in: International Herald Tribune, Nr. 37308 vom 18.02.2003, S. 15

van Lith, U. (2003): Was Schulen leisten müssen, in: Süddeutsche Zeitung vom 7.1.2003, S. 2

Voss, R. (2000): Schulsponsoring, Bedeutung, Arten und Planungsprozess aus Unternehmenssicht, in: planung&analyse, Nr. 6/2000, S. 32-36

werben&verkaufen Studiendatenbank (2005): Sponsor Visions 2005, URL: http://www.wuv.de [Stand: 3.2.2005]

Grundlagen und Arten des Hochschulsponsoring

Thomas Osburg
Intel GmbH

1. Einleitung

Die Hochschulen in Deutschland sehen sich schon seit einigen Jahren mit vielfältigen Herausforderungen konfrontiert:

- Durch die Globalisierung von Wissenschaft und Wirtschaft wird auch der Wettbewerb zwischen den Hochschulen auf nationaler und internationaler Ebene intensiver.
- Die Zahl der Studenten nahm in den letzten Jahren konstant zu und stagniert mittlerweile auf hohem Niveau[1], die Hochschulausgaben dagegen stiegen weniger stark als die Nachfrage nach Bildung[2].
- Die angekündigte Einführung von Studiengebühren in einigen Bundesländern wird die Finanzierungen der Hochschulen, aber auch die Hochschulpolitik als Ganzes stark verändern.
- Der zunehmende Finanzbedarf der Hochschulen wird immer weniger durch staatliche Zuschüsse (Grundmittel) gedeckt, die Hochschulen müssen mehr Zeit und Energie für die Einwerbung von Drittmitteln aufwenden.

Die Hochschulen stehen also vor der Aufgabe, ein eigenständiges Profil zu entwickeln oder zu schärfen, um im Wettbewerb auf nationaler und internationaler Ebene bestehen zu können. Neben inhaltlichen Aspekten zur Studiengestaltung sind **neuartige Finanzierungskonzepte**, wie z. B. das Hochschulsponsoring, Kernpunkte dieser Aufgabe, die es den Institutionen erlauben, notwendige Programme zu initiieren und umzusetzen.

Dieser Beitrag stellt überblickartig klassische Konzepte und Formen des Hochschul- bzw. Wissenschaftssponsoring vor, hinterfragt kritisch die bisherigen Ansätze und skizziert neue Denkrichtungen für einen effektiveren Einsatz des Sponsoring von Hochschulen.

2. Finanzielle Situation der Hochschulen als Ausgangspunkt

Die Situation der öffentlichen Haushalte ist seit Jahren angespannt, eine schnelle Besserung ist nicht zu erwarten. Als wichtiger Posten der öffentlichen Kassen sind auch die Hochschulen von dieser Ressourcenknappheit betroffen,

---

1 Die Zahl der Studierenden in Deutschland ist von 1999 bis 2003 um knapp 15 % von 1,77 Mio. auf 2,03 Mio. gestiegen (vgl. *BMBF* 2002, S. 156 und *BMBF* 2004, S. 160), lag allerdings für das Wintersemester 2004/2005 wieder bei 1,97 Mio. Studierenden (vgl. *Statistisches Bundesamt* 2004).

2 Seit 1980 sind die Ausgaben für die Lehre je Studierenden real um 15,4 % zurückgegangen (vgl. *Statistisches Bundesamt* 2003a, S. 35).

es fehlen ca. 3 Mrd. Euro jährlich zur Wahrnehmung der Kernaufgaben in Forschung und Lehre (vgl. *Deutscher Hochschulverband* 2004).

Hochschulen finanzieren sich prinzipiell aus staatlichen Zuschüssen (Grundmitteln), Verwaltungseinnahmen und Drittmitteln[3]. Seit 1992 ist der Anteil der staatlichen Grundmittel an öffentlichen Hochschulen von 64 % auf 58 % zurückgegangen (vgl. *Statistisches Bundesamt* 2003b, S. 13), die Drittmittel werden für Universitäten immer wichtiger. Allein von 1997 bis 2001 wuchsen sie um 28,5 % (vgl. *Statistisches Bundesamt* 2003a, S. 52) und decken inzwischen 12,1 % (3,3 Mrd. Euro) der gesamten Hochschulausgaben in Höhe von 28,6 Mrd. Euro ab (vgl. *Statistisches Bundesamt* 2003a, S. 52). Von diesen 3,3 Mrd. Euro Drittmitteln stammen 832 Mio. Euro (ca. 25 %) von privaten Unternehmen und 207 Mio. Euro von Stiftungen (vgl. *Statistisches Bundesamt* 2003a, S. 55). Die zusätzlichen Einnahmen durch Sponsoring werden auf maximal 100-200 Mio. Euro geschätzt (vgl. *pilot group* 2005; *Bruhn* 2003, S. 25; *Gazdar/Kirchhoff* 2003, S. 191). Universitäten und Fachhochschulen in Deutschland finanzieren sich also zu ca. 3 % aus privaten Quellen.

Trotz dieses vergleichsweise geringen Finanzierungsanteils erfährt Hochschulsponsoring in der Literatur und Praxis eine starke Beachtung: zahlreiche Publikationen und Studien beschäftigen sich mit dem Thema[4]. Dies erscheint verständlich, da mit den privat eingeworbenen Geldern oft diejenigen Ausgaben bestritten werden, die im Wettbewerb der Hochschulen, Fachbereiche und Lehrstühle den entscheidenden Wettbewerbsvorteil darstellen können und zur Profilgewinnung erheblich beitragen werden (vgl. *Haibach* 2004, S. 77).

3. Grundlagen des unternehmerischen Hochschulsponsoring

3.1 Definitorische Einordnung und Abgrenzung

Die Literatur kennt verschiedene **Definitionen von Hochschulsponsoring**, eine der gebräuchlichsten und oft zitierten versteht dieses unternehmerische Instrument als „...Zuwendung von Sach- und/oder Dienstleistungen meist von Unternehmen an eine Hochschule, einen Teilbereich oder ein Mitglied der

---

3 Unter Drittmitteln versteht man alle Gelder, die „...zur Förderung von Forschung und Entwicklung sowie des wissenschaftlichen Nachwuchses und der Lehre zusätzlich zum regulären Hochschulhaushalt (Grundausstattung) von öffentlichen oder privaten Stellen eingeworben werden“ (*Statistisches Bundesamt* 2003a, S. 52). Sponsoring oder Doktorandenstipendien gelten nicht als Drittmittel, Spenden hingegen schon.

4 vgl. u.a. *Hermanns/Falt* 2002; *Hermanns/Glogger* 1998; *Hermanns/Suckrow* 1995; *Beier* 2003; *Bruhn* 1990; *Bruhn* 1999; *Erhardt* 1998; *Deutscher Hochschulverband* 2004; *Slapnicar/Melega* 1998; *Westebbe/Winter/Trost* 1997, *Reinhard* 2001

Hochschule gegen die Gewährung von Rechten zur kommunikativen Nutzung von Personen bzw. Hochschulen und/oder deren Aktivitäten auf der Basis einer vertraglichen Vereinbarung“ (*Westebbe/Winter/Trost* 1997, S. 17).

Diese relativ eindeutige Definition erfährt in der Praxis allerdings eine Verwischung, da die Unternehmen heutzutage eine Vielzahl von Möglichkeiten haben, Hochschulen bei der Einwerbung von privaten Geldern zu unterstützen (vgl. *Westebbe/Winter/Trost* 1997, S. 19-21; *Walliser* 1995, S. 8 ff.):

- **Spende oder Mäzenatentum**: Bei dieser Form der Förderung verzichtet der Spender auf eine vereinbarte Gegenleistung, der Wille zur Unterstützung und Förderung der Institution steht eindeutig im Vordergrund. Allerdings könnte eine ausgedehnte Berichterstattung in der Presse über die Spende diese Form der Unterstützung in die Nähe von Sponsoring rücken (vgl. *Walliser* 1995, S. 8 ff. oder *Hermanns* 1997, S. 99).
- **Personalmarketing** stellt eine weitere Möglichkeit der Unterstützung von Hochschulen dar, bei der die Unternehmen Ressourcen (Forschungsmittel, Praktikumsplätze, usw.) zur Verfügung stellen, um qualifizierte Studenten bereits frühzeitig an das eigene Unternehmen zu binden (vgl. *Hermanns* 1997, S. 99).
- Bei der **Auftragsforschung** geht es um die Generierung von Wissen in der Hochschule und den Transfer dieses Wissens an ein Unternehmen, das hierfür eine vereinbarte Gegenleistung erbringt (vgl. *Hermanns* 1997, S. 99). Hochschule und Unternehmen haben mit der Generierung neuen Wissens das gleiche Ziel, wenn auch die spätere Umsetzung und Vermarktung nicht identisch sein muss.
- **Public Private Partnership** Initiativen stellen eine weitergehende Form der Zusammenarbeit dar und definieren sich als „... ein Bündnis privater und öffentlicher Leistungsträger zur Bewältigung fest umrissener Aufgaben“ (*Späth et al.* 1998, S. 22). Es ist umstritten, ob Public Private Partnership auf einer Ebene mit Sponsoring gesehen werden kann (vgl. *Beier* 2003, S. 40) oder ob Sponsoring eine „...wirkungsvolle Spielart der Private Public Partnership...“ (*Späth et al.* 1998, S. 22) ist. Anders als beim Sponsoring verfolgen die Partner bei Public Private Partnership Projekten gemeinsame Ziele, auf die sie sich vertraglich festgelegt haben.
- Der **Einkauf** von Leistungen der Hochschule stellt ein weiteres Instrument der Zusammenarbeit zwischen Wirtschaft und Wissenschaft dar (vgl. *Westebbe/Winter/Trost* 1997, S. 21). Durch den unternehmerischen Erwerb universitärer Forschungs- oder Lehrleistungen (z. B. berufliche Weiterbildungsangebote oder Beratungsdienstleistungen) kann die Hochschule das vorhandene Wissen gewinnbringend auf dem freien Markt verkaufen.

Aufgrund der Vielzahl unternehmerischer Möglichkeiten wird Sponsoring in der Öffentlichkeit oft als „...Synonym für Förderaktivitäten jeglicher Art..." (*Hermanns* 1997, S. V) gesehen. Diese Meinung wird auch durch eine Studie gestützt, nach der über 90 % der Unternehmen, die spenden, dies auch als Sponsoring verstehen und über 80 % der sponsernden Unternehmen diese Aktivität auch als Spende betrachten (vgl. *Kirchberg/Reibestein* 1999, S. 28). *Westebbe/Winter/Trost* sprechen hier von Mischformen der Förderung, durch die allerdings erst der optimale Nutzen aus der Zusammenarbeit von Hochschulen und Wirtschaft entsteht (vgl. *Westebbe/Winter/Trost* 1997, S: 22).

Auf Seiten der Hochschulen wird inzwischen immer mehr vom **Fundraising** allgemein gesprochen, ohne eine systematische Klassifizierung und Abgrenzung der Instrumente vorzunehmen. Es erscheint aus Gründen der Vergleichbarkeit durchaus wünschenswert, dem Begriff des universitären Fundraising einen entsprechenden Begriff auf Unternehmensseite gegenüberzustellen, der alle Aktivitäten der Unternehmen mit Ziel der finanziellen Unterstützung von Hochschulen bündelt.

3.2 Finanzielle Bedeutung von Hochschulsponsoring aus Unternehmenssicht

Sponsoring stellt einen vergleichsweise kleinen aber ständig wachsenden Bereich der Unternehmensaktivitäten und -kommunikation dar: im Jahr 2004 führten erstmalig über 70 % der umsatzstärksten Unternehmen in Deutschland Sponsoring durch (vgl. *Bob Bomliz Group* 2004[5], S. 34). Die Unternehmen geben ca. 15 % ihres Kommunikationsbudgets für Sponsoring aus, von diesem Betrag entfallen 44,1 % auf Sportsponsoring und 6,4 % auf Wissenschaftssponsoring (vgl. *Bob Bomliz Group* 2004, S. 9-12). Damit hat Bildungssponsoring einen Anteil von ca. 1% aller unternehmerischen Ausgaben für Kommunikation.

In Deutschland führen 28,7 % der Unternehmen bereits Sponsoringmaßnahmen an Hochschulen durch, 63,2 % der Unternehmen sehen Hochschulsponsoring als attraktiv oder sehr attraktiv an (vgl. *Bob Bomliz Group* 2002, S. 28-30). Dies könnte ein Indiz für eine weitere Zunahme von Hochschulsponsoring sein.

5 Bei dieser Studie wurden die 2.500 umsatzstärksten Betriebe und Dienstleistungsunternehmen in Deutschland mittels einer schriftlichen Befragung mit Hilfe eines standardisierten Fragebogens zu ihren Sponsoringaktivitäten befragt. Die Rücklaufquote betrug 31,8 %.

3.3 Unternehmerische Ziele von Hochschulsponsoring

Hochschulsponsoring stellt eine Sonderform der unternehmerischen Sponsoringaktivitäten dar, da die mit dem Einsatz dieses Instruments verfolgten Ziele wesentlich weiter gefasst sind, als bei anderen Formen des Sponsoring, wie z. B. dem Sportsponsoring (vgl. *Bruhn* 2003, S. 245). Der Grund hierfür liegt in der starken gesellschaftspolitischen Förderintention der Unternehmen beim Einsatz von Hochschulsponsoring, die aus höher gelagerten unternehmerischen Grundpositionen und der Unternehmensphilosophie abgeleitet werden kann.

3.3.1 Vorökonomische Ziele

Eines der wichtigsten Ziele von Wissenschaftssponsoring ist die **Dokumentation gesellschaftlicher Verantwortung** an die Stakeholder (vgl. *Hermanns/ Suckrow* 1995, S. 44). Gerade durch die breite öffentliche Akzeptanz der Bildungseinrichtungen als Ziel betrieblicher Förderaktivitäten und ihrer gesellschaftlichen Bedeutung (vgl. *Hermanns/Falt* 2002) stellt Hochschulsponsoring ein geeignetes Instrument dar, um das unternehmerische bürgerschaftliche Engagement in einem angemessenen Umfeld darzustellen (vgl. *Westebbe/ Winter/Trost* 1997, S. 28).

Hochschulsponsoren demonstrieren durch ihr Handeln ein besonderes Interesse an der wirtschaftlichen und wissenschaftlichen Situation des Hochschulstandorts sowie an der **Förderung des akademischen Nachwuchses und** an **Innovationen** (vgl. *Bruhn* 2003, S. 232). Deutschland hat hinsichtlich seines Innovationspotenzials keine Spitzenstellung mehr inne, fehlende Innovationen gefährden Wohlstand und Arbeitsplätze (vgl. *Ganswindt* 2004, S. 18). Hochschulsponsoring kann so eine wichtige Komponente für die gesellschaftliche „Licence to operate" darstellen.

Die zunehmende Bedeutung des **gesellschaftlichen Engagements** von Unternehmen gewinnt in Deutschland in der öffentlichen Diskussion immer mehr an Bedeutung und resultiert aus einem veränderten Verhältnis der Wirtschaft zu Staat und Zivilgesellschaft (vgl. *Hansen* 2004, S. 5). Unternehmen sind in zunehmendem Maße gefordert, soziale Verantwortung zu übernehmen sowie einen adäquaten Beitrag zur Gestaltung eines funktionierenden Gemeinwesens zu leisten (vgl. *Schrader* 2003, S. 2) und erkennen daher immer mehr die ökonomischen Chancen dieses Engagements. Diese Aktivitäten werden mit dem Begriff **Corporate Citizenship** beschrieben, worunter man Aktivitäten versteht, „...mit deren Hilfe Unternehmen selbst in ihr gesellschaftliches Umfeld investieren und ordnungspolitische Mitverantwortung übernehmen..." (*Ha-*

bisch 2003, S. 58). Vergleicht man die Ziele unternehmerischer Corporate Citizenship Aktivitäten, d.h. besonders den Aufbau von Reputation, personalpolitische Ziele sowie Risikominimierung und Aufbau von politischem goodwill (vgl. hierzu im Detail *Schrader* 2003, S. 78 ff.) mit den Zielen unternehmerischen Hochschulsponsoring, so fällt auf, dass eine weit reichende Kongruenz der Ziele besteht. Die Unterstützung von Hochschulen mittels Sponsoring kann als ein effektives Instrument zur Umsetzung von betrieblichen Corporate Citizenship Strategien gesehen werden. Die politische und gesellschaftliche Diskussion um die zunehmende und weiter gefasste Rolle des Sponsoring hat bereits begonnen[6].

Die **Steigerung des Bekanntheitsgrades** ist ein weiteres wichtiges Ziel von Sponsoring (vgl. u.a. *Westebbe/Winter/Trost* 1997, S. 27), vor allem im Bereich Sport und Kultur. Im Wissenschaftssponsoring kommt besonders den Professoren eine herausragende Bedeutung als Meinungsmultiplikatoren zu, was von den Unternehmen durchaus anerkannt und genutzt wird (vgl. *Hermanns/Glogger* 1998, S. 105).

Mit Hilfe des Instruments Sponsoring soll ein Imagetransfer vom Gesponserten zum Sponsor stattfinden (vgl. hierzu ausführlich *Glogger* 1999), von dem sich das Unternehmen eine **Verbesserung des Unternehmensimage** erwartet. Der Wissenschaftsbereich bietet hier ein ideales Aktionsfeld an, wenn das Unternehmensimage in Richtung Seriosität, Kompetenz oder Zukunftsorientierung positiv beeinflusst werden soll (vgl. *Westebbe/Winter/Trost* 1997, S. 28).

Engagements im Bildungsbereich können ebenfalls eine große Rolle bei der **inner- und außerbetrieblichen Personalpolitik** spielen. So steigern akzeptierte Sponsoringprogramme die Identifikation der Mitarbeiter mit ihrem Unternehmen, die Rekrutierung von neuen Mitarbeitern gestaltet sich einfacher, da das Unternehmen so als attraktiver Arbeitgeber erscheinen kann, der sich um mehr als um den Unternehmensgewinn kümmert (vgl. *Bruhn* 1990, S. 75). In einer explorativen Studie gaben vier von fünf Unternehmen an, dass sich ihre Hochschulsponsoringaktivitäten vor allem an die Zielgruppe Studenten als potenzieller Führungsnachwuchs wenden (vgl. *Hermanns/Glogger* 1998, S. 105).

---

6 So konstatiert die Enquete-Kommission des Deutschen Bundestages in ihrem Bericht zur Zukunft des bürgerschaftlichen Engagements: „Für die öffentlichkeitswirksamen Sponsoringaktivitäten gilt, dass sie in erster Linie unter Werbegesichtspunkten getätigt und nicht mit der gesellschaftlichen Rolle von Unternehmen verbunden werden. Dies verändert sich mit der neuen Debatte um die Rolle von Unternehmen in der Bürgergesellschaft und die Bedeutung ihres Engagements“ (*Enquete-Kommission* 2002, S. 225).

3.3.2 Ökonomische Ziele

Beim Einsatz des Wissenschaftssponsoring stehen ökonomische Ziele wie Absatzsteigerung oder Verkaufsförderung meist nicht im Zentrum des Interesses der Sponsoren (vgl. *Hermanns/Suckrow* 1995, S. 44). Ökonomische Sponsoringziele erlangen nur dann eine besondere Bedeutung für Hochschulsponsoring, wenn die Produkte bzw. Dienstleistungen eng mit dem Förderbereich in Zusammenhang stehen, es sich also um Produkte handelt, die für die universitäre Lehre und Forschung bzw. für die Studenten von Nutzen sind. Darunter können Ausstattungsgegenstände (z. B. Laborgeräte und Büroeinrichtungen) oder Beratungsleistungen (z. B. Finanzplanung für Akademiker) verstanden werden.

4. Gestaltungsmöglichkeiten des Hochschulsponsoring

4.1 Inhaltliche Dimension

4.1.1 Möglichkeiten der Förderung durch Unternehmen

Die Bereitstellung **finanzieller Mittel** ist die klassische Form des Sponsoring, bei der den Hochschulen frei verfügbare oder zweckgebundene Gelder für die Verfolgung ihrer Ziele zur Verfügung gestellt werden. Dabei kann es sich um die Finanzierung von Studienfahrten, die technische Ausstattung des Lehrstuhls oder die Bezahlung von wissenschaftlichen Mitarbeitern handeln. Eine besonders wichtige Form der Unterstützung mit finanziellen Mitteln ist die **Stiftungsprofessur**, bei der die Unternehmen die Kosten für eine Professur für eine bestimmte Zeit (meist fünf bis zehn Jahre) übernehmen. Zurzeit gibt es ca. 300-400 Stiftungsprofessuren in Deutschland (vgl. *Radlanski/Winter* 2001, S. 7).

Neben der rein finanziellen Unterstützung machen gerade kleinere und mittelständische Unternehmen oft von der Möglichkeit der Unterstützung durch **Sachmittel** Gebrauch. Dabei kann es sich um materielle Betriebsmittel (z. B. abgeschriebene Computer) oder um Produkte des Unternehmens handeln (vgl. *Maaß/Clemens* 2002, S. 62-63). Gerade die Überlassung eigener Produkte an eine als attraktiv angesehene Zielgruppe kann zum Imageaufbau beitragen und langfristig die Schaffung neuer Märkte bedeuten.

Dienstleistungen können sowohl in der Vermittlung von Wissen bestehen, wie z. B. die Unterstützung bei der Durchführung einer Veranstaltung durch Unternehmenswissen, als auch in verschiedenen Formen der Freiwilligenarbeit, dem sog. Corporate Volunteering (vgl. hierzu detailliert *Schrader* 2003, S. 45-50), bei denen Firmenangehörige während der Arbeitszeit freiwillig

Aufgaben der geförderten Institutionen übernehmen oder ganz freigestellt werden.

4.1.2 Gegenleistungen der Hochschulen

Allgemein existieren für die Universitäten und Fachhochschulen folgende Möglichkeiten der Gegenleistung im Rahmen des Sponsoring (vgl. *Hermanns/Suckrow* 1995, S. 36-37; *Westebbe/Winter/Trost* 1997, S. 34-35, *Bruhn* 2003, S. 219):

Bei **aktiven** Formen der Gegenleistung erbringt die Hochschule selbst eine Leistung. So können die Sponsoren in Pressemitteilungen und Veranstaltungen an prominenter Stelle erwähnt, Ausstattungsgegenstände und Einrichtungen (z. B. Bibliotheken oder Lehrstühle) nach dem Sponsor benannt oder eigene Veranstaltungen (z. B. ein Symposium oder Wettbewerb im Auftrag des Unternehmens) durchgeführt bzw. von Professoren unterstützt werden.

Bei den eher **passiven** Formen der Gegenleistung gewährt die Hochschule den sponsernden Unternehmen in gewissem Rahmen das Recht, das Sponsorship in die unternehmerische Kommunikationspolitik mit einzubinden. Dabei ist eine „...kommunikative Pauschalnutzung...“ (*Slapnicar/Melega* 1998, S. 36) oder eine eher selektiv eingeräumte Möglichkeit der Kommunikation möglich. Die Hochschule selbst wird in diesen Fällen nicht aktiv.

4.2 Organisatorische Dimension

Unternehmen haben aus organisatorischer Sicht ebenfalls mehrere Möglichkeiten der Unterstützung von Hochschulen. Dabei kommt vor allem den Stiftungen und den Corporate Universities als externen organisatorischen Einheiten eine tragende Rolle zu.

4.2.1 Umsetzung durch die Unternehmen

Unternehmen können alle Formen und Arten des Hochschulsponsoring prinzipiell selbst konzipieren und durchführen. In diesem Fall suchen Firmen direkt den Kontakt zu den Sponsoringempfängern und vereinbaren Einzelheiten zum geplanten Sponsoring.

Organisatorisch wird Sponsoring meist als Instrument der Unternehmenskommunikation eingeordnet, d.h. es stellt neben Werbung und Öffentlichkeitsarbeit einen wichtigen Baustein der Kommunikation von Unternehmen mit ihren Stakeholdern dar (vgl. u.a. *Hermanns/Suckrow* 1995, S. 11; *Walliser* 1995, S. 33 ff.; *Bruhn* 2003, S. 28 ff.) und ist bei mehr als der Hälfte (56,3 %) der sponsernden Unternehmen in der Marketingabteilung angesiedelt (vgl. *Bob Bomliz Group* 2004, S. 17).

Hochschulsponsoring wird dagegen zu 47 % dem Verantwortungsbereich der Geschäftsführung zugeordnet, 22 % der Unternehmen verteilen die Verantwortung auf mehrere Funktionsbereiche und nur 15 % der Unternehmen siedeln es in der Marketingabteilung an (vgl. *Hermanns/Suckrow* 1995, S. 41). *Bruhn* stellt fest, dass bei sozialem Sponsoring fast ausschließlich die Vorstandsebene entscheidet (vgl. *Bruhn* 2003, S. 32).

Es fällt auf, dass, anders als bei traditionellen Instrumenten der Marketingpolitik, Sponsoring keinesfalls einheitlich in die Unternehmensorganisation integriert ist (vgl. *Stippel* 2005, S. 16 f.). Dabei spielt die Zielsetzung des betrieblichen Sponsorings wie auch die Unternehmensgröße und die innerbetriebliche Abgrenzung zu anderen Förderinstrumenten eine wichtige Rolle. Die Heterogenität der organisatorischen Einbindung könnte aber zu Problemen führen, wenn die Aktivitäten des Unternehmens nicht mit den Aktivitäten des Hochschulsponsorings abgestimmt sind, z. B. wenn sich das Unternehmen als Arbeitgeber mit Zukunft an den Hochschulen positioniert, gleichzeitig aber Entlassungen bzw. Einstellungsstopps vornimmt, die in der Öffentlichkeit auf Reaktanz stoßen (vgl. *Kirchberg/Reibestein* 1999, S. 16 f.). Eine konsequentere Einordnung von Hochschulsponsoring als Instrument der Unternehmenspolitik anstatt als Instrument der Marketingkommunikation erscheint daher durchaus sinnvoll.

4.2.2 Die Rolle der Stiftungen

Durch die Zwischenschaltung einer öffentlichen Stiftung verringert sich der Aufwand für die Unternehmen, da die Stiftung die Auswahl der Projekte und die kontinuierliche Zusammenarbeit mit den Gesponserten übernimmt. In Deutschland gibt es knapp 12.000 Stiftungen, von denen ca. 30-35 %[7] ihren Schwerpunkt auf die Bereiche Wissenschaft, Forschung, Bildung und Erziehung legen (vgl. *Bruhn* 2003, S. 159; *Erhardt* 2001, S. 62). Der Förderung einzelner Hochschulen widmen sich explizit ca. 100 Stiftungen (vgl. *Erhardt* 2001, S. 62). Die Gründung einer eigenen Unternehmensstiftung stellt eine weitere Möglichkeit der organisatorischen Umsetzung von Hochschulsponsoring dar, durch die ein wichtiges Instrument für den Dialog des Unternehmens mit der Umwelt entsteht.

---

[7] Ca. 20 % der Stiftungen konzentrieren sich auf Bildung allgemein, ca. 13 % auf Wissenschaft (vgl. *Kocka* 2004, S. 5).

Durch die Langfristigkeit der Stiftungen wird die von der Öffentlichkeit geforderte Nachhaltigkeit des Engagements optimal umgesetzt (vgl. *Weger* 2000, S. 8), allerdings ist vor allem bei öffentlichen Stiftungen die kommunikative Gegenleistung des Sponsoringengagements eher gering, so dass es sich oft um unternehmerische Spenden handeln dürfte.

4.2.3 Corporate Universities

Corporate Universities sind Bildungseinrichtungen privater Unternehmen, die die Personal- und Unternehmensentwicklung enger als bisher miteinander verzahnen (vgl. *BMBF* 2002, S. 2).

Die Bedeutung von Corporate Universities im Rahmen eines Hochschulsponsoring kann in der unterstützenden Zusammenarbeit[8] mit traditionellen Hochschulen gesehen werden, beispielsweise durch die Vermittlung von Praktikumsplätzen, der Überlassung oder Bezahlung von Referenten oder der Weitergabe unternehmerischen Wissens (vgl. *Stauss* 1999, S. 131). Als Gegenleistung können die Corporate Universities die Kooperation mit der traditionellen Hochschule kommunikativ nutzen, was zum Imageaufbau der Corporate University beitragen kann.

Weiterhin können sich Corporate Universities auch Außenstehenden öffnen und so der Gesellschaft ein Bildungsangebot zur Verfügung stellen, das das bisherige Hochschulangebot ergänzt. Ohne sich auf eine einzelne Hochschule festzulegen, erfolgt dadurch eine Sponsoringaktivität im Rahmen der Hochschulbildung.

5. Aktuelle Herausforderungen an das Hochschulsponsoring

Die derzeitigen Barrieren, die einer weiteren Verbreitung des Hochschulsponsoring im Wege stehen könnten, stellen gleichzeitig Chancen und Herausforderungen für diese Form der Kooperation von Wirtschaft und Wissenschaft dar. Es kann hier zwischen inhaltlicher, organisatorischer, gesellschaftspolitischer und personell-kultureller Ebene differenziert werden (vgl. u.a. *Bruhn* 1999, S. 22).

5.1 Inhaltliche Ebene

Ein wichtiger Grund für die Unternehmen, sich bei Hochschulsponsoring zurückzuhalten, wird mit **fehlenden Sponsoringkonzeptionen** der Hochschulen begründet (vgl. *Hermanns/Suckrow* 1995, S. 47). Für Unternehmen ist Sponsoring im Gegensatz zu altruistischen Spenden, ein Geschäft mit einer klar definierten Gegenleistung, die von den Hochschulen oft nicht artikuliert oder geliefert werden kann. „Ungenügende Medienwirksamkeit vieler Projekte, fehlende Öffentlichkeitsarbeit" (*Mussler* 2003, S. 140) ist einer der wichtigsten Kritikpunkte von Unternehmen an der hochschulseitigen Umsetzung von Sponsoringprojekten (vgl. *Stippel* 2005, S. 16).

Daraus ergibt sich, dass die für Firmen wichtige Erfolgskontrolle der Maßnahmen nur begrenzt stattfinden kann, d.h. die **Kosten-Nutzen Relation** ist sehr schwer erfassbar und dokumentierbar (vgl. *Hermanns/Suckrow* 1995, S. 49). In den letzten Jahren hat sich hieran wenig geändert, immer noch sehen 80,5 % der Unternehmen die mangelnde Wirksamkeit als Hauptrisiko des Hochschulsponsoring (vgl. *Bob Bomliz* 2002, S. 34). Allerdings ist umstritten, ob man für Wissenschaftssponsoring ähnliche Wirkungskontrollen wie z. B. für Sportsponsoring etablieren kann (vgl. *Stippel* 2005, S. 16).

Hochschulsponsoring kann aber nicht isoliert betrachtet werden, sondern ist ein integrativer Bestandteil einer Marketingkonzeption der Universitäten und Fachhochschulen (vgl. *Beier* 2003, S. 12-25). Insofern impliziert die Forderung nach Professionalisierung der Hochschulsponsoringkonzeptionen auch den Wunsch nach einem professionelleren Hochschulmarketing (vgl. *Slapnicar/Melega* 1998, S. 32; *Beier* 2003, S. 12-25). In den USA wird dies schon länger durch die Literatur thematisiert (vgl. vor allem *Kotler/Fox* 1985, S. 219-316).

5.2 Organisatorische Ebene

Barrieren auf organisatorischer Ebene betreffen vor allem die fehlenden Kontakt-, Koordinierungsinstanzen und -möglichkeiten sowohl auf Hochschul- als auch auf Unternehmensseite (vgl. *Bruhn* 1999, S. 22). Ungenügende Kompetenzklarheit bei möglichen Sponsoren wird von den Hochschulen als wichtiges Hindernis zur weiteren Verbreitung von Hochschulsponsoring genannt (vgl. *Hermanns/Suckrow* 1995, S. 47). Dies erscheint plausibel, wenn man sich die sehr heterogene Verteilung von Sponsoring auf verschiedene Unternehmensabteilungen betrachtet (vgl. hierzu Punkt 4.2.1).

Auch von Unternehmen wird die fehlende Eindeutigkeit der Kompetenzverteilung auf Seiten der Hochschulen als wichtige Barriere angesehen (vgl. *Bruhn* 1999, S. 22). Ein möglicher Grund für diese Problematik könnte in der

[8] Inzwischen kooperieren fast die Hälfte der Corporate Universities in Deutschland (47 %) mit traditionellen Hochschulen (vgl. *BMBF* 2002, S. 34-35).

relativ starken Stellung der Fachbereiche an deutschen Hochschulen liegen, während in den USA die zentrale Ebene der Universitätsleitung und -administration wesentlich größere Entscheidungskompetenzen besitzt (vgl. *Teichler* 1998, S. 17-18). In diesem Zusammenhang wird von Unternehmensseite ebenfalls ein fehlendes einheitliches, hochschulinternes Sponsoringverständnis kritisiert (vgl. *Bruhn* 1999, S. 22).

5.3 Gesellschaftspolitische und personell-kulturelle Ebene

Während in den USA die Unterstützung der Bildungseinrichtungen durch private Geldgeber allgemein akzeptiert ist, polarisiert der Themenkomplex „Private Finanzierung“ für öffentliche Bildungseinrichtungen wie kaum ein anderes unternehmerisches Kommunikationsinstrument die Gesellschaft. Als spezielle Gefahr des Hochschulsponsoring wird in diesem Zusammenhang vor allem eine mögliche verstärkte **Abhängigkeit der Forschung und Lehre** vom Sponsor vermutet, die aber in der Empirie nicht bestätigt werden konnte (vgl. *Hermanns/Suckrow* 1995, S. 51; *Ernenputsch et al.* S. 20). Demnach respektieren Unternehmen durchaus den Grundsatz der Freiheit von Lehre und Forschung und die daraus resultierende Verpflichtung zur Sensibilität im Umgang mit den Gesponserten (vgl. *Hermanns* 1997, S. 102).

Wichtiger als die vermeintliche Einschränkung von Forschung und Lehre durch Hochschulsponsoring ist allerdings die mögliche **Akzeptanzproblematik** auf Hochschulseite, die u.a. daraus entsteht, dass wichtige Hochschulangehörige nicht mit dem Sponsor einverstanden sind (vgl. *Westebbe/Winter/ Trost* 1997, S. 41) oder ganz allgemein kein eindeutiges Bekenntnis zur Akzeptanz von Hochschulsponsoring abgeben (vgl. *Mussler* 2003, S. 140). Einer der möglichen Gründe hierfür kann in dem allgemeinen Interessenkonflikt zwischen unternehmerischen und wissenschaftlichen Denken gesehen werden (vgl. *Hermanns/Suckrow* 1995, S. 49). Auch wenn die Grundakzeptanz für Hochschulsponsoring auf Seiten der Institutionen gegeben sein sollte, so kann die unzureichende Beschäftigung der Hochschulen mit den potenziellen Sponsoren ein weiteres Hindernis sein (*Mussler* 2003, S. 140).

6. Entwicklungstendenzen und Ausblick

Hochschulsponsoring ist inzwischen ein fester Bestandteil sowohl des Fundraising von Universitäten als auch der allgemeinen Sponsoringaktivitäten von Unternehmen geworden. Wissenschaftssponsoring wird auch weiterhin ein **Wachstum** prognostiziert, der Anteil von Sponsoring an den Einnahmen der Hochschulen sowie an den Kommunikationsbudgets der Unternehmen steigt aber kaum über jeweils 5%. Die Bedeutung von Hochschulsponsoring wird zwar durchaus positiv eingeschätzt, aber „...der mögliche Aufwärtstrend findet kein monetäres Äquivalent – ein prognostizierter Anstieg um 100.000 Euro in zwei Jahren spiegelt nicht den von den Experten erwarteten Trend zum Public-Sponsoring wider" (*pilot group* 2005).

Das Potenzial von Wissenschaftssponsoring sollte daher nicht nur aus monetärer Sicht betrachtet werden: Hochschulen und Fachbereiche sind in verstärktem Maße auf private Gelder angewiesen, um ihre steigenden Ausgaben zu decken. Neben den reinen Geldbeträgen ist auch die Kooperation mit Wirtschaftsunternehmen ein wichtiges Argument im zunehmenden Wettbewerb um Studenten und Kooperationspartner.

Für die Unternehmen könnte Hochschulsponsoring mehr als einen kommunikativen Gegenwert bieten, wenn es als Instrument der gesamten Unternehmenspolitik inhaltlich und organisatorisch auf höchster Führungsebene verankert und stärker mit Konzepten der Wahrnehmung gesellschaftlicher Verantwortung verzahnt wird. Der kommunikative Nutzen im Rahmen der Marketingstrategie als alleinige Gegenleistung von Hochschulsponsoring, wie in den Definitionen von Sponsoring impliziert, wird auf Dauer für die Unternehmen nicht ausreichend sein.

Literatur

Beier, S. (2003): Hochschul-Sponsoring. Rahmenbedingungen und Faktoren erfolgreicher Kooperationen, Wiesbaden 2003

Bob Bomliz Group (2002): Sponsoring Trends 2002, München 2002

Bob Bomliz Group (2004): Sponsoring Trends 2004, München 2004

Bruhn, M. (1990): Sozio- und Umweltsponsoring – Engagements von Unternehmen für soziale und ökologische Aufgaben, München 1990

Bruhn, M. (1999): Strategien und Erfolgsfaktoren für ein Hochschulsponsoring. Alternative Finanzierungsquellen: Stiftungs- und Sponsoringmodelle, Alumni- und private Förderkonzepte, Vortrag an der Universität Weimar vom 16.-18. Juni 1999, URL: http://www.uni-weimar.de/KA/kanzlertagung/pp/bruhn/img001.gif, [Stand: 08.07.2004]

Bruhn, M. (2003): Sponsoring – Systematische Planung und integrativer Ansatz, Wiesbaden 2003

BMBF (Bundesministerium für Bildung und Forschung) (2002) (Hrsg.): Grund- und Strukturdaten 2001/2002, Bonn 2002

BMBF (Bundesministerium für Bildung und Forschung) (2004) (Hrsg.): Grund- und Strukturdaten 2003/2004, Bonn 2004

Deutscher Hochschulverband (2004): Zur zukünftigen Finanzierung der Hochschulen, URL: http://www.hochschulverband.de/cms/fileadmin/pdf/pm/pm17-04-II.pdf, [Stand 08.12.2004]

Enquete-Kommission (2002): Bürgerschaftliches Engagement: auf dem Weg in eine zukunftsfähige Bürgergesellschaft, Bericht der Enquete-Kommission „Zukunft des bürgerschaftlichen Engagements" des Deutschen Bundestages, Deutscher Bundestag, 14. Wahlperiode, Drucksache 14/8900, Berlin 2002

Erhardt, M. (1998): Hochschul-Sponsoring, in: Wissenschaftsmanagement, Nr. 4/1997, S. 194-197, Bonn 1998

Erhardt, M. (2001): Stiftungen – Partner der Hochschulen, in: Forschung & Lehre, Nr. 2/2001, S. 62-63

Ernenputsch, M./Birzele, H.-J./Atai, S./Juszczak, J. (2003): Hochschulsponsoring: Ergebnisse einer empirischen Untersuchung, Schriftenreihe des Fachbereichs Wirtschaft Sankt Augustin, Fachhochschule Bonn-Rhein-Sieg, Band 4, Sankt Augustin 2003

Ganswindt, T. (2004): Vorwort, in: *Ganswindt, T.* (2004): Innovationen, Versprechen an die Zukunft, Hamburg 2004, S. 13-25

Gazdar, K./Kirchhoff, K. R. (2003): Unternehmerische Wohltaten: Last oder Lust? Von Stakeholder Value, Corporate Citizenship und Sustainable Development bis Sponsoring, München/Unterschleißheim 2003

Glogger, A. (1999): Imagetransfer im Sponsoring: Entwicklung eines Erklärungsmodells, Europäische Hochschulschriften, Reihe 5, Volks- und Betriebswirtschaft, Bd. 2429, Frankfurt 1999

Habisch, A. (2003): Corporate Citizenship: Gesellschaftliches Engagement von Unternehmen in Deutschland, Berlin u.a. 2003

Haibach, M. (2004): Fundraising-Management: Von „Zufallstreffern" zu Dauererfolgen, in: *Hochschulrektorenkonferenz* (Hrsg.): Alternativen in der Hochschulfinanzierung, Sponsoring, Fundraising, Stiftungen, Beiträge zur Hochschulpolitik, Nr. 4/2004, S. 77-89

Hansen, U. (2004): Gesellschaftliche Verantwortung als Business Case: Ansätze, Defizite und Perspektiven der deutschsprachigen Betriebswirtschaftslehre, in: *Schneider, U./Steiner, P.* (Hrsg.): Betriebswirtschaftslehre und gesellschaftliche Verantwortung: Mit Corporate Social Responsibility zu mehr Engagement, Wiesbaden 2004, S. 59-83

Hermanns, A. (1997): Sponsoring, Grundlagen, Wirkungen, Management, Perspektiven, 2. völlig überarb. u. erw. Aufl., München 1997

Hermanns, A./Falt, T. (2002): Bildungssponsoring wird attraktiv, in: Stiftung & Sponsoring, Nr. 4/2002, S. 31-33

Hermanns, A./Glogger A. (1998): Management des Hochschulsponsoring. Orientierungshilfen für die Gestaltung und Umsetzung von Sponsoringkonzepten an Hochschulen, Neuwied 1998

Hermanns, A./Suckrow, C. (1995): Wissenschafts-Sponsoring: Grundlagen, Verbreitung, Akzeptanz, Perspektiven und Management aus Sicht der Hochschulen und der Unternehmen, Bonn 1995

Kirchberg, V./Reibestein, B. (1999): Social-Sponsoring in Deutschland: Die Förderung sozialer Einrichtungen durch große deutsche Unternehmen, München 1999

Kotler, P./Fox, K. F. A. (1985): Strategic Marketing for Educational Institutions, Englewood Cliffs 1985

Maaß, F./Clemens, R. (2002): Corporate Citizenship: Das Unternehmen als "guter Bürger", Wiesbaden 2002

Mussler, D. (2003): Spitzenleistung durch Innovation. Bessere Chancen mit Hochschulsponsoring, in: *Strahlendorf, P.* (Hrsg.): Jahrbuch Sponsoring 2004, Hamburg 2003, S. 139-143

pilot group (2005): Sponsor Visions 2005, Zusammenfassung, URL: http://www.pilot.de/research/sponsorvisions.php?content=sponsor_visions_2005, [Stand: 22.02.2005]

Radlanski, H./Winter, E. (2001): Selbstläufer StiftungsProfessur, in: Wirtschaft & Wissenschaft, Nr. 2/2001, S. 6-9, URL: http://www.stifterverband.de/pdf/wiwi_201_magazin.pdf, [Stand: 27.07.2004]

Reinhard, K. (2001): Verfahren des Bildungssponsorings an berufsbildenden Schulen: Ein Vergleich zwischen Deutschland und den USA, Dissertation, Dresden 2001

Schrader, U. (2003): Corporate Citizenship: Die Unternehmung als guter Bürger? Berlin 2003

Slapnicar, K.W./Melega, M. (1998): Geborgter Glanz hilft beiden Partnern, Individuelles Hochschul- und Wissenschaftssponsoring – ein innovatives Instrument für die deutschen Universitäten und Fachhochschulen im Wettbewerb um Drittmittel, in: Wissenschaftsmanagement, Nr. 1/1998, S. 30-38

Späth, L./Michels, G./Schily, K. (1998): Der Bürger erlebt sein Bottom up, in: *Späth, L./Michels, G./Schily, K.* (Hrsg.): Das PPP-Prinzip, Die Privatwirtschaft als Sponsor öffentlicher Interessen, München 1998, S. 11-33

Statistisches Bundesamt (2003a): Bericht zur finanziellen Lage der Hochschulen 2003, Wiesbaden 2003

Statistisches Bundesamt (2003b): Hochschulstandort Deutschland, Wiesbaden 2003

Statistisches Bundesamt (2004): Derzeit 3 % weniger Studierende als im vorigen Wintersemester, Pressemitteilung vom 29.11.2004, URL: http://www.destatis.de/presse/deutsch/pm2004/p5050071.htm [Stand: 17.02.2005]

Stauss, B. (1999): Die Rolle deutscher Universitäten im Rahmen einer Corporate University, in: *Neumann, R./Vollath, J.* (1999): Corporate Universities, Strategische Unternehmensentwicklung durch maßgeschneidertes Lernen, Hamburg und Zürich 1999, S. 121-155

Stippel, P. (2005): Sponsoring, Fussball reicht nicht mehr, in: absatzwirtschaft, Nr. 3/2005, S. 14-17

Teichler, U. (1998): Managementreformen an deutschen Hochschulen: Einige Betrachtungen aus der Distanz, in: *Ermert, K.* (1998): Hochschulmanagement: Perspektiven der „Organisationskultur" der Hochschulen, Loccumer Protokolle 25/98, Loccum 1998, S. 9-33

Walliser, B. (1995): Sponsoring: Bedeutung, Wirkung und Kontrollmöglichkeiten, Wiesbaden 1995

Weger, H.-D. (2000): Unternehmen als Stifter, Überlegungen zur Konzeption, Gestaltung und Arbeitsweise von Unternehmensstiftungen, in: Die ROTEN SEITEN, Stiftung & Sponsoring, Nr. 4/2000, S. 1-23

Westebbe, A./Winter, E./Trost, O. (1997): Hochschul-Sponsoring: Ein Leitfaden für die Sponsoringpraxis an Hochschulen, Stuttgart 1997

Formen des Bildungssponsoring an berufsbildenden Schulen

Prof. Dr. Karin Reinhard
BA University of Cooperative Education Ravensburg

Prof. Dr. Dietmar Waterkamp
TU Dresden

1. Einführung

Berufsbildende Schulen sind innerhalb des Bildungswesens ein besonders geeigneter Sektor für die Ausbreitung des Bildungssponsoring, weil sie einen hohen Bedarf an Informations- und Kommunikationstechnologien haben und diese auch oftmals zum Gegenstand ihrer Ausbildungen machen. In ähnlicher Weise trägt auch der zunehmende Bedarf an weiteren modernen Technologien in beruflich orientierten Bildungseinrichtungen dazu bei, das Bildungssponsoring als eine zusätzliche Quelle der Finanzierung neben der öffentlichen Finanzierung, der Finanzierung aus Gebühren oder eventuell aus eigenen Kapitalien zu etablieren.

Bildungssponsoring ist ein Verfahren der Finanzierung von Bildungsinstitutionen, das sich in Systemen mit relativ hoher Autonomie der einzelnen Bildungsinstitutionen schon weit entwickelt hat, sich aber auch in stärker zentral administrierten Systemen durchsetzt (*Waterkamp* 2000, S. 200-209). Bildungssponsoring beruht auf Leistung und Gegenleistung, es schließt die beiderseitige Anerkennung der Leistungserwartungen ein, in der Regel in schriftlicher Form. Für die Firmen, die Bildungssponsoring betreiben, ist sie ein Teil ihrer Kommunikationsstrategie und kann dem „social marketing" zugerechnet werden. Die Sponsoren statten Bildungsinstitute materiell aus und fördern einzelne Projekte und Aktivitäten. Innerhalb ihres Marketing-Konzeptes erhoffen die Firmen vom Bildungssponsoring eine Imagepflege bzw. einen Imageaufbau, sie wünschen mit Zielgruppen in Kontakt zu treten, sie platzieren ihre Firmen-Logos in positiv wahrgenommenen Umgebungen und können die entsprechenden Ausgaben steuerlich absetzen. Die Gegenleistung besteht darin, diesen Werbeinteressen des Sponsors Raum zu geben bzw. sie aktiv zu unterstützen. Der Gewinn für den Gesponserten besteht in größerer finanzieller Unabhängigkeit bzw. einer Erweiterung des finanziellen Handlungsspielraumes und auch oftmals in einer Erweiterung seines Aktivitätsspektrums.

Bildungssponsoring folgt auf beiden Seiten nicht nur kurzfristigen Bedürfnissen. Im Bereich von **berufsbildenden Schulen** hoffen Sponsoren meistens nicht nur auf die Nutzung ihrer Marken im Unterricht und in der Ausbildung, sondern auch darauf, dass Absolventen, nachdem sie z. B. mit bestimmten Hardware- oder Software-Produkten gut vertraut sind, diese auch in ihrem künftigen Arbeitsbereich bevorzugen werden. Für die Bildungsinstitute ergeben sich bei einem Ausbau des Sponsoring Änderungen in Management und Organisation und in gewissem Umfang auch in den pädagogischen Zielsetzungen. Detaillierte Fallstudien an vier berufsbildenden Schulen in den Jahren 1999/2000 in Bielefeld, Neu-Ulm, München und Wandsbek haben gezeigt, dass deutsche Berufsschulen höchst unterschiedlich mit dem Verfahren des Sponsoring umgehen (*Reinhard* 2000).

2. Fallbeispiele Deutschland

2.1 Bielefelder Berufskolleg

In dem untersuchten Bielefelder Berufskolleg, das durch die Stadt getragen wird, gab das Bedürfnis nach dem Aufbau einer Infothek den Ausschlag dafür, den Weg des Sponsoring einzuschlagen, da die Stadt zu der notwendigen Investition nur teilweise beitragen konnte. Sie finanzierte vor allem den teuren Zentral-Rechner für die Schule. Die Schritte in das Sponsoring hinein waren schwierig. Zwei ausbildende Betriebe stellten je einen Klassensatz Laptops zur Arbeit in der Schule zur Verfügung, der allerdings im Eigentum der Ausbilder verblieb. In anderen Klassen wurden nur Laptops für solche Schüler gesponsert, welche die von der Schule angebotene günstige Kreditierung nicht tragen konnten. Es kam hier auf die Initiative einzelner Lehrer an. Insgesamt konnten keineswegs alle Klassen ausgerüstet werden und es entstand die Situation, dass Parallelklassen unterschiedlich gut ausgestattet waren. Auch für die Beschaffung der zahlreichen Softwareprodukte wurde der Weg des Sponsoring beschritten, jedoch wurde der Kontakt zu den Herstellern für die Schule erst nach einigen Erfahrungen mit dem Sponsoring durch die vertrauteren ausbildenden Firmen zur Selbstverständlichkeit. Zunächst wendete die Schule sich an einige der ausbildenden Firmen oder profitierte von Sponsorenverträgen, die auf Ebene des Regierungspräsidenten geschlossen worden waren. Auch das Landesinstitut für Schule und Weiterbildung verfügte über eine Landeslizenz für eine Software, allerdings lief dieser Vertrag nach drei Jahren aus und wurde nicht mehr erneuert. Die Verhandlungen zwischen einer großen Software-Firma und dem Kultusministerium über eine andere Landeslizenz führten nicht zum Ziel.

Im Falle einer Steuerberater-Software schloss der Schulleiter einen Sponsoring-Vertrag mit dem edierenden Verlag ab, der vorsah, dass der Verlag in der Berufsschule Schulungen durchführte und die jeweiligen Updates und Programmergänzungen lieferte, während die Schule die zweckgebundene Nutzung der Software zusicherte und sich verpflichtete, die Erfahrungen mit der Software mitzuteilen und ihren entsprechenden Ausbildungsplan dem Sponsor vorzulegen. Drei Jahre lang war dieser Vertrag in Kraft. Es war ein typischer Sponsoring-Vertrag, der beiderseitige Leistungen vorsah. Er wurde durch einen Vertrag mit einem noch größeren Hersteller auf diesem Marktsegment abgelöst.

Auch dieser Hersteller war daran interessiert, die Anwendung seiner Software in der Ausbildung als eine Möglichkeit zu nutzen, Anregungen für Verbesserungen zu erhalten. Außerdem erarbeitete er firmeneigene Unterrichtskonzepte, so dass ihm die Erfahrungen der pädagogisch gut ausgebildeten Lehrer sehr willkommen waren. Im Vertrag wurde dem Hersteller gestattet, ggf. eine Schutzgebühr von der Schule zu fordern. Eine solche Möglichkeit hätte allerdings den Sponsoring-Gedanken unterlaufen, wenn sie verwirklicht worden wäre. Andererseits entsprach es dem Sponsoring-Gedanken, dass die Schule bei einem Vertrag mit einem weiteren Software-Hersteller diesem gestattete, sein Engagement in dieser Schule bei der Werbung um Sponsoring-Verträge bei anderen Schulen zu nennen. Bei dieser Software ging es um ein schulinternes Informationssystem, das der Hersteller testen wollte. Die Schule nutzte dieses Interesse geschickt, indem sie den Hersteller verpflichtete, Schulungen durchzuführen und weitere Unterstützungen zu leisten. Auch dieser Vertrag lief über drei Jahre.

Zeitweilig partizipierte dieses Berufskolleg auch an der Initiative „Schulen ans Netz“, ehe sie diese wegen steigender Kosten wieder verließ. Eben die Tatsache, dass diese Initiative dem privilegierten Konzern nicht nur Steuerfreiheit für seine diesbezüglichen Investitionen bescherte, sondern dass die Nutzung des Netzes nach kurzer Zeit kostenpflichtig wurde, erweist, dass diese Initiative nicht dem Sponsoring-Gedanken folgte. Anders verhielt es sich mit einem Modellversuch desselben Konzerns zum Tele-Learning, bei dem dieses und ein weiteres Berufskolleg in Bielefeld für die Durchführung des Versuches technisch ausgestattet wurde. An die Schule wurde auch von Seiten einer bundesweit operierenden Sponsoring-Agentur das Angebot herangetragen, das Bildungssponsoring entsprechend dem Bedarf der Schule zu vermitteln. Eine Annahme dieser Offerte hätte die Bemühungen der Schule um Sponsoring auf eine neue Stufe gestellt. Die Agentur wäre als vermittelnde Instanz zwischen Firmen und Schule (sowie weiteren zahlreichen Schulen) aufgetreten und hätte der Schule zu einer wesentlichen Ausweitung des Sponsoring, zu Erleichterungen bei der Abwicklung und zur Stärkung der eigenen Rechtsposition bei den Sponsoring-Aktivitäten verhelfen können. Zunächst jedoch gab die Stadt als Schulträger keine Erlaubnis.

Dieses Fallbeispiel zeigt, wie mühsam sich für diese Schule der Weg zu einem systematisch betriebenen Sponsoring gestaltete, obwohl der Bedarf hoch war und auch das Engagement des Schulleiters und einiger Lehrer außergewöhnlich war. Der Schulträger, die Stadt Bielefeld, verfolgte die Politik, das Bildungssponsoring möglichst an allen seinen Berufsschulen gleichmäßig zu entwickeln, so dass diesem Berufskolleg Grenzen gesetzt wurden. Noch prägte der Sponsoring-Gedanke nicht das Selbstbewusstsein der Schule im

Sinne einer Corporate Identity, die nötig wäre, wenn die Schule ihren hohen Finanzbedarf im Bereich der Informations- und Kommunikationstechnologie durch Partnerschaften mit Firmen und Konzernen decken wollte.

2.2 Berufsschule in Neu-Ulm

Während man das Vorgehen des Bielefelder Berufskollegs als projektorientiert bezeichnen kann, ist dasjenige der Berufsschule in Neu-Ulm systemorientiert zu nennen. Nachdem eine relativ gute Hardware-Ausstattung erreicht war, kam der Schule eine leistungsfähige Vernetzung des lokalen Gebietes mit einem Glasfasernetz zugute. Sie wurde Server-Station für weitere Schulen. Diese Situation wurde genutzt, um ein vollständiges Wissens- und Informationsmanagement auf elektronischer Basis aufzubauen. Dieses veränderte nicht nur die Arbeitsweise des Management, sondern auch der Lehrer und Schüler im Sinne einer Umstellung von einem „produktorientierten“ auf einen „prozessorientierten“ Unterricht. Die notwendige Software, eine sog. groupware, wurde vom Hersteller gesponsert. Über diese Partnerschaft erschlossen sich der Schule weitere Sponsorbeziehungen mit Firmen im Umfeld des Herstellers. Dieser gewann dadurch Zugang zum Bayerischen Kultusministerium, welches die Erfahrung der Neu-Ulmer Schule nutzte und ein Pilotprojekt mit 35 Schulen startete, das auf der Software dieser Firma und einer kooperierenden Firma aufbaute. An diesem auf zwei Jahre terminierten Projekt beteiligten sich auch Hochschuleinrichtungen und weitere Firmen. An diesem Projekt ist die Dimension erkennbar, in die Bildungssponsoring hineinwachsen kann, wenn es strategisch eingesetzt wird. In dieser Größenordnung wird Sponsoring eine Möglichkeit für Firmen, neue Applikationen mit Hilfe von Schulen zu entwickeln, und für die Schulen entsteht die Chance, an technologischen Entwicklungen mitzuarbeiten.

2.3 Städtische Berufsschule in München u. Staatliche Handelsschule in Wandsbek

An der ausgewählten **Münchner Städtischen Berufsschule** für den kaufmännischen und Verlagsbereich zeigten sich demgegenüber wieder Begrenzungen eines nur projektorientierten Sponsoring. Die Hinwendung zu Verlagen und z.T. zu Großhändlern, die bestimmte Software einsetzen, führte zur Übernahme von deren Auswahl und zur Vermeidung von einer Sichtung mehrerer Alternativen. Im Bereich des Autohausmanagement wurde dagegen die CEBIT-Messe genutzt, um eine Software auszuwählen und eine Sponsoring-Partnerschaft zu suchen. Da die Schule in der Bereitstellung von Software-

Nutzungen noch nicht weit gekommen war, blieb den Schülern oftmals nur die Möglichkeit, die in der ausbildenden Firma zugänglichen Programme zu nutzen, um Projekte für die Schule durchzuführen.

Die erkundete **Staatliche Handelsschule in Wandsbek** sah den Vorteil von Sponsoring vor allem in der Verstärkung der pädagogischen Reformabsichten der Schule, die vor allem auf den Übergang zu fächerübergreifendem Projektunterricht zielten. So wurde von Firmen, die zum Sponsoring bereit waren, insbesondere große Verlagshäuser, vor allem ein Beitrag zur Fortbildung der Lehrer in Form mehrtägiger Fortbildungsveranstaltungen für ausgewählte Lehrergruppen erbeten. Software-Sponsoring fand im üblichen Rahmen sowohl durch Hersteller als auch durch ausbildende Firmen oder Agenturen statt. Die Wahl dieser Strategie mag sich als Folge einer relativ restriktiven Verwaltungsvorschrift des Stadtstaates Hamburg zum Sponsoring an staatlichen Schulen aus dem Jahre 1998 ergeben haben.

3. Fallbeispiele USA

Diese vier Fallbeispiele wurden in einer eingehenderen Untersuchung mit dem Sponsoring an vier amerikanischen beruflichen Colleges verglichen. Alle vier befinden sich in Kalifornien. Das Sponsoring hat in diesen beruflichen Bildungsinstituten eine größere Intensität als in den beschriebenen deutschen Schulen, die sich schon aus der Tatsache ergibt, dass sich die Lehrziele der Colleges eng an den Bedürfnissen und Möglichkeiten des Arbeitsmarktes in ihrem Distrikt orientieren, da sie an dem erfolgreichen Eintritt ihrer Absolventen in den Arbeitsmarkt sehr interessiert sind.

3.1 College in Consumnes River

An einem College in Consumnes River fällt auf, dass Lehrer oder „Dekane", die für Fachbereiche zuständig sind, selbständig Sponsoring-Beziehungen eingehen können. Dieses erscheint auch geboten, weil die Lehrer jeweils für ihren Aufgabenbereich eigene Ressourcen verwalten und diese auch vermehren wollen. Es ergeben sich meist sehr genau festgelegte gegenseitige Verpflichtungen und eine enge Überwachung der Leistungen. Im Falle eines Programms für die Ausbildung von Netzwerkadministratoren erreichte der zuständige Lehrer, dass zwei Vertreter einer einschlägigen Firma dem „Industry Advisory Committee" beitraten, das an dieser Abteilung des College für die Zusammenarbeit mit der Industrie gebildet worden war. Für ihre Bereitschaft, eine entsprechende Hardware für die Ausbildung der Studenten in mehreren Klassen zur Verfügung zu stellen, verlangte die Firma, die Lebensläufe und Leistungsberichte der Studenten dieser Klassen einzusehen. Die Absicht war, sich über mögliche zukünftige Mitarbeiter zu informieren. Ferner verlangte sie, den Lehrplan für dieses Programm entsprechend ihren Anforderungen an künftige Netzwerkadministratoren auszurichten.

Im Fachbereich Telekommunikation existiert an diesem College ebenfalls ein beratendes und unterstützendes Gremium, das Technology Committee. Es setzt Ziele für die weitere Entwicklung des Fachbereiches fest und ermutigt den zuständigen Dekan zum Eingehen von Sponsoring-Beziehungen. Im Falle der Ausbildung in der Fernseh-, Film- und Videoproduktion hat der lokale Fernsehsender sich bereit erklärt, die College-Studios auf digitale Arbeitstechniken umzustellen. Bedingung war, dass die Fernsehstation diese Studios in reservierten Zeiten auch selbst benutzen darf. Die Wartung der Ausrüstung oblag dem College. Für die Fernsehstation war dieses eine relativ große Investition, die aber steuerlich abzugsfähig war und den Einsatz eigenen Personals ersparte. So war es durchaus vorteilhaft, sich des College als Standort zu bedienen statt die Technik am eigenen Standort zu installieren.

Einen etwas anders gearteten Austausch von Dienstleistungen vereinbarte das College mit einem großen Schulbuch-Verlag. Der zuständige Fachlehrer übernahm es, ein Buch mit CD dieses Verlages Korrektur zu lesen und es dann im Online-Unterricht in seinen Klassen zu erproben. Dafür sponserte der Verlag Hardware und gab den Studenten in diesen Klassen die Bücher und CD's kostenlos ab. Der Kurs behielt während seiner ganzen Laufzeit, also auch mit neuen Klassen, den Status des Werbeträgers, dem Sponsoring zugewendet wurde.

In dem College wurde auch ein Sponsoring mit einer gemeinnützigen Organisation vereinbart, nämlich der Organisation „Tower of Use", die Auszubildenden mit niedrigem Einkommen und auch solchen mit Vorstrafen hilft. Sie sponserte Lizenzen für eine 3D-Animations-Software unter der Bedingung, dass von ihr betreute Kinder und Jugendliche die Software zu bestimmten Zeiten im College zur Herstellung von Videoproduktionen nutzen durften.

In einem weiteren Fall des Sponsoring in diesem College spielt es für die betreffende Firma wiederum eine wesentliche Rolle, in diesem College mit ihren Produkten vertreten zu sein, um diese mit Hilfe des College verkaufsfördernd präsentieren zu können. Für den Kauf eines Servers, der die Einrichtung des Betriebssystems UNIX ermöglichen sollte, hatte der zuständige Lehrer ein Budget von 130.000,- $ zur Verfügung. Auf die Ausschreibung reagierte eine Firma nicht nur mit dem Angebot ihres Produktes, sondern auch von Sponsoring-Leistungen, die sowohl mehrere Hardware als auch Software-Komponenten umfassten. Das Ziel der Firma war, den Server so einzurichten, dass potentielle Kunden im College sehen konnten, wie das System funktionierte. Solche Demonstrationen selbst einzurichten, war der Firma zu aufwendig. In der Tat gewann die Firma auf diesem Wege neue Kunden, und es traten Interessenten an die Schule heran, auch die Funktionsweise weiterer Software auf der Basis des Betriebssystems darzustellen. So wurden weitere Sponsorings getätigt. Erst als die Firma auf ein neues Netzwerksystem überging, wurde die Zusammenarbeit beendet.

Um einen neuen Computer einer großen Marke in einem Vertriebshaus im Distrikt besser vermarkten zu können, sponserte das Vertriebshaus dem College in beträchtlichem Umfang Hardware und Software für die Gegenleistung, Klassen in der Arbeit mit diesem Computer gemäß den Bedürfnissen des Vertriebshauses auszubilden. Dadurch erhielt das Haus ausgebildete neue Mitarbeiter, die zum Verkauf des Computers wesentlich beitrugen.

Eine andere Firma sponserte über viele Jahre ihre Software unter der Bedingung, dass jährlich ein Lehrer für ein Semester frei gestellt würde, um sich in der Firma ausbilden zu lassen und das Zertifikat der Firma zu erwerben.

Diese Beispiele zeigen, dass Sponsoring in diesem College vor allem unter dem Ziel betrieben wurde, neue Ausbildungsprogramme mit guten Marktchancen für die Absolventen einzuführen. Die eigentliche Finanzierung des College blieb davon unberührt. Das College war nicht abhängig von Sponsoring, sondern nutzte es für neue Richtungen der Ausbildung. Das Sponsoring erbringt ca. 3 % des Gesamthaushaltes des College, der jährlich über 50 Mio. $ umfasst.

3.2 Junior College in Santa Rosa

Ein Junior College in Santa Rosa beschritt einen Weg zum systematischen Sponsoring, indem die Stiftung des College, die schon vor Jahrzehnten gegründet wurde, ihren ursprünglichen Auftrag, Spenden zu sammeln, überschritt und systematisch Sponsoring-Partnerschaften für das College einwarb. Sie beschäftigte sieben Angestellte, die seitdem auch die Pflege der Beziehungen zu den Sponsoren und die Ansprache neuer Sponsoren zu ihren Aufgaben zählten. Auf dieser Grundlage richtete das College ein „Center for Advanced Technology in Education“ ein, das ermöglicht, Präsenzkurse des College auch in der Variante des Online-Kurses anzubieten. Zur Ausrüstung trug eine Firma bei, zu deren Gunsten auch einige Kurse speziell für die Anwendung ihrer Produkte eingerichtet wurden.

Außergewöhnlich war die Initiative des College, in einem Einkaufszentrum Räume einzurichten, in denen für Passanten Computerkurse im zeitlichen Umfang von acht Stunden und zu dem geringem Preis von 1,- $ je Stunde angeboten wurden. Da der Betreiber des Einkaufszentrums erkannte, dass viele neue Interessenten in das Zentrum gelockt wurden, verzichtete er auf Raummiete, und ein Computerhaus verkaufte dem College für diesen Zweck Computer seiner Marke zu einem geringen Preis. Für das College lag ein großer Vorteil darin, neue Interessenten für seine Ausbildungsangebote zu gewinnen und sein Engagement für die Gemeinde zu zeigen.

In einer „public-private partnership" richtete dieses College eine sog. „Technical Academy" ein. Dieser Terminus bezeichnet eine Einrichtung, die eine berufliche Ausbildung für Schüler der letzten Klassen der High School bereit hält. In diesem Falle sollte die Akademie auch zur Weiterbildung des Personals von Computerfirmen und der Studenten des College dienen. Sie wurde in einem Technologiepark eingerichtet, die Raummiete wurde vom Landkreis übernommen, während einige Firmen die Akademie mit hohen Kosten technisch ausstatteten und sich auch zur regelmäßigen Modernisierung der Ausrüstung verpflichteten. Das College stellte seine besten Lehrer zur Verfügung, die Unterrichtsprojekte entwickelten und anboten. Ein Detail in der Arbeit der Akademie ist die Tatsache, dass die beteiligten Firmen sich an der Erstellung eines neuen Bewertungssystems für die Leistungsbewertung beteiligten, da sie genau wissen wollen, welche Fähigkeiten die Absolventen der High Schools hatten, wenn sie sich bei ihnen bewarben. Mit den Firmen wurden einzelne Kursangebote vertraglich abgesichert (contract education).

3.3 Community College in Foothill u.College in De Anza

Ein Community **College in Foothill** verfolgte eine restriktivere Sponsoring-Praxis. Es erstellte keine maßgeschneiderten Programme für einzelne Firmen, lehnte auch die Benennung von Programmen nach Firmen ab und folgte dem Grundsatz: „Erst wenn ein Programm uns so wertvoll erscheint, dass wir es auch ohne Sponsor durchführen würden, suchen wir dafür nach Sponsoren". Diese Zurückhaltung hatte ihren Grund in den Erfahrungen mit der Konjunkturabhängigkeit der IT-Branche, die schon zur Einstellung von Sponsoring-Aktivitäten geführt hatte, die wiederum den Abbruch von Programmen nach sich zog. Außerdem hatte man mit einem maßgeschneiderten Programm für eine Firma die Erfahrung gemacht, dass diese nach einiger Zeit die Übernahme von Folgekosten verweigerte, weil sie glaubte, dass das College nunmehr auf ihre Produkte angewiesen sei und das Programm in jedem Falle weiterführen würde. Erst die Verbindung mit einer neuen Firma befreite das College aus dieser Zwangslage.

Das College erfuhr durch seine Sponsoring-Aktivitäten eine wesentliche Beschleunigung seiner inneren organisatorischen Prozesse. Die Tatsache, dass die Lehrer für ihre Fachbereiche nun auch Manager waren, also Gelder verwalteten, ausgaben und einwarben, trug dazu bei, dass alle Verwaltungsvorgänge beschleunigt wurden. In den Sponsoring-Beziehungen wären langwierige Entscheidungsprozesse sehr hinderlich. Damit stiegen auch die Risiken, jedoch war man zu höherem Risiko bereit, weil Misserfolgen auch zahlreiche Erfolge gegenüberstanden. Eine gewisse Sicherung bestand in der Terminierung der Sponsoring-Beziehungen, die von beiden Seiten her eingehalten oder auch verlängert werden konnte.

Im Verbund mit dem College in Foothill steht das **College in De Anza.** Es berichtete ebenfalls über die Unsicherheiten, die Sponsoring auslösen kann, gerade in der IT-Branche, in der vor allem in der Software und z.T. auch der Hardware immer wieder Neues auftritt. Der schnelle Wechsel in der Software zwang die Lehrer immer wieder zur Weiterbildung. Die angenehme Situation, zwischen zwei sich anbietenden Sponsoren wählen zu können, schuf wiederum Entscheidungsprobleme, da die Folgeprobleme schwer abschätzbar waren. Das De Anza College verwies aber auch auf erfolgreiche Sponsoring-Beziehungen. So hatte es von einem Automobilkonzern drei Computer Analyzer Trainer erhalten und bildet daran einsetzbare Arbeitskräfte für diese Firma aus. In diesem Falle wurde auch der Kurs nach der Marke benannt.

3.4 High School in Nappa Valley

Eine High School im Nappa Valley bezeichnet sich als New Technology High School, weil sie in den oberen Klassen gezielt eine berufliche Vorbereitung betreibt. Sie wurde vom Schuldistrikt als eine Schule gegründet, die ihre Ausstattung zu zwei Dritteln durch Sponsoring erbringen sollte. Mehrere Firmen erkannten die Chance, diese Schule zu einem Vorzeigeprojekt zu machen. Daher sponserten sie nicht nur die technologische Ausstattung, sondern beteiligten sich am Management der Schule, führten öffentlichkeitswirksame Wettbewerbsformen ein („Schüler des Monats", „Visionär des Monats"), richteten Praktika für die Schüler ein und vergaben Aufträge zur Bearbeitung durch die Schüler in der Schule. Der Unterricht wurde projektorientiert angelegt. Es wurde Gebrauch von der Simulation gemacht, indem virtuelle Firmen gegründet wurden. Die Geschäftspartner, Gemeindemitglieder und einige Personen der Schulen bildeten zusammen die „Critical Friends" der Schule, die beratend wirken sollen. Die Schule vermeidet trotz des Eifers für das Sponsoring nach Möglichkeit Abhängigkeiten, wie sie z. B. durch Exklusivverträge entstehen können, und terminiert ihre Sponsoring-Verträge auf relativ kurze Fristen. So wurde ein Angebot des größten Anbieters von Betriebssystemen auf einen Exklusivvertrag abgelehnt. Der Anbieter hatte den Ausschluss eines konkurrierenden Systems gefordert. Im Ergebnis kam doch ein Vertrag mit diesem Konzern zustande, der diesen aber nicht privilegierte.

4. Die Motivation für Bildungssponsoring im Bereich berufsbildender Schulen

Auf **Seiten der Bildungsinstitutionen** tritt häufig die Knappheit der Mittel als Motiv hervor. Dieses setzt insofern einen problematischen Ausgangspunkt, als die Schule sich eventuell nicht genügend klar macht, welchen Wert es für die Geschäftspartner bedeutet, mit dieser Schule in Verbindung gebracht zu werden. Sie könnte ihre Leistungen unter Wert anbieten. Jedoch zeigen sich auch andere Motive, die ein selbstbewussteres Auftreten hervorbringen. Es sind dies das Streben nach einem schärferem Profil der Schule. Dieses gilt vor allem dann, wenn Schulen miteinander im Wettbewerb stehen. Innerhalb des öffentlichen Schulsystems in Deutschland ist diese Situation nur eingeschränkt gegeben. Aber auch das Bedürfnis nach genauer Umsetzung der Lehrpläne, die z.T. fächerübergreifenden Projektunterricht und auch den Unterricht in Lernfeldern vorsehen, kann den Gedanken an das Sponsoring hervorbringen, weil ein höherer Grad an Vernetzung innerhalb der Schule und mit der Umwelt notwendig wird. Der Wunsch, gesetzte Kompetenzziele auch wirklich zu erreichen, erfordert den Einsatz komplexer Technologie. Außerdem gewinnt der Unterricht durch den Einsatz dieser Technologie auch ein neues Niveau in der Handlungsdimension. Wenn zu einem unternehmerischen Denken und Handeln erzogen werden soll, muss auch die Schule selbst stärker unternehmerisch handeln. Die Lehrer müssen sich in dieser Hinsicht professionalisieren. Das Bedürfnis nach einer größeren Autonomie und nach Erweiterung der Handlungsspielräume ist bei vielen Schulleitern ausgeprägt und bewegt sie zur Nutzung des Sponsoring-Verfahrens. Schließlich ist für Schulleiter und Lehrer am Sponsoring-Verfahren auch die Aussicht attraktiv, selbst stärker als Entwickler von Kursen und Programmen tätig zu werden, vielleicht in Verbindung mit Fachleuten von Firmen.

In einigen der Fallbeispiele, besonders denjenigen aus den USA, wurde auch das Motiv sichtbar, den Auszubildenden zu einem erfolgreichen Einstieg in den Arbeitsmarkt zu verhelfen. Hinzu tritt das Motiv, neue Zielgruppen anzusprechen und damit die eigenen Schülerzahlen zu erhöhen. Mitunter ist auch die Unterauslastung einzelner Lehrer ein Grund für diese selbst und für die Schulleitung, neue Wege mit Hilfe des Sponsoring einzuschlagen. Generell wirkt das Bestreben mit, auf der Höhe der technologischen Entwicklung zu bleiben.

Auf **Seiten der Sponsoren** findet sich das Motiv, ihre Produkte bekannt zu machen, die Zahl der Anwender zu erhöhen, sowohl was die gegenwärtigen Anwender, als auch die künftigen Anwender betrifft. Die Schule wird dabei als ein Ort der Multiplikation gesehen, da sie Ansehen und Autorität genießt, die auch ein positives Licht auf den Sponsor werfen. Ihre Lehrer werden als Fachleute und Pädagogen geschätzt, die dem Sponsor hilfreiche Hinweise geben können, und die Absolventen könnten zu Multiplikatoren in ihren künftigen Arbeitsstätten werden. Manche Sponsoren rechnen damit, geschulte Absolventen selbst zu übernehmen. So können Firmen möglicherweise den Umfang eigener Fortbildungen einschränken. Schließlich erwarten Firmen in einigen Fällen von Schulen auch eine Weiterentwicklung ihrer Produkte in einem realen Umfeld, um so die Nutzbarkeit der Produkte zu verbessern. Ganz allgemein ist der Steuervorteil, den Sponsoring zum Nutzen von Bildungsinstituten in Deutschland wie in den USA bietet, eine nicht zu unterschätzende Chance.

An den Fallbeispielen aus Kalifornien war zu sehen, dass Firmen eigene Ausbildungsaktivitäten und sogar Produktionsaktivitäten in die Colleges verlegen, nachdem sie ihnen die Ausstattung von Räumen gesponsert haben. So sparen sie selbst Raum und Personal. Faktisch erwies sich die Nutzung solcher Räume durch die Firmen allerdings als geringer als zunächst erwartet worden war, so dass die Colleges die Anlagen häufiger nutzen konnten als vorhergesehen. Die Firmen betrachten die Colleges auch gelegentlich als geeignete Referenzkunden, die ihnen neue Kunden zuführen können. Oftmals hoffen sie auch, von einer Schule aus zu weiteren Schulen zu gelangen, also das Sponsoring-Modell zu verbreiten und somit den gewünschten Effekt zu erhöhen. Die Absicht, mit einem geeigneten College eine Partnerschaft einzugehen, um frühzeitig gut ausgebildete potentielle Mitarbeiter kennen zu lernen, ist für viele Firmen ein starkes Motiv. Dieses ist verständlich in einem Ausbildungssystem, das nicht die betriebliche Lehre vorsieht.

Die Selbständigkeit der Colleges ist wesentlich höher als die der berufsbildenden Schulen in Deutschland. Daher herrscht vielleicht auch ein größerer Realismus in bezug auf das Sponsoring: Man weiß einerseits, dass die Firmen für ihre Zuwendungen harte Gegenleistungen fordern, andererseits aber ist man sich des Wertes von Leistung und Gegenleistung auch bewusst und verkauft sich nicht leicht unter Wert. In Deutschland ist die schrittweise Herauslösung der einzelnen Schulen aus einer kameralistischen Administrationsstruktur noch stark mit idealistischen Vorstellungen, zum Teil auch mit gewissen Ängsten behaftet.

5. Verfahren des Bildungssponsoring

In deutschen Schulen findet man die Verantwortlichkeit für das Sponsoring in der Regel bei der Schulleitung vor. Hinzu kommt, dass auch auf den Ebenen der Gebietskörperschaften (Stadt, Regierungspräsidium, Land) Entscheidungen oder Vorentscheidungen über Sponsoring-Beziehungen der Schulen getroffen werden. Die Länder erlassen z.T. zu dieser Thematik Verordnungen oder Verlautbarungen (vgl. hierzu den Beitrag von *Meyer-Albrecht*). Damit kann das Sponsoring in mehreren Schulen gleichzeitig in Gang gebracht werden, es kann aber auch eine Hemmung für einzelne bereits aktive Schulen eintreten. Insgesamt gehört es zu dieser Verwaltungsweise, Qualitätsunterschiede zwischen den Schulen möglichst zu vermeiden und alle Schulen am Standard auszurichten. Allerdings lässt sich auch in Deutschland beobachten, dass einzelne Lehrer eine Handlungsfreiheit bei der Herstellung von Sponsoring-Beziehungen erhalten. Diese Freiheit führt tendenziell auch zu größerer Bewegungsfreiheit in Hinsicht auf inhaltliche Planungen.

In der Regel fordern die Firmen Erfahrungsberichte über die Anwendung oder Weiterentwicklung ihrer Produkte und werben mit diesen Ergebnissen. Dieser Zwang hilft auch den Schulleitungen, ein Controlling auszuüben. Außerdem werden sie zu einer genauen Beobachtung des Marktes der Anbieter angehalten, um zu ermitteln, ob ihre Partner noch immer mit Blick auf den lokalen Arbeitsmarkt die geeigneten sind.

Insgesamt fällt auf, dass in den Schulen und auch in den Colleges noch relativ wenig Arbeit in das Controlling der Sponsoring-Beziehungen investiert wird. Die Etablierung beratender Gremien, die sich aus Vertretern der Sponsoren, aus Mitgliedern der örtlichen Autoritäten und aus Vertretern der Bildungsinstitution zusammensetzen, könnte ein guter Weg sein, die Planung und auch das Controlling der Sponsoring-Beziehungen stärker zu systematisieren. Die Selbstbezeichnung „Critical Friends“ erscheint für ein solches Gremium gut gewählt.

Bisher wird das gesponserte Produkt häufig nur im Zusammenhang mit dem einzelnen Projekt betrachtet und nicht in seiner Potentialität für die gesamte Bildungseinrichtung gesehen. Wissenschaftliche Begleitungen solcher Projekte sind noch selten.

Ein wirkliches Verhandeln um Leistung und Gegenleistung findet man zumindest an deutschen Schulen noch selten. Der Wert der gebotenen Leistung des Sponsors wird aus den eigenen inhaltlichen Planungen hergeleitet. Aber die eigenen Leistungen in ihrem Wert für den Sponsor abzuschätzen und darzustellen, ist meist eine schwierige Übung. Demgegenüber ist an amerikanischen Colleges und High Schools dank ihrer größeren Unabhängigkeit die

Corporate Identity ausgeprägter und das heißt auch, Stolz und Selbstbewusstsein in bezug auf die eigene Institution sind gegeben. Man spricht nicht gern von Sponsoring, sondern lieber von Partnerschaft. In den USA wird die Bereitschaft von Teilnehmern zur Wahl entsprechender Kurse als das wichtigste Kriterium des Controlling angesehen. Dieses ist verständlich bei einem System mit vielen Wahlmöglichkeiten. An deutschen Schulen sind die Lehrgänge oftmals umfangreicher und länger und innerhalb ihrer gibt es begrenzte Wahlmöglichkeiten, so dass dieses Kriterium nicht so scharf angewendet werden kann.

Die Weiterentwicklung des Sponsoring von einem Projektansatz zu einem Systemansatz ist sicherlich die größte Herausforderung bei einem wirtschaftlich und pädagogisch günstigen Aufbau von Sponsoring-Strukturen. Das bedeutet, dass Sponsoring im Hinblick auf die Kommunikationsstrukturen der Bildungsinstitution betrachtet wird. Das Wissens- und Informationssystem der Schule als ganzes müsste mitentwickelt werden, wenn in größerem Maße Sponsoring im IT-Bereich wahrgenommen wird. Von den deutschen Fallbeispielen ragte in dieser Hinsicht die Schule in Neu-Ulm hervor. Insgesamt werden unternehmerische Strukturen und unternehmerisches Handeln in Bildungsinstitutionen unvermeidlich, wenn ein systematisches Sponsoring betrieben wird. Es ist relativ offen, ob Zielprojektionen für die eigene Institution, also determiniertes Organisationshandeln, dabei vorteilhafter ist als nicht determiniertes Handeln.

6. Auswirkungen des Verfahrens Bildungssponsoring an berufsbildenden Schulen

Ein verstärktes Sponsoring im Bereich der IT-Technologie hat ohne Frage weitreichende Auswirkungen auf die Arbeit innerhalb der Schule. Die Vernetzung aller Aktivitäten innerhalb der Schule und mit der Umwelt nimmt zu, die Transparenz des Lehrer- und des Schülerhandelns wird größer, Fächergrenzen werden durchlässiger. Die Praxisnähe wird größer, wenn in der Schule die Technologie benutzt wird, die auch in Firmen vorherrscht. Lehrer greifen auf Ergebnisse der Arbeit von Kolleginnen und Kolleginnen zurück und Schüler auf solche von Mitschülern, Teamarbeit wird stärker werden als Einzelarbeit. Auch die feste Größe „Unterrichtsstunde“ verliert an Autorität. Schwierigkeiten können entstehen für die individuelle Zurechnung der Leistungen und damit auch die Notengebung. Bestimmte Unterrichtseinheiten oder sogar ganze Kurse werden erst durch Sponsoring der entsprechenden Technologie möglich. In den Fallbeispielen aus den USA war diese Wirkung sehr sichtbar, hinzu kam, dass auch Online-Unterricht erst durch Sponsoring ermöglicht wurde.

Die Lehrer werden gezwungen, sich in der gesponserten Technologie fortzubilden. Das geschieht nicht selten in Verbindung mit dem Sponsor.

Insgesamt wirkt sich ein systematisches Sponsoring auch auf Leitung und Management in den Bildungsinstitutionen aus. Die Schulleitung delegiert stärker als bisher Kompetenzen. Es bleibt nicht selbstverständlich, dass über Stundendeputate der Lehrer und über Stundenpläne durch die Leitung bzw. sogar die übergeordnete Administration entschieden wird. In den USA ist die wirtschaftliche Verantwortlichkeit der Lehrer und der Dekane im Vergleich zu den Verhältnissen in deutschen berufsbildenden Schulen außerordentlich hoch. Die Errichtung von Stiftungen, die eine Mittlerposition zwischen interessierten Firmen und Bildungsinstituten einnehmen, erscheint geeignet, diese Veränderungen zu fördern.

Die Risiken und Schwierigkeiten des Sponsoring-Verfahrens dürfen nicht übersehen werden. In diesem Artikel wurde das Sponsoring im Bereich der IT-Technologie herausgestellt, weil es das Feld ist, in dem sich Sponsoring in den berufsbildenden Schulen am lebhaftesten entwickelt. Die Varianz in den Strukturen der Sponsoring-Beziehungen lässt sich in diesem Sektor gut aufzeigen, wenngleich ein systematischer Überblick über Formen, Abläufe, Implikationen und Folgen des Sponsoring in diesem Bildungsbereich noch nicht möglich ist. Das Bildungssponsoring in berufsbildenden Schulen ist noch so sehr im Anfang, dass ein theoretischer Zugang kaum möglich erscheint und vorerst mit Fallbeispielen gearbeitet werden muss.

Im IT-Sektor scheinen nicht nur die Chancen, sondern auch die Risiken groß zu sein, weil der Sektor konjunkturell sehr anfällig ist. Schnelles Reagieren kann notwendig sein. Wenn auch Risiken unvermeidlich sind, so müssen doch Abhängigkeiten vermieden werden. Das Sponsoring wird auch zur Herausforderung der übergeordneten Entscheidungsinstanzen, die einen Weg zwischen der Freigabe der einzelnen Bildungsinstitute und einem flexiblen, koordinierenden Führungshandeln finden müssen. Rechtliche Probleme treten unvermeidlich auf; gerade in dieser Hinsicht ist Beratung und Unterstützung für die Bildungseinrichtungen notwendig. Angesichts der Unsicherheit über die langfristigen Auswirkungen des Sponsoring im Bereich der Berufsbildenden Schulen wären wissenschaftliche Analysen hilfreich, auch solche vergleichender Art. Kaum beachtet wird, dass angesichts der Schnelligkeit der technologischen Entwicklung auch das Entäußern bzw. Entsorgen veralteter Technologie zu einem besonderem Problem wird, für das beide Seiten sich verantwortlich zeigen müssen.

Literatur

Reinhard, K. (2000): Verfahren des Bildungssponsorings an berufsbildenden Schulen, Ein Vergleich zwischen Deutschland und den USA, Dissertation TU Dresden, München 2000

Waterkamp, D. (2000): Organisatorische Verfahren als Mittel der Gestaltung im Bildungswesen, Ein Ansatz der Strukturierung aus der Sicht der vergleichenden Erziehungswissenschaft, Münster 2000

2.3 Sozial-ethische und politisch-rechtliche Rahmenbedingungen

Die ethisch-moralischen Grenzen des Bildungssponsoring – Kriterien in der Finanznot

Kirstin Schiewe
Impulse – Beratung und Seminare für Non-Profit-Organisationen

1. Einleitung

Die Cinemaxx Kino AG zeigt Lehrern kostenlos den Film „Sophie Scholl – Die letzten Tage“. Ein biologischer Baustoffhandel stellt Holz im Wert von 900,- € für den Bau eines Schiffes im Garten des Freiburger Kinderhauses Taka-Tuka-Land zur Verfügung (vgl. Abbildung 1).

Abbildung 1: Erzieher und Kinder des Freiburger Kinderhauses Taka-Tuka-Land bauten gemeinsam ein Holzschiff – das Material stellte der biologische Baustoffhandel „Element4“ zur Verfügung.

Die Sick AG, ein südbadischer Konzern für Sensoric, finanziert zum vierten Mal den Regionalwettbewerb „Jugend forscht“ (vgl. Abbildung 2) mit 70.000,- € sowie die „Science Days“ für Schüler/innen im Europapark Rust mit 15.000,- €.

Im gleichen Maße, wie öffentliche Kassen leerer werden, gewinnt Bildungssponsoring an Bedeutung. Schulen, Kindergärten und anderen Bildungseinrichtungen steht bevor, was für Hochschulen schon seit Jahrzehnten üblich ist: Sie müssen „Drittmittel“ einwerben, um ihr Angebot – zumindest in der gewünschten Qualität – aufrechterhalten zu können. Während soziale oder ökologische Organisationen längst schon auf der – nicht immer erfolgreichen – Suche nach alternativen Finanzierungsquellen sind, stehen die öffentlichen Bildungsstätten erst am Beginn. Sponsoring eignet sich für Schulen und Kindergärten, um das Profil zu schärfen, um Angebote über den Lehrplan hinaus zu eröffnen, schlicht: um besser zu werden.

Doch Eltern, Lehrerverbände und auch Politiker beobachten die Entwicklung mit einer gehörigen Portion Skepsis. Schließlich ist es eine der vornehmsten Aufgaben unseres Staates, für eine gute Bildung seiner Bürgerinnen und Bürger zu sorgen. Muss, soll, darf da die private Wirtschaft in die finanzielle Lücke springen? Wo liegt beim Bildungssponsoring die ethisch-moralische Grenze – es geht ja um nichts anderes als um „Werbung“ direkt am Kind? Aus welchen Branchen darf Geld in Schulen fließen: Rüstungskonzerne, Softwareentwickler gewaltverherrlichender Spiele, Zigarettenhersteller, Alcopops-Produzenten? Wollen wir amerikanische Verhältnisse, wo am Coke-Day ein Jugendlicher für einen Tag der Schule verwiesen wurde, weil er ein Pepsi-T-Shirt trug? Die Diskussion in Deutschland hat gerade erst begonnen, und sie befindet sich noch im Stadium der Argumentationssammlung. Das lässt sich auch daran ablesen, dass die Kultusbehörden der Länder ihre unterschiedlichen Positionen in unterschiedliche Erlasse gefasst haben. Und dass die rechtlichen Rahmenbedingungen abweichend interpretiert werden. Manche Kommunen wie die Stadt Köln haben Leitlinien für Sponsorships und verlangen für den Schulbereich „besondere Zurückhaltung bei Sponsorenhinweisen“. Manche Kultusministerien, wie das baden-württembergische, geben Broschüren heraus, ohne die ethisch-moralische Frage überhaupt zu thematisieren, wie den „Förderalmanach – Ein Handbuch zum Bildungssponsoring“, das vom Landesinstitut für Erziehung und Unterricht in Stuttgart 2001 herausgegeben wurde.

Abbildung 2: Anzeige der Sponsoren zum Regionalwettbewerb „Jugend forscht“ in der Badischen Zeitung

2. Bildung statt Beeinflussung

Das grundsätzliche Werbeverbot an Schulen fußt auf Artikel 6 des Grundgesetzes, der das elterliche Erziehungsrecht schützt, woraus sich für die Schule eine Pflicht zur politischen, weltanschaulichen und religiösen Neutralität ergibt. Der staatliche Erziehungsauftrag, das Recht des Schülers auf freie Entfaltung seiner Persönlichkeit sowie das Erziehungsrecht der Eltern müssen unter einen Hut gebracht werden. So liegt ein Verfassungsverstoß vor, wenn eine gezielte Beeinflussung der Schüler/innen im Dienste einer ideologischen Richtung stattfindet, die den Erziehungszielen der Eltern keinen Raum mehr lässt. Solche grundsätzlichen und grundrechtlichen Bedenken dürften bei Bildungssponsoring eher unwahrscheinlich sein – noch. Denn die eingesetzte Entwicklung lässt mögliche Konflikte erahnen: Ein Kernkraftwerk sponsert ein Umweltschutzprojekt. Mc Donald's möchte ein Ernährungsprojekt im Kindergarten unterstützen.

Es ist ja nicht so, dass Sponsoren den Schulen – auf ihnen liegt im Bildungsbereich der Fokus – die Türen einrennen. Eher im Gegenteil: Die Schulen müssen in ihrer Finanznot nehmen, was kommt. Genau da liegt eine große Gefahr. Ihr muss mit konkreten Kriterien für Sponsorships begegnet werden. Ausschalten lässt sie sich aber nur durch eine ordentliche Finanzausstattung der Schulen durch den Staat. Andernfalls droht eine weitere Gefahr: „die Aushöhlung der grundgesetzlichen Verantwortung des Staates für das gesamte Schulwesen" (*Stange* 1999, S. 18). Können nur bestimmte, gute und vorzeigbare Schulen den Rückgang staatlicher Mittel mit Hilfe von Sponsoren kompensieren, gerät die Chancengleichheit unter die Räder. Wenn das Ziel einer qualitativ guten Bildung für alle Kinder aufgegeben wird, steht eine soziale Erosion bevor. Daher darf Sponsoring weder zu einer kalkulierbaren Einnahmegröße werden noch die Politik dazu ermuntern, die Schuletats zu senken.

In der Diskussion sind zwei Modelle: Der Städtetag empfiehlt einen „Ausgleichsfonds", in den ein bestimmter Prozentsatz eines jeden Sponsorings fließen soll, um die leer ausgehenden Schulen zu unterstützen. Aus der Gewerkschaft Erziehung und Wissenschaft kommt der Vorschlag einer kommunalen Stiftung, dessen Beirat die Sponsorenmittel transparent verteilt (*Stange* 1999, S. 18). Beide Ideen sind bedenkenswert, haben aber jeweils Nachteile: Der „Ausgleichsfonds" dämpft den Anreiz für Schulen, sich um zusätzliche Einnahmen zu bemühen, weil auch „faule Schulleiter" vom Engagement ihrer Kollegen profitieren würden. Die kommunale Stiftung wäre für Sponsoren kaum interessant, weil diese nicht in einen großen Topf einzahlen, sondern bestimmte und öffentlichkeitswirksame Projekte aussuchen wollen, die zu ihrem Unternehmen passen. Auch das birgt Risiken: Denn wenn Sponsoring zu einer tragenden finanziellen Säule würde, könnten Bildungseinrichtungen versucht sein, ihr Angebot an den Wünschen des Geldgebers zu orientieren und nicht an gesellschaftlichen Notwendigkeiten. Nicht die pädagogische und inhaltliche Bedeutung eines Projekts stünde im Vordergrund, sondern seine kommerzielle Verwertbarkeit.

Es gibt also keine realistische Alternative zu einem Kriterienkatalog. Der müsste bundesweit gelten, was angesichts der föderalen Struktur der Bildungspolitik ein frommer Wunsch bleiben wird. Das ist heute schon zu beobachten in Berlin, das rechtliche Hürden für Sponsoring nahezu komplett aus dem Weg geräumt hat, während Baden-Württemberg keine Logos in den Klassenzimmern duldet. Den Schulen, also Eltern und Lehrern, wird nichts anderes übrig bleiben, als eigene Richtlinien zu erstellen und sie mit ihren Kultusbehörden abzustimmen.

3. Grenzen des Sponsorings: sechs Kriterien

„Um ein Haar wäre Mandy in der Friedrichshainer Burger-King-Oberschule eingeschlafen. Ihr Kopf lag schon gemütlich auf dem Bild Helmut Kohls, das auf dem Deckel ihres Geschichtsbuches als riesige CDU-Reklame abgedruckt ist. Ohne diese Anzeige, die jedes Jahr einen ganzen Batzen Geld einbrachte, hätten Mandy und ihre Klassenkameraden nie ein Geschichtsbuch bekommen. Ohne Burger-King würde es überhaupt diese Schule nicht geben. Und ohne die Zeugen Jehovas, die in diesem Schuljahr den Religionsunterricht finanzieren (nächstes Jahr wird der Vertrag aufgelöst; Scientology hat das Doppelte geboten), wäre die nächste Stunde frei. Herr Daimler-Shell, der nette Chemielehrer, an den Mandy gerade dachte, war bis vor kurzem arbeitslos. Das share-a-teacher-Programm des Bundesverbandes der Deutschen Industrie hatte ihn zurück in die Schule gebracht. Zwei große Konzerne zahlen seitdem die Stelle und liefern auch noch die Unterrichtsmittel: Info-Mappen, Lehrfilme und CDs. Herr Daimler-Shell hat sich schnell mit seiner Rolle abgefunden; außerhalb der Schule heißt er weiter Rolf Schubert....“ (Maroldt 1997, zitiert nach Stiftung Verbraucherinstitut 2001, S. 12)

Die „hübsche“ Satire löst bei jedem sofort das Gefühl aus, dass das Sponsoring die Grenzen überschritten hat. Die baden-württembergische Schulverwaltung hat eine „Faustregel“ aufgestellt: „Je näher die Werbung an den Unterricht heranrückt und Bildungs- und Erziehungsziele berührt, desto mehr ist

Vorsicht geboten" (*Gayer* 2002, S. 130). Doch Gefühle allein genügen nicht – es braucht überprüfbare Kriterien.

3.1 Kein Einfluss auf die Lehr- und Methodenfreiheit

Die Reihenfolge muss klar sein: Erst kommt die Idee für ein Schulprojekt, dann die Suche nach einem passenden Sponsor. Nicht umgekehrt. Keinesfalls darf der Inhalt des Projekts, egal ob es sich um das Anlegen eines Biotops oder um die neue Schulküche handelt, vom Sponsor mitbestimmt werden.

3.2 Keine pure und plumpe Produktwerbung

Schulen, Kindergärten oder auch Volkshochschulen dürfen nicht zu reinen Absatzmärkten verkommen. Einzelne Agenturen haben die Schule bereits als Werbeplattform entdeckt und verstehen sich als Trendsetter. Neben der Vermittlung von Anzeigen und Beilagen für Schülerzeitungen, betreibt beispielsweise die „spread blue media group" aus Bottrop mit ihrer Serviceagentur „SCHOOL" professionelle Schulwerbung. „Die rechtlichen Bedingungen für die Werbemöglichkeiten an den Schulen ändern sich laufend", heißt es bei „spread blue". Der Trend gehe „weiter in Richtung Öffnung der Schulen für Werbung. Die tatsächlichen und tolerierten Werbemöglichkeiten gehen oft über den rechtlichen Rahmen hinaus." Da fast alle Schulen unter Geldmangel litten, ließen sich zusätzliche Einnahmen in größerem Umfang nur mit Werbung erzielen (*Mohr* 2004, o.S.).

In einigen Bundesländern, besonders aber in Berlin seit der Änderung des Schulgesetzes im Jahr 1997, haben Schulen weitgehend freie Hand bei der Weitergabe von Geld und Sachmitteln. Dadurch hat sich die Imagewerbung von Unternehmen im Rahmen von Sponsoringpartnerschaften in den Schulen verstärkt: Werbung auf Bodenbelägen beispielsweise in Turnhallen oder auf Bannern, Pausenhofschirme mit Aufdruck, Plakat- und Postkartenaktionen, einheitliche Zeugnismappen mit Werbeaufschrift für eine ganze Schule (vgl. Abbildung 3).

„Spread blue" hat nach eigenen Angaben bereits in allen Bundesländern Werbeplakate in Schulen geklebt – obwohl dies offiziell in den meisten Ländern verboten ist. „Bildungssponsoring ist eine gummihafte Definition, das kann man drehen und wenden, wie man will", erklärt André Mücke von der Agentur „youngkombi", die ebenfalls bundesweit werbefreudige Unternehmen und willige Schulen zusammenbringt. „Youngkombi" beliefert bis zu 2.000 Schulen mit Plakaten, die „an hochfrequentierten Stellen, zum Beispiel der Aula, den Hauptfluren oder der Cafeteria" hängen (*Mohr* 2004, o.S.). Als

Vermittler von Sponsorships verhilft die Agentur auch Brauereien, ihre Produkte in Schulen bekannt zu machen.

Abbildung 3: Zeugnismappe für die Schüler/innen der Freiburger Berufsschulen mit Logos der Sponsoren: Freiburger Verkehrs-AG (VAG), Signal Iduna, Innungs-KrankenKrankenkasse Freiburg (IKK) und Sparkasse Freiburg-Nördlicher Breisgau.

Das kann weder im Interesse der Schüler/innen noch der Eltern oder der Lehrer/innen sein. Und auch nicht der Politiker/innen. Doch in Deutschland gibt es keine einheitliche Regelung, ob und wie in und an Schulen geworben werden darf. So sind Werbung für Produkte oder auch Dienstleistungen oder gar der Vertrieb in Baden-Württembergs Schulen unzulässig. In Berlin, Bremen und Sachsen-Anhalt wird hingegen kein „Vorrang" des pädagogischen Nutzens verlangt. Dort reicht die Vereinbarkeit mit den Interessen der Schulen aus.

In Nordrhein-Westfalen untersagt das Schulministerium (§ 31a Schulverwaltungsgesetz NRW mit den Vorgaben aus § 47 Abs. 3, 4 ASchO NRW) „kommerzielle Produktwerbung ohne erkennbaren schulischen Nutzen" und listet einige Beispiele auf (*Ministerium für Schule, Wissenschaft und Forschung des Landes Nordrhein-Westfalen* o.J., S. 4):

- Gezielte Empfehlungen auf Plakaten, Werbesäulen oder Werbezettel für bestimmte Produkte des „Sponsors" in der Schule (Ausnahme: Bandenwerbung in Sportstätten, die auch dem Vereinssport dienen, und Fahrzeuge für den Schülertransport),
- Verkaufsaktionen in der Schule,
- das Tragen von T-Shirts zu Werbezwecken,
- Hinweise auf „Sponsoren" (und nicht auf deren Produkte), die einen derartigen Umfang erreichen, dass der Eindruck erweckt wird, bei der Schule

handele es sich um eine Werbeeinrichtung für diesen „Sponsor" (und damit mittelbar auch für dessen Produkte).

Produktwerbung ist in NRW nur zulässig, wenn sie schulischen Zwecken dient, wie zum Beispiel Vokabel- und Grammatiktrainer, Nachschlagewerke, Wörterbücher und Lernsoftware, Jugendreisen und Sprachreisen, Kultur-, Sport- und Musikveranstaltungen sowie Stellenangebote von Firmen.

3.3 Keine Sponsorings mit direkten Geschäftspartnern

In diesen Fällen besteht eine strafrechtlich relevante Gefahr, nämlich jene, dass ein Zusammenhang besteht zwischen dem gewährten Vorteil und Amtshandlungen. Die Schulverwaltung von Baden-Württemberg hat einige Beispiele gesammelt, die im Graubereich der so genannten Vorteilsnahme angesiedelt sind: Der sponsernde Getränkemarkt erhält den Zuschlag für die Bewirtung bei Schulfesten. Der sponsernde Busunternehmer erwartet, dass er auch weiterhin bei Schulfahrten berücksichtigt wird. Die Schule gestattet eine Mobilfunkantenne auf ihrem Dach, als Gegenleistung übernimmt der Mobilfunkbetreiber für ein Jahr die Kosten des Internetanschlusses.

3.4 Keine Exklusivität für Sponsoren

Es wäre mit dem Auftrag und der Neutralitätsverpflichtung der öffentlichen Verwaltung – und dazu zählen auch Schulen und Kindergärten – nicht vereinbar, sich ausschließlich an einen Sponsor zu binden. Das Land Sachsen etwa begrenzt entsprechende Verträge auf höchstens zwei Jahre.

3.5 Keine unpassenden Branchen

Beim Bildungssponsoring geht es fast immer um Kinder und Jugendliche. Das verlangt Sensibilität bei der Wahl potenzieller Sponsoren. Warum Marlboro, Johnny Walker und Nintendo nicht in Frage kommen, bedarf keiner weiteren Erläuterung. Parteien, Religionen und Sekten sind ebenfalls tabu. Was aber ist mit dem Unternehmen, das soeben Personal abbaut und die Eltern der Schüler entlässt? Oder mit dem windigen Geschäftsmann, der ein positives Image braucht? Oder mit Versicherungen? Der Suche nach einem Partner aus der Wirtschaft muss immer eine intensive Diskussion vorausgehen, die die örtlichen Gegebenheiten berücksichtigt.

3.6 Keine Abhängigkeit

Mit Hilfe von Sponsoren können Schulen, Kindergärten und Bildungseinrichtungen ihre Angebote optimieren und kreativ ausgestalten. Doch auch wenn ein Sponsor sich regelmäßig engagiert, darf seine finanzielle Unterstützung nicht zur Voraussetzung dafür werden, dass Aufgaben überhaupt noch zu erfüllen sind. Wenn das Geld plötzlich ausbleibt, darf die Bildungsarbeit nicht gefährdet sein. Weder der Träger (Kommunen und Landkreise) noch das Land als zuständige Ebene für die inneren Schulangelegenheiten dürfen Drittmittel als Teil des Schulbudgets betrachten (*Ministerium für Schule, Wissenschaft und Forschung des Landes Nordrhein-Westfalen* o.J., S. 15).

Selbst der ausgefeilteste Kriterienkatalog wird nicht alle Eventualitäten abdecken können. Deshalb kommt der Bildungsträger nicht umhin, jeden Einzelfall zu prüfen und zu diskutieren, zum Beispiel in der Schulkonferenz, im Kindergartenteam oder im Gemeinderat. Dann gilt es, ein transparentes Verfahren herzustellen, etwa in Kooperation mit (Eltern-) Beiräten.

4. Ethisch-moralische Motive von Sponsoren

Natürlich verfolgen die Unternehmen die gleichen Motive, wie sie auch für Sozial-Sponsoring typisch sind (*Schiewe* 1995, S. 46):
- Image verbessern,
- Bekanntheitsgrad steigern,
- Mitarbeiter/innen motivieren,
- lokale Akzeptanz vergrößern,
- gesellschaftliche Verantwortung wahrnehmen oder
- Kontakte zu Zielgruppen suchen.

Mancher Marketingexperte schwärmt von dem hohen Wirkungsfaktor speziell des Schulsponsorings, denn „der Streuverlust minimiert sich“ (*Zum Egen/ Manzey* 1994, S. 54). Doch ethisch-moralische Grundsätze legen nicht nur Gesponserte an ihr Handeln an, sondern auch Sponsoren.

Wenn der ideelle Wert für das Unternehmen eine gewichtige Rolle spielt, ist Bildungssponsoring ein für alle Beteiligte geeignetes Instrument. So haben die Pforzheimer und die Badische Zeitung Lehrkräfte schulen und mehrere Wochen lang täglich Freiexemplare für jeden Schüler zukommen lassen. Die Projekte “Schule trifft Zeitung“ und „Zeitung in der Schule“ sollen helfen, die Lesekompetenz zu erhöhen – und natürlich auch die Schüler/innen für die tägliche Lektüre der Zeitung zu begeistern. Der Ernst-Klett-Verlag ließ z. B. das Stuttgarter Königin-Olga-Stift-Gymnasium amerikanische Lernsoftware für das Fach Mathematik testen. Unternehmen stellen kostenlos Mitarbeiter für Lehraufträge an Universitäten zur Verfügung. Sparkassen unterstützen Volkshochschulen und Kindergärten. Der Freiburger Halbleiterentwickler und -hersteller Micronas sieht sich in der Verantwortung als großer regionaler Arbeitgeber und engagiert sich als Mitsponsor der „Science Days" im Europapark Rust, die alljährlich Schülerinnen und Schülern naturwissenschaftliche Phänomene auf spielerische Weise näher bringen.

Gleichwohl haben Bildungsträger und Sponsoren unterschiedliche Interessen. Die Gesponserten brauchen Geld, die Unternehmen wollen sich mit einer „guten Tat" profilieren und ihr Image verbessern. Die Träger von Bildungseinrichtungen sollten sich nicht nur mit ihren eigenen Motiven beschäftigen, sondern sich gerade auch über die Absichten der Marketingabteilungen der Unternehmen im Klaren sein. Denn diese unterschiedliche Interessenlage birgt ein nicht zu unterschätzendes Konfliktpotenzial.

5. Sponsoring ist mehr als nur ein Scheck

Sponsoring und also auch Bildungssponsoring gewinnen ihre Legitimation nicht nur aus dem Umstand, dass Mittel für ein sinnvolles Projekt bereitgestellt werden. Der Prozess hin zum Sponsorship bringt in der Regel den Gesponserten auch organisatorisch und inhaltlich weiter:

- Bildungssponsoring erlaubt den Einrichtungen und Vereinen, mit den zusätzlichen Mitteln neue und aktuelle Aufgaben, wie sie etwa die „Science Days" erfüllen, zu übernehmen.
- Bildungssponsoring kann in neuen Projekten Arbeitsplätze schaffen oder sichern.
- Bildungssponsoring kann der Bildungsarbeit Impulse geben, um neue Konzepte zu entwickeln und diese öffentlich bekannt zu machen.
- Die mit Sponsoring gesammelten Erfahrungen können in der Öffentlichkeitsarbeit zur weiteren Professionalisierung der Bildungsarbeit genutzt werden und den Bekanntheitsgrad der Einrichtung steigern. Damit lassen sich die Spendenbereitschaft der Bevölkerung erhöhen oder Diskussionen zu bestimmten bildungspolitischen Themen anstoßen (*Schiewe* 1995, S. 41).
- Schulen, Kindergärten oder Volkshochschulen, die eine erfolgreiche Professionalisierung erreicht haben, sind im Wettbewerb um Schüler, Kinder und Kursteilnehmer im Vorteil.

Bildungssponsoring speziell in öffentlichen Schulen ist noch mehr eine Gradwanderung als in anderen Bereichen und kann nicht nebenbei realisiert werden. Schulen müssen einen „Rollenwechsel" vollziehen, wenn sie sich als Anbieter von Gegenleistungen mit PR-Arbeit und Marketing entwickeln wollen. Nutzen und Gewinn für die Kinder und Jugendlichen sind dabei der Maßstab des Handelns. Bildungssponsoring ist deshalb – wenn es gut geplant und entsprechend umgesetzt ist – ein erfolgversprechendes Marketinginstrument für Unternehmen und ein Stück Zukunftssicherung für Bildungseinrichtungen.

Literatur

Friedrich, R. (2001): Förderalmanach, Ein Handbuch zum Bildungssponsoring, 2., erw. Aufl., hrsg. v. Landesinstitut für Erziehung und Unterricht, Stuttgart 2001

Gayer, B. (2002): Schulsponsoring, in: Schulverwaltung BW Nr. 6/2002, S. 127-132

Maroldt, L. (1997): Soll es Werbung in den Berliner Schulen geben?, in: Der Tagesspiegel vom 9. November 1997

Ministerium für Schule, Wissenschaft und Forschung des Landes Nordrhein-Westfalen (Hrsg.) o.J.: Schul-Sponsoring heute, Ein Leitfaden für Schulen, Schulträger und Unternehmen, S. 1-16

Mohr, M. (2004): Ein wahrhaft zukunftsträchtiger Markt, Werbung an Schulen, URL: http://stern.de/politik/deutschland/bildungspolitik-schule/index.html?id=52271 [Stand: 17.4.2004], o.S.

Schiewe, K. (1995): Sozial-Sponsoring, Freiburg 1995

Stange, E.-M. (1999): Wie paßt Bildungssponsoring in unseren Statt?, in: *Böttcher, J.-U.* (Hrsg.): Sponsoring und Fundraising für die Schule: Ein Leitfaden zur alternativen Mittelbeschaffung, Neuwied u. Kriftel 1999, S. 14-18

Stiftung Verbraucherinstitut (Hrsg.) (2001): Schulsponsoring heute, Möglichkeiten und Grenzen für die Öffnung von Schule, Praxisbeispiele, Richtlinien, juristische und steuerrechtliche Hinweise, Umsetzungstipps, Berlin 2001

Zum Egen, M./Manzey, D. (2001): Eine Idee setzt sich durch, Schulsponsoring und was dahintersteckt, in: *Strahlendorf, P.* (Hrsg.): Jahrbuch Sponsoring 94/95

Ethische Rahmenbedingungen des Bildungssponsoring – dargestellt am Beispiel des Schulsponsoring

Dr. Ludwig Eckinger
Verband Bildung und Erziehung e.V.

1. Einleitung

Die Hamburger Schulbehörde sah sich vor einiger Zeit wegen fehlender finanzieller Mittel nicht in der Lage, zwei jungen Referendaren an einem Gymnasium in Blankenese nach Abschluss ihres Vorbereitungsdienstes Stellen anzubieten. Auf Druck der Öffentlichkeit war sie lediglich dazu bereit, den beiden Lehrern Zeitverträge mit jeweils wenigen Unterrichtsstunden anzubieten. Da die beiden Lehrer sowohl bei Schülern wie auch bei Kollegen und Eltern sehr beliebt waren, sammelten die Eltern der unterrichteten Schüler spontan Spenden, mit denen die Gehälter der Lehrer aufgestockt wurden (*Etzold* 1999, S. 17).

Mit einer derartigen Verlagerung der Finanzierung von Lehrergehältern, weg von öffentlichen Kassen hin zu privaten Spenden, bekommt auch das Thema Sponsoring in der Bildung eine neue Qualität. Wird es demnächst zur Regel, dass nicht nur die Anschaffung von Sachmitteln wie Computer oder Laborausrüstungen, von Privatleuten oder Wirtschaft gesponsert werden, sondern Eltern sich auch ihren Lehrer kaufen?

2. Pro & Contra Sponsoring zur Finanzierung öffentlicher Schulen

Bereits heute ist **Sponsoring fester Bestandteil der Finanzierung von Bildung**. Dafür gibt es zahlreiche Beispiele. An einem Schulstandort spendet der ortsansässige Turnschuhhersteller, natürlich unter großer Beteiligung der Medien, einer Schule eine Basketball-Anlage. An einem anderen Standort rüstet ein mittelständischer Betrieb eine Schule mit einem neuen Laborraum aus, auch hier nicht ohne das gesteigerte Interesse der Medien. Ein Gärtnereibetrieb darf per Transparent darauf hinweisen, dass er die Grünanlage einer Schule gesponsert hat. Eine Baumarktkette wirbt sogar auf dem Briefkopf einer Schule.

Ende der neunziger Jahre investierten deutsche Unternehmen ca. 60 Milliarden DM in Werbemaßnahmen. Der Anteil des Sponsoring an diesen 60 Milliarden DM betrug zwar nur ein Siebzehntel, aber bis heute ist der Sponsoringmarkt um jährlich fast 7% auf inzwischen ca. 2,5 Milliarden € gewachsen (*Zentralverband der deutschen Werbewirtschaft* 2004, S. 167). In welchem Umfang Firmen heute wirklich in den Klassenzimmern als Förderer präsent sind, ist kaum richtig einzuschätzen. Ein Interesse allerdings eint alle Sponsoren: Sie können ihre Ausgaben steuermindernd absetzen.

In den Niederlanden, so wurde vor einiger Zeit bekannt, beteiligt sich die Fastfood-Kette McDonalds inzwischen nicht nur an der Ausstattung von Klassenräumen, sie beteiligt sich auch großflächig an der Einrichtung von Schulkantinen, freilich nur unter der Bedingung, dass aus Gründen der Umsatzsteigerung die Pausen verlängert werden. Die öffentliche Diskussion über Sponsoring hat inzwischen eine neue Stufe erreicht. Das niederländische Beispiel macht hierzulande zwar noch nicht Schule, aber in Berlin wurde die Werbung an Schulen schon einmal in begrenztem Umfang zugelassen. Von den Verhältnissen in den USA sind wir in Deutschland freilich noch weit entfernt. Dort veranstaltete Coca-Cola 1998 an Schulen in Georgia einen Wettbewerb, bei dem eine Strategie zur Verteilung von Cola-Gutscheinen an Schülerinnen und Schüler entwickelt werden sollte. Die Schule, die die beste Werbestrategie entwickelte, sollte 500 Dollar gewinnen. Daraufhin rief die Greenbriar-Highschool in Evans einen Coca-Cola-Tag aus, an dem alle Schüler in Coca-Cola-T-Shirts zur Schule kamen und sich in einer Formation, die den Namenszug ‚Coke' bildete, aufstellten und fotografieren ließen. Ein einzelner Schüler, der an diesem Tag in einem Pepsi-T-Shirt erschienen war, wurde vom Unterricht ausgeschlossen (*Klein* 2001, S. 111).

Doch auch in Deutschland markiert die allgemeine Entwicklung, wie notwendig es ist, die **Finanzierung öffentlicher Schulen** zu überdenken und möglicherweise auf eine neue Basis zu stellen. Gerade auch vor dem Hintergrund der immer leerer werdenden öffentlichen Kassen gewinnt Sponsoring eine neue Bedeutung. Immer dringender wird es damit aber auch, einen ethischen Rahmen für Sponsoring abzustecken.

Befürworter von Schulsponsoring sehen in dieser neuen Finanzierung in der Regel ein probates Mittel, den Schwierigkeiten, die sich aus den knappen öffentlichen Kassen ergeben, zu begegnen. Sie sind der Ansicht, dass Sponsoring letztlich immer noch besser sei als Unterrichtsausfall oder zu große Klassen. Außerdem werde Wettbewerb zwischen den Schulen gefördert, auch um Zusatzfinanzierungen.

Kritiker allerdings sehen die Chancengleichheit durch Sponsoring gefährdet. Es sei nicht auszuschließen, dass sich Schulen durch eine derartige Fremdfinanzierung in Abhängigkeiten begäben. Sponsoring dürfe deshalb nur auf Zusatzleistungen in ausgewählten Bereichen beschränkt bleiben. Der öffentliche Auftrag staatlicher Bildung müsse gewährleistet bleiben.

Allgemein bekannt ist, dass das deutsche Bildungssystem auf der einen Seite mit großen gesellschaftlichen Erwartungen konfrontiert ist und auf der anderen Seite unter der schwindenden Bereitschaft eben dieser Gesellschaft leidet, in Bildung ausreichend zu investieren. Bildung übernimmt immer mehr die Funktion einer gesellschaftlichen Feuerwehr. Einem Automatismus der öffentlichen Diskussion folgend wird immer dann, wenn sich Probleme im Ausbildungswesen zeigen, die Verantwortung zunächst in den Schulen und bei den Lehrerinnen und Lehrern gesucht. Warum können deutsche Schülerinnen und Schüler nicht lesen, schreiben und rechnen? Warum besitzen die Jugendlichen keine Schlüsselqualifikationen? Warum sind die schulischen Leistungen deutscher Schülerinnen und Schüler im internationalen Vergleich so schlecht?

Wenn der öffentlichen Schule in der ihr zugeschriebenen Funktion als gesellschaftliche Feuerwehr gleichzeitig das Wasser abgedreht wird, also die finanziellen Mittel gekürzt werden, dann entsteht eine Situation, die von den Schulen allein nicht mehr bewältigt werden kann. Inzwischen ist in der öffentlichen Bildung eine Situation erreicht, in der es nicht mehr genügt, an Symptomen „herumzudoktern“. Wir brauchen ganz allgemein eine größere gesellschaftliche Wertschätzung für die Bildung. Wir brauchen Bildungsreformen. Vor allem aber brauchen wir größere Investitionen. Diese Feststellung gilt zunächst unabhängig von der Frage, welche Bedeutung Sponsoring in deutschen Schulen gewinnen kann.

Deutschland nimmt seit Jahren bei den **Investitionen in Bildung** im internationalen Vergleich nur einen Platz im Mittelfeld ein. In den vergangenen Jahren haben die OECD-Länder im Schnitt 6% des Bruttoinlandsprodukts für die Bildung ihrer Länder ausgegeben. Deutschland lag im Vergleichszeitraum im Gegensatz zu Dänemark und Finnland meist unter diesem Wert. Inzwischen sind die Ausgaben für Bildung wegen der knappen öffentlichen Kassen weiter rückläufig (*OECD* 2004, S. 106). Wir können es uns in Deutschland im Hinblick auf die Bedeutung, die Bildung für den Wohlstand unseres Landes hat, aber überhaupt nicht leisten, auf der einen Seite Zukunftsinvestitionen in diesen zentralen Bereich zu beschwören und auf der anderen Seite nur mäßig in das deutsche Bildungssystem zu investieren.

Ein besonders aussagekräftiges Beispiel ist die Praxis der Kultusministerien bei den Lehrereinstellungen. Statt so viele junge Lehrerinnen und Lehrer neu einzustellen, dass eine zufriedenstellende Unterrichtsversorgung gewährleistet werden kann, werden Lehrerstellen verknappt. Und selbst die Tatsache, dass in den nächsten zehn bis fünfzehn Jahren bis zu 300.000 ältere Kolleginnen und Kollegen in den Ruhestand gehen werden, wird nicht als Impuls begriffen, einen Generationenwechsel in der deutschen Lehrerschaft einzuleiten. Was im Vordergrund steht, sind finanzpolitische Erwägungen. Und so wird denn lieber die Stundentafel beschnitten, das Stundendeputat erhöht, Unterrichtsausfall in Kauf genommen, Jahresarbeitszeit und die Wochenarbeitszeit verlängert und dergleichen mehr.

Nach wie vor wird **Bildung als Kostenfaktor** und nicht als Investition in die Zukunft begriffen. Dadurch entsteht eine Situation künstlicher finanzieller Enge, die selbst dann nicht gemeistert werden könnte, wenn Schulsponsoring in viel größerer Dimension betrieben würde, von ethischen Bedenken gegen eine schleichende Privatisierung öffentlicher Bildung einmal abgesehen. Man kann nicht deutlich genug darauf hinweisen, dass Sponsoring allein vom Umfang her gar nicht in der Lage wäre, das grundsätzliche Finanzproblem öffentlicher Bildung zu lösen. Viel wichtiger ist deshalb ein Umdenken und ein Umsteuern. Wenn Bildung, wie immer wieder gesagt wird, tatsächlich zur Zukunftsinvestition eines rohstoffarmen Landes wie Deutschland werden soll, brauchen wir in Zukunft eine tragfähige, langfristige und nachhaltige Finanzierung von Bildung.

Die **technologische Entwicklung** im Bildungswesen hat im übrigen die Schere zwischen öffentlicher Finanzknappheit und Finanzbedarf der Schulen noch weiter auseinander klaffen lassen. Mit der Internet-Euphorie der neunziger Jahre, wesentlich ausgelöst und betrieben durch die Kampagne „Schulen ans Netz", zeigte sich das Problem chronischer Unterfinanzierung besonders deutlich. Genau zu der Zeit, als Haushaltskürzungen die Finanzierung von Bildung immer schwieriger machten, stiegen die Kosten für moderne Bildungsmedien enorm an. Vor diesem Hintergrund ist es nur zu verständlich, dass Verantwortliche im Bildungsbereich sich nach anderen Geldquellen umsahen. Bertelsmann richtete einem Gymnasium in Gütersloh einen Computerraum nach dem letzten Stand der Technik ein. Siemens rüstete zwei Klassen eines Gymnasiums in München komplett mit LapTops aus. Hauptschulen wurden weniger bedacht. Dabei haben Studien inzwischen erwiesen, dass die pädagogischen und didaktischen Vorteile von EDV im Klassenzimmer bestenfalls zweifelhaft sind.

Die beschriebene finanzielle Situation und mehr noch der Spagat zwischen Erwartungen an die Leistungskraft der Schulen einerseits und realen Möglichkeiten andererseits haben natürlich Auswirkungen auf **bildungspolitische Entscheidungen**. Schüler, Eltern, Lehrer von heute können nicht warten, bis Öffentlichkeit und Politik einen Umdenkungsprozess vollzogen haben. Für die Schulen bedeutet die Knappheit der öffentlichen Kassen, dass oft Flexibilität und Innovationsbereitschaft sofort gesteigert werden müssen. Genau an diesem Punkt rückt das Schulsponsoring stärker ins Blickfeld. Schulsponsoring birgt aber ethische Risiken, die nicht unterschätzt werden dürfen. Vor allem ist Schulsponsoring kein Freibrief für den Staat, der sich in der Bildungspolitik auf einen Kernbereich von Aufgaben zurückzieht und Bildung immer mehr ökonomischen Gesetzen überantwortet.

Was so verstandene Bildungspolitik bedeutet, sehen wir z.B. in den USA, wo sich der Staat im Zuge einer beispiellosen Einsparungspolitik in den vergangenen Jahren immer weiter aus der Verantwortung für öffentliche Angelegenheiten zurückgezogen hat und damit auch das Bildungswesen weitgehend sich selbst überlassen hat. In Washington zum Beispiel ist die Mehrzahl der

Schulen inzwischen abrissreif. Mehr als eine Milliarde Dollar wären nach Auskunft des New Yorker Bürgermeisters nötig, wollte man alle Gebäude wieder in Ordnung bringen. In Großbritannien ist die Lage nicht besser. Dort nähert sich das Bildungs- und Sozialsystem nach mehreren Wellen der Privatisierung dem Stand eines Entwicklungsstaates.

Die Flexibilität in der Bildungsfinanzierung und die Suche nach neuen Lösungsansätzen können die Finanzierung von Bildung kurzfristig und in eng umgrenzten Bereichen wieder handlungsfähig machen. Besonders Bauvorhaben sind oft Beispiele für eine gelungene Verbindung kommunaler und privatwirtschaftlicher Interessen. Die Stadt Monheim am Rhein zum Beispiel hat in den vergangenen Jahren im Zuge eines Public-Private-Partnership relativ erfolgreich ihre Schulgebäude saniert (*Kamphausen/Schmitz-Rhode/Kulka* 2004, S. 8). Das bedeutet zunächst, dass wir uns über Sponsoring als eine Möglichkeit der Finanzierung von Bildung Gedanken machen müssen. Das heißt aber vor allem auch, dass wir einen ethischen Rahmen für Schulsponsoring brauchen. Dies gilt umso mehr, als einzelne Schulen immer mehr aufgerufen sind, selbst Verantwortung zu übernehmen, in finanzieller wie in administrativer Hinsicht. Deshalb muss Schulsponsoring viel mehr unter dem Aspekt der Pädagogik diskutiert werden.

Viele Schulen können inzwischen als selbstständige und eigenverantwortliche Verwaltungseinheit über finanzielle Fragen mitentscheiden. Die Bundesländer haben es allerdings bislang nicht geschafft, jeder einzelnen Schule nach internationalem Vorbild ein Budget zu geben, das sie eigenständig verwalten können. Mit einem solchen Budget aus Steuermitteln könnte der zentrale Bereich des öffentlichen Bildungsauftrags finanziert werden. Sponsoring kann dann in diesem Zusammenhang ein Hilfsmittel sein. Private Spenden sollten aber in gemeinnützigen regionalen Schulstiftungen gesammelt werden. Aus diesen Stiftungsmitteln könnten dann Zusatzausstattungen, Festveranstaltungen oder außergewöhnliche Programmpunkte für Schulen finanziert werden. Auf diese Art könnte es zu einem Sponsoring-Ausgleich zwischen Eliteschulen und Schulen in sozialen Brennpunkten kommen.

Wenn man einem anderen Denkmodell folgt, könnten aus den freiwillig und am eigenen Vorteil orientierten Sponsorengeldern auch Verpflichtungen werden. Gerade die Wirtschaft, die immer wieder die Qualität von Bildung anmahnt, sich gleichzeitig aber ihrer Pflicht als Steuerzahler und Finanzier öffentlicher Bildung zu entziehen versucht und auf diesem Wege durch die Gesellschaft mit erwirtschaftete Profite allein abschöpft, könnte verpflichtet werden, das staatliche Schulsystem zu unterstützen. Auf diesem Wege würden aus Sponsorengeldern Bildungsabgaben. Ein Bundes- oder Landesgemeinschaftsfonds könnte die Abgabe aufnehmen und die Verteilung kontrollieren. Ungleichgewichtigkeiten würden so vermieden. Eine schleichende Privatisierung durch die Hintertür darf es nicht geben. Denn Sponsoring gehorcht letztlich immer noch den Gesetzen der ökonomischen Verwertbarkeit und den Anforderungen an die Erwirtschaftung von Profit.

Dass dies so ist, zeigt auch, in welche gesellschaftlichen Bereiche Unternehmen ihre Sponsorengelder mit Vorliebe verteilen. Weil Sport zum Beispiel in der Bevölkerung ungebrochen populär ist, investieren die deutschen Unternehmen Dreiviertel ihrer Sponsoringetats in die Förderung von sportlichen Ereignissen. Erst auf dem zweiten Platz und weit abgeschlagen rangiert die Unterstützung von kulturellen Veranstaltungen. Aber auch hier muss man differenzieren. Drei von fünf im Kultursponsoring engagierte Unternehmen sind Förderer von Musikfestivals, klassischen Konzerten oder Orchestern. Nur ein kleiner Bruchteil fließt in die Förderung von sozialen Aktivitäten und Ökoprojekten. (*Zentralverband der deutschen Werbewirtschaft* 2004, S. 244) Damit wird deutlich, dass Sponsoring keine Angelegenheit von Altruismus ist. Sponsoring muss sich für die Geldgeber lohnen. Sponsoring lohnt sich aber für die Unternehmen nur, wenn gesponserte Projekte, Events, Organisationen und Institutionen hohes gesellschaftliches Ansehen genießen.

Nach diesem Prinzip erfolgt auch die **Vergabe von Sponsorengeldern in der öffentlichen Bildung**. Meist unterstützen Unternehmen angesehene Gymnasien, aber so gut wie nie Hauptschulen, etwa in sozialen städtischen Brennpunkten. In der Regel fürchten Unternehmen bei der Förderung von Einrichtungen und Projekten in gesellschaftlichen Problembereichen einen Imageverlust, der sich negativ auf ihr Geschäftsergebnis niederschlägt. Damit zeigt sich gleichzeitig ganz deutlich, dass die Spendenpraxis in der Regel gerade nicht ethischen Erwägungen entspricht. Wenn der Staat sich noch weiter aus der Finanzierung öffentlicher Bildung zurückziehen sollte und die Wirtschaft nach eigenem Ermessen sponsern dürfte, dann würde es unter den deutschen Schulen mit Sicherheit Gewinner und Verlierer geben. Gleichzeitig würde schon mit einer Auslese durch Sponsorengelder der Einfluss der Wirtschaft auf Bildungsinhalte und -angebote wachsen.

3. Ethische Grundsätze für Schulsponsoring

Deshalb ist es angesichts der Diskussion über Sponsoring wichtig, folgende **Grundsätze** festzuhalten:

- Bildungsinteressen müssen grundsätzlich Vorrang vor fiskalischen Überlegungen haben.
- Beim Zugang zu den Bildungseinrichtungen muss Chancengleichheit gewährleistet sein.

- Die Lernenden müssen sozial abgesichert sein.
- Die didaktische und pädagogische Qualität der Bildungsangebote muss gesichert werden.
- Ethische Grundnormen müssen eingehalten werden.
- Lehrende und Lernende müssen angemessene Arbeitsbedingungen behalten oder bekommen.
- Abhängigkeiten dürfen nicht entstehen.

Als **ethischer Rahmen für Sponsoring** gelten zunächst auf einem hohen Niveau die allgemeinen Menschenrechte und das Grundgesetz. Pädagogisch betrachtet muss sich Schulsponsoring aber auch an Leitbildern von Unterricht und Erziehung orientieren. Dazu gehören die Erziehung zur Mündigkeit, die Ausbildung eines selbstständigen Urteils und die Emanzipation von Fremdbestimmung.

Andere **Grenzen von Sponsoring im öffentlichen Bildungswesen** ergeben sich aus der alltäglichen Praxis. Schulen dürfen keine Litfaßsäulen werden. Was wir nicht brauchen, ist die so genannte „Coca-Cola-Schule“. Werbung für Alkohol und Tabak haben in Schulen sicher nichts zu suchen. Wenn einem Spender mit einer Tafel in der Schule oder durch die Nennung seines Namens in der Schulzeitung gedankt wird, schadet dies der schulischen und persönlichen Entwicklung der Jugendlichen sicher nicht. Es ist aber nicht hinnehmbar, wenn Unternehmen über die Verbreitung von Unterrichtsmaterial insgeheim so etwas wie eine Firmenphilosophie propagieren. Die Schulleitung und die Lehrerkonferenz müssen, wenn Angebote von Eltern oder Wirtschaft vorliegen oder Sponsoren gesucht werden, in jedem Einzelfall klären, welche Gegenleistung der Sponsor erwartet und ob diese pädagogisch vertretbar ist.

Gerade im Zusammenhang mit der Diskussion über Sponsoring sollte noch einmal auf die **zentralen Aufgaben öffentlicher Schulen** hingewiesen werden. Öffentlicher Unterricht und öffentliche Erziehung stehen auf der Basis einer spezifischen Ethik. Dazu gehören die Achtung vor dem Kind, vor der Kultur, vor der demokratischen Gesellschaft und vor ethischen Grundnormen. Solche Grundnormen sind individuelle Wahrhaftigkeit, soziale Gerechtigkeit und demokratische Freiheit. Dazu gehören auch Nächstenliebe und Vorbildfunktion sowie das berufliche Selbstverständnis der Lehrerinnen und Lehrer. In einem weiteren Rahmen müssen pädagogische Standards dazu gehören wie die Vermeidung von Standpunktlosigkeit und Dogmatismus, Verantwortungsbewusstsein sowie die Fähigkeit zur Selbstreflexion.

4. Fazit

Das wichtigste **pädagogische Ziel öffentlicher Bildung** heißt nach wie vor Mündigkeit und Emanzipation im Sinne einer selbstbestimmten Lebensgestaltung. Dieses Ziel zu erreichen, wird in dem Maße schwerer, wie die Schule als Troubleshooter gesellschaftlicher Problementwicklungen agieren soll und damit allzu leicht der ökonomischen Verwertbarkeit preisgegeben wird. Der Staat gibt sich nicht auf, wenn er Sponsoring in ausgesuchten Teilbereichen zulässt. Das deutsche Bildungswesen muss aber öffentlich-rechtlich bleiben. Denn es nützt unseren Kindern nichts, wenn Schule, wenn Unterricht und Erziehung den Interessen einzelner ausgeliefert werden. Der Staat sollte flexibel auf Situationen der Haushaltsenge reagieren und Sponsoring dort zulassen, wo es den Auftrag der Schule unterstützt. Der Zugewinn an Flexibilität darf allerdings nicht zum Freibrief für neue Sparmaßnahmen werden. Sponsoring ist kein Aufruf zur Demontage des Bildungswesens.

Literatur

Etzold, S. (1999): Schafft der Staat sich selbst ab?, in: Die Zeit, Nr. 14/1999, S. 17

Kamphausen, P./Schmitz-Rhode, W./Kulka, F. (2004): Ein Pilotprojekt in Monheim, in: Frankfurter Allgemeine Zeitung, Nr. 49/2004, S. 8

Klein, N. (2000): No Logo!, Der Kampf der Global Players um Marktmacht, Ein Spiel mit vielen Verlierern und wenigen Gewinnern, Sonthofen 2001

OECD (2004): Education at a Glance, Paris 2004

Zentralverband der deutschen Werbewirtschaft (2004): ZAW-Jahrbuch „Werbung in Deutschland 2004“, Berlin 2004

Überblick zu Rechtsfragen des Bildungssponsoring – dargestellt am Beispiel des Schulsponsoring

Regierungsdirektor Hans Meyer-Albrecht
Kultusministerium des Landes Sachsen-Anhalt

1. Einleitung
2. Sponsoring im bildungsrechtlichen Kontext
3. Sponsoring und Werbung
4. Sponsoring zwischen Elternrecht und kommunaler Verantwortung
5. Vertragsrechtliche und steuerliche Aspekte
6. Werbung und Sponsoring im Schulbereich – ein Überblick über Regelungen der Bundesländer

Literatur

1. Einleitung

Bis zum Jahre 1996 war die Thematik von **Werbung und Sponsoring** jedenfalls **im Schulwesen** der Bundesrepublik kaum eine Schlagzeile wert. Dies lag überwiegend daran, dass nach der Wende die Kultusverwaltungen der neuen Bundesländer überwiegend mit den erforderlichen bildungsrechtlichen Neuregelungen befasst waren, während sich die alten Bundesländer, basierend auf dem tradierten Verständnis von der „Anstaltsschule“ und dem damit korrelierenden „besonderen Gewaltverhältnis“, damit zufrieden gaben, Werbung an Schulen und damit deren Öffnung auch für bilaterale ökonomische Kooperationen kategorisch zu unterbinden. Dies änderte sich teilweise und sehr zögerlich erst zu dem Zeitpunkt, als Werbefirmen aus den alten Bundesländern die Bildungseinrichtungen der fünf neuen Bundesländer als neue und offenbar Erfolg versprechende Absatzmärkte entdeckten und ihrerseits direkt mit den Schulen Kontakt aufnahmen. Auf diese Weise auf die neue Entwicklung aufmerksam geworden, begannen die Bildungsverwaltungen der Länder teilweise und manchmal auch nur zögerlich damit, ihre bisherigen Einstellungen zu Werbung und Sponsoring zu überdenken. Dies geschah hingegen weniger aus der Einsicht in die Notwendigkeit einer Verabschiedung innovativer Regelungen als vielmehr unter dem Diktat der Macht des Faktischen. Denn die Schulen hatten längst erkannt, dass mit dem Abschluss von Werbeverträgen und der Akquisition von solventen Sponsoren offenbar das (zumindest teilweise) erreicht werden konnte, was ihnen finanziell schwach ausgestattete Schulträger nicht (mehr) erfüllen konnten.

Im Herbst des Jahres 1998 verabschiedete Sachsen-Anhalt als erstes Bundesland eine Regelung, die eine **reglementierte Öffnung der Schulen für Werbung und Sponsoring** zuließ und die Verantwortung richtigerweise in die Entscheidung der Schule respektive Schulleitung legte. Denn niemand anderes als die Schulleitung selbst ist in der Lage, Art, Umfang und Inhalt einer Sponsoring-Maßnahme für die Zwecke der Schule einzuschätzen und darüber eigenverantwortlich zu entscheiden. Nach Veröffentlichung dieses Erlasses im Jahre 1998 diskutierte sowohl der Schulausschuss der Kultusministerkonferenz (KMK) als auch die interessierte Öffentlichkeit der Republik intensiv über die nun ausbrechenden „Gefahren“, denen Schulen, Lehrkräfte, Erziehungsberechtigte sowie Schülerinnen und Schüler zukünftig ausgesetzt wären. Neben dem Ende der schulischen Eigenständigkeit am langen Arm der Werbeindustrie wurde die pädagogische Unabhängigkeit der Lehrkräfte bedroht gesehen, Schülerinnen und Schüler würden auch in der Schule dem Konsumrausch ausgesetzt und die Erziehungsberechtigten müssten dem ganzen

Treiben trotz ihres verfassungsrechtlich verbrieften Elternrechts tatenlos zusehen.

Haben wir nun, wie oft beargwöhnt, die „Coca-Cola-Schule" bekommen? Wurden Lehrkräfte dazu veranlasst, etwa die Deutsch-Stunde von „Mc Donald's" präsentieren zu lassen, oder strahlt mittlerweile der schuleigene Radiosender einer größeren Schule statt Informationsangeboten nur noch Werbespots aus?

Mitnichten. Die Schulen sind in aller Regel inzwischen selbst in der Lage, die **Außenwirkung von Werbe- und Sponsoringmaßnahmen** richtig einzuschätzen und sich institutionell innerhalb der Schule selbst und innerhalb der Schulgemeinde vor möglicherweise ungewollten Einwirkungen oder Einflussnahmen abzusichern. Im übrigen darf auch nicht außer acht bleiben, dass mittlerweile Bildungseinrichtungen in Deutschland auf das Instrumentarium des Sponsorings durchaus angewiesen sind, wenn z. B. der Schulträger in Ermangelung gefüllter Kassen Ausstattungswünsche oder Reparaturnotwendigkeiten nicht oder nicht im notwendigen Umfang erfüllen kann. In ihrer Februar-Ausgabe des Jahres 1998 bemühte die Zeitschrift „Capital" sogar Homer: „Ich fürchte die Griechen, selbst wenn sie Geschenke bringen", warnt in der „Ilias" der trojanische Priester Laokoon – obwohl die Feinde ihr Präsent ganz harmlos vor dem Stadttor aufgestellt haben. Richtig so: Kaum ist der hölzerne, geschenkte Gaul eingeschleust, klettern die darin versteckten Griechen heraus und zerstören Troja. Der derzeit entstehende Rechtsrahmen lasse Auswüchse befürchten, so „Capital" (*Franke* 1998, S. 28), auch wenn manches auf den ersten Blick ganz vernünftig erscheint. Auch der „Spiegel" meldete im gleichen Jahr: „Getränkefirmen richten Schulfeste aus, Industriekonzerne werben in der Schule, Eltern stocken das Gehalt von Pädagogen auf: Weil der Staat Lehrer und Lehrmittel streicht, suchen die Schulen nach Sponsoren und durchlöchern damit das tradierte Bildungswesen" (*Andresen* 1998, S. 58).

Nach der **Bildungsdiskussion in Folge der PISA II-Studie** sehen rund 50 % der wichtigsten Sponsoring-Experten in Deutschland eine Zunahme der Investitionen in den Bereichen Schule und Hochschule; das ist eines der Kernergebnisse der Studie „Sponsor Visions 2005", die die Hamburger Agentur pilot durchgeführt hat. Allerdings halten nur 17 % der Befragten das Sponsoring-Management im öffentlichen Bereich für professionell, weitere 17 % stufen es gar als unprofessionell ein (*Sponsor Visions* 2005, S. 11 u. 26). Erwartet werden aus den Reihen der „Big Player" der Sponsoren Konzepte und Angebote mit nationaler Reichweite. Während diese Erwartungshaltung potenzieller Sponsoren vornehmlich auf den stark international ausgeprägten und drittmittelintensiven Wissenschaftsbereich abzielt, findet Schulsponsoring in wesentlichen kleineren Dimensionen und oftmals auf der lokalen Ebene statt.

Dies fördert auch zum einen die Akzeptanz von Sponsoring innerhalb der Schulgemeinde, zum anderen sind praktische Ergebnisse des Sponsorings für alle am Schulleben Beteiligten oftmals direkt sichtbar und schaffen darüber hinaus auch Anreize für potenzielle weitere Sponsoren. Die Erfahrung zeigt auch, dass gerade das individuelle Engagement von lokalen Sponsoren für die Schulen erfolgreich ist. Deswegen macht es auch wenig Sinn, sich als Schule mit lokalen Projekten an die „Global Player" des Sponsoring zu wenden. Derartige Ansinnen, seien sie pädagogisch oder ansonsten konzeptionell auch noch so notwendig und sinnvoll, landen überwiegend ungelesen in den Papierkörben der Vorstandszentralen, weil der publizistisch wirksame lokale Bezug zu der einzelnen Maßnahme fehlt. Dies mag dann anders sein, wenn es schulischerseits um größere, übergreifende Projekte geht und möglicherweise auch um die Knüpfung oder Aufrechterhaltung internationaler Kontakte. Insoweit ist es immer Aufgabe der Schule, die Dimensionen der schulischen Projekte pädagogisch und in Bezug auf die Außenwirkung zu beurteilen, von ihrer schulischen Bedeutung her praktisch einzuordnen und zu überlegen, welche konkreten Sponsoren für ein konkretes Projekt angesprochen werden können. Insoweit hängt der Erfolg einer schulischen Sponsoren-Suche grundsätzlich immer davon ab,

- ob das schulische Projekt klar und überschaubar definiert ist,
- ob die Projekt-Ziele und -Erwartungen für den Sponsor deutlich werden und
- ob der (künftige) Sponsor weiß, für welche konkreten Schritte er praktisch und/oder finanziell verantwortlich ist und ob er sich mit seiner Firma inhaltlich für die Verwirklichung dieser Schritte verbunden fühlt.

Sponsoring und Werbung an Schulen hat demnach viel mit Öffnung von Schule zu tun und der Bereitschaft, sich den wirtschaftlichen Fragestellungen schulischerseits zu öffnen und Kooperationsbereitschaft gegenüber der Wirtschaft nicht nur zu erklären, sondern auch praktisch zu leben. So sollte Sponsoring und (zulässige) Werbung an Schulen künftig dann keinen schulischen Vorbehalten begegnen, wenn es gelingt, eine Vernetzung der Interessen von Schule und Wirtschaft herzustellen. Erste positive Ansätze hierzu sind bereits erkennbar: So unterrichten erfahrene Praktiker aus Unternehmen an allgemeinbildenden Schulen oder bieten Projekte oder Firmenpraktika an.

Nach alldem erscheint es auch nicht verwunderlich, wenn laut einer dpa-Meldung vom 27.11.2004 Schulsponsoring für die meisten Eltern kein Tabu mehr ist. 76 % der im Rahmen einer Emnid-Befragung interviewten Eltern fanden es z.B. unbedenklich, wenn Firmen Schulfeste und schulische AG's unterstützen und dafür auf Plakaten oder in Ankündigungen genannt werden. Auch das Unternehmenslogo auf Lernmaterialien bereitet 74 % der Väter und

Mütter keine Probleme. Ihrer Ansicht nach überwiegen in solchen Fällen die Vorteile einer Kooperation. Allerdings können sich nur 28 % der Eltern mit der Idee anfreunden, dass Unternehmen exklusiv Süßwaren- oder Getränkeautomaten aufstellen dürfen, wenn sie der Schule eine großzügige Spende zukommen lassen. An diesen Beispielen zeigt sich, dass im Bereich Schulsponsoring mittlerweile die Bedenkenträger in der Minderheit sind und die Schulen mit den ihnen bereitgestellten Möglichkeiten sehr verantwortungsbewusst und auch äußerst erfolgreich umgehen.

2. Sponsoring im bildungsrechtlichen Kontext

Die Thematik von wirtschaftlicher Werbung und Sponsoring an Schulen wurde in der schulrechtlichen Literatur der achtziger und neunziger Jahre kaum intensiv behandelt. So riet *Heckel/Seipp* schon 1976 dem Schulleiter knapp, „gegenüber unbefugten Sammlern, Vertretern, Händlern, Neugierigen..." resolut zu handeln, vom Hausrecht Gebrauch zu machen und ggf. auch Strafantrag wegen Hausfriedensbruchs zu stellen (*Heckel/Seipp* 1976, S. 128). *Dietze* vertrat ein Jahr zuvor die Auffassung, der Schulleiter habe besonders streng zu überprüfen, ob Werbung etwa in den geordneten Schulbetrieb eingreift; Werbung in der Schule sei deshalb nur in Ausnahmefällen zulässig, z.B. bei Werbung für Bildungsangebote der Volkshochschule (*Dietze* 1975). Ähnlich wurde auch von *Heckel/Avenarius* in ihrer 'Schulrechtskunde' 1986 argumentiert (*Heckel/Avenarius* 1986, S. 128).

In der 7. Auflage der ‚Schulrechtskunde' weisen *Heckel/Avenarius* zu Recht darauf hin, dass Sponsoring an Schulen nicht dazu führen darf, dass sich die Schule werbenden Unternehmen dienstbar macht, da die Schule als Teil der öffentlichen Verwaltung dem öffentlichen Interesse, also dem Gemeinwohl, zu dienen hat (*Heckel/Avenarius* 2000, S. 190). Dies gilt umso mehr, als die Schule an ihren Erziehungs- und Bildungsauftrag gebunden ist. Die einzelnen Bundesländer haben demzufolge auch dieses Postulat in den Vordergrund ihrer rechtlichen Regelungen zu Werbung und Sponsoring gestellt.

Die Einordnung von Sponsoring in den bildungsrechtlichen Kontext erfordert einen **Blick auf den schulgesetzlich normierten Erziehungs- und Bildungsauftrag der Schule**. In den meisten Schulgesetzen der Länder finden sich Regelungen, wonach die Schule in Erfüllung des ihr obliegenden Erziehungs- und Bildungsauftrages gehalten ist, die Schülerinnen und Schüler u.a. zu individueller Wahrnehmungs-, Urteils- und Entscheidungsfähigkeit (in der Informationsgesellschaft) zu befähigen und sie auf die Anforderungen der Berufs- und Arbeitswelt vorzubereiten.

Bereits der Entwurf für ein Landesschulgesetz des Deutschen Juristentages aus dem Jahr 1981 machte hinsichtlich der Festlegung der Bildungs- und Erziehungsziele folgenden Vorschlag:

- Kritische Nutzung selbst beschaffter Informationen durch die Schülerinnen und Schüler,
- Wahrung eigener Rechte und Geltenlassen der Rechte anderer auch gegen sich selbst,
- Selbständig und gemeinsam mit anderen Leistungen zu erbringen, insbesondere im Beruf.

Nach dem Entwurf des Deutschen Juristentages sollte es Aufgabe der Schule sein, zur Persönlichkeitsentwicklung der Schülerinnen und Schüler und damit zur Wahrung und Verwirklichung der Rechte von Schülern und Eltern beizutragen sowie – mittelbar – eine politische Kultur zu entfalten, die grundlegende Voraussetzung jeder demokratischen Verfassungsordnung ist. Schulsponsoring stellt daher in zunehmendem Maße einen wichtigen Aspekt für eine sinnvolle, am Erziehungs- und Bildungsauftrag der Schule orientierte Zusatzfinanzierung besonderer Projekte dar.

Entsprechend diesen Vorstellungen obliegt der Schule ein verfassungsrechtlich begründeter Auftrag zur Vermittlung von Bürgertugenden. Denn das demokratische Verfassungsverständnis gründet auf dem Konsens ihrer Bürgerinnen und Bürger über verfassungsrechtliche Grundentscheidungen, in deren Rahmen sich die verschiedenartigen Weltanschauungen entfalten können. Diesen Spielraum zu bewahren und die Schülerinnen und Schüler in die Lage zu versetzen, ihn auch aktiv wahrzunehmen, ist eine der tragenden Aufgaben der Schule. Hierzu gehört auch, dass die Vermittlung demokratischer Leitbilder wie Offenheit, Toleranz und Pluralität von der Schule nicht nur propagiert, sondern auch vorgelebt wird. Dies kann und wird jedoch nur dann gelingen, wenn die Schule sich nicht von politischen und insbesondere wirtschaftlichen Entwicklungen, Tendenzen und Meinungen abschottet. Die derzeitigen Regelungen in den Bundesländern bestätigen die Tendenz, dass sich die Schule diesen aktuellen Fragestellungen in dem gebotenen Maße zuwendet.

3. Sponsoring und Werbung

Zwischen den Begriffen „Werbung" und „Sponsoring" ist grundsätzlich zu differenzieren, obwohl sie sich in ihrer praktischen Auswirkung auf den Bildungsalltag oftmals überschneiden.

Werbung ist in aller Regel verbraucherorientiert und überwiegend nicht an Bedingungen gebunden. Sie wird herkömmlicherweise für wirtschaftliche, politische, weltanschauliche oder sonstige Interessen betrieben, wobei eine

Differenzierung in Image- oder Produktwerbung stattfindet: Imagewerbung strebt eine größere Akzeptanz nach außen an, während die Produktwerbung sich an Absatzmöglichkeiten eines bestimmten Produktes orientiert. Werbung an Schulen begegnet dann keinen größeren Bedenken, wenn man als Maßstab ihrer Zulässigkeit den Erziehungs- und Bildungsauftrag heranzieht und bereit ist, der einzelnen Schule die verantwortliche Entscheidung im konkreten Einzelfall zuzutrauen.

Sponsoring hingegen basiert auf einem gänzlich anderen, weniger offenkundigen Verständnis von Leistung und Gegenleistung, es erfüllt für Unternehmen gewisse kommunikative Funktionen. Sponsoring ist insoweit der Werbung verwandt, weil es in der Regel von einer werbewirksamen Gegenleistung des Gesponsorten abhängig gemacht wird. Nach seiner steuerrechtlichen Definition ist Sponsoring üblicherweise die Gewährung von Geld oder geldwerten Vorteilen durch Unternehmen zur Förderung von Personen, Gruppen und/oder Organisationen in sportlichen, kulturellen, kirchlichen, wissenschaftlichen, sozialen, ökologischen oder ähnlich bedeutsamen gesellschaftspolitischen Bereichen, mit der regelmäßig auch eigene unternehmensbezogene Ziele der Werbung oder Öffentlichkeitsarbeit verfolgt werden. Leistungen eines Sponsors beruhen häufig auf einer vertraglichen Vereinbarung zwischen dem Sponsor und dem Empfänger der Leistungen (Sponsoring-Vertrag), in dem Art und Umfang der Leistungen des Sponsors und des Empfängers geregelt sind.

4. Sponsoring zwischen Elternrecht und kommunaler Verantwortung

Eines der **Argumente gegen Schulsponsoring** ist die Behauptung, dass Schulsponsoring sowohl dem Gebot der Gleichbehandlung als auch der staatlichen Verantwortung für das Schulwesen widerspricht. Befürchtet wird, dass es zu einem starken Bildungsgefälle von guten und schlechten Schulen kommt, weil die Schulen nicht die gleichen Ausgangsvoraussetzungen für eine Akquisition von Sponsorengeldern besitzen. Zu der immer wieder angemahnten Chancengleichheit von Bildung für alle ist jedoch spätestens nach den Ergebnissen der Pisa-Studie festzuhalten, dass es dem deutschen Bildungssystem bisher nicht gelungen ist, das Recht aller Schülerinnen und Schüler auf gleiche Bildungschancen vom Ergebnis und nicht vom Ansatz her einzulösen. Zwar besitzt laut Grundgesetz jeder das Recht auf Bildung, die Praxis zeigt jedoch, dass gerade sozial benachteiligte Schülerinnen und Schüler einen möglicherweise geringeren Zugang zu Bildung haben. Die Bildungschancen werden somit tendenziell (auch) von der sozialen Herkunft beeinflusst. Es muss folglich zwischen Anspruch und Wirklichkeit unterschieden werden. Auch der Blick auf die Schulen selbst zeigt, dass trotz geregelter Mindeststandards längst nicht alle Schulen eine gleiche Ausstattung mit Lehr- und Lernmitteln besitzen und erhebliche Unterschiede in der Gebäudeausstattung bestehen.

Eine Ausgewogenheit der Verteilung von Sponsoringmittel auf die unterschiedlichen Schulen und Schularten wäre zwar wünschenswert, würde aber den Schulträger um eine weitere Aufgabe belasten und zudem auch dem Grundgedanken des Schulsponsorings widersprechen, da dies auf ein durch Dritte gesteuertes Sponsoring hinausliefe. Ferner sollten die Schulen ein Augenmerk darauf richten, eine Balance in der Mittelverwendung auf Schul-, Fach- und Unterrichtsebene zu erreichen. Nur so kann der Sponsor vermeiden, dass ihm rein wirtschaftlicher Eigennutz unterstellt wird. Genau in diesem Sachverhalt liegt der Kern eines **Zielkonfliktes zwischen den Zielen von Wirtschaft und Bildung:** Die Wirtschaft ist in ihrem bildungspolitischen Engagement immer an einem zielgerichteten bzw. unternehmensbedingten Mitteleinsatz interessiert. Dagegen ist vom Ansatz her nichts einzuwenden, jedoch gilt es zu beachten, dass gesellschaftliche Verantwortung mit Blick auf den Bildungs- und Erziehungsauftrag im Schulsponsoring einen wesentlich breiteren Bildungsbegriff beinhaltet. So fällt es beispielsweise auf, dass Fächer wie Deutsch, Politik oder Geschichte weitaus seltener durch Sponsoringmittel gefördert werden, da in diesen Fächern eher humanistische Bildungsziele im Vordergrund stehen und der unmittelbare Bezug zum Unternehmen nicht gesehen zu werden scheint.

Wie eingangs bereits erwähnt, erlangt Sponsoring im Schulbereich da rechtliche Bedeutung, wo die schulgesetzlich verankerten kommunalen Aufgaben des Schulträgers (Sachausstattung der Schulen) und die Aufgaben des jeweiligen Landes (Bereitstellung und Besoldung von Lehrkräften sowie Organisation des Unterrichtsbetriebs) tangiert werden. Sponsoring soll und darf jedoch nicht dazu führen, gesetzlich festgelegte Aufgaben der öffentlichen Hand sukzessive und stillschweigend in die privatrechtliche Finanzierung zu überführen. Dies muss stets bei Verhandlungen und Vertragsabschlüssen mit Sponsoren beachtet werden.

Gem. Art. 6 Abs. 2 des Grundgesetzes (GG) steht den Eltern ein Abwehrrecht gegen staatliche Eingriffe zu (**Elternrecht**) und lässt Maßnahmen des Staates nur im Rahmen seines „Wächteramtes“ gelten. Grundsätzlich könnten daher Eltern ein Abwehrrecht gegen Sponsoring-Maßnahmen haben, wenn diese nicht vom Erziehungs- und Bildungsauftrag der Schule gedeckt sind. Allerdings erscheint dies in der Praxis höchst unwahrscheinlich, da Sponsoring-Maßnahmen im Bildungsbereich zum überwiegenden Teil direkt mit dem Erziehungs- und Bildungsauftrag der Schule im Zusammenhang stehen und Sponsoring mit eindeutig außerschulischen Bezügen jedenfalls bislang nicht vorgekommen ist. Gem. Art. 7 Abs. 1 GG steht das gesamte Schulwesen unter der Aufsicht des Staates. Hierunter wird die Gesamtheit der staatlichen Befugnisse zur Organisation, Leitung und Planung des Schulwesens verstanden. Das bereits erwähnte Elterngrundrecht nach Art. 6 Abs. 2 GG verantwortet die Pflege und Erziehung der Kinder im Bereich der Eltern als deren natürliches Recht und die zuvörderst ihnen obliegende Pflicht. Nach ständiger Rechtsprechung des Bundesverfassungsgerichts ist das Recht der Eltern dem staatlichen Erziehungsauftrag gleichgeordnet. Die Frage, ob schulaufsichtsrechtlich ein Eingriff berechtigt wäre, würde sich dann stellen, wenn der Staat unter Hinweis auf die Zuwendungen der Sponsoren und Werbeträger die sächliche Ausstattung der Schulen auf ein Minimum reduzieren würde und die Schulen dadurch in eine Art Wettbewerb und de facto in eine Abhängigkeit von der Gunst der Sponsoren und Werbeträger gerieten. Wenn also Einnahmen aus Werbung und Sponsoring als zusätzliche Einnahmen zugunsten der Schulen verbucht werden und der Erziehungs- und Bildungsauftrag der Schule nicht unterminiert wird, dürften rechtliche Probleme nicht auftreten.

Etwas anders scheint die Rechtslage dort zu sein, wo sich Eltern (und möglicherweise auch Schulen) gegenüber dem Schulträger auf den **Gleichbehandlungsgrundsatz** (Art. 3 GG) berufen. Wenn die prosperierende weiterführende Innenstadt-Schule mit bester Schüler-Klientel qualitativ und quantitativ Sponsoren an sich bindet, ist dies unter Umständen dann problematisch, wenn gleichzeitig die Stadtrand-Schule trotz Bemühungen keinen oder wenig Sponsoren für sich gewinnen kann. Aus diesem Grunde wurden in Berlin seinerzeit Überlegungen für eine Pool-Lösung angestrebt. Eine derartige Regelung sichert zwar eine relative finanzielle Gleichbehandlung der Schulen im Rahmen der Verteilung von Sponsoring-Einnahmen, läuft andererseits aber dem Sponsoring-Gedanken zuwider, da Schul-Sponsoren grundsätzlich kein Interesse an einer Pool-Lösung haben, sondern vielmehr kleinere, individuelle Projekte fördern möchten, um hierdurch die erforderliche Außenwirkung zu erzielen. Da es ohnehin gesetzliche Aufgabe des Schulträgers ist, die Schulen zu unterhalten, können diese von dieser Aufgabe auch nicht entbunden werden. Sponsoren entlasten daher den Schulträger teilweise von dessen finanziellen Verpflichtungen, ohne ihn aber grundsätzlich aus seiner Verantwortung für die Schule zu entlassen. Sind Schulen budgetiert, werden auf diese Weise finanzielle Ressourcen für Ausstattungs- oder Renovierungsarbeiten frei.

Andere Modelle für ein Bildungssponsoring werden eher theoretisch diskutiert; so könnte Public Private Partnership (PPP) seitens des Schulträgers oder eine Stiftungsvariante (z.B. im Hochschulbereich in Form von Stiftungsprofessuren) in Frage kommen. Für den Bereich des Schulsponsorings bleibt jedoch die Variante eines direkten bilateralen Kontraktes zu präferieren, weil diese Konstruktion allen Interessen am nächsten kommen dürfte.

5. Vertragsrechtliche und steuerrechtliche Aspekte

Ein **Sponsoring-Vertrag** liegt vor, wenn sich in einem privatrechtlichen Vertrag (schriftlich oder mündlich) eine Partei, der Sponsor, dazu verpflichtet, einer anderen Partei, dem Gesponsorten, zur Förderung ihrer Aktivitäten auf sportlichem, kulturellem, sozialem oder ökologischem Gebiet Geld, Sachmittel oder Dienstleistungen zur Verfügung zu stellen, und der Gesponserte sich als Gegenleistung dazu verpflichtet, in festgelegter Weise über die Entfaltung der geförderten Aktivitäten die kommunikativen Ziele des Sponsors zu unterstützen. Aus der Sicht der Schule sind solche Vereinbarungen möglich, rechtlich zulässig und sogar wünschenswert.

Grundsätzlich ist zunächst darauf hinzuweisen, dass Sponsoring keinen eigenen Vertragstypus verkörpert, jedoch einen gegenseitigen Vertrag im Sinne der vertragsrechtlichen Vorschriften des Bürgerlichen Gesetzbuches (BGB) darstellt. Der Sponsoring-Vertrag folgt daher den **allgemeinen Vertragsregelungen**. Bei Abschluss einer derartigen Vereinbarung ist stets zu beachten, dass der Vertragsteil, zu dem sich die Schule verpflichtet, grundsätzlich dem Erziehungs- und Bildungsauftrag zu entsprechen hat. Auch sollte von der Schule vor Vertragsschluss geprüft werden, ob etwaige Rechte des Schulträgers oder anderer Dritter von der Vereinbarung tangiert werden. In jedem Fall ist es sinnvoll, den Schulträger frühzeitig in die Verhandlungen einzubeziehen. Sofern die Schule nicht direkt Vertragspartner oder Empfänger von Leistungen sein kann, können auch Elternvereine oder Schulfördervereine eingebunden werden. Für die Gültigkeit vertraglicher Vereinbarungen gibt es in dem hier darzustellenden Bereich keine zwingenden förmlichen Vorschriften. Das heißt, dass Vertragsabschlüsse zwischen der Schule und Sponsoren grundsätzlich formlos erfolgen können. In der Praxis üblich sind allerdings schriftliche Vereinbarungen zwischen den Vertragsparteien. Zu beachten ist weiter, dass nicht jede Sponsoring-Vereinbarung zugleich auch Außenwirkung zu Lasten des Schulträgers hat. Schulträger neigen mitunter dazu, eigene Aktivitäten der Schulen in Sachen Sponsoring wie Akquisition und Vertragsvereinbarungen grundsätzlich mit dem Hinweis zu beargwöhnen, die Schulen würden damit in geschützte Rechtspositionen der Schulträger eingreifen. Belange des Schulträgers sind immer dann betroffen, wenn direkte oder indirekte finanzielle Folgen zu Lasten des Schulträgers zu erwarten sind. Derartige Sponsoring-Vereinbarungen bedürfen daher grundsätzlich der vorherigen Zustimmung des Schulträgers.

Die im Zusammenhang mit dem Sponsoring gemachten **Aufwendungen** können beim Sponsor Betriebsausgaben, Spenden, steuerlich nicht abziehbare Kosten der Lebensführung und (bei Kapitalgesellschaften) verdeckte Gewinnausschüttungen sein. Für den Sponsor ist insbesondere die Frage von Interesse, ob er die Aufwendungen in voller Höhe als Betriebsausgaben oder eventuell nur in begrenztem Umfang als Spenden abziehen kann. Dieser Abzug hat nicht nur Einfluss auf die Höhe seiner Einkommen- oder Körperschaftssteuerschuld, sondern bei einem der Gewerbesteuer unterliegenden Sponsor auch auf die Höhe seiner Gewerbesteuer. Nicht erstrebenswert sind für den Sponsor Aufwendungen, die zu keinem Steuervorteil führen, z. B., weil sie privat (mit-)veranlasst sind.

Die Sicherung oder Erhöhung des Ansehens stellt für die **Unternehmen** einen **wirtschaftlichen Vorteil** dar. Diese Voraussetzungen liegen vor, wenn der Empfänger der Leistung auf Plakaten, Veranstaltungshinweisen, in Ausstellungskatalogen, Programmheften, auf den von ihm benutzten Fahrzeugen oder anderen Gegenständen auf das Unternehmen oder auf die Produkte des Sponsors werbewirksam hinweist. Die wirtschaftlichen Vorteile für das Unternehmen des Sponsors können auch dadurch erreicht werden, dass der Sponsor durch Verwendung des Namens, von Emblemen oder Logos des Empfängers oder in anderer Weise öffentlichkeitswirksam auf seine Leistung aufmerksam macht. Liegen die Voraussetzungen für den Abzug als Betriebsausgabe nicht vor, besteht die Möglichkeit, die Aufwendungen des Sponsors als Spenden vom Gesamtbetrag der Einkünfte als Sonderausgaben abzuziehen.

Elternvereine oder Schulfördervereine müssen beachten, dass die **wirtschaftlichen Betätigungen eines gemeinnützigen Vereins** steuerlich zu einem einheitlichen steuerpflichtigen Wirtschaftsbetrieb zusammenzufassen sind. Für dieses Tätigkeitsfeld gilt eine umsatzbezogene Besteuerungsfreigrenze von 30.000,- €. Erzielt der gemeinnützige Verein mit sämtlichen Einnahmen aus wirtschaftlicher Tätigkeit einen Bruttoumsatz bis zu 30.000,- € im Jahr, bleibt er für dieses Jahr von der Körperschaftssteuer und Gewerbesteuer befreit. Überschreitet der steuerbegünstigte Verein die Besteuerungsgrenze, wird er steuerpflichtig, kann aber einen einheitlichen Freibetrag von 3.750,- € in Anspruch nehmen.

6. Rechtliche Bestimmungen der Bundesländer zu Werbung und Sponsoring an Schulen (Stand: Juni 2005)

Die anschließende Tabelle stellt die **rechtlichen Regelungen zur Zulässigkeit** von Werbung und Sponsoring dar. Alle Bundesländer haben inzwischen die Frage des Sponsorings an Schulen positiv geregelt, Werbung an Schulen wird allerdings noch immer sehr unterschiedlich eingeschätzt. Interessant ist, dass alle Regelungen die Zulässigkeit von Sponsoring (und teilweise auch Werbung) von der Übereinstimmung mit dem Erziehungs- und Bildungsauftrag der Schule abhängig machen. Unterschiedlich ist auch die Regelungszuständigkeit der Schule bzw. Schulleitung ausgeprägt. Es wäre an der Zeit, im Rahmen der Einführung der selbständigen Schule auch hier die Eigenverantwortung der Schule zu stärken.

Baden-Württemberg	Verbot für Werbung für wirtschaftliche, politische, weltanschauliche oder sonstige Interessen. Spenden können entgegen genommen werden, wenn sie pädagogischen Zwecken dienen und dem gegenüber eine etwaige Werbung deutlich zurücktritt und nur einen geringen Umfang hat	Verwaltungsvorschrift vom 19.10.1995, neu in Kraft gesetzt seit 2003
Bayern	Kommerzielle und politische Werbung an Schulen ist untersagt. Ausnahmen sind im schulischen Interesse möglich und sind in der Schulordnung geregelt. Sponsoring in der Schule ist gestattet, wenn die Schule bei der Erfüllung ihrer Aufgaben unterstützt wird bzw. dies den Kauf von Unterrichtsgegenständen ermöglicht. Auf Antrag des Werbenden kann ein Hinweis (Plakat usw.) ohne besondere Hervorhebung angebracht werden. Weitergehende Produktwerbung ist unzulässig. Die Entscheidung trifft die Schulleitung nach Anhörung des Schulforums.	§ 84 Abs. 1, 2 BayEUG iVm § 123 Abs. 3 GSO
Berlin	Kommerzielle und sonstige Werbung ist gestattet, sofern sie nicht gegen rechtliche Bestimmungen oder das öffentliche Wohl verstößt und mit dem Bildungs- und Erziehungsauftrag vereinbar ist. Ausschöpfung aller vertretbarer Einnahmequellen, keine Bevorzugung bestimmter Branchen und keine verdeckte Subventionierung. Die Entscheidung trifft die Schulleitung. Plakatwerbung, die mit Veränderungen am Schulgrundstück verbunden ist, bedarf des Einvernehmens mit dem Schulträger. Sponsoren dürfen keinen Einfluss auf die Unterrichtsorganisation nehmen. Die Gesamtkonferenz kann mit 2/3-Mehrheit Grundsätze zu Werbung und Sponsoring beschließen.	Allgemeine Anweisung (AllA) Werbung vom 10.06.1997, ABl. 1997 S. 3074; RdSchr. vom 22.12.1997 an die Bezirksämter, an das Landesschulamt sowie alle Schulen
Brandenburg	Verbot jeglicher Art von gewerblicher Tätigkeit oder Werbung auf dem Schulgelände. Sponsoring und Spenden sind möglich, sofern sie nicht dazu dienen, Kürzungen im öffentlichen Haushalt auszugleichen; ferner müssen sie mit dem Bildungs- und Erzie-	§ 47 Abs. 3 BBSchG, zuletzt geändert durch G vom 08.02.2001; Nr. 18 Verwal-

	hungsauftrag der Schule vereinbar sein und dürfen den Erziehungs- und Bildungsauftrag nicht gefährden. Die Rechte der Schülerinnen und Schüler, Eltern, der Lehrkräfte und des übrigen Schulpersonals sind zu beachten. Über die Entgegennahme von Spenden entscheidet die Schulleitung nach Anhörung der Schulkonferenz im Einvernehmen mit dem Schulträger unter Beachtung möglicher Folgekosten. Die Entscheidung über Sponsoring (bei inneren Schulangelegenheiten) trifft das Staatliche Schulamt, bei Maßnahmen von landesweiter Bedeutung das Kultusministerium. Bei Sponsoring in äußeren Schulangelegenheiten entscheidet der Schulträger. Sind beide Bereiche betroffen, ist unter Anhörung der Schulkonferenz Einvernehmen herzustellen. Die Schulleitung kann auf Grund einer Bevollmächtigung nach Anhörung der Schulkonferenz entscheiden.	tungsvorschrift (VV)-Schulbetrieb vom 13.10.1992, zuletzt geändert durch die Zweite VV zur Änderung der VV-Schulbetrieb vom 15.06.1999, ABl. 1999, S. 258
Bremen	Verträge mit Dritten über Sponsoring oder andere Formen der Werbung sind gestattet, wenn sie mit den Zielen der Schule und den gesetzlichen Vorgaben vereinbar sind. Voraussetzung ist die Zustimmung der Schulkonferenz, verantwortlich ist die Schulleitung. Laufzeit von Werbeverträgen nicht länger als ein Schuljahr; Verträge sind der Fachaufsicht zur Kenntnis zuzuleiten. Die Rechte der Stadtgemeinden als Grundstücks- und Gebäudeeigentümer bleiben unberührt. Werbung in Schülerzeitungen wird toleriert. Reine parteipolitische Werbung ist in der Schule nicht zulässig. Der Senator für Bildung sowie der Magistrat der Stadtgemeinde Bremerhaven sind darüber hinaus ebenfalls befugt, Werbeverträge abzuschließen; diese müssen jedoch mit den Vorgaben des Senators für Bildung und den Zielen der Schule übereinstimmen.	Richtlinie über Werbung in Schulen vom 18.02.1999, Bremer SBl. 2005, 544.02 (http://www.bildung.bremen.de/sfb/behoerde/gesetze)
Hamburg	Die Entgegennahme von Geld- und Sachspenden ist zulässig, sofern sie nicht dem Bildungs- und Erziehungsauftrag zuwiderläuft. Beim Sponsoring kann als Gegenleistung in vereinbarter Weise auf die Leistung des Sponsors hingewiesen werden. Die Bereitstellung von Werbeflächen ist unzulässig. Alle Aktivitäten im Sinne der Richtlinie bedürfen der vorherigen Genehmigung durch die Schulleitung; die	Richtlinie zu Werbung, Sponsoring und sonstigen wirtschaftlichen Aktivitäten in staatlichen Schulen vom 11.11.1998 idF

	Annahme hoher Spenden und Zuwendungen bedarf der Genehmigung der Schulkonferenz. Einnahmen aus Werbung und Sponsoring fließen dem Selbstbewirtschaftungsfond zu und können von der Schule eigenständig verwendet werden.	vom 17.05.2000, MBlSchul 2000, S. 39
Hessen	Geschäftliche Werbung in der Schule ist nur gestattet, wenn die Schule direkt bei der Erfüllung ihrer Aufgaben unterstützt wird bzw. dies den Kauf von Unterrichtsgegenständen ermöglicht. In diesem Falle darf auf Antrag des Werbenden ein Hinweis (Plakat usw.) ohne besondere Hervorhebung angebracht werden. Eine darüber hinausgehende Produktwerbung ist nicht zulässig. Die Entscheidung trifft die Schulleitung nach Beratung mit der Schulkonferenz.	§ 10 Abs. 2 DienstO für Lehrkräfte vom 08.07.1993, geändert durch VO vom 22.07.1998, ABl. 1998, S. 598
Mecklenburg-Vorpommern	Werbung an öffentlichen Schulen ist nur zulässig, soweit sie den allgemeinen Bildungs- und Erziehungszielen nicht entgegensteht. Der Werbezweck muss immer deutlich hinter dem zu fördernden Zweck zurückstehen. Durch die Werbung darf keine Beeinträchtigung des Unterrichts und des Schulbetriebs erfolgen. Die Schule hat eine Schutzfunktion gegenüber den Lernenden und muss Toleranz und weltanschauliche, religiöse sowie parteipolitische Neutralität wahren. Durch Werbung darf kein Einfluss auf die inhaltliche Ausgestaltung von Unterricht und Erziehung genommen werden. Werbung darf nicht gegen rechtliche Bestimmungen oder das öffentliche Wohl verstoßen. Sponsoringmaßnahmen sind zulässig, wenn der Hinweis auf die Leistung des Sponsors deutlich hinter den mit der Zuwendung erreichten Nutzen für die Erfüllung des Bildungs- und Erziehungsauftrages zurücktritt. Die aktive Betätigung von Schülern und Lehrkräften an Werbeaktionen in der Schule ist zu vermeiden. Über die Zulässigkeit von Sponsoringmaßnahmen entscheidet für die Schule die Schulkonferenz.	Empfehlungen zur Werbung, Erhebung von Geldspenden, wirtschaftlichen Betätigung und zu Sammlungen an öffentlichen Schulen, VV des MBWK vom 28.02.2001, MBl. BM M-V, S. 255
Niedersachsen	Wirtschaftliche Aktivitäten, Sammlungen oder Werbung für wirtschaftliche, politische, religiöse, weltanschauliche oder sonstige Interessen sind in der Schule nur zulässig, wenn sie eindeutig dem Bildungsauftrag der Schule zuzurechnen sind und die jeweiligen rechtlichen Vorgaben beachtet werden. Bei Spenden mit Folgekosten muss der Schulträger	RdErl. des MK vom 10.01.2005, SVBl. 2005, S. 124 f.

	zustimmen. Das Aufstellen von Werbetafeln/-säulen in Schulen zu Zwecken reiner Produktwerbung ist nicht gestattet.	
Nordrhein-Westfalen	Schulen können für den Schulträger bei der Erfüllung ihrer Aufgaben durch Sach- und Geldzuwendungen Dritter unterstützt werden. Der Schulträger stellt sicher, dass einzelne Schulen nicht unangemessen bevorzugt oder benachteiligt werden. Zuwendungen entbinden den Schulträger nicht von seinen finanziellen Verpflichtungen. Schulen dürfen zur Erfüllung ihrer Aufgaben für den Schulträger Zuwendungen von Dritten entgegennehmen und auf deren Leistungen in geeigneter Weise hinweisen (Sponsoring), wenn diese Hinweise mit dem Bildungs- und Erziehungsauftrag der Schule vereinbar sind und die Werbewirkung deutlich hinter den schulischen Nutzen zurücktritt. Die Entscheidung trifft die Schulleiterin oder der Schulleiter mit Zustimmung der Schulkonferenz und des Schulträgers. Im Übrigen ist Werbung, die nicht schulischen Zwecken dient, in der Schule grundsätzlich unzulässig. Über Ausnahmen entscheidet das Ministerium.	§§ 98, 99 SchulG NRW *(Hinweis: In Kraft ab 01.08.2005)*, GVBl. NRW 2005, S. 102 ff.
Rheinland-Pfalz	Werbung auf dem Schulgelände ist nicht zulässig. Zuwendungen Dritter sind erlaubt, wenn die Schule hierdurch bei der Erfüllung ihres Bildungs- und Erziehungsauftrages unterstützt wird; ein entsprechender Hinweis in geeigneter Form ist möglich. Bei Zuwendungen mit Folgekosten ist das Einvernehmen mit dem Schulträger herzustellen. Die Entscheidung trifft der Schulleiter nach Anhörung des Schulausschusses.	§ 89 Übergreifende SchulO vom 14.05.1989, zuletzt geändert durch VO vom 18.12.1998, GVBl. 1999, S. 5
Saarland	Schulen sind ermächtigt, durch Sponsoring Einnahmen zu erzielen sowie Spenden entgegenzunehmen (Geld, Sachmittel oder Dienstleistungen). Die zugewendeten Mittel sind ordnungsgemäß zu verwalten, Sachmittel gehen in das Eigentum des Schulträgers über. Durch Sponsoring oder Spenden dürfen die Erfüllung des schulischen Unterrichts- und Erziehungsauftrages sowie die Ordnung des Schulbetriebes und des Unterrichts nicht beeinträchtigt werden. Die Rechte von Schülerinnen und Schülern, Erziehungsberechtigten und Lehrkräften und berechtigte Interessen Dritter sind zu beachten. Sponsoring ist	Erlass über Sponsoring, Spenden und Werbung an Schulen vom 24.04.2003, All-SchO vom 24.04.2003, ABl. S. 1287 und ABl. 2003, S. 224

	zulässig, wenn es sich um eine erhebliche Zuwendung des Sponsors handelt und der Hinweis auf dessen Leistung deutlich hinter den dadurch erreichten Nutzen für die Erfüllung des Unterrichts- und Erziehungsauftrages zurücktritt. Eine wirtschaftliche oder sonstige Abhängigkeit der Schule vom Sponsor darf nicht zu erwarten sein. Die Schulleitung hat vor Abschluss von Sponsoringverträgen das Einvernehmen mit dem Schulträger herzustellen. Die Schulkonferenz ist vorher anzuhören.	
Sachsen	Auf Grund des Erziehungs- und Bildungsauftrages der Schule besteht Verbot jeglicher Werbung in der Schule. Spenden können entgegengenommen werden, wenn sie pädagogischen Zwecken dienen und demgegenüber eine etwaige Werbung deutlich zurücktritt und nur einen geringen Umfang hat. Schulen sind berechtigt, Geldbeträge, Sachen oder sonstige Vorteile auf Grund von Sponsoringverträgen oder als Spende entgegenzunehmen, wenn dies die Erfüllung des Erziehungs- und Bildungsauftrages fördert, die Ordnung des Schulbetriebs nicht beeinträchtigt wird und eine Abhängigkeit der Schule vom Sponsor nicht entsteht. Auf die Sponsortätigkeit darf in angemessener Weise hingewiesen werden.	VV vom 20.08.1992, ABl. SMK S. 16, verlängert durch VV vom 02.12.1997, SächsABl. S. 1263, zuletzt geändert durch VV vom 07.06.1999, MBl. SMK Nr. 10 vom 22.07.1999
Sachsen-Anhalt	Werbung und Sponsoring sind in der Schule grundsätzlich nur dann zulässig, wenn sie dem Erziehungs- und Bildungsauftrag nicht entgegenstehen und den Ablauf des geordneten Schulbetriebes nicht beeinträchtigen. Werbung für politische, religiöse oder weltanschauliche Interessen ist nicht zulässig. Werbung und Sponsoring sollen in Form und Inhalt den Interessen der Schule und der Schülerinnen und Schüler dienen. Die Gesamtkonferenz kann Grundsätze hinsichtlich Art und Form von Werbung und Sponsoring festlegen. Die Entscheidung trifft die Schulleitung nach Maßgabe der Beschlüsse der Gesamtkonferenz. Die Rechte des Schulträgers sind zu beachten.	RdErl. des MK vom 09.09.1998, SVBl. LSA 1998, S. 296
Schleswig-Holstein	Grundsätzliche Unzulässigkeit von Werbung in der Schule. Nicht unter das Werbeverbot fallen Maßnahmen, die vorrangig dem Bildungs- und Erziehungsauftrag der Schule dienen, auch wenn dabei eine Werbewirkung unvermeidlich ist.	§ 49 SHSchG vom 02.08.1990 (GVOBl. Schl.-H. S. 451) idF des ÄnderungsG

		vom 18.09.1998 (GVOBl. S. 269)
Thüringen	Unzulässigkeit kommerzieller und parteipolitischer Werbung in den Schulen. Sponsoring und kommerzielle Werbung in Schülerzeitungen und bei Schulveranstaltungen, die nicht der Schulbesuchspflicht unterliegen, sind zulässig, soweit mit § 2 vereinbar.	§ 56 Abs. 3 THSchG vom 06.08.1993 idF vom 30.04.2003, GVBl. S. 238

Literatur

Andresen, K. (1998): Da müssen wir was bieten, in: Der Spiegel, Nr. 48/1998, S. 58-66

Böttcher, J.-U. (1999): Sponsoring und Fundraising für die Schule, Ein Leitfaden zur alternativen Mittelbeschaffung, Neuwied 1999

Deutscher Juristentag (1981): Schule im Rechtsstaat, Bd. I, Entwurf für ein Landesschulgesetz, München 1981

Dietze, L. (1975): Hausrecht, in: *Dietze, L./Hess, K./Noack, H.-G.* (Hrsg.): Rechtslexikon für Schüler, Lehrer, Eltern, Baden-Baden 1975, S. 131-132

Franke, H. (1998): Mit Paukern und Moneten, in: Capital, Nr. 2/1998, S. 28

Heckel, H./Seipp, P. (1976): Schulrechtskunde, 5. Aufl. Neuwied 1976

Heckel, H./Avenarius, H. (1986): Schulrechtskunde, 6. Aufl., Neuwied 1986

Heckel, H../Avenarius, H. (2000): Schulrechtskunde, 7. Aufl., Neuwied 2000

Meyer-Albrecht, H. (1996): Sponsoring und Werbung I, in: Schulverwaltung MO, Heft 5/1996, S. 155 ff.

Meyer-Albrecht, H. (1996): Sponsoring und Werbung II, in: Schulverwaltung MO, Heft 7-8/1996, S. 221 ff.

Meyer-Albrecht, H. (1997): Kooperation, Werbung, Sponsoring, in: Pädagogische Führung, Heft 4/1997, S. 179 ff.

Meyer-Albrecht, H. (1998): Werbung und Sponsoring in der Schule, in: SchulRecht, Heft 2/1998, S. 19 ff.

Meyer-Albrecht, H. (2000): Fallbeispiele zu Werbung und Sponsoring in der Schule, in: SchulRecht, Heft 2/2000 S. 27 ff.

Sponsor Visions (2005): Sponsor Visions 2005, Entwicklung des Sponsoring-Marktes, hrsg. v. pilot chekpoint, Hamburg 2005

Kapitel 3
Managementansätze

3.1 Grundlagen

Grundlagen zum Management des Bildungssponsoring aus Sicht der Sponsoren und Gesponserten

Prof. Dr. Arnold Hermanns
Universität der Bundeswehr
München

Dr. Ariane Bagusat
Universität der Bundeswehr
München

1. Zur Notwendigkeit eines Managementansatzes

Während Bildungssponsoring für den **Sponsor** ein **Kommunikationsinstrument** darstellt, das im Rahmen der Marketingkommunikation in der Absicht eingesetzt wird, eigene kommunikative Ziele zu erreichen, handelt es sich für den **Gesponserten** um ein **Finanzierungsinstrument** im Rahmen des Beschaffungsmarketing bzw. Fundraising (*Fabisch* 2002, S. 214; *Hermanns* 2001, S. 133). Diese beiden verschiedenen Perspektiven visualisiert Abbildung 1, in der das Bildungssponsoring sowohl aus Sicht der sponsernden Unternehmen, als auch aus Sicht der gesponserten Bildungsinstitutionen idealtypisch eingeordnet wird.

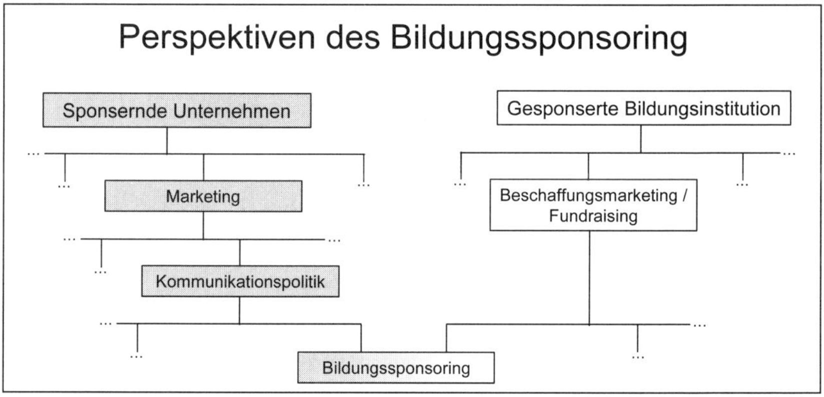

Abbildung 1: Perspektiven des Bildungssponsoring (in Anlehnung an *Koth* 2000, S. 2)

Die Grundlage für den erfolgreichen Einsatz des Bildungssponsoring als Kommunikations- bzw. Finanzierungsinstrument bildet ein systematischer Entscheidungs- und Planungsprozess, d.h. ein entsprechender **Management-Approach** (vgl. hierzu *McCook/Turco/Riley* 1997, S. 61 f.). Auf Seiten der gesponserten Bildungsinstitutionen besteht – nach Ansicht der sponsernden Unternehmen – diesbezüglich noch ein Defizit: Nur 17 % der Unternehmen halten das Sponsoring-Management der Bildungsinstitutionen für professionell, weitere 17 % stufen es gar als unprofessionell ein (*Sponsor Visions* 2005, S. 26). Aber auch die in der Vergangenheit häufig zu beobachtende „spontane“ Vorgehensweise der sponsernden Unternehmen mit sogenannten „Gefälligkeitsabkommen“ (auch „Sweet-Heart-Deals“ genannt) weicht erst langsam einem zunehmend professionellen Sponsoringmanagement (*Hermanns* 2003a, S. 69; *Hermanns/Riedmüller* 2002, S. 35).

Im Folgenden werden daher die grundsätzlichen Bestandteile eines Managementansatzes, der sowohl auf die Sponsoren wie auch auf die Gesponserten gleichermaßen zutrifft, überblicksartig aufgezeigt.

2. Der Managementprozess des Bildungssponsoring

Der Prozess des Bildungssponsoring-Managements kann idealtypisch in die Phasen der Analyse, Planung, Durchführung und Kontrolle eingeteilt werden (vgl. Abbildung 2), die prinzipiell sowohl für die Sichtweise der Sponsoren (vgl. hierzu *Hermanns* 2003a, S. 70) als auch für die Sichtweise der Gesponserten Anwendung finden (vgl. hierzu *Haibach* 1998, S. 77; *Urselmann* 2002, S. 165).

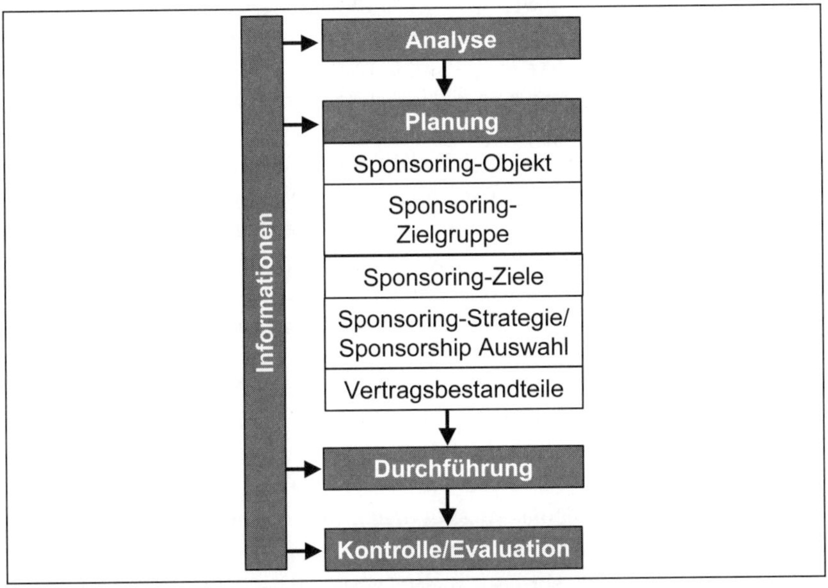

Abbildung 2: Die Phasen des Managementprozesses im Bildungssponsoring

Alle Phasen sind für das effektive Management eines Bildungssponsoring relevant und sollten aufeinander abgestimmt sein. Dabei werden in jeder Phase Informationen benötigt, die in Form von internen und externen Daten ständig bereitgestellt werden müssen. In der Praxis laufen die dargestellten Phasen in der Regel nicht nacheinander ab, sondern vielfach simultan, da viele Entscheidungen parallel getroffen werden müssen. Einen entscheidenden Erfolgsfaktor beim Management, der hier jedoch nicht näher ausgeführt wird, bildet das Führen und Steuern der Prozesse, das geeignete Führungskräfte erfordert und

Themenbereiche wie Teamentwicklung, ethische Praxis oder den sozialen Austausch zwischen den Bedürfnissen der Gesponserten und denen der Sponsoren beinhaltet.

Bei den folgenden Ausführungen zu den einzelnen Phasen des Managementprozesses werden aus dem breiten Spektrum der jeweiligen Managementaufgaben lediglich die wichtigsten Aspekte herausgegriffen und näher betrachtet. Dabei wird bei den einzelnen Phasen und Aspekten sowohl die Perspektive der Sponsoren als auch die der Gesponserten einander gegenübergestellt.

2.1 Analyse

Ausgangspunkt des Managementprozesses ist die **Situationsanalyse**, welche die Grundlage für die sich anschließende Planung des Bildungssponsoring bildet. Vor dem Hintergrund der jeweiligen **strategischen Rahmenbedingungen und Bezugspunkte** sollte die sponsoringrelevante und -spezifische Umwelt des Unternehmens bzw. der Bildungsinstitution erfasst und analysiert werden. Außerdem sind zukünftige Entwicklungen zu prognostizieren, damit potenziell relevante Entwicklungen und Trends erkannt und in der eigenen Planung und Durchführung des Sponsoring berücksichtigt werden können.

Für die **Sponsoren** konkretisieren sich die strategischen Rahmenbedingungen und Bezugspunkte in der unternehmerischen Vision, der Business-Mission, der Unternehmensphilosophie, der Unternehmenskultur sowie der Marketing-Konzeption und dem Marketingkommunikationskonzept (vgl. *Bruhn* 2003, S. 34; *Hermanns* 2003a, S. 69 und 2003b, S. 197). Aufbauend auf diesen strategischen Rahmenbedingungen und Bezugspunkten muss eine globale Analyse der Sponsoring-Aktivitäten der wichtigsten Wettbewerber sowie der Sponsoring-Felder nach relevanten, unternehmensinternen Kriterien vorgenommen werden (*Hermanns* 2003a, S. 69 ff.). Diese Analyse ist aufgrund der vielfältigen Sponsoringaktivitäten und der hohen Relevanz dieses Instrumentes von weitreichender Bedeutung.

Auch auf Seiten der **Bildungsinstitutionen** ist eine ausführliche Analyse der Ausgangssituation notwendig, um eine realistische Lagebeurteilung der Bildungsinstitution als solide Basis für alle weiteren Schritte zu erhalten. Die strategischen Rahmenbedingungen und Bezugspunkte stellen das Leitbild, d.h. das eigene Selbstverständnis, sowie die Mission der Bildungsinstitution dar (vgl. hierzu ausführlich *Urselmann* 2002, S. 176 ff.). In die Situationsanalyse sollte sowohl eine interne Organisations- als auch externe Umfeldanalyse einbezogen werden. Im Rahmen der internen Organisationsanalyse gilt es, die eigenen Stärken und Schwächen, die Entwicklung und Zusammensetzung der finanziellen Einnahmen sowie die vorhandenen Ressourcen für die Sponsoring-Organisation zu betrachten. Im Rahmen der externen Umfeldanalyse sollten sowohl die gesellschaftlichen Bedürfnisse und Entwicklungen als auch die Wettbewerber und die Märkte der Sponsoren untersucht werden (vgl. hierzu *Haibach* 1998, S. 77; *Urselmann* 2001, S. 487 f.).

2.2 Planung

Die Planungsphase des Bildungssponsoring umfasst Entscheidungen über das Sponsoring-Objekt, die Zielgruppen, die Sponsoring-Ziele, die Sponsoring-Strategie bzw. Sponsorship-Auswahl sowie die Vertragsbestandteile. Das Ergebnis der Planung ist eine **Sponsoring-Konzeption**, unter der ein umfassender, gedanklicher und zukunftsgerichteter Entwurf verstanden wird, welcher die verfolgten Sponsoringziele, -Strategien und entsprechenden Maßnahmen zu einem schlüssigen Gesamtplan zusammenfasst und schriftlich fixiert.

Um für die bei der Sponsoring-Planung notwendige Kontinuität zu sorgen, empfiehlt sich die Festschreibung von **Sponsoringgrundsätzen**, die häufig auch als Sponsoringphilosophie, Sponsoringkriterien oder Sponsoringrichtlinien bezeichnet werden. Durch sie wird ein verbindlicher, langfristiger Orientierungsrahmen für sämtliche Sponsoring-Aktivitäten eines Unternehmens bzw. einer Bildungsinstitution geschaffen. Gegenstand derartiger Sponsoringgrundsätze können dabei sein:

- das Sponsoringverständnis und die Rolle des Sponsoring in der Kommunikationspolitik der Unternehmen bzw. des Fundraising einer Bildungsinstitution,
- organisatorische Regelungen, Entscheidungsbefugnisse und Verantwortlichkeiten,
- Richtlinien für das Bildungssponsoringmanagement und die Rolle des Bildungssponsoring im Rahmen der integrierten Kommunikation bzw. des Fundraising,
- die Fokussierung oder der Ausschluss bestimmter Sponsoringarten sowie
- Verhaltensrichtlinien für die Kooperation mit den Gesponserten bzw. Sponsoren sowie weiteren Partnern (vgl. hierzu auch *Hermanns* 2003a, S. 69 ff. und 1997, S. 135 ff.).

Die konkrete Ausgestaltung der Sponsoring-Grundsätze hängt dabei stark von den jeweiligen Vorstellungen der Entscheider im Unternehmen bzw. der Bildungseinrichtung ab.

2.2.1 Das Sponsoring-Objekt

Das Sponsoring-Objekt stellt den kommunikativen Bezugspunkt des Bildungssponsoring dar. Für die **sponsernden Unternehmen** kann dies entweder das **Unternehmen** als Ganzes oder ein **Produkt** bzw. dessen **Marke** sein, oder auch eine **Kombination** beider. Falls das Bildungssponsoring sowohl zur Unternehmens- als auch zur Marken-Kommunikation eingesetzt werden soll, muss eine nach diesen beiden Sponsoring-Objekten differenzierte Bildungssponsoring-Planung erfolgen. Die Entscheidung hierüber ergibt sich häufig aus der Branchenzugehörigkeit eines Unternehmens: Bei Dienstleistungs- und Investitionsgüterunternehmen ist eine Angebotsdifferenzierung der Produkte mit Marken eher selten, weshalb in diesem Wirtschaftssektor die Unternehmung als Sponsoring-Objekt dominiert (z.B. die Deutsche Telekom mit ihren zahlreichen Aktivitäten im Bildungssponsoring wie der Aktion „Schulen ans Netz"). Bei Konsumgüterunternehmen hingegen stehen vor allem die Produkte bzw. deren Marken als Sponsoring-Objekt im Vordergrund, wie z.B. bei dem Sponsoringengagement der Firma Kellogg (Deutschland) GmbH, die seit mehr als 17 Jahren den Bundeswettbewerb der Schulen „Jugend trainiert für Olympia) sponsert (vgl. Abbildung 3).

Abbildung 3: Sponsoringengagement der Firma Kellogg (Deutschland) GmbH für ihre Marke Kellogg's

Die **Bildungsinstitutionen** haben ebenfalls die Möglichkeit, als Sponsoring-Objekt entweder die Organisation als Ganzes, einzelne Teilbereiche bzw. Leistungen dieser oder eine Kombination aus beiden Alternativen zu wählen. Am Beispiel einer Hochschule könnte das entweder die Universität als Ganzes sein, ein einzelner Fachbereich oder ein Institut dieser Universität oder eine Kombination aus beiden. Der bekannte amerikanische Marketing-Professor *Philip Kotler* nennt sich beispielsweise S.C. Johnson & Son-Professor for Marketing, während seine Business School an der Northwestern University, Chicago, den Namen J.R. Kellogg School of Management trägt.

2.2.2 Die Sponsoring-Zielgruppe

Bei der Bestimmung der Sponsoring-Zielgruppe des Sponsors sowie des Gesponserten kann prinzipiell zwischen **externen und internen Zielgruppen** unterschieden werden.

Auf Seiten der **Sponsoren** können als externe Zielgruppen grundsätzlich bestehende und potentielle Kunden, Absatzmittler und -helfer, Lieferanten, Investoren, die breite Öffentlichkeit, Multiplikatoren oder potentielle zukünftige Mitarbeiter genannt werden. Als interne Zielgruppen kommen derzeitige Mitarbeiter und Anteilseigner in Betracht. Im Zuge der strategischen Sponsoring-Planung gilt es, die mit Hilfe der Bildungssponsoringaktivitäten zu erreichenden Zielgruppen konkret anhand quantitativer und qualitativer Kriterien (sozio-demographische, psychographische, verhaltens-, besitz- und medienorientierte Daten) zu beschreiben. Dabei kann prinzipiell eine Deckungsgleichheit mit den für die Marketing-Kommunikation übergreifend festgelegten Zielgruppen oder aber eine Einengung auf Teilzielgruppen bzw. Zielgruppensegmente erfolgen (*Hermanns* 2003a, S. 73 f.).

Bei den **Bildungsinstitutionen** setzt sich die interne Zielgruppe aus den aus- und weiterzubildenden Kindern, Schülern, Studenten und Erwachsenen zusammen, d.h. den jeweiligen Teilnehmern an den Lehrprogrammen, dem Lehrkörper bzw. Lehrpersonal sowie weiteren internen Anspruchsgruppen, wie z.B. Gremienvertretern, Mitgliedern von internen Finanzierungsausschüssen oder dem Elternbeirat. Zur externen Zielgruppe zählen potentielle zukünftige Aus- und Weiterzubildende sowie deren Angehörige, die Angehörigen der bereits bestehenden Auszubildenden, Investoren, Multiplikatoren sowie die breite Öffentlichkeit.

Beide Partner sollten darum bemüht sein, ihre jeweiligen Zielgruppen zu erreichen, wobei eine totale Deckungsgleichheit der Zielgruppen nicht angestrebt werden muss bzw. i.d.R. gar nicht zu realisieren ist. Vielmehr sind Synergieeffekte zu erzielen, indem eine **gemeinsame Schnittmenge** der jeweils in ihrer Gesamtheit unterschiedlichen Zielgruppen erreicht wird (vgl. Abbildung 4). Über das Sponsorship kommunizieren beide Partner – Sponsor wie Gesponserter – gemeinsam mit ihrer Umwelt, wobei sie Einfluss auf die Meinung ihrer Zielgruppen zu bestimmten Fragen nehmen (vgl. hierzu *Haunert/Lang* 2001, S. 884 f.).

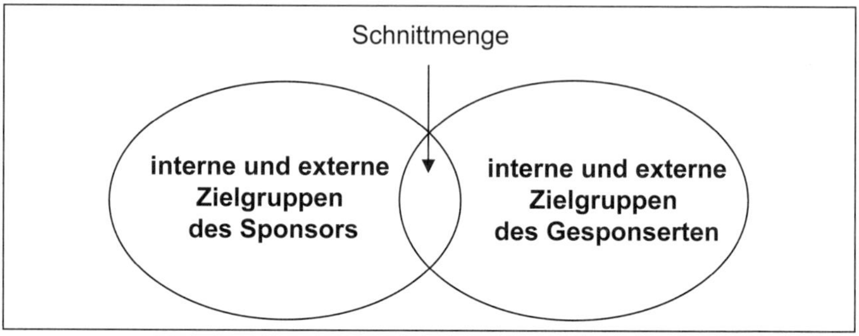

Abbildung 4: Die Schnittmenge der Zielgruppen der Sponsoren und Gesponserten

2.2.3 Die Sponsoring-Ziele der Sponsoren und Gesponserten

Im Zentrum der **unternehmerischen Zielsetzungen**, die mit einem Bildungssponsoring verbunden werden, stehen die Ansprache junger Zielgruppen, die Dokumentation gesellschaftlicher Verantwortung, die Verbesserung des Unternehmensimages, die Steigerung des Bekanntheitsgrades, die Vergrößerung der lokalen Akzeptanz sowie Aspekte der Mitarbeitermotivation und -rekrutierung.

Bei den **Bildungsinstitutionen** stehen in erster Linie Beschaffungsziele im Vordergrund, die sich auf Geld- oder Sachleistungen beziehen können. Neben den Zielen einer finanziellen oder sachlichen Unterstützung verfolgen die Bildungsinstitutionen aber auch eine inhaltliche Unterstützung bei ihrer Aufgabenerfüllung, indem z.B. der Praxisbezug des Unterrichts erhöht wird oder didaktische Modelle in Form eines Projekt- oder fächerübergreifenden Unterrichts den Lernerfolg unterstützen. Beispielsweise kooperiert(e) das Carl-von-Ossietzky-Gymnasium in Bonn mit T-Mobile mit dem Ziel, Lerninhalte mit der unternehmerischen Wirklichkeit des Konzerns zu verknüpfen. Während im Informatik-Unterricht der Aufbau eines Mobilfunk-Chips besprochen wird, behandelt der Pädagogik-Unterricht die Frauen- und Familienförderung des Unternehmens und in der Deutsch-Stunde beschäftigen sich die Schüler mit der SMS als Ausdrucks- und Kommunikationsform (vgl. *Daub* 2004).

2.2.4 Die Sponsoring-Strategie bzw. Sponsorship-Auswahl

Die Sponsoring-Strategie definiert den Weg zur Erreichung der gesetzten Bildungssponsoringziele, was grundsätzlich auch die Entscheidung über die Auswahl eines geeigneten Bildungssponsoring-Partners beinhaltet.

Auf der Seite der **Sponsoren** werden im Zuge der Strategieformulierung insbesondere die **Kernbotschaft** festgelegt, die mit dem Bildungssponsoring kommuniziert werden soll, sowie eine **Grobauswahl der denkbaren Sponsoringmöglichkeiten und Themenfelder im Bildungssektor** getroffen. Verfolgt ein Unternehmen beispielsweise das Ziel, mit Hilfe des Bildungssponsoring seinen Bekanntheitsgrad zu steigern, beschränkt sich die Formulierung der Kernbotschaft auf die Botschaften, die mit Hilfe des Bildungssponsoring vermittelt werden können, also der Unternehmens- bzw. Markenname, der Slogan, das Unternehmens- bzw. Markenlogo sowie die Unternehmens- bzw. Markenfarben. Die im Anschluss daran notwendige Grobauswahl wird sich – vor dem Hintergrund der jeweiligen Sponsoringziele und -zielgruppen – überwiegend an quantitativen Größen wie Reichweiten und Kosten in Bezug auf die vorhandenen Bildungssponsoringalternativen orientieren, wobei es in erster Linie – unabhängig von Imageüberlegungen – darum geht, die Grobauswahl der möglichen Themenfelder des Bildungsbereichs (z.B. das Sponsoring von Kindertagesstätten, Schulen, Erwachsenenbildung, weiterbildenden Schulen, Hochschulen oder Berufsakademien) so vorzunehmen, dass die Kontaktwahrscheinlichkeiten bei der Zielgruppe auch unter Kostengesichtspunkten optimiert werden (*Hermanns* 2003a, S. 75 ff.). Anders hingegen verhält es sich, wenn Imagezielsetzungen vorliegen. Der zugrundeliegende Prozess ist der sogenannte Imagetransfer, der die Übertragung des Images des Gesponserten auf den Sponsor durch das gemeinsame Auftreten beider Transfer-Partner im Rahmen von Sponsoringmaßnahmen darstellt. Durch diesen Imagetransfer soll dem Sponsor zu dem gewünschten Image bei den Zielgruppen verholfen werden. Hierzu muss aus den Imagezielen der Marketing-Kommunikation auf der Basis des Ist-Images das Imageziel für das künftige Bildungssponsoring-Engagement abgeleitet werden, z.B. die Verbesserung des Images eines Produktes in der Zielgruppe, bevor in einem zweiten Schritt eine genaue Spezifizierung des Ziel- bzw. Soll-Images anhand geeigneter Imagedimensionen erfolgt. Die auf diese Weise konkret spezifizierten Imagedimensionen stellen die Kernbotschaft des geplanten Sponsorships dar, auf deren Basis eine zielgruppenorientierte Analyse von Imagedimensionen relevanter Bildungssponsoringmöglichkeiten (sog. Zielgruppenaffinität) sowie ein Abgleich mit den vorher festgelegten Ziel- bzw. Soll-Imagedimensionen für das Produkt (sog. Produktaffinität) erfolgt. Bei Vorliegen von Alternativen kann dann anhand der Affinitäten abschließend die Grobauswahl aus den Alternativen vorgenommen werden (vgl. hierzu ausführlich *Bruhn* 2003, S. 34 ff.; *Hermanns* 2003a, S. 72 ff.). Die **Feinauswahl der Sponsorships** befasst sich schließlich mit der Auswahl des konkreten Sponsoring-Partners, d.h. einer konkreten Bildungsinstitution im Rahmen der vorab getroffenen Grobauswahl. Dies kann entweder als eigener Auswahlprozess von mehreren Angeboten potenzieller Gesponserter oder als Alternativensuche unter Inanspruchnahme von Sponsoringagenturen und Dienstleistern geschehen. Eine vergleichende Aufbereitung und Analyse der Angebote, die mit Hilfe von Bewertungskriterien durchgeführt werden kann (vgl. hierzu ausführlich *Hermanns* 2003a, S. 80), bildet eine wesentliche Voraussetzung für den späteren Abschluss eines erfolgversprechenden Sponsorships.

Auch aus der **Sichtweise der Gesponserten** ist zunächst eine Grobauswahl notwendig, welche Branchen oder Produkte prinzipiell in Frage kommen bzw. auf keinen Fall erwünscht sind (z.B. Zigaretten, Alkohol). Aufgrund von Fusionen und Mischkonzernen ist hierbei dringend eine sorgfältige Recherche anzuraten. Um eine größtmögliche Glaubwürdigkeit und Passung zwischen den Partnern zu gewährleisten, sollte die Grobauswahl potentiell in Frage kommender Sponsoren hinsichtlich der Aspekte Reichweite, Produkt- und Zielgruppenbezug vorgenommen werden (vgl. hierzu *Fabisch* 2002, S. 219 f.). Für regionale Projekte mit einer begrenzten **Reichweite** empfiehlt es sich beispielsweise, ortsansässige Unternehmen oder regionale Niederlassungen anzusprechen. Ist die Bildungsinstitution überregional tätig, können auch passende Unternehmen an anderen Standorten kontaktiert werden. Am eigenen Standort ist die Chance, einen Sponsor zu finden, jedoch meistens am größten. Auch sollte eine glaubwürdige Verbindung zwischen dem Zweck der Bildungsinstitution und den **Produkten** des Unternehmens bestehen, was jedoch nicht zwingend der Fall sein muss. Da Unternehmen neben Geldleistungen, Know-How und ihrer Arbeitszeit häufig auch Sachmittel zur Verfügung stellen, ist es sinnvoll, sich als Bildungseinrichtung gezielt zu überlegen, welche Firmen passende Produkte oder Dienstleistungen anbieten. Als dritter Aspekt ist der **Zielgruppenbezug** zu prüfen, d.h. ob die eigenen Zielgruppen mit denen der Unternehmen eine Schnittmenge bilden können. Ist die Grobauswahl erfolgt, schließt sich die Feinauswahl mit der Auswahl eines konkreten Sponsoring-Partners aus der Menge der potentiell in Frage kommenden Sponsoren an. Ebenso wie bereits für die Sichtweise der Sponsoren ausgeführt, kann dieser Auswahlprozess mit Hilfe von Sponsoringagenturen und entsprechenden Bewertungskriterien vorgenommen werden.

2.2.5 Die Vertragsbestandteile

Um einen reibungslosen Ablauf des Bildungssponsoring für alle Seiten zufriedenstellend zu gewährleisten, bedarf es einer genauen Absprache zwischen Sponsor und Gesponserten, deren inhaltliche Punkte in Form eines schriftlichen Vertrages fixiert werden sollten (zu den rechtlichen Grundlagen von Sponsoring-Verträgen vgl. ausführlich *Bruhn/Mehlinger* 1995 u. 1999; zu wettbewerbs- und steuerrechtlichen Aspekten vgl. *Fabisch* 2002, S. 227 ff.; *Haunert/Lang* 2001, S. 890 ff.; *Luthe* 1997, S. 106 ff.). Hierzu sollte der konkrete Gegenstand und der detaillierte Inhalt der Zusammenarbeit zwischen Sponsor und Gesponsertem definiert sowie die beiderseitigen Rechte und Pflichten festgelegt werden. Da die einzelnen Elemente eines Sponsoringvertrages sehr stark von dem jeweiligen eingegangenen Sponsorship abhängen und individuell ausgehandelt werden, ist es nicht möglich, einen einheitlichen Sponsoringvertrag darzustellen. Folgende Punkte sollte ein Sponsoringvertrag jedoch immer beinhalten (vgl. Abbildung 5):

Checkliste: Vertragsbestandteile

- ✓Wer sind die Vertragspartner (Name, Anschrift)?
- ✓Was sind die Leistungen des Sponsors?
  (Was gibt der Sponsor in welcher Form und zu welchem Zeitpunkt?)
- ✓Was sind die Gegenleistungen der Bildungseinrichtung?
  (Welche (imagefördernden) Maßnahmen wird die Bildungsinstitution für den Sponsor in welchem Zeitraum durchführen?)
- ✓Wird dem Sponsor die Möglichkeit eingeräumt, über sein Sponsoring in eigenen werbewirksamen Medien zu berichten? Wie sehen die kommunikativen Maßnahmen aus?
- ✓In welchem Zeitrahmen wird das Sponsoring durchgeführt?
- ✓Was geschieht bei vorzeitigem Beenden des Sponsoring?
- ✓Wie sehen die Haftungsrichtlinien für den Sponsor/die gesponserte Bildungseinrichtung aus?
- ✓Wie steht es mit der Gültigkeit/Ungültigkeit des Vertrages, wenn einzelne Vertragsbestandteile ungültig sind?
- ✓Unterschrift der Vertragspartner bzw. deren Vertreter

Abbildung 5: Checkliste zu den wichtigsten Vertragsbestandteilen

Wie im Einzelnen das Sponsorship ausgestaltet ist, d.h. wer welche Leistungen in welchem Umfang erbringt etc., ist individuell gemäß den Interessen und Anforderungen der Sponsoren und Gesponserten verschieden. Dass das Sponsorship dabei auf das jeweilige Profil der Bildungsinstitution abgestimmt sein sollte, versteht sich von selbst.

2.3 Durchführung

Die Durchführung des Bildungssponsoring stellt die Realisierung des Planungsprozesses bzw. der dabei entwickelten Sponsoring-Konzeption dar. Professionelle Dienstleister, sogenannte Durchführungsagenturen können einen wesentlichen Beitrag zur erfolgreichen Umsetzung des Sponsoringprojektes leisten. Unabhängig davon sollte sowohl auf Seiten der Sponsoren als auch auf Seiten der Gesponserten ein eigener Mitarbeiter als verantwortlicher „Bildungssponsoring-Manager" bestellt werden, der haupt- oder nebenamtlich für die Durchführung der Bildungssponsoring-Maßnahmen verantwortlich ist und alle anfallen Durchführungstätigkeiten einschließlich der daran beteiligten Personen sowie evtl. eingeschalteter Sponsoring-Agenturen koordiniert. Wichtige Details sind in diesem Zusammenhang ein gutes Zeitmanagement sowie die rechtzeitige und eindeutige Delegation von Aufgaben und Verantwortlichkeiten (vgl. hierzu *Hermanns* 1997a, S. 172 ff. und 1998, S. 1064).

2.4 Kontrolle/Evaluation

Die Kontrolle des Bildungssponsoring umfasst die systematische Überprüfung und Beurteilung der Planung und Durchführung des Sponsoringengagements, wobei verschiedene Zwecksetzungen verfolgt werden. In erster Linie geht es darum, festzustellen, inwieweit die vom Sponsor und Gesponserten gesetzten Ziele erreicht worden sind und das Sponsoringengagement erfolgreich war. Hierfür werden den Planwerten die korrespondierenden Ist-Werte gegenübergestellt und Abweichungsinformationen generiert. Im Sinne eines Regelkreismodells stellen diese Abweichungsinformationen Auslöser für Korrekturentscheidungen am Ende (Feedback-Funktion) bzw. prozessbegleitend während der Kontrollperiode (Feedforward-Funktion) dar, um evtl. Korrekturen ohne Zeitverzögerung vornehmen zu können (vgl. hierzu *Hermanns* 1997, S. 176 ff.; *Urselmann* 2002, S. 164 f.).

4. Fazit

Bildungssponsoring entwickelt sich zunehmend zu einem attraktiven Kommunikationsinstrument für immer mehr Unternehmen, vor allem für mittelständische Betriebe und Kleinunternehmen. Die erfolgreiche Planung und Umsetzung dieses Vorhabens erfordert jedoch einen umfassenden Managementansatz. Auch auf Seiten der Bildungsinstitutionen bedingt eine effektive und erfolgversprechende Akquisition potenzieller Sponsoren einen professionellen Management-Ansatz, der den Nutzen des Bildungssponsoring für die

Sponsoren deutlich herausstellt. Hierfür müssen die Bildungsinstitutionen ein neues Selbstverständnis im Sinne einer nach außen geöffneten, marktorientierten Denkhaltung, die dem eigentlichen Lehr- und Erziehungsauftrag nicht entgegensteht, entwickeln. Es gilt, die richtige Balance zwischen einer offenen Marktorientierung und der inhaltlichen, pädagogischen Verantwortung zu finden.

Die teilweise vorherrschende Zurückhaltung eines professionellen Sponsoringengagements im Bildungsbereich – sowohl auf Seiten der Sponsoren wie auch der Gesponserten – kann durch die Einschaltung einer Sponsoring-Agentur überwunden werden, die als Mittler zwischen Sponsoren und Gesponserten fungiert (z.B. www.gfs-eu.org; www.kindergartensponsoring.de; www.kinder-wollen-spielen.de oder www.servciceagentur-krautwurst.de). Dies verschafft nicht nur mittelständischen Betrieben und Kleinunternehmen, sondern auch kleinen, öffentlichen Bildungseinrichtungen vielfältige Möglichkeiten.

Als Fazit bleibt festzuhalten, dass Bildungssponsoring, wenn es gut geplant, verantwortungsvoll eingesetzt und entsprechend umgesetzt wird, ein erfolgversprechendes Kommunikationsinstrument für Unternehmen sowie Finanzierungsinstrument für Bildungseinrichtungen sein kann.

Literatur

Bruhn, M. (2003): Sponsoring, Systematische Planung und integrativer Ansatz, 4., Aufl., Wiesbaden 2003

Bruhn, M./Mehlinger, R. (1995): Rechtliche Gestaltung des Sponsoring, Bd. 1: Allgemeiner Teil, 2., überarb. u. aktual. Aufl., München 1995

Bruhn, M./Mehlinger, R. (1999): Rechtliche Gestaltung des Sponsoring, Bd. 2: Spezieller Teil, 2., überarb. u. aktual. Aufl., München 1999

Daub, F. (2004): Die Retter der Schule – Schulsponsoring, URL: http://www.wdr.de/tv/q21/354.0.phtml, Sendung vom 9.3.2004 [Stand: 27.06.05]

Fabisch, N. (2002): Fundraising: Spenden, Sponsoring und mehr..., München 2002

Haibach, M. (1998): Handbuch Fundraising, Spenden, Sponsoring, Stiftungen in der Praxis, Frankfurt u. New York 1998

Haunert, F./Lang, R. (2001): Sponsoring, in: *Fundraising Akademie* (Hrsg.): Fundraising, Handbuch für Grundlagen, Strategien und Instrumente, 1. Aufl., Wiesbaden 2001, S. 875-894

Hermanns, A. (1997): Sponsoring: Grundlagen, Wirkungen, Management, Perspektiven, 2., völlig überarb. u. erw. Aufl., München 1997

Hermanns, A. (2001): Fundraising, in: *Hanft, A.* (Hrsg.): Grundbegriffe des Hochschulmanagements, Neuwied/Kriftel 2001, S. 132-135

Hermanns, A. (2003a): Planung des Sportsponsoring, in: *Hermanns, A./Riedmüller, F.* (Hrsg.): Sponsoring und Events im Sport: Von der Instrumentalbetrachtung zur Kommunikationsplattform, München 2003, S. 67-92

Hermanns, A. (2003b): Sportsponsoring: Eine managementorientierte Perspektive, in: *Wiśniewski, Z.* (Hrsg.): The Polish Economy on the Road to the European Union, Torún 2003, S. 191-211

Hermanns, A./Riedmüller, F. (2002): Zwischen mäzenatischen Förderern und Sponsoring Professionals, in: Stiftung & Sponsoring, Nr. 5/2002, S. 34-36

Koth, M. (2000): Soziosponsoring von Krankenhäusern, Potenzielle Gewinnwirkung eines Marketinginstruments, Wiesbaden 2000

Luthe, D. (1997): Fundraising, Fundraising als beziehungsorientiertes Marketing – Entwicklungsaufgaben für Nonprofit-Organisationen, Augsburg 1997

McCook, K./Turco, D./Riley, R. (1997): A Look At The Coporate Sponsorship Decision-Making Process, in: Cyber Journal of Sport Marketing, Volume 1, No. 2/1997, S. 50-65

Sponsor Visions (2005): Sponsor Visions 2005, Entwicklung des Sponsoring-Marktes, hrsg. v. pilot chekpoint, Hamburg 2005

Urselmann, M. (2001): Erfolgsfaktor Fundraising-Planung, in: *Fundraising Akademie* (Hrsg.): Fundraising, Handbuch für Grundlagen, Strategien und Instrumente, 1. Aufl., Wiesbaden 2001, S. 485-498

Urselmann, M. (2002): Fundraising, Erfolgreiche Strategien führender Nonprofit-Organisationen, 3., vollst. überarb. u. erw. Aufl., Bern u.a. 2002

3.2 Die Sicht der Sponsoren

Bildungssponsoring im Rahmen der integrierten Marketingkommunikation

Stephanie C. Kiendl
Universität der Bundeswehr München

1. Einleitung

Eine sozial verantwortliche Unternehmensführung wirkt sich positiv auf den Marketingwert aus; das belegt eine Umfrage des Instituts für Markt-Umwelt-Gesellschaft an der Universität Hannover: 34 % der befragten Konsumenten greifen „immer“ oder „oft“, 20 % „manchmal“ zu Produkten, deren Hersteller sich gesellschaftlich engagieren (*Bunk* 2003, S. 26). Soziales und gesellschaftliches Engagement bringt die Unternehmen ihren Kunden näher und verstärkt die Kundenbindung. Hierbei gewinnt der Bereich der Bildung zunehmend an Bedeutung.

Unternehmen stehen nun vor der Herausforderung, dieses Engagement entsprechend zu kommunizieren. Um das kommunikative Potential des Bildungssponsoring vollständig auszuschöpfen und ein einheitliches Bild des Unternehmens bzw. der Marke bei allen Zielgruppen aufzubauen, sollte eine Vernetzung des Sponsoringengagements mit dem Instrumentarium der Marketingkommunikation erfolgen.

2. Integrierte Marketingkommunikation und Bildungssponsoring

Das Konzept der integrierten Marketingkommunikation trägt der Notwendigkeit einer inhaltlichen und instrumentellen Vernetzung und Abstimmung aller kommunikativen Maßnahmen Rechnung. In diesen Kontext gilt es, auch das Bildungssponsoring als Instrument der Marketingkommunikation einzuordnen.

2.1 Bildungssponsoring als Instrument der Marketingkommunikation

Hinsichtlich der **strategischen Fundierung** des Bildungssponsoring lassen sich zwei unterschiedliche Sichtweisen unterscheiden. Mit einer **unternehmensstrategischen Fundierung** kann das Bildungssponsoring als Instrument des **Corporate Citizenship** verstanden werden. Bei diesem Konzept stellt sich das Unternehmen durch die Übernahme gesellschaftlicher und sozialpolitischer Verantwortung als „guter Bürger“ dar (*Westebbe/Logan* 1995, S. 17). Im Rahmen der **marketingstrategischen Fundierung** wird das Bildungssponsoring als Instrument der Marketingkommunikation verstanden. Während beim Corporate Citizenship altruistische Motive im Vordergrund stehen, werden mit einem Sponsoringengagement im Rahmen der Marketingkommunikation konkrete kommunikative Ziele verfolgt.

Aus Sicht des Marketing lässt sich das **Bildungssponsoring** kennzeichnen als:

- die Zuwendung von Finanz-, Sach- und/oder Dienstleistungen von einem Unternehmen (Sponsor),
- an eine Einzelperson, eine Gruppe von Personen oder eine Organisation bzw. Institution aus dem Bildungssektor (Gesponserter),
- gegen die Gewährung von Rechten zur kommunikativen Nutzung von Personen bzw. Organisationen und/oder Aktivitäten des Gesponserten
- auf der Basis einer vertraglichen Vereinbarung (*Mayer* 2005, S. 27).

Als **Einsatzbereiche** im Bildungssektor lassen sich das Sponsoring von Kindertagesstätten (inkl. Kindergärten), allgemeinbildender, berufsorientierter und weiterführender Schulen (Grund-, Haupt-, Berufs- und (Volks-)Hochschulen) sowie privater Bildungsinstitutionen und Akademien unterscheiden (*Mayer* 2005, S. 27).

Per definitionem handelt es sich beim Bildungssponsoring um ein **Geschäft auf Gegenseitigkeit**, d.h. basierend auf einer vertraglichen Vereinbarung erwartet der Sponsor für seine Unterstützung finanzieller, materieller und/oder immaterieller Art eine konkrete Gegenleistung des Gesponserten. Diese Gegenleistung konkretisiert sich im kommunikativen Nutzungspotential des Sponsorships. Für den Sponsor stehen neben möglicher altruistischer Motive dementsprechend hauptsächlich **kommunikative Zielsetzungen** im Vordergrund, die über die Verwertung der Sponsoringinhalte im Rahmen der Marketingkommunikation erreicht werden sollen. Im Gegensatz zur eher kurzfristig absatzorientierten Werbung zielt ein Bildungssponsoringengagement überwiegend auf den langfristigen Aufbau von Imagegrößen ab (*Voss* 2003, S. 34). Hierbei kann es sich um die grundsätzliche Demonstration von gesellschaftlicher Verantwortung und Engagement handeln oder auch um die Betonung spezifischer Imagemerkmale (*Bruhn* 2003a, S. 232). Beispielhaft lassen sich hier die Imagemerkmale bzw. Eigenschaften der Wissenschaft als positiv besetztes Feld in der gesellschaftlichen Wahrnehmung nennen: Bildung, Exklusivität, Fortschrittlichkeit, Innovation, Kompetenz, Kreativität, Nachwuchsförderung, Seriosität, Wissen etc. (*Lilja* 1997, S. 9). Über einen Imagetransfer im Rahmen eines Sponsoringengagements sollen diese Eigenschaften auf das Unternehmen oder die Marke übertragen werden.

Die Rechte zur **kommunikativen Nutzung** der Sponsoringinhalte, die über den Sponsoringvertrag erworben werden, können auf unterschiedlichen Ebenen zum Einsatz kommen:

- sponsoringspezifische Nutzung,
- Nutzung im Rahmen der integrierten Marketingkommunikation, oder
- im Rahmen anderer Marketinginstrumente (*Püttmann* 1993, S. 661).

Zunächst ist das Bildungssponsoring durch eigenständige sowie charakteristische kommunikative Nutzungsmöglichkeiten gekennzeichnet. Als mögliche Maßnahmen für die **sponsoringspezifische Nutzung** lassen sich nennen:
- Nennung des Sponsors bei Veranstaltungen,
- Benennung des Sponsoringobjektes nach dem Sponsor (z.B. Stiftungslehrstuhl)
- Erwähnung des Sponsors auf Broschüren, Programmen, Büchern usw.,
- Erwähnung des Sponsors durch die Pressearbeit des Gesponserten,
- Anzeigen des Sponsors in Programmheften, Jahresberichten, Katalogen usw.,
- Vergabe von Prädikaten, Emblemen, Titeln, Zeichen,
- Produktpräsentation während einer Veranstaltung (*Bruhn* 2003a, S. 268; *Hermanns* 1997, S. 161 ff.).

Um das gesamte kommunikative Potential eines Bildungssponsoringengagement jedoch voll auszuschöpfen, sollten seine Inhalte auch in anderen **Kommunikationsinstrumenten** sowie **Marketinginstrumenten** thematisiert werden. Eine Faustregel besagt, dass für jeden Euro, der direkt in das Sponsorship fließt, drei Euro in **integrative Begleitmaßnahmen** mittels anderer Kommunikationsinstrumente investiert werden sollten (*Voss* 2000, S. 36). Ein vernetzter Einsatz des Sponsoring unterstützt auch einen widerspruchsfreien, einheitlichen Auftritt des Unternehmens und erhöht die Glaubwürdigkeit bei den Zielgruppen. Hier stehen Unternehmen vor der Herausforderung, innovative integrative Nutzungsmöglichkeiten für das Bildungssponsoring zu generieren (*Hermanns* 1997, S. 166 ff.). Im Rahmen der Kommunikationspolitik ist die sehr lange vorherherrschende, eher fragmentierte bzw. isolierte Betrachtung der Instrumente durch die ganzheitliche Betrachtung der kommunikativen Aktivitäten des Unternehmens abgelöst worden. Diese Sichtweise hat sich im Konzept der integrierten Marketingkommunikation manifestiert, auf das im Folgenden noch intensiver eingegangen werden soll.

2.2 Zielgruppenkommunikation mit Bildungssponsoring

Ein Sponsoringengagement im Bereich der Bildung bietet sich insbesondere für die Kommunikation mit **spezifischen Zielgruppen** an. Sie werden in nicht-kommerziellen Situationen angesprochen und können ohne große Streuverluste erreicht werden. Die größten Vorteile des Hochschulsponsoring liegen laut der im Rahmen der Studie Sponsoring Trends 2002 befragten Unternehmen im Kontakt zu jungen Zielgruppen und der Ansprachemöglichkeit von potenziellen Mitarbeitern (*Hermanns/Riedmüller* 2002, S. 33). Ein Sponsoringengagement im Schulbereich ermöglicht die Ansprache von Kindern und

Familien sowie die kommunikative Präsenz im lokalen Umfeld (*MSWF-NRW* o. J., S. 2 f.). Neben dem direkten Zugang zur Zielgruppe der 6- bis 19-Jährigen bietet die Schule hervorragende Möglichkeiten, das bestehende Beziehungsgeflecht (Schülersprecher, Lehrer, Verwaltungsangestellte, Schuldirektoren) als Multiplikator zu nutzen. Auch die Eltern der Schüler sowie Ehemalige können in ein Sponsorship einbezogen werden, indem sie bspw. zur Teilnahme an bestimmten Veranstaltungen oder Aktionen motiviert (*Voss* 2000, S. 35) oder durch schulspezifische Kommunikationsarbeit über das Sponsoringengagement informiert werden.

Bereits im Rahmen dieser zielgruppenspezifischen Kommunikation sollte das Sponsoring mit anderen Kommunikationsinstrumenten vernetzt werden. Darüber hinaus kann Bildungssponsoring jedoch auch als **Themenlieferant** für die zielgruppenübergreifende Kommunikation mit dem Thema Bildung dienen. In diesem Sinne ist das Bildungssponsoring als **Kommunikationsplattform** zu verstehen, mit deren Hilfe über alle Anspruchsgruppen hinweg soziale Verantwortung und Engagement im Bereich Bildung demonstriert werden kann. Insbesondere aus Effektivitäts- und Effizienzgründen ist es sinnvoll, das Sponsoringengagement bei einer Bildungsinstitution im Kommunikationsmix aufzugreifen. So wird zielgruppenübergreifend ein einheitliches Bild des Unternehmens bzw. der Marke vermittelt und die Effizienz der Kommunikation gesteigert (vgl. hierzu *Hermanns/Riedmüller/Marwitz* 2003, S. 220 ff.).

2.3 Notwendigkeit und Grundlagen der integrierten Marketingkommunikation

Der verschärfte Marken- und Kommunikationswettbewerb in gesättigten Märkten mit homogenen Produkten zwingt Unternehmen dazu, ihre Angebote durch innovative Kommunikationsmaßnahmen aus dem Meer der Produkte und Marken hervorzuheben. Allerdings treffen ein wachsendes Medienangebot, eine Erhöhung des Werbedrucks sowie eine stetig ansteigende Anzahl von Werbebotschaften und beworbenen Marken auf zunehmende Gleichgültigkeit und Informationsüberlastung der Umworbenen. Daraus resultiert ein Effektivitätsdefizit der Kommunikation (*Bruhn* 2003c, S. 26 f.; *Hermanns/Marwitz/Riedmüller* 2003, S. 218). Aus diesem Grund stehen Unternehmen vor der Herausforderung, sich über emotionale, authentische und glaubwürdige Themen kommunikativ zu differenzieren (*Hermanns/Kiendl/ Ringle* 2005, S. 17). Die Komplexitätszunahme der Kommunikation führt wiederum zu einem erhöhten Integrationsbedarf sowie der Notwendigkeit einer umfangreichen Abstimmung aller Kommunikationsmaßnahmen, der durch das Konzept der integrierten Marketingkommunikation Rechnung getragen wird.

Die **integrierte Marketingkommunikation** wird definiert als „(...) die strategische, marktgerichtete und identitätsorientierte Harmonisierung und Integration sämtlicher Kommunikationsprozesse zwischen einem Unternehmen und internen wie externen Austauschpartnern bzw. Zielgruppen“ (*Robers* 1999, S. 26). Es handelt sich um einen Prozess der Analyse, Planung und Kontrolle, der darauf ausgerichtet ist, aus diversen Quellen der internen und externen Unternehmenskommunikation eine Einheit herzustellen, um ein für sämtliche anvisierten Zielgruppen konsistentes Erscheinungsbild eines Unternehmens bzw. einer Marke zu vermitteln (*Bruhn* 2003b, S. 17). Durch eine effiziente Koordination aller Kommunikationsziele und -aktivitäten eines Unternehmens sollen Synergieeffekte zwischen den Kommunikationsinstrumenten realisiert und Rationalisierungseffekte bewirkt werden.

Hinsichtlich der Bezugsobjekte der Marketingkommunikation wird zwischen Unternehmenskommunikation und Markenkommunikation unterschieden. Während die **Unternehmenskommunikation** alle kommunikativen Maßnahmen zur Positionierung eines Unternehmens bei internen und externen Zielgruppen umfasst, bezieht sich die **Markenkommunikation** auf die Positionierung einer Marke (*Hermanns/Püttmann* 1993, S. 22). In beiden Fällen dienen die **Identitätskonzeptionen** als strategische Basis für die Planung der integrierten Marketingkommunikation. Den strategischen Bezugspunkt der Unternehmenskommunikation stellt die **Unternehmensidentität** dar. Diese kann verstanden werden als die strategisch geplante und operativ eingesetzte Selbstdarstellung und Verhaltensweise eines Unternehmens nach innen und außen auf der Basis einer festgelegten Unternehmensphilosophie mit dem Willen, alle Handlungsinstrumente eines Unternehmens in einheitlichem Rahmen nach innen und außen zur Darstellung zu bringen (*Birkigt/Stadler* 2002, S. 18). Im Rahmen der Markenkommunikation wird die **Markenidentität** als strategischer Bezugspunkt verstanden. Diese wird aufgefasst als eine in sich widerspruchsfreie Gesamtheit von Assoziationen, welche die wichtigsten und unverwechselbaren Bedeutungen der Marke ausmachen und den spezifischen Charakter der Marke zum Ausdruck bringen (*Meffert/Burmann* 2002, S. 47). Beide Identitätskonzeptionen stellen das Selbstbild des Identitätsobjektes im Unternehmen dar und konstituieren sich in einem Fremdbild bei den des Unternehmens, d.h. dem Image. Jede Identitätskonzeption beinhaltet dabei die Definition der jeweiligen Kommunikationszielgruppen, der strategischen Identitäts- bzw. Kommunikationsziele sowie die entsprechenden Identitäts- bzw. Positionierungsstrategien (vgl. Abbildung 1) (*Hermanns* 1997, S. 9).

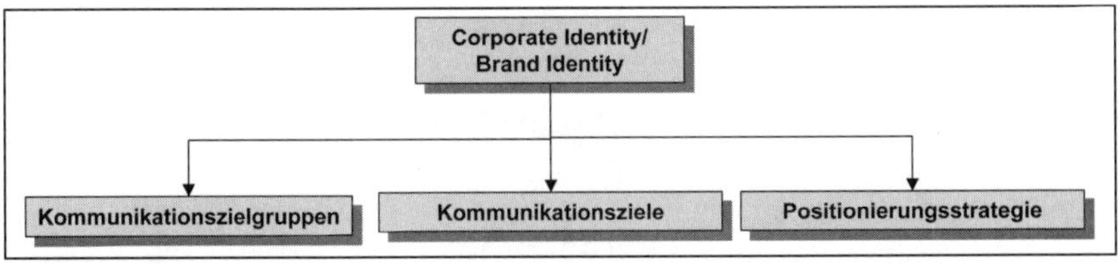

Abbildung 1: Identitätskonzeption im Rahmen der integrierten Marketingkommunikation

Die Identitätskonzeptionen sollen mittels der Generierung aufeinander abgestimmter strategischer Kommunikationsziele und entsprechender Kommunikationsstrategien langfristig die Kontinuität, Kompatibilität und Glaubwürdigkeit der einzelnen Kommunikationsmaßnahmen eines Unternehmens sicherstellen (*Hermanns/Püttmann* 1993, S. 26). Sie bilden den Ausgangspunkt für die weitere Planung und Umsetzung der einzelnen Kommunikationsinstrumente. Mit der Unternehmens- bzw. Markenidentität als strategischen Bezugspunkt aller kommunikativen Aktivitäten soll eine identitätskonforme und konsistente Ausrichtung aller kommunikativen Maßnahmen sichergestellt werden, um so letztlich bei allen relevanten Zielgruppen ein einheitliches Bild des Unternehmens bzw. der Marke aufzubauen. Auch bei der Auswahl, Planung und Umsetzung eines Sponsoringengagement im Bildungssektor müssen diese Identitätskonzeptionen den **strategischen Bezugspunkt** darstellen.

3. Integration des Bildungssponsoring in den Kommunikationsmix

Eine Vernetzung des Bildungssponsoringengagements auf der Ebene der Marketingkommunikation ist grundsätzlich mit dem gesamten Kommunikationsinstrumentarium möglich. Im Folgenden liegt der Fokus auf den Instrumenten Public Relations, Werbung, Verkaufsförderung, Mitarbeiterkommunikation und Events (vgl. Abbildung 2).

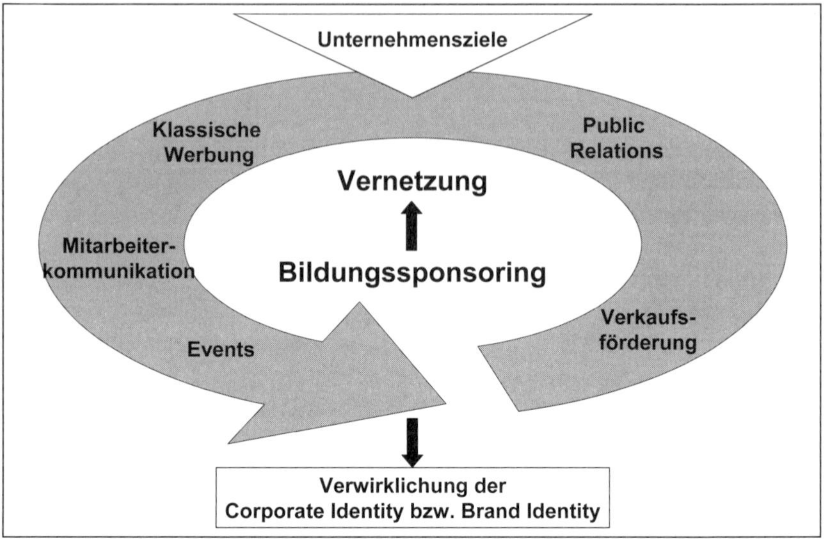

Abbildung 2: Vernetzung des Bildungssponsoring

3.1 Bildungssponsoring und Public Relations

Besonders häufig erfolgt die kommunikative Nutzung eines Bildungssponsorships über Public Relations respektive Öffentlichkeitsarbeit (*Hermanns/ Suckrow* 1995, S. 35). Diese soll den gesellschaftlichen Bezug des Unternehmens verdeutlichen. Das Unternehmen tritt über sie in einen Dialog mit den relevanten Anspruchsgruppen (*Unger/Fuchs* 2005, S. 234). Ziel ist die Schaffung von Transparenz, Akzeptanz und Glaubwürdigkeit in der Öffentlichkeit. Dementsprechend eigenen sich Public Relations besonders gut für die Kommunikation des gesellschaftlichen Engagements eines Unternehmens in der Bildung. Die Öffentlichkeitsarbeit bezieht sich auf die redaktionellen Teile der Medien und die Darstellung des Bildungssponsoringengagements in eben diesen.

3.2 Bildungssponsoring und klassische Werbung

Im Rahmen der leistungsbezogenen oder institutionellen klassischen Werbung kann auf das Bildungssponsoringengagement des Werbetreibenden hingewiesen werden. Konkrete Maßnahmen sind bspw. die Schaltung gezielter Anzeigen im Rahmen der institutionellen Werbung, um das Bildungssponsorship zu erläutern und dessen Bezug zum Unternehmen zu begründen. Denkbar ist auch die Erwähnung des Sponsorships in Produktanzeigen als ergänzende Werbebotschaft sowie in Fernsehen, Rundfunk und anderen elektronischen Medien (*Bruhn* 2003a, S. 278).

Über die Vernetzung des Bildungssponsoring mit der klassischen Werbung kann der **Multiplikatoreffekt** der Medien genutzt werden. Das Projekt T@School der Deutschen Telekom, im dessen Rahmen 34.000 Schulen kostenlos ans Internet angeschlossen wurden, bewarb der Konzern mit ganzseitigen Anzeigen in überregionalen Tageszeitungen wie SZ, FAZ und Welt (*Pütter* 2001, S. 44). Der Bremer Konzern Kraft Foods initiierte in Zusammenarbeit mit der Deutschen Schulsportstiftung die Initiative „Healthy Living“ für Kinder und Jugendliche. Im Fokus stehen die Aufklärung der jungen Menschen über die Bedeutung einer gesunden Ernährung und Bewegung. Die konkrete Umsetzung erfolgt über eine Materialmappe, die Ratschläge für einen gesunden Lebensstil enthält und an Schulen verteilt wird. Dieses gesellschaftliche Engagement wird in einer breit angelegten Image-Kampagne in den Printmedien thematisiert, die sich an alle Stakeholder des Konzern richtet (vgl. Abbildung 3) (*Wieking* 2004, S. 36).

Abbildung 3: Printanzeige von Kraft Foods mit Hinweis auf das soziale Engagement in Sport, Kultur und Bildung *(Quelle: www.kraftfoods.de)*

3.3 Bildungssponsoring und Verkaufsförderung

Ein Bildungssponsorship kann mit verkaufsfördernden Maßnahmen vernetzt werden, um den Abverkauf von Produkten zu stimulieren. Hier ist jedoch Vorsicht geboten und darauf zu achten, dass kein Zusammenhang mit einem Werbeappell oder einer direkten Kaufaufforderung besteht. Dies liegt bspw. vor, wenn bei einer Verkaufsförderungsaktion damit geworben wird, dass bestimmte Beträge für soziale Zwecke verwendet werden. Laut der Rechtsauffassung des Bundesgerichtshofes wird durch dieses Vorgehen in unzulässiger Weise die „soziale Hilfsbereitschaft der Verbraucher ausgenutzt" (*Bruhn* 2003a, S. 278). So haben die Gerichte über eine Klage des Bundesverbands der Verbraucherzentrale (VZBV) Berlin gegen den Cerealien-Hersteller Kellog entschieden: Das Unternehmen ist seit 1987 Sponsor des bundesweiten Schulsport-Turniers „Jugend trainiert für Olympia". Im Rahmen der Verkaufsförderungsaktion „Kellogg's Frosties für Schulsport" warb das Unternehmen dafür, dass Schüler beim Kauf von Kellog's Frosties erworbene Sammelpunkte gegen Sportmaterialien für ihre Schule eintauschen können (*Kolbrück* 2004, S. 17). Laut Gerichtsbeschluss würden Schüler und Eltern durch diese Aktion unter Druck gesetzt, Produkte zu kaufen, um der Schule etwas „Gutes" zu tun (*Verbraucherzentrale Bundesverband* 2005, o. S.).

Ein gelungenes Beispiel für einen integrativen Einsatz mit der Verkaufsförderung ist die Aktion „New Balls For School Please" des Ball-Herstellers Molten in Zusammenarbeit mit der Deutschen Schulsportstiftung, deren Förderer das Unternehmen seit dem Schuljahr 2004/2005 ist. Hier können Schulen günstig Bälle für den Schulsport erwerben (vgl. Abbildung 4) (*Deutsche Schulsportstiftung* o. J., o. S.).

Abbildung 4: Verkaufsförderungsaktion der Firma Molten in Kooperation mit der Deutschen Schulsportstiftung *(Quelle: Deutsche Schulsportstiftung)*

3.4 Bildungssponsoring und Mitarbeiterkommunikation

Ein Engagement im Bereich der Bildung und die dadurch signalisierte Übernahme sozialer Verantwortung hat auch für die internen Zielgruppen eines Unternehmens eine hohe Relevanz und fördert die **Motivation** sowie die **Identifikation** der Mitarbeiter mit dem Unternehmen (*Lilja* 1997, S. 9). In diesem Kontext ist auch die aktive Teilnahme von Mitarbeitern im Rahmen eines Bildungssponsoringengagement möglich. So schickt bspw. der Heiztechnikhersteller Viessmann Mitarbeiter als eine Art Auswärtslehrer an das örtliche Gymnasium. In Physik-, Erdkunde- und Gemeinschaftskundestunden wird praxisnaher Unterricht am Beispiel Viessmann durchgeführt (*Pütter* 2001, S. 44). Die interne Kommunikation des Sponsorships kann bspw. über die Mitarbeiterzeitung erfolgen. Das Projekt „Regenbogen-Art", das in einer Zusammenarbeit zwischen der Firma Bürkert GmbH und einer örtlichen Kindertagesstätte durchgeführt wurde, zeigte in einer Ausstellung die „Kunstwerke" der Kinder, die im Rahmen eines Kunstprojektes entstanden waren. Ingesamt war das Projekt dreimal auf der Titelseite der Mitarbeiterzeitung des Unternehmens, was die positive Resonanz in der Mitarbeiterschaft dokumentiert (*Zeller* 2001, S. 129).

3.5 Bildungssponsoring und Events

Unter **Events** werden inszenierte Veranstaltungen in Form erlebnisorientierter firmen- und/oder produktbezogener Veranstaltungen und Aktionen verstanden, die dem Adressaten firmen- und/oder produktbezogene Kommunikationsinhalte vermitteln, d.h. emotionale und physische Reize darbieten, die zu einem starken Aktivierungsprozess führen. Aufgrund ihrer zielgruppenorientierten Ausrichtung und ihrer Interaktionsorientierung ermöglichen Events eine hohe Kontaktintensität (*Zanger/Sistenich* 1996, S. 234 f.) sowie die erlebnisorientierte Inszenierung des Unternehmens und seiner Produkte. Durch von einem Unternehmen initiierte Events können die Inhalte eines Bildungssponsoringengagements zielgruppengerecht aufbereitet und im Zusammenhang mit dem Unternehmen und seinen Produkten inszeniert werden.

Seit 1999 ist das multinationale Chemie-Unternehmen Degussa Pate des Landeswettbewerbes „Jugend forscht" in Bayern. Im Jahr 2005 fand im Rahmen des 40. Landeswettbewerbes eine von Degussa initiierte Abendveranstaltung in der Münchner Villa Flora statt. Unter dem Motto „Simply the best" wurde mit Degussa Chef Utz-Hellmuth Felcht und WDR-Moderator Ranga Yogeshwar diskutiert und experimentiert u.a. mit dem Degussa Produkt Superabsorber (*o. V.* 2005, o. S.).

Abbildung 5: Degussa Chef Utz-Hellmuth Felcht und WDR-Moderator Ranga Yogeshwar bei einem Experiment im Rahmen des Landeswettbewerbes von „Jugend forscht“ *(Quelle: www.degussa.com)*

4. Fazit

Beispiele wie der „Kellog's-Prozess“ zeigen, dass in sensiblen Bereichen wie Kindergärten und Schulen beim Sponsoring rechtliche Restriktionen zu beachten sind. Darüber hinaus ist die Glaubwürdigkeit der kommunikativen Maßnahmen sicherzustellen. Der Bildungssektor ist ein Einsatzbereich des Sponsoring mit hohem Zukunftspotential. Allerdings wird das gesamte kommunikative Potential noch nicht voll ausgeschöpft, insbesondere bei der Vernetzung des Sponsoring mit den anderen Instrumenten des Kommunikationsmix. Es gilt, innovative Nutzungs- und Einsatzmöglichkeiten für die Thematisierung eines Bildungssponsoringengagements zu generieren, die aufmerksamkeitserregend einerseits und glaubwürdig andererseits wirken.

Literatur

Birkigt, K./Stadler, M. M. (2002): Corporate Identity – Grundlagen, in: *Birkigt, K./Stadler, M. M./Funck, H. J.* (Hrsg.): Corporate Identity: Grundlagen, Funktionen, Fallbeispiele, 11., überarb. und aktual. Aufl., München 2002, S. 11-61

Bruhn, M. (2003a): Sponsoring: Systematische Planung und integrativer Einsatz, 4. Aufl., Wiesbaden 2003

Bruhn, M. (2003b): Integrierte Unternehmens- und Markenkommunikation. Strategische Planung und operative Umsetzung, 3., überarb. und erw. Aufl., München 2003

Bruhn, M. (2003c): Kommunikationspolitik. Systematischer Einsatz der Kommunikation für Unternehmen, 2. völlig überarb. Aufl., München 2003

Bunk, B. (2003): Corporate Citizenship und Marketing: Wie Synergien erschlossen werden, in: Absatzwirtschaft, Nr. 10/2003, S. 26-31

Deutsche Schulsportstiftung (o. J.): New Balls For School Please, URL: http://www.deutsche-schulsportstiftung.de/aktionen.html [Stand: 27. 07.2005]

Hermanns, A. (1997): Sponsoring: Grundlagen, Wirkungen, Management, Perspektiven, 2., völlig überarb. und erw. Aufl., München 1997

Hermanns, A./Kiendl, S./Ringle, T. (2005): Sponsoring und Events als Kommunikationsplattform im Rahmen der integrierten identitätsorientierten Markenkommunikation, in: Transfer - Werbeforschung & Praxis, Nr. 1+2/2005, S. 14-19

Hermanns, A./Püttmann, M. (1993): Integrierte Marketing-Kommunikation, in: *Berndt, R./Hermanns, A.* (Hrsg.): Handbuch Marketing-Kommunikation, Wiesbaden 1993, S. 19-42

Hermanns, A./Riedmüller, F. (2002): Sponsoring Trends 2002, Bonn 2002

Hermanns, A./Riedmüller, F./Marwitz, C. (2003): Kombination von Sponsoring und Events im Sport: Authentische Marketing-Kommunikation bei differenzierten Zielgruppen, in: *Hermanns, A./Riedmüller, F.* (Hrsg.): Sponsoring und Events im Sport: von der Instrumentalbetrachtung zur Kommunikationsplattform, München 2003, S. 211-234

Hermanns, A./Suckrow, C. (1995): Wissenschafts-Sponsoring: Grundlagen, Verbreitung, Akzeptanz, Perspektiven und Management aus Sicht der Hochschulen und Unternehmen, Berlin u.a. 1995

Kolbrück, O. (2004): Werbepause auf dem Schulhof, in: Horizont Nr. 27/2004, S. 17

Lilja, A. (1997): Wissenschaftssponsoring – ein neuer Dialog zwischen Wissenschaft und Wirtschaft, in: *Brockes, H.-W.* (Hrsg.): Leitfaden Sponsoring & Event-Marketing, März 1997, S. 1-16

Mayer, A. (2005): Bildungssponsoring: Grundlagen, Management und Entwicklungstendenzen im Überblick, in: Stiftung & Sponsoring, Nr. 4/2005, S. 26-29

Meffert, H./Burmann, C. (2002): Theoretisches Grundkonzept der identitätsorientierten Markenführung, in: *Meffert, H./Burmann, C./Koers, M.* (Hrsg.): Markenmanagement. Grundfragen der identitätsorientierten Markenführung, Wiesbaden 2002,S. 35-72

Ministerium für Schule, Wissenschaft und Forschung des Landes NRW (MSWF-NRW) (o. J.): Schul-Sponsoring heute, Ein Leitfaden für Schulen, Schulträger und Unternehmen, URL: http://www.learnline.de/angebote/agenda21schulen/medio/Download/misc/Sponsoring.pdf [Stand: 05.09.2005] *o. V.* (2005): Simply the best, URL: http://www.degussa.com/de/unternehmen/jugend_forscht/jufo_simply_the_best.html [Stand: 05.09.2005]

Pütter, C. (2001): Mehr Praxis für die Theorie, in: Werben & Verkaufen, Nr. 43/2001, S. 44-42

Püttmann, M. (1993): Das Management von Sponsoring, in: *Berndt, R./Hermanns, A.* (Hrsg.): Handbuch Marketing-Kommunikation, Wiesbaden 1993, S. 649-669

Robers, D. (1999): Integrierte Marketing-Kommunikation von Konzernen, Wiesbaden 1999

Unger, F./Fuchs, W. (2005): Management der Marketing-Kommunikation, 3., aktual. und erw. Aufl., Berlin u.a. 2005

Verbraucherzentrale Bundesverband (2005): Werbeaktionen an Schulen: Bahlsen-Punkte und Kellog's-Taler, URL: http://lernerfolg.vzbv.de/prjekt01/d/www.verbraucherbildung.de/aktuelles/bahlsen_und_kellogs.html [Stand: 05.09.2005]

Voss, R. (2000): Schulsponsoring, Bedeutung, Arten und Planungsprozess aus Unternehmenssicht, in: Planung & Analyse, Nr. 6/2000, S. 32-36

Westebbe, A./Logan, D. (1995): Corporate Citizenship: Unternehmen im gesellschaftlichen Dialog, Wiesbaden 1995

Zanger, C./Sistenich, F. (1996): Eventmarketing, in: Marketing ZFP, Nr. 4/1996, S. 233-242

Zeller, C. (2001): Neue Perspektiven durch Kindergartensponsoring, in: The Power of Sponsorship, Workbook zum 4. Deutschen Sponsoring Kongress 2001, 9.-10. Oktober in Hamburg, Hamburg 2001, S. 123-134

Anforderungen an das Management eines Sponsoring von Kindertagesstätten

Birgitt A. Cleuvers
Forschungsinstitut für Bildungs- und Sozialökonomie (FIBS)

Dr. Dieter Dohmen
Forschungsinstitut für Bildungs- und Sozialökonomie (FIBS)

1. Einleitung
2. Warum soll man Kitas sponsern?
3. Wer ist der Partner? Eine Kurzübersicht über die Kita!
4. Wie geht man das Ganze an?
   4.1 Was will das Unternehmen grundsätzlich mit Kita-Sponsoring erreichen?
   4.2 Was ist die richtige Kita und wen bzw. wie spreche ich sie an?
5. Was sollte wann und wie geplant werden?
6. Wie funktioniert die Umsetzung?
7. Werden die Ziele zeit- und sachgerecht erreicht?

1. Einleitung

Kitasponsoring bezeichnet in der Regel die Unterstützung einer Kindertageseinrichtung (Kita) oder Kita-bezogenen Organisation durch Finanzmittel, Sach- oder Dienstleistungen nach dem Prinzip von Leistung und Gegenleistung. Dabei ist mitunter nicht nur die Abgrenzung zu Mäzenatentum, Spenden etc. schwierig, sondern auch die Gestaltungsvielfalt enorm. Partnerschaftliche Kooperationen können von dem/r LeiterIn einer einzelnen Einrichtung genauso initiiert werden, wie von ihrem Träger, übergeordneten Verbänden oder dem förderwilligen Unternehmen selbst. Sponsorships zwischen einer Kita und einem lokal ansässigen Kleinunternehmen oder regionalen Mittelständler können genauso funktionieren wie zwischen einer Trägerorganisation mit ihren Einrichtungen oder einer im Wettbewerb ermittelten Gruppe von Kitas und einem (inter-)nationalen Großunternehmen. Das Projekt selbst kann die öffentlichkeitswirksame Einzelveranstaltung (Sommerfest, Jubiläum etc.) genauso sein wie eine längerfristige Maßnahme mit pädagogischem Ziel (Kunst- oder Theaterprojekt, Sprachförderung etc.), die komplette Sanierung von Gebäudeteilen oder Neugestaltung des Außengeländes sowie die Unterstützung des Mittagstischs in einer Kita mitten im sozialen Brennpunkt.

Was heißt das aber für das Sponsoring-Management? Ausgehend von den Fragestellungen, warum Kita-Sponsoring überhaupt für Unternehmen interessant sein kann und mit welchem Partner sie es hier zu tun haben, sollen wesentliche Aspekte für ein erfolgreiches Management im Folgenden skizziert werden.

2. Warum soll man Kitas sponsern?

Je nach Interessenlage und Zielsetzung kann der Kita-Bereich aus Unternehmenssicht für Sponsoringprojekte sehr interessant sein. Einerseits sind Kinder und Jugendliche selbst als Zielgruppe gefragt und für ihren Einfluss auf die Konsumentscheidungen ihrer Eltern bekannt. Andererseits erhält der Kita-Bereich zunehmend öffentliche Aufmerksamkeit, weil die Elementarpädagogik als wesentlicher Baustein für die weitere Entwicklung von Kindern anerkannt wird und immer größere Bedeutung erhält, d.h. besonders nachhaltig ist. Drittens ist die pädagogisch gute, flexible und verlässliche Kinderbetreuung für die Vereinbarkeit von Familie und Beruf unabdingbar für die Eltern, insbesondere für die Mütter, die (endlich) als qualifiziertes Personal entdeckt werden und langfristig für die Deckung des Personalbedarfs in den Unternehmen sorgen. Wer sein Kind gut betreut weiß, kann sich mit hohem Arbeitseinsatz im Unternehmen einbringen. Viertens bietet Kita-Sponsoring Unternehmen die Möglichkeit, sich im Gegensatz zum sonst dominanten Sportsponsoring mit einem besonderen sozialen Projekt und dessen potenziellen Alleinstellungsmerkmalen zu profilieren. Unter dem Motto „Think global, act local" haben auch große Unternehmen schon dokumentiert, wie wichtig die lokale oder regionale Imagepflege, z.B. am Standort, für das Gesamtbild ist. Sie können die damit verbundenen hohen Sympathie- und Akzeptanzwerte für eigene externe und interne kommunikative sowie ökonomische Ziele effizient nutzen (*Zeller* in: *Ipsos* 2001, S. 5 u. 8 ff.). Unternehmen können sich hier – auch mit kleine(re)m Budget und begrenztem Aufwand – als sozial engagiert und zugleich modern präsentieren, denn der proklamierten gesellschaftlichen und wirtschaftlichen Bedeutung von Kitas steht eine Realität entgegen, die oft durch unzureichende Ressourcen bzw. zunehmenden externen Finanzierungsbedarf gekennzeichnet ist.

Trotz dieser grundlegend optimistischen Sicht sind jedoch verschiedene Rahmenbedingungen auf beiden Seiten zu beachten, denn nicht jedes Unternehmen passt zum Kita-Bereich und nicht jede Kita passt zum Unternehmen. Die wechselseitige Identifikation mit den Zielen und Werten des jeweils anderen Partners ist der zentrale Erfolgsfaktor für die Glaubwürdigkeit eines Engagements (*Cleuvers/Dohmen* 2005, S. 35). Passen Unternehmensphilosophie und -kultur, passen Strukturen und Produkte nicht zusammen, bewirkt das beste, kreativste, langfristige Management nur wenig oder nichts. Es ist daher sinnvoll, sich den Sponsoringnehmer Kita insgesamt näher anzusehen, sich aber auch vor einem Engagement gründlich zu informieren und ggf. kompetente Hilfe durch Sponsoring-Agenturen, Netzwerke oder andere Experten in Anspruch zu nehmen.

3. Wer ist der Partner? Eine Kurzübersicht über die Kita!

Die Kita gibt es nicht, vielmehr gibt es viele verschiedene organisatorische Strukturen, pädagogische Modelle, Leitbilder, Bedarfe und Ansprüche. Die Unterschiede sollten bei der Entwicklung von unternehmenseigenen Sponsoring-Grundsätzen sowie der strategischen und operativen Planung ebenso beachtet werden, wie bei der detailgenauen, qualitätsorientierten Durchführung und der notwendigen Prozess- und Erfolgskontrolle, die darüber Aufschluss gibt, ob die geplanten Ziele mit dem Engagement erreicht wurden. Zu unterscheiden ist zunächst zwischen Krippe (0 bis 3 Jahre), Kindergarten (3 bis 6 Jahre) und Hort (ab 6 Jahren bis 10 oder 14 Jahren), zwischen altersgemischten Gruppen oder nicht, zwischen Halbtags- und Ganztagseinrichtungen, ggf. mit Betreuungs- und Essensangeboten über Mittag.

Die einzelnen Einrichtungen sind durch einen mehr oder minder großen lokalen oder regionalen Einzugsraum gekennzeichnet, d.h. potenzielle gemeinsame Zielgruppen mit Unternehmen können sehr genau definiert werden. Erst auf der übergeordneten Ebene sind in der Regel größere Reichweiten möglich. Hier ist hinsichtlich der Trägerschaft und entsprechenden Dachverbänden zwischen kirchlichen (z.B. evangelischen und katholischen) und nicht-kirchlichen Einrichtungen zu unterscheiden. Hierbei gibt es unter den Trägern auch die den Kirchen nahestehenden Institutionen wie Caritas, Diakonie etc. oder soziale Organisationen wie der paritätische Wohlfahrtsverband etc. Bei den nicht-kirchlichen Trägern dominieren die kommunalen Einrichtungen. Eltern-Kind-Initiativen, gGmbHs etc. sind privatrechtliche Trägerformen.

Bedeutsam ist, dass die meisten Einrichtungen einem Träger unterstellt sind. Das gilt für den Eltern-Kind-Initiative e.V. genauso wie für das Bistum oder die Arbeiterwohlfahrt. Diese Träger sind in der Regel für die wirtschaftlichen und rechtlichen Belange zuständig und damit eigentlich der formal korrekte Ansprechpartner für Sponsoring-Aktivitäten, d.h. eine einzelne Kita-Leitung muss, sofern sie nicht entsprechend bevollmächtigt wurde, zumeist alle Aktivitäten mit ihrem Träger abstimmen. Für die effektive und erfolgreiche Ansprache ist es daher hilfreich, wenn man weiß, wer den Sponsoring-Vertrag unterschreiben darf, wobei dies die/der LeiterIn der jeweiligen Kita sicherlich sagen kann.

Trotz dieser Strukturen sei ein Hinweis zu einem alten Vorurteil erlaubt: Kitas sind meist keine Einrichtungen (mehr), in denen ErzieherInnen den Kindern zusehen, wie sie spielen, sondern sie werden zunehmend professionell, aber mit knappen Ressourcen geleitet, die Eltern als Kunden einer Dienstleistung betrachtet, die vorhandene hohe pädagogische Qualifikation mit betriebswirtschaftlichen Kenntnissen und Erfahrungen ergänzt (*Zeller* 2001, S. 13 ff.) – auch wenn vielleicht manches anders läuft, als man dies aus der Unternehmenswelt kennt. Mit der höheren Bedarfsbezogenheit und Elternfreundlichkeit in den letzten sieben bis zehn Jahren haben sich aber auch die Arbeitsbedingungen der Kita-MitarbeiterInnen verändert: Großes persönliches Engagement der Kita-LeiterInnen und ErzieherInnen und zunehmend bessere Aus- und Fortbildungen ermöglichen erst, dass die differenzierten, komplexeren und flexibleren Aufgaben bewältigt werden können (*Merz* 2005, S. 10 u. 12).

Wenn dann also eine Partnerschaft auf derselben Augenhöhe angestrebt wird, kann es trotz prinzipiell gleicher oder ähnlicher Interessen „klappern“, denn falsche Erwartungshaltungen, Berührungsängste und andere persönliche Befindlichkeiten, mangelnde Erfahrung mit öffentlichkeitswirksamen Maßnahmen oder im gegenseitigen Umgang führen leicht zu Missverständnissen, weil Klischees leicht den Blick für die Realität trüben. Probleme können nur durch kritische Einsicht und die Bereitschaft zum gemeinsamen Lernen voneinander, zum gemeinsamen Nutzen von Ideen und Synergieneffekten und einen authentischen, offenen und klaren Dialog vermieden oder beseitigt werden.

Neben diesen „Eigenheiten“ auf den ersten Blick ist aber auch die aktuelle Situation im Betreuungsbereich zu beachten, wenn Unternehmen wegen Kita-Sponsoring angesprochen werden oder selbst entsprechende Vorhaben planen.

Grundsätzlich dürfte die Offenheit des Kita-Bereichs oder auch die schlichte Notwendigkeit zur Einwerbung von Spenden und anderen Leistungen in den letzten Jahren erheblich gestiegen sein, denn viele Kommunen und Bundesländer stellen nur unzureichend Mittel zur Verfügung, die Kirchen ziehen sich teilweise aufgrund des Mitgliederschwunds und fehlender Finanzmittel aus der Betreuungspraxis zurück. Die klammen öffentlichen Kassen, gerade auf kommunaler Ebene, verhindern ein Finanzvolumen, das zur Abdeckung der deutlich gestiegenen Anforderungen (deutlich mehr Bildung statt Betreuung, Förderung statt „Verwahrung“) notwendig wäre. Zudem müssen die Einrichtungen, die nicht unmittelbar zur Kommune gehören, meist einen Teil der Kosten aus eigenen Mitteln beisteuern; in Zeiten sinkender Einnahmen aus der Kirchensteuer plant manches Bistum daher den Ausstieg und auch andere Träger können dies nicht mehr ohne weiteres leisten.

In vielen Bundesländern sind die Versorgungsquoten bzw. der Versorgungsumfang trotz scheinbar hoher Werte und Rechtsanspruch auf einen Kindergartenplatz unzureichend. Bei den unter Dreijährigen ist die Versorgungsquote in Westdeutschland bei unter 5 %, unter Berücksichtigung von Tagesmüttern etwas höher.

Dies verhindert bei vielen (hoch-)qualifizierten Müttern den gewünschten frühen Wiedereinstieg ins Erwerbsleben und beeinflusst umgekehrt die Realisierung vieler Kinderwünsche. Diese Rahmenbedingungen lassen ein Engagement im Kita-Bereich lohnenswert erscheinen. Unternehmen können hier wirklich Gutes tun – und das mit vergleichsweise geringen Beträgen.

4. Wie geht man das Ganze an?

Die Gründe für Kita-Sponsoring und der Partner Kita können sehr verschieden sein – entsprechend ist es die Umsetzung. Die Anfrage einer Kita kann unerwartet auf einen Kleinunternehmer im Ort zukommen oder ein anderes Unternehmen gezielt Sponsoring als Instrument der Marketing-Kommunikation nutzen wollen. Bei allen grundsätzlichen Vorüberlegungen, ob das Engagement nun zum Unternehmen, seinem Profil, Leitbild, der Kultur, aber auch zu den eigenen Marketing- und Kommunikationskonzepten passt, und allen hinreichenden Informationen zum potenziellen Partner und Projekt sollte ein Sponsoring-Projekt immer in ein strategisch abgestimmtes Management eingebunden sein. Dieses Management sollte jedoch im Hinblick auf das Projekt, den unternehmerischen Aufwand und Nutzen – gerade auch bei kleinen Unternehmen mit kleinem Sponsoring-Budget und begrenzten Personalkapazitäten – in einem angemessenen Verhältnis stehen. Derzeit mögen einige Sponsorships aufgrund zu geringen Managements nicht immer die gewünschten Effekte für das Unternehmen erzielen, der Mehrwert des Sponsoring erscheint dann fraglich – hier ist auf jeden Fall Verbesserungsbedarf, um die Nutzungspotenziale ganz auszuschöpfen. Allerdings kann z. B. ein lokaler Handwerksbetrieb oder Einzelhändler sicherlich keine eigene Marketing-Kommunikations-Abteilung einrichten und viele Tage mit konzeptionellen Entwürfen beschäftigen, wenn der benachbarte Kindergarten Sponsoren für seine Feier samt Festschrift zum 25-jährigen Bestehen sucht und das Unternehmen gegen eine entsprechende Öffentlichkeitsarbeit einmalig 400,- € sponsern will. Will sich ein Unternehmen mehrfach, längerfristig und mit höheren Budgets als Sponsor engagieren, ist ein gründlicheres Vorgehen aber auf jeden Fall sinnvoll und wichtig; ggf. sollte eine Sponsoring-Agentur zur Beratung bzw. Hilfestellung herangezogen werden. Die nachfolgenden Ausführungen skizzieren demnach die umfassende Abwicklung eines größeren sozialen Engagements von den Vorüberlegungen, über die Planung und Realisierung bis zur Erfolgskontrolle, die generell den Bedarfen und Ansprüchen des einzelnen Unternehmens angepasst werden sollte.

4.1 Was will das Unternehmen grundsätzlich mit Kita-Sponsoring erreichen?

Zunächst sollten Sponsoring-Grundsätze festgeschrieben werden, die die Kerngedanken des zukünftigen Engagements im Kita-Bereich festhalten und Unternehmen Orientierung für alle Aktivitäten geben. Diese Grundsätze basieren je nach individuellen Vorstellungen der Entscheidungsträger nicht nur auf den unternehmensstrategischen Konzepten, sondern berücksichtigen im Idealfall auch interne Kriterien, die Interessen und Lösungsansätze der lokalen Kinder-, Jugend- und Sozialarbeit und die Aktivitäten der bedeutendsten Wettbewerber, die auch in den Kita-Bereich drängen können. Schließlich sollen alle Ideen im Einverständnis mit den verschiedenen Instanzen und Entscheidern umgesetzt werden und gute, pädagogisch-soziale Arbeit nicht behindert werden, es sollen keine ungewollten Konkurrenzen entstehen oder die Projektideen sich hinterher nicht mit denen des konkurrierenden Unternehmens allzu sehr ähneln (*Hermanns* 1997, S. 136 f.). Sponsoring-Grundsätze für den Kita-Bereich könnten etwa sein, dass nur Projekte unterstützt werden,

- die an das Unternehmen herangetragen werden (es wird keine Eigeninitiative des Unternehmens angestrebt, sondern nachfrageorientiert unterstützt),
- die von Kitas in kirchlicher Trägerschaft durchgeführt werden (hier wird ein besonderer Handlungsbedarf gesehen oder die vermittelten Konzepte und Werte werden als besonders wichtig erachtet und sollen unterstützt werden),
- die vorrangig den Kindern selbst zugute kommen (also nicht den MitarbeiterInnen der Einrichtungen oder Dritten),
- bei denen das Unternehmen als Hauptsponsor mit Geld- und/oder Sachmitteln auftreten kann und Branchen-Exklusivität gewährleistet ist,
- die maximal zwei Jahre laufen und die Kundengewinnung und -pflege im lokalen Umfeld des Unternehmens fördern,

oder Projekte,

- von Kitas in sozialen Brennpunkten (weil hier der Handlungsbedarf am größten erscheint),
- die weder gefährlich sind noch sittliche, religiöse oder ethische Gefühle verletzen,
- die den Kindern der Einrichtungen einen pädagogischen Mehrwert im Sinne der jüngsten Bildungsforschung bieten; es wird die Zusammenarbeit mit entsprechenden Fachverlagen und, wenn möglich, die wissenschaftliche Begleitforschung angestrebt,
- bei denen das Unternehmen bundesweit Werbe- und PR-Maßnahmen für einen stärkeren positiven Effekt extern (Kunden und Öffentlichkeit) und intern (MitarbeiterInnen und Angehörige) anknüpfen kann,

oder nur Projekte, die einmalig durchgeführt oder schon angefangen wurden, weiterentwickelt und ausgebaut werden … oder bei denen bereichsübergreifend möglichst viele UnternehmensmitarbeiterInnen aktiv werden sollen, um durch die gemeinsame Arbeit an einem gemeinwohlorientierten Projekt Teamgeist und Identifikation mit dem Unternehmen zu fördern, zu motivieren oder auch weitere Kompetenzen zu entwickeln.

Wenn diese Entscheidungen gefallen sind, kann die eigentliche Planung beginnen.

4.2 Was ist die richtige Kita und wen bzw. wie spreche ich sie an?

Wenn Unternehmen als Sponsoringpartner angesprochen werden oder selbst aktiv werden wollen, dann stellen sich zwei Fragen: Erstens, passt die Zusammenarbeit zwischen dem Unternehmen und der Kita grundsätzlich, d.h.

vom Produkt oder Dienstleistung, und zweitens, ist die ansprechende oder angesprochene Einrichtung der richtige Partner. Unmittelbar passt die Zusammenarbeit, wenn Kleinkinder oder deren Eltern die Zielgruppe der unternehmenseigenen Leistungen in Form von Spielzeug oder Kindermöbeln sind – Alkohol- oder Tabakproduzenten scheinen hier also eher weniger geeignet zu sein und werden auch von Kitas nicht als Partner gesehen. Hersteller von alkoholfreien Erfrischungsgetränken und Spielwaren sowie Banken und Sparkassen rangieren in Umfragen zu passenden Unternehmenspartnern für Kitas klar vor Lebensmittel- und Bekleidungsherstellern, Sportausrüstern, Unternehmen der Informations- und Kommunikationstechnologiebranche, Verlagen, Energieversorgern, Autoherstellern, Baumärkten oder Versicherungen etc. (*Ipsos* 2001, S. 11 ff.).Wenn sich ein Unternehmen glaubwürdig als besonders sozial präsentieren will, dann sollte es vielleicht nicht unbedingt eine Kita im Nobelstadtteil unterstützen bzw. ein Hersteller für Designermöbel passt kaum zum sozialen Brennpunkt, ein Fast-Food-Produzent in der ökologisch ausgerichteten Kita. Je nach Leitbild der Kita und ihres Trägers, über das sich ein Unternehmen informieren sollte, können auch von diesen einige Branchen(vertreter) direkt ausgeschlossen werden.

Aufgrund der begrenzten Reichweite kommen Kitas in der Regel vor allem für Unternehmen in Betracht, die sich lokal oder regional vermarkten wollen, auch wenn es überregionale bzw. bundesweite Aktionen großer Konzerne geben kann, die z.B. von Wettbewerben im Kita-Bereich, gezielten Ansprachen von Trägerverbänden oder Forschungsprojekten ausgehen können. Manchmal bieten sich auch gerade über die eigenen MitarbeiterInnen mit Kindern im Vorschulalter Gelegenheiten, Kita-Sponsor zu werden, was für kleine und große Firmen ein erster Ansatz sein kann (*Cleuvers/Dohmen* 2005, S. 36).

Auch die Leistungen und Spielräume, mit denen sich ein Unternehmen einbringen kann und will, spielen bei der Wahl des Sponsoringnehmers eine Rolle: Grundsätzlich gibt es hier ein recht breites Spektrum, wobei es eben nicht nur um Geldleistungen von Seiten des Unternehmens geht. Häufig können auch Sachleistungen erbracht werden, wenn beispielsweise die Renovierung der sanitären Anlagen ansteht, die Kita neues und zeitgemäßes Spielzeug braucht, die Wände gestrichen werden müssen oder Schreinerleistungen hilfreich sind.

Die Ansprache hängt nun grundsätzlich davon ob, ob das Unternehmen die Initiative ergreift oder die Kita. Die unterschiedliche Struktur der Einrichtungen erfordert unterschiedliche Konzepte, die nicht in allen Varianten skizziert werden können. Die Kita-Leitung kann die genauen Ansprechpersonen nennen; sie selbst wird in vielen Fällen – zumindest am Anfang – nicht befugt sein, entsprechende Vereinbarungen zu treffen. In der Regel dürfte aber z. B.

die Fachabteilung im Jugendamt, der Pfarrer oder Priester bei kirchlichen Einrichtungen, die Geschäftsleitung der Kita GmbH oder gGmbH die richtige Person sein.

Trotz aller Notwendigkeit der Unterstützung bestehen aber manchmal Vorbehalte. Der Träger hat z. B. sicherlich kein Interesse daran, das eventuelle Missstände öffentlich werden, während die ErzieherInnen und Eltern an deren Beseitigung ein natürliches Interesse haben. Ängste vor einer zu starken pädagogischen Einflussnahme können ebenso ein Thema sein. Insofern kann auch ein vertrauliches Gespräch mit der Einrichtungsleitung oder mit Eltern, wenn man sie zufällig kennt, helfen. Auf jeden Fall sollte man die Probleme und Grenzen des anderen akzeptieren und seine Aktivitäten als Unternehmen einvernehmlich planen.

4.3 Wie kann ich kommunizieren?

Kitas bzw. Trägerverbände und Unternehmen sollten am besten von Anfang an, spätestens aber bei der Umsetzung ihrer Vereinbarungen lernen, miteinander umzugehen und im offenen, klaren und konstruktiven Gespräch zu bleiben. Die Beziehung zwischen den Sponsoringpartnern soll und muss langfristig tragen, wenn die Ziele glaubwürdig erreicht, die gegenseitige Identifikation funktionieren und keiner sich „verbiegen" soll (*Lang* 2000, S. 4). Entgegen manchen Befürchtungen und vielleicht negativer Einzelbeispiele können mit Fingerspitzengefühl und Wohlwollen angesichts der gemeinsamen Ziele sowohl Kita-Leitungen und Träger als auch Unternehmen Grundsätze, Ziele und Grenzen eines Engagements der jeweils anderen Institution nachvollziehen, wie erfolgreiche Beispiele zeigen. Soziale Einrichtungen gelten als zuverlässig, flexibel und serviceorientiert (*Pilot checkpoint* 2005, S. 26). Voraussetzung ist aber unbedingt eine enge und frühzeitige Abstimmung über die beabsichtigte Öffentlichkeitsarbeit und deren Form und Inhalt, damit es nicht im Nachhinein zu Missstimmungen auf einer oder gar beiden Seiten kommt.

Soziales Engagement im Kita-Bereich bietet den Unternehmen exzellente Gelegenheiten zum Knüpfen wichtiger Kontakte, zum Nutzen des Networking für alle Belange des Engagements und gleichzeitig des wohltätigen Unternehmens. Transparenz nach innen und außen, d.h. im Rahmen von Pressearbeit, Geschäftsbericht oder der Mitarbeiter-Zeitung sorgen für das Erreichen der Ziele, vermitteln die gute Idee der Sache und helfen allen Interessensgruppen und Beteiligten, das Sponsoring-Projekt einzuordnen und zu würdigen. Ein wesentlicher Teil der Sponsoringaktivitäten von Unternehmen besteht schließlich im kommunikativen Nutzen des Unternehmens, also in der öffentlichkeitswirksamen Präsentation des Engagements. Je nach Art und Inhalt der Kooperation bzw. des Partners auf Kita-Seite können dabei aber verschiedene Probleme auftreten, die berücksichtigt werden wollen.

Über das Engagement sollte auf jeden Fall erst extern kommuniziert werden, wenn alle Partner, Ziele und wenigstens auch erste Maßnahmen festgelegt sind. Allerdings kann es – nur in einvernehmlicher Absprache – für Medien sowie Kitas und Unternehmen, die selbst über diese Kooperationsform nachdenken, interessant sein, den gesamten Sponsoring-Prozess, die gemeinsame Zusammenarbeit von Anfang an darzustellen.

Die erste Schwierigkeit kann sich jedoch ergeben, wenn der Träger kein Interesse an („wahrheitsgetreuer“) Öffentlichkeitsarbeit hat, wenn also z. B. publik würde, dass die Reparatur der Sanitäranlagen notwendig war, weil der Träger sich Jahre lang nicht darum gekümmert hat. Umgekehrt wären die Unternehmen wohl auch nicht begeistert, wenn sie in der gleichen Lage wären, also ihre Schwachstellen einer breiten Öffentlichkeit bekannt werden. Hier sollte man ebenso kreativ nach Lösungsmöglichkeiten suchen, die die Leistung des Sponsoringgebers hervorheben, die Kita und den Träger ggf. jedoch nicht kompromittieren.

Auch hinsichtlich der Professionalität sollte das Unternehmen keine Wunderdinge vom Träger oder von der Kita in Sachen Öffentlichkeitsarbeit erwarten, auch wenn es durchaus auf die Einhaltung der vereinbarten Leistungen achten soll. Hilfestellung ist hier angesagt, sofern man es nicht mit einem der großen Träger zu tun hat, der möglicherweise über eigene Presse- und Öffentlichkeitsreferenten verfügt, wie bei Caritas, Bistum, Kita (g)GmbHs oder Wohlfahrtsverbänden, denn die Arbeit mit Medien ist vielen Kita-Leitungen oder Trägern kaum vertraut. Auch bei erfahreneren MitarbeiterInnen können hier – trotz der ggf. vorhandenen Professionalität – größere Unterschiede zwischen den Erwartungen und Vorstellungen der Unternehmen und der Sponsoringnehmer bestehen. Es sollte daher die Bereitschaft bestehen, dies notfalls teilweise selbst zu übernehmen bzw. vorzubereiten und den Partner dabei mitzunehmen, damit es beim nächsten Mal noch besser geht.

5. Was sollte wann und wie geplant werden?

Soziales Engagement ist vielfältig. Es sollte Teil der Unternehmensstrategie und mit anderen Marketing- und Kommunikationsmaßnahmen verknüpft werden, um den optimalen Nutzen zu erzielen. Langfristiges Engagement ist dabei wesentlich effizienter und effektiver als vereinzelte Sponsoringaktionen wie auch die exakte thematische Anpassung an das Unternehmen, bei dem bestenfalls nicht nur Finanz- oder Sachmittel bereit gestellt werden, sondern auch Know-how vermittelt werden kann, was dem kommunikativen und ökonomischen Erfolg der ganzen Sache dient (*betapharm* 2005; *Lang/Kromminga* 2003, S. 5). Wenn ein Computerunternehmen nicht nur Geld oder Geräte für die Computer-Ausstattung in der Kita bereitstellt, sondern auch Service-Patenschaften übernimmt, eigene Schulungen für die ErzieherInnen anbietet oder mit diesen spezielle Lernmaterialien für Kinder entwickelt, werden andere Wirkungen erzielt. Dementsprechend sollte auch geplant werden und zwar immer, d.h. unabhängig davon, wie viel ich als Sponsor einbringen möchte, ob ich angesprochen oder selbst aktiv werde. Nur so kann ein Unternehmen einen korrekten Sponsoring-Vertrag schließen oder die Ziele und vereinbarten Maßnahmen zumindest in kurzen Protokollen festhalten (*Lang* 2000, S. 7). Nur so können die Partner Misstrauen vermeiden und leicht kontrollieren, ob die Vereinbarungen beiderseits zeit- und sachgereicht erfüllt und die eigenen gesetzten Ziele erreicht werden.

Die Sponsoring-Planung umfasst strategische und darauf aufbauende operative Entscheidungen, die in einer Konzeption dargelegt werden. Bei der strategischen Planung ist zunächst zu klären, ob z. B. das Image des Unternehmens oder die Bekanntheit eines Produktes gesteigert werden soll, d.h. was das kommunikative Zielobjekt ist. Dabei stellt sich automatisch die Frage, welche (externen und internen) Zielgruppen hier im Vordergrund stehen bzw. welche Priorität haben. Steht das glaubwürdige Unternehmensbild bei den eigenen MitarbeiterInnen im Zentrum der Aktivitäten, werden andere Sponsoring-Maßnahmen sinnvoll sein als bei der Neukundengewinnung für eine bestimmte Marke. Aus der Frage nach diesen konkreten langfristigen ökonomischen und kommunikativen bzw. psychologischen Zielen hinsichtlich der Zielgruppe resultiert die Festlegung der Sponsoring-Strategie. Sie definiert die Sponsoringarten und -bereiche sowie den finanziellen wie räumlichen Rahmen. Die Wirkungskurve von Aktivitäten sollte gerade bei aufwändigen Großprojekten bedacht werden: Länger andauernde Projekte sollten in der Regel maximal über vier Jahre laufen, um optimale Kommunikationseffekte zu erzielen: Nach dem ersten Jahr als Anlaufzeit zeigt das zweite Jahr meist den höchsten Wirkungsgrad, bevor durch den nachlassenden Neuigkeitswert die Effekte schwinden (*Haibach* 1998, S. 202).

Eine strategische Planung legt also z. B. fest, dass der Gärtnereigroßbetrieb als Unternehmen mit dem Ziel der Imagepflege die Kitas im gesamten Stadtgebiet bei der Neugestaltung der Außenanlagen unterstützt und dafür über zwei Jahre die Summe x zur Verfügung gestellt wird. Zielgruppen sind insbesondere die vorhandenen Kunden, die an das Unternehmen gebunden werden sollen, neue Kunden einerseits unter den jungen Eltern, andererseits in der breiten Öffentlichkeit, die über entsprechende PR-Maßnahmen erreicht werden sollen. Darüber hinaus soll durch das soziale Engagement an sich und durch die gemeinsame Ausführung der gärtnerischen Arbeiten zum Wohl der Kinder die Identifikation der eigenen MitarbeiterInnen mit dem Unternehmen gestärkt, ihre Motivation und Zusammenarbeit verbessert werden.

Auf der Grundlage dieser strategischen Überlegungen müssen dann die konkreten Maßnahmen ausgewählt und in einem Konzept für einen überschaubaren Zeitraum festgehalten werden. Hierbei gilt es, die operativen Sponsoring-Ziele (Bekanntheitsgrad, Image, Kontaktpflege, Motivation, Demonstration der unternehmerischen Leistung) nach Inhalt, Ausmaß und zeitlichem Bezug festzulegen (*Hermanns* 1997, S. 153 f.). Kurz: die zentralen Maßnahmen werden mit der gewünschten Zielerreichung, nach Art, Umfang und zeitlicher Einordnung festgelegt und dabei mit anderen Kommunikationskonzepten abgestimmt. Diese Angaben ermöglichen nicht nur die Budgetierung des Engagements, die in der Regel zeigt, dass klassische Werbung für Unternehmen häufig mit höheren Kosten verbunden ist als Sponsoring, das allerdings oft nachhaltiger wahrgenommen wird und weniger aufdringlich ist. Sie erleichtern ggf. die Klärung steuerrechtlicher oder wettbewerbsrechtlicher Fragen, exakte Kosten- und Personalplanungen, denn jetzt erfolgt auch die Feinauswahl der Sponsoringprojekte und Einzelmaßnahmen, der präzise Abschluss von Verträgen und die kommunikative Nutzung der Aktivitäten durch zielführende Maßnahmen.

Bei Sponsoring-Maßnahmen spielen Kreativität und Exklusivität generell eine sehr wichtige Rolle. Eine längerfristige, sinnvolle Vernetzung mit anderen Kommunikationsmaßnahmen kann ebenso die Effektivität des Engagements erhöhen. Neben der fachlichen Kompetenz sollte das Unternehmen auch bereit sein, aus dem Engagement resultierende Ansprüche und Pflichten dauerhaft zu erfüllen, um seine Glaubwürdigkeit zu erhalten. Vergessen werden darf auf keinen Fall, mit wem das Unternehmen es als Partner zu tun hat: einer Kita bzw. dem Träger oder Dachverband von Kitas. In der gemeinsamen Überlegung und Absprache von Aktivitäten, einer gleichberechtigten, professionellen Zusammenarbeit, die die Eigenheiten, Bedarfe, Ansprüche und Grenzen des Gegenübers berücksichtigt, liegt die Kunst und der Schlüssel zum Erfolg jedes Kita-Sponsoring-Projekts.

6. Wie funktioniert die Umsetzung?

Die nun folgende Phase der Durchführung der sorgfältig ausgearbeiteten Konzepte und Detailplanungen bestimmt den Erfolg des Engagements im Sinne der Zielerreichung. D.h. die Realisierung aller Pläne muss mit der gleichen Professionalität erfolgen wie das Kerngeschäft des Unternehmens, denn hier entscheidet sich, ob es mittels seiner Aktivitäten seine Ziele auf der ganzen

Linie erreicht. Gerade mit Blick auf die Kitas als zunächst noch wenig bekannte Sponsoringpartner, deren Professionalität oft wegen anderer, aber durchaus zielführender Vorgehensweisen von Unternehmen nicht immer eingeschätzt werden kann, ist ein gutes Projektmanagement und der intensive Austausch mit der Kita wichtig. Die verschiedenen Erwartungshaltungen und Erfahrungen, Details in der Planung und Abwicklung sind zu kennen. Dann können auch eventuelle Risiken oder Fehlentwicklungen frühzeitig erkannt und einwandfrei bewältigt werden. Für die Sponsoren sind in dieser Phase die Koordination und ein systematisches, detailgenaues Projektmanagement die zentralen Aufgaben. Um dies zu gewährleisten, sollte im Unternehmen eine Person als verantwortlicher Sponsoringmanager festgelegt werden, sofern, wie in größeren Unternehmen üblich, nicht organisatorische Einheiten dafür existieren.

Bei fehlenden Sponsoring-Erfahrungen kann sich für ein Unternehmen – je nach Größe und Engagement – auch die Einbindung von auf Kitas oder zumindest soziale oder Bildungseinrichtungen spezialisierte Sponsoring-Agenturen lohnen, die die nötigen Kenntnisse mitbringen und die qualitativ hochwertige Umsetzung gewährleisten. Bereits jetzt nehmen Unternehmen aller Art zu knapp 50 % Dienstleister für die Realisierung von Sponsoring-Vorhaben in Anspruch (*Hermanns* 2004, S. 19). 64 % der Teilnehmer an der Studie von *Pilot checkpoint* (*Pilot Checkpoint* 2005, S. 25) sind sogar der Ansicht, dass gerade Sponsoring im öffentlichen Raum professionelle Vermarkter analog dem Sportsponsoring brauche.

7. Werden die Ziele zeit- und sachgerecht erreicht?

Im Rahmen des Projektmanagements sollte jedes Unternehmen die eigene Konzeption wiederholt überprüfen, ggf. anpassen, den korrekten Prozessverlauf kontrollieren und steuern. Meilensteine, in denen vorher Art und Umfang sowie Zeitpunkte festgelegt werden, bieten eine gute Orientierung, ob alles so wie erwartet geschieht, das Budget und Teilziele eingehalten werden. An den verschiedenen Bezugspunkten ansetzende Audits können Probleme und Mängel bei der Zielerreichung vermeiden helfen und empfehlen sich vor allem auch für den eigenen Überblick, wenn externe Dienstleister in das Management eingebunden werden.

Den Abschluss eines Sponsorships bildet die Erfolgskontrolle, die aus Effizienz- und Effektivitätsgründen systematisch erfolgen sollte. Befragungen, z. B. im direkten Umfeld der Kita, bei den eigenen MitarbeiterInnen oder Kunden, Umsatz- und Erfolgskontrollen wie die Überprüfung, welche Neukunden in welchem Zeitraum gewonnen werden konnten, sind die gebräuchlichsten Methoden (*Hermanns* 2004, S. 30). D.h. auch, dass nicht erst nach Projektende ausschließlich die kommunikativen Wirkungen im Ergebnis dokumentiert werden können und sollten, sondern verschiedene Instrumente zur Verfügung stehen. Die Zeitungsartikel, die über das Kita-Sponsoring berichten, sagen dem Unternehmen nur begrenzt etwas über die Veränderungen im Image und helfen auch bei der Gestaltung von neuen oder nachfolgenden Projekten nur wenig.

Pretests, die Hinweise zur zielgruppengerechten Sponsoring-Gestaltung geben können, Soll-Ist-Vergleiche oder so genannte Tracking-Studien, die vor, während und nach Sponsoringprojekten durchgeführt werden, um die Effekte der Maßnahmen zu kontrollieren, sind geeignete Methoden und sind vor allem bei groß angelegten Sponsoring-Aktionen wichtig. Auch hier können Fachleute zur Evaluierung hinzugezogen werden.

Ein wesentlicher Punkt ist für Unternehmen auch die Überprüfung der Wirtschaftlichkeit der ergriffenen Sponsoringmaßnahmen, durch eine Kosten-Nutzen-Analyse. Eine exakte Effizienzaussage ist jedoch gerade dann schwierig, wenn kommunikative bzw. psychologische Wirkungsgrößen monetären Angaben gegenübergestellt werden sollen. Mögliche Ansätze sind daher die Überprüfung des Zielerreichungsgrads hinsichtlich der vorgegebenen Planung und des Budgets oder die vergleichende Betrachtung mit anderen Instrumenten der Marketing-Kommunikation. Als vergleichender Indikator kann der Tausender-Kontakt-Preis herangezogen werden, bei dem einem Sponsoring- und einem Werbekontakt die gleichen Wirkungschancen zugeschrieben werden. Je geringer dann der Preis ist, desto wirtschaftlicher ist das Instrument (*Hermanns* 1997, S. 188).

A propos: Ist ein Sponsoring-Projekt zur Zufriedenheit verlaufen und alle Ziele erreicht worden, dann gefällt es beiden Seiten, Sponsoren und Gesponserten, sich für die gute Zusammenarbeit zu bedanken und den weiteren Kontakt zu pflegen.

Literatur

Bannenberg, T. (2002): basiswissen kita: Social Sponsoring & Fundraising, Sonderheft der Zeitschrift „kindergarten heute – Zeitschrift für Erziehung“, Freiburg 2002

Betapharm (2005): 10 goldene Regeln des Unternehmens betapharm zu Corporate Citizenship, URL: http://www.upj-online.de/index/81027, [Stand: 27.8.2005]

Bortoluzzi Dubach, E./Frey, H. (2000): Sponsoring. Der Leitfaden für die Praxis, Bern u.a. 2000

Cleuvers, B. A./Dohmen, D. (2005): ...mit freundlicher Unterstützung von ..., Sponsoring und Fundraising von Kindertageseinrichtungen, in: Kitamanagement konkret, hrsg. von Dieter Dohmen, Kronach 2005

Haibach, M. (1999): Betteln will gelernt sein, in: Welt des Kindes, Nr. 4/1999, S. 13-16

Haibach, M. (1998): Handbuch Fundraising. Spenden, Sponsoring, Stiftungen in der Praxis, Frankfurt 1998

Hermanns, A. (2004): Sponsoring Trends 2004, hrsg. von Bob Bomliz Group, Berlin u.a. 2004

Hermanns, A. (1997): Sponsoring, Grundlagen, Wirkungen, Management, Perspektiven, 2., völlig überarb. u. erw. Aufl., München 1997

Ipsos Deutschland (2001), Kindergarten-Sponsoring 2001, hrsg. von new business, Hamburg 2001

Keck, W. (2003): Unternehmen als Corporate Citizens, Bayreuth 2003

Krenz, A. (1997): Handbuch Öffentlichkeitsarbeit, Professionelle Selbstdarstellung für Kindergarten, Kindertagesstätte und Hort, Freiburg 1997

Lang, R./Kromminga, P. (2003): Praktische Erfahrungen mit der Förderung des Engagements von Unternehmen im Gemeinwesen, Arbeitspapier der Bundesinitiative „Unternehmen: Partner der Jugend (UPJ)“, Hamburg 2003

Lang, R. (2000): Ein Freund, ein guter Freund ..., Aspekte der Beziehung zwischen sozialen Organisationen und Unternehmen in Kooperationsprojekten, Beitrag zur Dokumentation der UPJ-Tagung am 25. April in Weimar, Hamburg 2000

Merz, C. (2005): Erzieherin in Deutschland, Zwischen Kind und Bildungsplänen, Die wichtigsten Ergebnisse der Umfrage von kindergarten heute 2004/2005, in: kindergarten heute, Nr. 3/2005, S. 6-19

Pilot checkpoint GmbH (Hrsg.) (2005): Sponsor Visions 2005, Stellenwert und Trends im Sponsoring-Markt, Hamburg 2005

Zeller, C. (2001): Sozial-Sponsoring, Gewinnbringende Zusammenarbeit zwischen Kitas und Unternehmen, in: *Jansen, F.* (Hrsg.): Kindertageseinrichtungen konkret – Strategien für Ihren Erfolg, München 2001

Zeller, C. (2000): Wie finanzieren wir ein Projekt? Erfahrungen mit Sozial-Sponsoring, in: Kindergarten heute, Nr. 4/2000, S. 26-28

Das Management eines Schulsponsorship durch Einschaltung einer Sponsoringagentur

Brigitte Schünemann
GFS Europe EWIV

1. Einleitung: Früher Spende – heute Sponsoring
2. Professionelles Management des Schulsponsoring mit Hilfe einer Sponsoringagentur
3. Möglichkeiten des Bildungssponsoring an Schulen
   3.1 Einzel-Bildungssponsoring
   3.2 Gemeinschafts-Bildungssponsoring
4. Die vertraglichen Inhalte
   4.1 Das Schulrecht
   4.2 Rechtliche Aspekte für den Sponsor
   4.3 Der Sponsoringvertrag
5. Nach Vertragsablauf
6. Ausblick

1. Früher Spende – heute Sponsoring

Bisher wandten sich viele Bildungseinrichtungen an Firmen und Gewerbetreibende um Hilfe für eine Spende. Bauliche Erneuerungen oder finanzielle Zuwendungen für Veranstaltungen standen dabei im Vordergrund. Vielfältig wurden Förderkreise eingerichtet, um durch die Mitglieder einen Teil der schulischen Bedarfe zu decken. Der soziale Aspekt dieser Hilfszuwendungen stand im Vordergrund, wiewohl natürlich auch hier mit einer öffentlichen Würdigung gerechnet wurde, welche rein rechtlich nicht notwendig ist.

Sponsoring ist auf dem Bildungssektor im Zuge der fehlenden finanziellen Mittel jedoch immer mehr ins Blickfeld von Schulen geraten, die sich nach außen öffnen und entsprechend den vorgegebenen Rahmenbedingungen (Schulrecht) diese Art der Unterstützung in Anspruch nehmen wollen. Sponsoring bedingt andere Vorgaben als die bisher zelebrierte Form von „Spendensammeln". Rein organisatorisch und kommunikativ und auch bezüglich der Erwartung des Sponsors müssen alle Abläufe durch ein gutes Management aufeinander abgestimmt werden, damit alle Seiten zufrieden sind.

Immer mehr Unternehmen investieren in Bildungssponsoring. Die Möglichkeiten sind vielfältig, gewinnen vor allen Dingen immer mehr für mittelständische Betriebe und Kleinunternehmen an Bedeutung. Die teilweise vorherrschende Zurückhaltung von professionellem Engagement an Bildungseinrichtungen wird durch einen Mittler (z.B. Agentur) überwunden.

2. Professionelles Management des Schulsponsoring mit Hilfe einer Sponsoringagentur

Zunächst muss man sich die Frage stellen, wie Bildungssponsoring bisher stattfand: Eine Bildungseinrichtung, z.B. ein Gymnasium, sieht die Notwendigkeit, sich nach Geldgebern umzusehen, um die technologischen medialen Einrichtungen auf dem neuesten Stand zu halten bzw. auf den neuesten Stand zu bekommen. Dieses Gymnasium wendet sich nun an finanzstarke Unternehmen, um diese als Sponsoren zu gewinnen. Sind die angebotenen imagefördernden Angebote interessant genug und erweist sich das Gymnasium als ideenreich und kommunikativ, wird es nach einigen Verhandlungen seinen Sponsor finden.

Beide Vertragspartner arbeiten eng zusammen. Der Sponsor gewährt die vereinbarten Mittel – entweder in Form einer Geldleistung oder als Sachmittel; das Gymnasium führt alle, wie mit dem Sponsor abgesprochen, imagefördernden Leistungen durch. Beide haben ihr Ziel erreicht. Das Gymnasium verfügt über die notwendigen Einrichtungen, der Sponsor erfährt dadurch die gewünschte Aufmerksamkeit in der Öffentlichkeit.

Der Alltag des Bildungssponsoring allerdings sieht anders aus. Denn viele Bildungseinrichtungen verwechseln auch heute noch Spenden mit Sponsoring und das birgt die Gefahr mit sich, dass die Erwartungen des Sponsors nicht oder nur teilweise ernst genommen werden. Sponsoren erwarten jedoch einen professionellen Umgang. Bildungseinrichtungen und -träger müssen Ideen einbringen und umsetzen, marktorientiert denken und handeln und über den eigenen Tellerrand schauen. Sponsoren erwarten Service, Transparenz und Flexibilität. Handelt es sich um Geldleistungen, so erwartet der Sponsor zudem, dass diese Mittel sinnvoll verwendet werden und zwar nachvollziehbar für ein bestimmtes Projekt oder Vorhaben.

Bildungssponsoring bedeutet, dass der Sponsor Mittel zur Imagepflege- oder Verbesserung für sich und sein/e Produkt/e zur Verfügung stellt. Dabei investiert der Sponsor in Kooperation mit dem Bildungsträger auch in den Bereich der Ausbildung und der Weiterbildung, und zwar im Rahmen der schulrechtlichen Vorgaben.

Das **Einschalten eines Mittlers**, d.h. einer Sponsoringagentur oder -gesellschaft, bietet sich dann an, wenn

- Unternehmen sicher sein wollen, dass die gesamte Abwicklung professionell durchgeführt wird und
- Schulen sicher gehen wollen, den Anforderungen des Sponsors/der Sponsoren gerecht zu werden.

Zu den **Managementaufgaben eines Mittlers** gehört:

- Den richtigen Sponsor bzw. die richtigen Sponsoren für die Bildungseinrichtung (Schule) zu finden bzw.
- die richtige Bildungseinrichtung (eine oder mehrere Schulen) für den Sponsor zu finden,
- die vertraglichen Inhalte des Sponsorings mit beiden Seiten abzusprechen (auch unter Berücksichtigung der rechtlich relevanten Vorgaben) und

den Ablauf mit beiden Seiten kommunikativ und professionell durchzuführen (vgl. Abbildung 1).

Damit übernimmt die Sponsoringagentur die Aufgabe eines Mittlers und gewährleistet somit eine kontinuierliche Kommunikation und marketingorientierte Abwicklung für beide Seiten. **Aus Sicht der Sponsoringagentur** bieten sich in der Regel **zwei Möglichkeiten** an:

1. Sie wird von einer Schule gebeten, einen oder mehrere Sponsor/en zu suchen.
2. Sie wird von einem Unternehmen, das als Sponsor wirken möchte, beauftragt, eine Schule zu suchen.

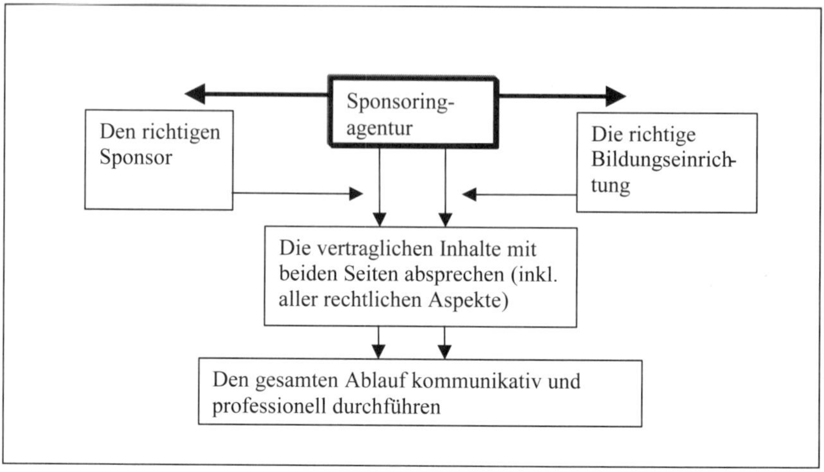

Abbildung 1: Managementaufgaben eines Mittlers bzw. einer Sponsoringagentur

In der Regel wird die Sponsoringagentur sowohl von Schulen als auch von sponsorinteressierten Firmen oder Gewerbetreibenden angesprochen. Sie sitzt von Anfang an mit den Beteiligten an einem Tisch und ist Kommunikationspartner sowohl für den Sponsor bzw. die Sponsoren als auch für die Bildungseinrichtung/en. Über die Agentur laufen alle Fäden zusammen. Das verlangt eine hohe Bereitschaft zur Kommunikation und Information und des Controlling mit allen Beteiligten.

Es ist nicht damit getan, den Sponsor und die Bildungseinrichtung zu den vertraglich vereinbarten Leistungen aufzufordern. Letztendlich ist die Agentur aufgefordert, die teilweise komplexen Abläufe während des gesamten Sponsoring zu beobachten, Hilfestellungen zu geben und Widrigkeiten aus dem Weg zu räumen. Die Sponsoringagentur stellt sicher, dass der Schule stets bewusst ist, dass kein Sponsor selbstverständlich Gegenleistungen – in Form wegweisender und/oder innovativer Schulentwicklung – zu erbringen hat und sie folglich nicht nur passiver Empfänger, sondern aktiver Partizipant zu sein hat. Das gegenseitige Geben und Nehmen wird von der Sponsoringagentur beachtet, damit der Sponsor nach seiner Leistung nicht irritiert ist, weil die Bildungseinrichtung den einen oder anderen Punkt der Imagewerbung für ihn übersehen hat. Denn für den Sponsor sind folgende Punkte wichtig:

- Eine nachhaltige Imageförderung der Marke, des Namens bzw. des Produktes,
- eine Zielgruppenansprache und damit eine breit gefächerte Kundenansprache (Bestands- oder Neukunden),
- der Imagegewinn durch das soziale Engagement,

- höhere Zufriedenheit der eigenen Mitarbeiter,
- Wertsteigerung gegenüber den Businesskunden (Investitionsgüter) und auch Lieferanten sowie
- Anerkennung im regionalen Umfeld.

3. Möglichkeiten des Bildungssponsoring an Schulen

3.1 Einzel-Bildungssponsoring

Eine Firma will durch Bildungssponsoring sein Image verbessern oder erweitern. Es wendet sich an die Sponsoringagentur und trägt seine Ideen vor. Diese Ideen werden von der Sponsoringagentur mit den vorhandenen Bewerbungen von Schulen abgeglichen. Wird eine geeignete Schule selektiert, werden beide Seiten, sowohl die Firma als auch die Schule darüber informiert. Mit beiden Seiten wird bei Übereinstimmung zeitgleich verhandelt.

Einzelsponsoring kann aber auch in umgekehrter Form vorgenommen werden: eine Bildungseinrichtung sucht für ein Vorhaben bzw. Projekt einen Sponsor. Die Sponsoringagentur wird entsprechend selektierte Unternehmen ansprechen und versuchen, den von der Schule vorgetragenen Wunsch in ein Sponsoringvorhaben umzusetzen. Auch hier erfolgt bei Übereinstimmung eine zeitgleiche Verhandlung.

3.2 Gemeinschafts-Bildungssponsoring

Viele Schulen, wie bereits erwähnt, verfügen noch nicht über das notwendige Know-How, um durch Bildungssponsoring an geeignete Mittel zur Verbesserung der schulischen Leistungen zu kommen. Dies sind vor allen Dingen Schulen in ländlichen Regionen oder in sozial schwächeren Regionen sowie Bildungseinrichtungen der ersten oder zweiten Bildungsstufe (Grund- und Hauptschulen, Real-, Werksreal- oder Mittelschulen, Förderschulen etc.).

Hier bieten sich vor allen Dingen für regional ansässige Unternehmen und Gewerbetreibende eine Vielzahl von Sponsorentätigkeiten, die direkt in deren bzw. im Umfeld der Schulen wirken, d.h., auch viele kleine oder mittelständische Betriebe und freiberuflich Tätige können in einem Gemeinschafts-Bildungssponsoring für eine oder mehrere Schulen wirken und gewinnen dadurch für ihre Region einen beträchtlichen Imagegewinn.

Gerade hier wirkt eine Sponsoringagentur in mehrfacher Hinsicht als Mittler zwischen einer Schule und einer Gruppe von möglichen Sponsoren. Dadurch wird auch die Schwellenangst sowohl von Gewerbetreibenden als auch von Schulen überwunden. Die Bildungseinrichtungen treten nicht als Bittsteller auf und die Sponsoren haben eine professionell arbeitende Anlaufstelle, die sicherstellt, dass eine marktorientierte Ausrichtung gewährleistet ist. Auch die Schule hat einen Ansprechpartner: alle relevanten Daten und die gesamte Kommunikation läuft über diese zentrale Einheit, welche auch dafür sorgt, dass die Bildungseinrichtungen dem schulischen Alltag des Lehrens weiterhin nachgehen kann und sicher geführt wird, um alle imagefördernden Vorgaben durchzuführen.

Bei einem Gemeinschafts-Bildungssponsoring sind die besonderen **Vorschriften** des Sponsoring nach Vorgabe des Bundes einzuhalten, die da sind, dass eine Chancengleichheit für alle Gewerbetreibenden in der Region bestehen muss. Diese Vorschrift kann eine Schule rein aus organisatorischen Gründen kaum leisten, denn sie muss gewährleisten, dass **alle** Gewerbetreibenden anzusprechen sind, ob sie an einem Sponsoring in Gemeinschaft teilnehmen wollen oder nicht. Die Sponsoringagentur gewährleistet, dass in kurzer Zeit alle Gewerbetreibenden angesprochen werden und dass die Schule in dieser Zeit keine Lehrer für solch eine Aufgabe fremdbestimmen muss.

4. Die vertraglichen Inhalte

Alle vertraglichen Inhalte müssen in rechtlich wirkender Hinsicht der Sponsoringagentur bekannt sein. Dazu zählt im Bildungssponsoring das Schulrecht und allgemein für den Sponsor das Wirtschaftsrecht (hier Steuer- und Wettbewerbsrecht) (vgl. Abbildung 2).

4.1 Das Schulrecht

Weil gerade im Bildungssponsoring besondere rechtliche Vorgaben gelten, die durch das Schulrecht vorgegeben sind, erweist sich eine **Sponsoringagentur als** notwendiges **Bindeglied**.

Jedes Bundesland verfügt über ein eigenes Schulrecht, in dem mehr oder weniger die Inhalte von Sponsoring festgehalten sind. Außerdem wirkt nicht nur das Schulrecht des Bundeslandes sondern z. T. auch das Stadtrecht, wenn etwa der Träger einer Bildungseinrichtung nicht das Land, sondern eine Stadt ist.

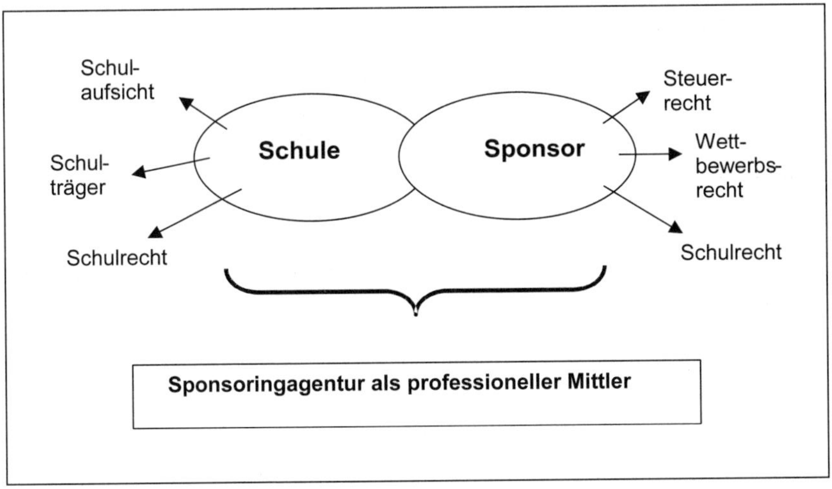

Abbildung 2: Die Sponsoringagentur als Bindeglied zwischen Schule und Sponsor in rechtlichen Fragen

Die Sponsoringagentur muss über die Vorgaben des jeweiligen Schulrechtes verfügen, einen Sponsorenvertrag dementsprechend verhandeln und auch die Bildungseinrichtungen dazu auffordern, die notwendigen rechtlichen Schritte einzuhalten. In diesem Zusammenhang überprüft die Sponsoringagentur das Schulrecht mit den Wünschen des Sponsors und der Schule. Sind rechtliche Eingrenzungen vorhanden, müssen diese schulseitig mit dem Schulträger abgesprochen werden. Außerdem hat die Sponsoringagentur darauf zu achten, dass gemäß Schulrecht der Bildungs- und Erziehungsauftrag der Schule nicht eingeschränkt oder vom Sponsor beeinflusst werden kann.

4.2 Rechtliche Aspekte für den Sponsor

Eine gute Sponsoringagentur verfügt selbstverständlich auch über das notwendige Wissen der steuerrechtlichen und wettbewerbsrechtlichen Belange, die auf den Sponsor zukommen. Dazu gehört die Hilfestellung zum Wissen der betrieblichen Abzugsmöglichkeit sowohl in beratender Funktion gegenüber dem Sponsor als auch seinem Steuerberater oder Wirtschaftsprüfer, um eine Verwechslung von Sponsoring mit Spenden zu vermeiden. Ferner bedarf es einer gewissen Kenntnis des Wettbewerbsrechtes, um das Bildungssponsoring Gruppen zugänglich zu machen, die einem strengeren Wettbewerbsrecht unterworfen sind und damit nur eingeschränkt werblich tätig sein können (z. B. Steuerberater oder Ärzte). Gerade bei Gemeinschafts-Bildungssponsoring tauchen diese Fragen häufig auf.

4.3 Der Sponsorenvertrag

Sind alle rechtlich relevanten Positionen abgestimmt, sollte der Sponsoringvertrag zustande kommen. In der Regel kann die Leitung einer Bildungseinrichtung nach Absprache mit dem Bildungsträger einen solchen Sponsorenvertrag selbständig abschließen. Die Sponsoringagentur wirkt hier ebenfalls als Dienstleister und stellt alle notwendigen Vertragsinhalte bis zur Vertragsreife zusammen.

Um einen reibungslosen Ablauf des Sponsoring (entweder als Einzel- oder als Gemeinschafts-Bildungssponsoring) für alle Seiten zufrieden stellend abwickeln zu können, bedarf es einer genauen Absprache mit folgenden Vorgaben:

- Vertragspartner
- Leistungsinhalt des Sponsoring (was gibt der Sponsor in welcher Form und zu welchem Zeitpunkt)
- Leistungsinhalt der Bildungseinrichtung (welche imagefördernden Maßnahmen wird die Schule für den Sponsor / die Sponsoren in welchem Zeitraum durchführen)
- Wird dem Sponsor die Möglichkeit eingeräumt, über sein Sponsoring in eigenen werbewirksamen Medien zu berichten?
- In genau welchem Zeitrahmen wird das Sponsoring durchgeführt?
- Was geschieht bei vorzeitigem Beenden des Sponsoring?
- Haftungsrichtlinien für den Sponsor
- Haftungsrichtlinien für die Bildungseinrichtung
- Vorgaben für den Sponsorship.

Viele Schulen tasten sich an das Thema Bildungssponsoring heran. Die Sponsoringagentur hilft ihnen dabei, auch die Seite des Marketing zu erkennen und alle möglichen, nach Schulrecht abgestimmten Veröffentlichungen bzw. Werbemaßnahmen anzubieten. Dies können z.B. sein:

- Öffentliche Danksagung in der Lokalpresse
- Öffentliche Danksagung auf der schuleigenen Homepage
- Öffentliche Danksagung in der Schülerzeitung
- Öffentliche Nennung des Sponsors bzw. der Sponsoren bei Veranstaltungen

Auch hier schaltet sich auf Wunsch der Bildungseinrichtung gerne die Sponsoringagentur ein und berät bei der Gestaltung von Texten und Bildwerbung.

5. Nach Vertragsablauf

Bei einem **Einzel-Bildungssponsoring** wird in der Regel die Kommunikation nach Ablauf des Sponsoring zwischen Bildungseinrichtung und Sponsor erhalten bleiben. Nach Vertragsablauf wird die Sponsoringagentur mit beiden Seiten den Ablauf noch einmal durchsprechen. Sie wird auch dafür sorgen, dass der Sponsor einen genauen Überblick über die gesponserten Mittel erhält. Dies ist umso mehr dann wichtig, wenn es sich um Geldmittel handelt. Der Sponsor will und muss wissen, dass alle von ihm geleisteten Mittel zweckgerecht und die von der Bildungseinrichtung zugesagte Veröffentlichung auch nachweislich in seinem Sinne umgesetzt wurden.

Ein abschließendes Protokoll wird von der Agentur in Zusammenarbeit mit dem Sponsor und der Bildungseinrichtung erstellt und ist von allen Parteien zu unterzeichnen.

Bei einem **Gemeinschafts-Bildungssponsoring** gilt das gleiche. Die Sponsoringagentur wird alle Sponsoren über den Mitteleinsatz informieren. Die Bildungseinrichtung selbst erhält ebenfalls eine namentliche Übersicht aller Sponsoren. Ihr ist es dann freigestellt, sich in angemessener Form bei allen zu bedanken. Die hier vereinbarten Veröffentlichungen werden von der Sponsoringagentur verfolgt und den Sponsoren auf Wunsch hin zur Verfügung gestellt. Dies bedingt, dass von Seiten der Bildungseinrichtung der Sponsoringagentur (entweder ohne oder mit Aufforderung) alle imagefördernden Maßnahmen schriftlich zu bestätigen bzw. zu belegen sind.

6. Ausblick

Immer mehr Unternehmen investieren in Bildungssponsoring, das immer mehr auch für kleine und mittelständische Unternehmen sowie freiberuflich Tätige zu einem sehr interessanten Kommunikationsinstrument zur Imageförderung wird. Diese Imageförderung wirkt sich im regionalen Umfeld nicht nur aus auf den eigenen Namen, die eigene Marke oder Dienstleistung sondern auch auf die gesamte Region und deren Bevölkerung.

Der Begriff „Sponsoring“ war bisher in den Köpfen vieler Menschen allein konzentriert auf große Werbemaßnahmen (siehe Fußball-Bundesliga oder Formel 1). Sponsoring wurde verbunden mit immensen Geldsummen, die gerade für kleine Unternehmen in utopischen Regionen abliefen.

Im Gegensatz zu Spenden ist Sponsoring ein Mittel des öffentlichen Auftretens, denn Sponsoring bedingt unabdingbar die Veröffentlichung des Sponsors und seiner Leistung. Ein weiterer Effekt des Sponsoring ist der soziale Aspekt. Gerade im Bildungssponsoring spielt der soziale Hintergrund mit. Die

Förderung von Bildungseinrichtungen wirkt sich auch auf die Leistungsbereitschaft und Lernqualität der Schüler und Schülerinnen aus.

Der Einsatz einer effektiv und effizient arbeitenden Sponsoringagentur gewährleistet sowohl für den Sponsor als auch für die Bildungseinrichtung eine qualitativ hochwertige Abwicklung des Sponsoring. Die Sponsoringagentur muss die hohe Schule des Marketing beherrschen, wobei die vielfältigen Wirkungen des Direktmarketing einfließen. Sie muss beraten, fördern, fordern, schlichten und bis hin zum Vertragsablauf als kooperativer Partner für beide Seiten wirken.

3.3 Die Sicht der Gesponserten

Entwicklung und Umsetzung eines Sponsoring-Konzeptes – die zehn wesentlichen Schritte zum Erfolg

Dr. Christoph Müllerleile
Deutscher Fundraising Verband e.V.

1. Einleitung
2. Erarbeitung eines Profils
3. Feststellung des Bedarfs, der durch Sponsoring gedeckt werden kann
4. Definition von Gegenleistungen
5. Finden von Sponsoren
6. Bewusstseinsbildung innerhalb der zu sponsernden Einrichtung
7. Bewusstseinsbildung beim Sponsor
8. Festlegung der vertraglichen Vereinbarungen
9. Umsetzung des Sponsoring
10. Gemeinsame Evaluierung der Zusammenarbeit
11. Ausbau oder Beschränkung der Beziehungen

1. Einleitung

Die Grundlagen zur Entwicklung und Umsetzung von Sponsoring-Konzepten für Bildungseinrichtungen sind im Wesentlichen gleich: Der Gesponserte bekommt Geld, Sachen und/oder Personal und liefert im Gegenzug dem Sponsor etwas, das ihm wertvoll genug ist, Sponsor zu sein und für gewisse Dauer auch zu bleiben. Dazu ist es wichtig, dass beide Seiten zueinander passen. Zumindest darf das Sponsoring keiner Seite schaden, und es sollte auch niemand unangenehm sein, Sponsor oder Gesponserter zu werden. Das ist schwieriger, als es sich anhört, denn gerade im Bereich Bildung, der fachlich dem Sektor „**Public Sponsoring**" zugerechnet wird, sind Aufwand und Nutzen oft schwer in Einklang zu bringen und ist die Identifikation mit dem Sponsor am Schwierigsten zu vermitteln. Das liegt daran, dass die Träger von Bildungseinrichtungen im Allgemeinen von Gesetz wegen und von ihrem Selbstverständnis her unabhängig sein müssen und wollen, während Sponsoringpartnerschaften potenziell und oft auch tatsächlich Abhängigkeiten schaffen. Das gilt vor allem dann, wenn sich das Sponsoring nicht auf bestimmte, in sich abgeschlossene Projekte bezieht, sondern auf Dauer angelegt ist. Der Wegfall eines Sponsors kann Projekte gefährden und zur Entlassung von Personal führen. Das gilt zwar auch für langfristig angelegtes Mäzenatentum. Der Imageschaden für einen aus einem gemeinnützigen Projekt aussteigenden Mäzen ist jedoch ungleich größer als der für eine Firma, die einen Sponsoringvertrag über die vereinbarte Zeit hinaus nicht verlängert und dies mit Änderungen der Firmenstrategie oder werblichen Prioritäten begründet.

Die Entwicklung von Sponsoring-Konzepten verlangt große Sorgfalt und führt zu vertraglichen Vereinbarungen, an die sich beide Seiten halten müssen und die, ganz im Gegenteil zum freiwilligen Mäzenatentum, auch einklagbar sind. Die saubere Trennung zwischen Mäzenatentum und Sponsoring ist vor allem dann wichtig, wenn dem Sponsoring eigentlich eine mäzenatische Orientierung zugrunde liegt, dass heißt der Vorteil für den Sponsor im Wesentlichen von den persönlichen Vorlieben der Entscheider bestimmt wird. Da der Sponsor in der Regel ein Unternehmen ist, kann es bei Führungswechseln innerhalb des Unternehmens zu Problemen bei der Vertragserfüllung kommen, wenn der Nutzen des Sponsorings für die Zwecke der Firma nicht ohne weiteres ersichtlich ist. Sponsert die Firma zum Beispiel einen Lehrstuhl, dessen Forschung und Lehre den Firmenzwecken nur sehr entfernt zugute kommen, kann die Zukunft des Lehrstuhls samt Personal gefährdet sein, wenn die Führungs- und Besitzstruktur des Sponsors sich ändern. Auch in Zeiten wirtschaftlicher Schwierigkeiten kann es sein, dass die Firma ihr philanthropisches Engagement reduziert, wenn sie nicht vertraglich an bestimmte Verpflichtungen gebunden ist.

Die hier aufgezeigten Schritte zur Entwicklung und Umsetzung eines Sponsoring-Konzeptes sind nur ein grober Ansatz. Die Feinstruktur muss für jede Einrichtung gesondert entwickelt werden. Angesichts der Verschiedenheit von Bildungseinrichtungen – Schulen verschiedenster Typen und Prägungen, Hochschulen und an Hochschulen gebundene Einrichtungen verschiedenster Art, Institutionen der außerschulischen Aus- und Weiterbildung, Bildungsmuseen – und der Unterschiede in örtlichen Gegebenheiten und Rahmenbedingungen ist es kaum denkbar, eine Checkliste für alle und alles zu machen.

2. Erarbeitung eines Profils

Die Chancen, als Bildungseinrichtung Sponsoren zu finden, wachsen mit der Profilierung. Auf die Feld-, Wald- und Wiesenschule, von der man nur liest, wenn es durchs Dach regnet, das Schuljahr begonnen hat, wieder Schüler ins Leben entlassen worden sind und der Schulförderverein 100 Euro für ein neues Ballnetz ausgibt, wird niemand aufmerksam. Schulen und andere Bildungseinrichtungen mit besonderen Ideen und außergewöhnlichem Profil locken Sponsoren an.

Das Profil einer Bildungseinrichtung kann durch ein schriftlich formuliertes Leitbild und Programm gestärkt werden, durch spürbar eigene Identität. Nicht alle können überall gleichstark sein. Es gilt die Stärken hervorzuheben. Auf die Schwächen kommen andere schon von selbst. In dem Leitbild sollte die Zusammenarbeit mit Firmen auf verschiedensten Gebieten festgelegt und begründet sein, ebenso die angestrebten Finanzierung durch öffentliche und private Mittel, Spenden, Erbschaften, Bußgelder, Verkauf von Waren und Dienstleistungen, Sponsoring etc. Dann fällt es leichter, auch gegen interne Widerstände zu „ungewöhnlichen“ Finanzierungsmethoden zu greifen.

Zu den Stärken von Bildungseinrichtungen gehören außergewöhnlich befähigtes Lehrpersonal, besondere Projekte, außergewöhnlich gute Lernergebnisse, berühmte Absolventen, die erfolgreiche Teilnahme an Wettbewerben, zum Beispiel bei „Jugend forscht“, Spitzenplätze beim Ranking bei Schul- und Hochschulvergleichen, zum Beispiel in „Spiegel“, „stern“, „Fokus“ und „Capital“.

Bildungsmuseen müssen neben weit verbreiteten Exponaten auch Einmaliges bieten, das welt- oder zumindest bundesweit Besucher anzieht. Volkshochschulen sollten ganz besondere Modelle entwickeln, die überall Nachahmer finden. Überhaupt ist der Leitbildcharakter wichtig, weil er mit dem eigenen Renommee der geförderten Einrichtung das Ansehen der Sponsoren in Bevölkerungsschichten befördert, die durch klassische Werbung oder Direktmarketing nicht oder nur ungenügend erreicht werden.

Zur Profilierung gehören die Entwicklung von Corporate Identity und Design, eventuell in Verbindung mit dem Großsponsor, der bis in die Namensgebung hin eingebunden wird (zum Beispiel die staatlich anerkannte „Europäische Fachhochschule Fresenius", die aus den Instituten Fresenius hervorgegangen ist), ähnlich den mäzenatischen Persönlichkeiten, nach denen schon von jeher Bildungseinrichtungen benannt wurden.

3. Feststellung des Bedarfs, der durch Sponsoring gedeckt werden kann

Nicht alles lässt sich mit Sponsoringmitteln finanzieren. Die Grundversorgung von Bildungseinrichtungen, namentlich von öffentlichen, muss in der Regel von staatlicher Seite wahrgenommen werden, soweit es das zu den gesetzlich festgelegten Aufgaben gehört. Die Entlastung des Staates von seinen Grundpflichten würde allenfalls in Not- und Katastrophenfällen oder bei der Vorfinanzierung von dringlich gewordenen Projekten Verständnis bei Spendern und Sponsoren finden.

Die Formulierung des Bedarfs ist notwendig, um Prioritäten festzusetzen und sicherzustellen, dass das Pferd nicht vom Schwanz aufgezäumt wird. Vor allem, wenn Angehörige von Bildungseinrichtungen unabgestimmt auf Sponsorensuche gehen, tun sie das manchmal zur Verwirklichung bestimmter Hobbys oder Forschungsschwerpunkte, die nicht im Einklang mit der Gesamtzielsetzung der Bildungseinrichtung stehen und Fremdkörper bleiben, und die bei nicht gesicherter Finanzierung zur Belastung für die gesamte Einrichtung werden können. Außerdem kann der Neid auf die unterschiedliche finanzielle Ausstattung von Vorhaben, für die sich leichter oder schwerer Mittel finden lassen, zu Dauerkonflikten führen. Nicht das dafür einzuwerbende Geld sollte die Bildungsinhalte bestimmen, sondern umgekehrt sollten vorbestimmte Bildungskonzepte die dazu passenden Mittel finden.

Andererseits darf aber auch nicht der Fleiß beim Einwerben von Drittmitteln mit Entzug und Umverteilung von öffentlichen Mitteln bestraft werden. Parallel zum Bildungsprogramm muss der Finanzierungsplan erstellt werden. Dabei ist es wichtig, dass ein Konsens aller Beteiligten erreicht wird über die Rangfolge und Dringlichkeit des Bedarfs. Wenn ein Projekt im gemeinsam vereinbarten Bedarfsplan vorhanden ist, aber von vornherein fest steht, dass es nur unter Beteiligung von Sponsoren zustande kommen kann, fällt die Legitimation des Sponsoring gegenüber Lehrenden und Lernenden leichter.

Die Bedarfsdeckung durch Sponsoren kann grundsätzlich in Form von Leistungen in Geld, Sachen oder Personen erfolgen. Der Bedarfsplan sollte festlegen, welche dieser Unterstützungsformen jeweils von Sponsoren erwartet wird. Dies ist auch für die spätere Vertragsgestaltung mit den Sponsoren wichtig.

Bedarf, der durch Sponsoren gedeckt werden kann, ist zum Beispiel die Finanzierung/Ausstattung

- von bestimmten Lehrstühlen und Forschungszweigen,
- von Bibliotheken,
- von Forschungsprojekten,
- von bestimmten Ausbildungsvorhaben und -modellen,
- von Events,
- von Arbeitsgemeinschaften,
- von Lehrmaterial aller Art und/oder
- von Wettbewerben.

4. Definition von Gegenleistungen

Zum Sponsoring gehören per Definition Gegenleistungen des Gesponserten, sonst handelt es sich um Mäzenatentum, das im Idealfall selbstlos und daher gegenleistungsfrei ist. Gegenleistungen müssen von den Sponsoringpartnern gemeinsam festgelegt werden, weil sie auch gemeinsam zu tragen und zu ertragen sind. Nichts kann für Sponsor und Gesponserten unangenehmer werden, als eine formulierte Zusammenarbeit, die nur auf dem Papier steht, es sei denn – auch das kommt vor – Gegenleistungen sind nur aus steuerlichen oder firmeninternen Gründen proforma festgelegt, um Sponsoringausgaben, die in Wirklichkeit Spenden sind, nicht als solche deklarieren zu müssen.

Leistungen durch öffentlich-rechtliche oder staatlich anerkannte Bildungseinrichtungen unterliegen Vorgaben durch Gesetzgeber und Bildungsaufsicht. Auch private Bildungseinrichtungen unterliegen geschriebenen und ungeschriebenen Gesetzen und ethischen Vorgaben des Schicklichen und Erlaubten. Die Glaubwürdigkeit der Vermittlung von Bildungsinhalten und die Wahrung der Unabhängigkeit von Forschung und Lehre setzen der Finanzierung aus interessegeleiteten Quellen Grenzen. Der Katalog der Gegenleistungen von Bildungseinrichtungen gegenüber Sponsoren ist deshalb nicht unerschöpflich und in der Regel kleiner als etwa im Sozio- oder Sportsponsoring. Gegenleistungen können sein:

- **Herausstellung des Sponsors und seines Angebots** gegenüber einer für den Sponsor interessanten Öffentlichkeit: Lehrende und Lernende und deren Umfeld (Eltern, Verwandtschaft, Freunde, Kollegen, Ehemalige, Alumni), Menschen einer bestimmten Region, eines Landes oder weltweit durch von den Bildungseinrichtungen oder den Sponsor selbst gestaltete

Medien wie Bücher, Broschüren, Faltblätter und Darstellungen im Internet, durch Darstellung in externen Medien, durch Anbringen von Plaketten und Gedenktafeln, Benennen von Ereignissen und Gebäuden nach dem Sponsor, öffentlichen Dank.

- **Hilfe bei der Verkaufsförderung**: Zustimmung, dass die Förderung der Bildungseinrichtung in der Werbung des Sponsors als Verkaufsargument für den Verkauf von dessen Waren und Dienstleistungen benutzt werden darf.
- **Absatz von Waren** in den geförderten Bildungseinrichtungen selbst, zum Beispiel durch Aufstellen von Automaten, Verkauf in Kantinen, Direktverkauf von Lehr- und Lernmitteln.

5. Finden von Sponsoren

Die zu findenden Sponsoren sollten zu den angebotenen Gegenleistungen passen, nicht umgekehrt. Schulen könnten von Herstellern von Zigaretten und alkoholhaltigen Produkten viel Geld bekommen, sogar für ausgesprochene Präventionskampagnen gegen jugendlichen Missbrauch von Tabak und Alkohol. Gleichwohl würden sie sich die Annahme eines solchen Angebots überlegen müssen, weil das Hauptinteresse der finanzierenden Firmen letztendlich die Absatzförderung ihrer Produkte ist.

Lobbyorganisationen und Firmen, deren Absatz stark von der öffentlichen und veröffentlichten Meinung abhängig ist, haben große Etats für die Pflege von Wissenschaft und Forschung. Doch ist eine Einrichtung für Forschung und Lehre noch frei, wenn sie sich einen Medizinlehrstuhl beispielsweise von einem Pharmakonzern finanzieren lässt oder ein Ökoinstitut von der Automobilindustrie? Es ist vertraglich zu klären, was der Sponsor vom Gesponserten erwartet und was nicht.

Leicht ist es, **Großlieferanten** zu Sponsoren zu machen. Viele Kommunen, die Schulen unterhalten, empfinden nichts dabei, wenn sie Bauunternehmen, Reinigungsfirmen und andere, die bezahlte Leistungen für Bildungseinrichtungen erbringen, „zur Kasse zu bitten". Vorsicht ist geboten, wenn Abhängigkeiten entstehen und Ausschreibungen unterbleiben oder begrenzt werden, um dem großzügigen Sponsor entgegen zu kommen.

Ähnlich verhält es sich, wenn zwar keine Abhängigkeiten zwischen Firma und Bildungseinrichtung entstehen kann, jedoch das Sponsoring erkennbar mit dem Interesse am Fortkommen der Kinder des Entscheiders der Firma in der Schule oder an der Hochschule zusammenhängt.

Zu denken ist an die Möglichkeit der **Kombination von Sponsoringzwecken**. Unter Umständen ist es leichter, Sponsoren zu gewinnen, wenn statt

Bildungs- etwa Soziosponsoring im Vordergrund steht. Wer zum Beispiel einen bildungsintensiven Erlebnistag für Schüler ausrichtet, kann Sponsoren für Bühnen, Musikanlagen, Speisen und Getränke, Fitnessgeräte leichter gewinnen, wenn der Erlös aus den Verkäufen des Tages einem „guten Zweck" zugute kommt.

Dies vorausgeschickt gilt es, **Sponsoren** in zwei **Kategorien** ausfindig zu machen:

1. **Mäzenatisch geleitete Sponsoren:** Hier handelt es sich um Entscheider in Firmen – oft deren Inhaber –, die eine bestimmte Zuneigung zu einer Bildungseinrichtung oder bestimmten Prägungen der Bildung haben. Das werbliche Firmeninteresse am Sponsoring (indirekte und direkte Absatzförderung) ist nur vorgeschoben, um den Einsatz von Firmengelder notfalls gegen den Widerstand von Mitgesellschaftern, Aktionären oder der Belegschaft zu rechtfertigen. Häufig gibt es dabei auch einen Mix zwischen Privat- und Firmengeldern. Solche mäzenatischen Sponsoren haben unterschiedliche Motive, an denen sie sich auch möglicherweise identifizieren lassen. Hier sind nur einige:
   - Ehemalige Studierende, die ihr Studium vorzeitig abgebrochen haben oder ohne Abitur abgegangenen sind und trotz wirtschaftlicher Erfolge einem scheinbaren Defizit an gesellschaftlicher Anerkennung, das ihnen als erfolgreichen Abbrechern entstanden ist, nachlaufen,
   - Ehemalige Studierende, die ihrer Alma Mater treu geblieben sind und etwas als Dankesschuld zurückzahlen wollen,
   - Firmenchefs, die ein bestimmtes Hobby oder Forschungsgebiet pflegen, das sie über die Bildungseinrichtung fördern können, das sich dabei durchaus werbeträchtig – notfalls mithilfe einer kreativen Agentur – mit dem Firmenzweck verbinden lässt, sowie
   - Firmen in der engeren Umgebung von Bildungseinrichtungen, die ihren Mitarbeitern ein attraktives Bildungsumfeld geben wollen, um gute Kräfte anzuziehen oder bestehende Kräfte mit ihren Familien an den Standort zu binden.
2. **Absatzorientierte Sponsoren:** Hier profitiert die Firma mit ihrem Produkten direkt und möglicherweise auch nachweisbar vom Sponsoring. Solche Sponsoren können sein:
   - Alle Firmen, die den zu sponsernden Bereich bereits anderswo sponsern, über gute Erfahrungen berichten und sich für weiteres Engagement oder den Wechsel zu anderen Einrichtungen offen zeigen,
   - Banken, Versicherungen, Autofirmen, Konzerne mit einem breiten Angebots- und Kundenspektrum,

- Örtliche Firmen, zu deren Kundschaft Schüler, Studenten und andere Lernende und Lehrende gehören,
- Lieferanten und potenzielle Lieferanten und Dienstleister,
- Interessengeleitete Unternehmen, die sich vom Sponsern einen hohen Bekanntheitsgrad, positive Referenzen und künftige Absatzchancen bei den Gesponserten und den von ihnen später einmal geführten Einrichtungen versprechen,
- Unternehmen, die über die Förderung von Bildung und Ausbildung ihr Image verbessern wollen, sowie
- Unternehmen, die es nötig haben, über Förderung von gemeinnützigen Zwecken ein beschädigtes oder leicht zu beschädigendes Image zu verbessern.

Es wird eine Liste von potenziellen Sponsoren zusammengestellt, die zum ermittelten Bedarf passen. Überschneidungen sind zu vermeiden. Grundsätzlich sind von finanziell potenten, von der Sache überzeugten Mäzenen höhere und dauerhaftere Beträge zu erwarten als von absatzorientierten Firmen, deren Sponsoring mit jedem Wechsel im Vorstand und in den Eigentumsverhältnissen oder bei wirtschaftlichen Schwierigkeiten wechseln kann. Über Sponsoren, an deren Integrität oder Solvenz Zweifel bestehen, werden Referenzen eingeholt und – zumindest in öffentlich zugänglichen Quellen wie dem Internet – Recherchen angestellt. Recherchen sind ohnehin erforderlich, um Firmenprofile zu erstellen und Ansprechpartner zu ermitteln. Letzteres kann auch telefonisch geschehen.

Die potenziellen Sponsoren erhalten ein Angebot, das das Profil der Bildungseinrichtung, die Beschreibung des zu sponsernden Bereiches, die erwartete Leistung und die beabsichtigte Gegenleistung enthält.

6. Bewusstseinsbildung innerhalb der zu sponsernden Einrichtung

Ist ein Sponsor gefunden, so muss innerhalb der Einrichtung über die beabsichtigte Zusammenarbeit Konsens erzielt werden. Eine halbherzige Duldung und Umsetzung der vereinbarten Gegenleistungen wirkt sich schädlich auf die Zusammenarbeit aus, weil sie für den Sponsor letztlich nicht zu dem Ergebnis führt, das er erwartet. Hier zeigt sich letztlich, ob beide Seiten zusammenpassen, und je mehr das gewährleistet ist, desto stärker wird die erhoffte Breitenwirkung und Akzeptanz sein.

Das gegenseitige Verständnis kann durch Gastvorträge des Sponsors in der gesponserten Einrichtung, Angebote von Praktika, gemeinsamen Projekttagen und Betriebsbesichtigungen beim Sponsor wesentlich gefördert werden.

7. Bewusstseinsbildung beim Sponsor

Zwischen Marketingabteilungen, Vertrieb und Firmenwirklichkeit können Welten liegen. Die Zusammenarbeit zwischen Firma und Bildungseinrichtung muss auch in der Firma so vermittelt werden, dass sich die Mitarbeiter damit identifizieren. Sonst kommt leicht der Gedanke auf, die Firma „verschwende" Gelder und Personal zu Lasten des wirtschaftlichen Erfolgs und damit letztlich der Arbeitsplätze. Hier zeigt sich auch, wie wichtig es ist, die Bildungsförderung in ein Gesamtkonzept von **Corporate Citizenship** der Firma einzubauen.

Flankierende Maßnahmen für das Sponsoring können Mitarbeiterinformationen aller Art, Besichtigung der gesponserten Projekte, Entsendung von Mitarbeitern in die geförderte Einrichtung, etwa von Chemieexperten in den Chemieunterricht einer Schule, Personalexperten zur Karriereberatung von Schülern und Studenten, PR-Experten zur Neustrukturierung der Öffentlichkeitsarbeit und Managementexperten zur Entwicklung neuer Managementstrukturen von privaten Bildungseinrichtungen.

8. Festlegung der vertraglichen Vereinbarungen

Mit der Fixierung der Vereinbarungen kann gewartet werden, bis die interne Diskussion abgeschlossen ist. So ersparen sich beide Seiten Enttäuschungen, vor allem wenn es sich um die erste Sponsoringvereinbarung dieser Art handelt. Es wäre töricht, einen Aufstand von Schülern, Studenten und Eltern gegen einen umstrittenen Sponsor oder in umgekehrter Richtung der Belegschaft eines Betriebes oder der Aktionäre gegen Verschwendung von Firmengeldern für firmenfremde Zwecke zu riskieren. Proteste gibt es vor allem dann, wenn der Nutzen von Sponsoringbeziehungen deutlich ungleichgewichtig ist oder erscheint.

Die Verträge sollten grundsätzlich so gefasst werden, dass sie beide Seiten in Leistung und Gegenleistung binden, aber Ausstiegsmöglichkeiten lassen, wenn sich unvorhersehbare Umstände ergeben oder Widerstände, die eine Zusammenarbeit für beide Seiten kontraproduktiv machen würden.

Ansonsten besteht Vertragsfreiheit. Nicht vergessen werden sollte, die Form der Veröffentlichungen über die Zusammenarbeit genau festzulegen: Wer darf was über die Sponsoringbeziehungen in welchen Medien veröffentlichen, und wie erfolgt vorher die inhaltliche Abstimmung. Darf zum Beispiel das jeweilige Logo verwendet werden? Besonders wichtig ist dabei das Internet, denn über diesen Weg werden sich auch Kritiker der Zusammenarbeit informieren. Gerät eine Firma oder eine Bildungseinrichtung in die Schlagzeilen, lassen sich Vernetzungen und Kooperationen über das Internet leicht herausfinden und möglicherweise zum Nachteil der Partner ausschlachten.

Auch sollten die steuerlichen Implikationen des Sponsoring für Sponsor und Gesponserten klar sein. Der Gesetzgeber hat große Zugeständnisse an die Steuerfreiheit gesponserter gemeinnütziger Einrichtungen gemacht, auf die auch bei der Vertragsgestaltung Rücksicht genommen werden muss.

Wer wem den Entwurf des Vertrags überlässt, sollte schon zu Beginn der konkreten Kontaktanbahnung klar sein.

9. Umsetzung des Sponsoring

Die Vereinbarungen werden möglichst getreu umgesetzt und deren Umsetzung zwischen den Partnern laufend kommuniziert. Der Gesponserte lädt den Sponsor ein, die Umsetzung vor Ort zu beobachten und sich vom Wert der eingegangenen Partnerschaft zu überzeugen.

10. Gemeinsame Evaluierung der Zusammenarbeit

Schon zu Beginn jeder Sponsorenzusammenarbeit sollte ein Zeitpunkt für die gemeinsame Evaluierung festgelegt werden. Sonst erscheinen in Publikationen des Sponsors und des Gesponserten mitunter unterschiedliche Interpretationen des Erfolgs, was zu Irritationen führen kann. Wenn beispielsweise der Sponsor schreibt. „Mit dem gemeinsamen Programm ‚Schule – die Chemie muss stimmen' zur Förderung des Chemieunterrichts hat die XYZ-Chemie AG allein an den Schulen in Hamburg 4.800 Gymnasiasten im Leistungskurs Chemie erreicht" und es gehen nur 1.200 in solche Leistungskurse und auch denen ist eine solche Aktion nicht recht bewusst geworden, kann schon ein einziger negativer Leserbrief in einer Hamburger Zeitung das gewünschte positive Image zerstören. Eine exakte Evaluierung hätte vielleicht ergeben, dass vom Sponsoring 483 Schülerinnen und Schüler erreicht wurden, von denen 422 einen Fragebogen ausfüllten, in dem sich 85 % positiv zu den Umweltmaßnahmen der XYZ-Chemie AG äußerten und 95 % die Produkte der Firma positiv bewerteten, während es zu Beginn der Zusammenarbeit nur 30 und 60 % gewesen waren.

Eine Evaluierung sollte es auch geben, wenn die Zusammenarbeit zwischen Sponsor und Gesponsertem nicht auf ein bestimmtes Ziel der Absatz- oder Imageverbesserung, sondern eher mäzenatisch ausgerichtet ist. Auch bei mäzenatischem Sponsoring muss der Einsatz von Firmengeldern gerechtfertigt werden. Auf jeden Fall gehören zur Rechenschaftslegung eine Dokumentation der mit den Mitteln des Sponsors verwirklichten Maßnahmen. Selbstverständlich sein sollten auch Einladungen der Sponsoren zu Veranstaltungen und Präsentationen des Gesponserten und die Vermittlung nützlicher Kontakte für den Sponsor, auch die Abgabe von Referenzen über das gemeinsame Engagement. Der Gesponserte muss sich zum Sponsor bekennen können, vor allem öffentlich.

11. Ausbau oder Beschränkung der Beziehungen

Die Evaluierung der Beziehungen kann dazu führen, dass die Zusammenarbeit fortgesetzt und ausgebaut, im ungünstigeren Falle aber auch eingeschränkt und beendet wird. Auch darüber sollte man sich schon zu Beginn des Sponsorings verständigen, vor allem wenn es um die Finanzierung langfristiger Projekte und Maßnahmen durch den Sponsor geht. Wenn beispielsweise vom Sponsor ein Lehrstuhl finanziert werden soll, dann ist klar, dass die Hochschule dem nur zustimmen wird, wenn Langfristigkeit garantiert ist. Lehrstühle, die von Firmen finanziert werden, sind in Deutschland selten. Erstrebenswert im Interesse von Forschung und Lehre ist, dass jeweils eine eigens gegründete und mit entsprechendem Kapital ausgestattete Stiftung solche Aufgaben übernimmt. Wenn Firmen zur Errichtung und Ausstattung solcher Stiftungen bewegt werden können, liegt eine Mischform von Sponsoring und Mäzenatentum vor, die ein langfristiges Engagement des Sponsors unabhängig von dessen wirtschaftlicher Zukunft ermöglicht. Sponsoring kann sogar dann noch positiv wirken, wenn der Sponsor längst erloschen ist.

Zur Erschließung „privater" Finanzierungsquellen – Sponsoring als Instrument des Fundraising

Dr. Marita Haibach
Brakeley Limited

1. Einführung

Fundraising wird verstanden als die umfassende Mittelbeschaffung einer Organisation (Finanz- und Sachmittel, Rechte und Informationen, Arbeits- und Dienstleistungen), wobei der Schwerpunkt auf der Einwerbung finanzieller Mittel liegt. Fundraising richtet sich an private und staatliche Geldgeber. Meist wird damit jedoch lediglich die von Nonprofit-Organisationen (und zunehmend von Einrichtungen in staatlicher Trägerschaft) betriebene Mitteleinwerbung bezeichnet, bei der es gilt, private Förderer für Gemeinwohlanliegen zu gewinnen. Der Begriff Fundraising kommt aus den USA. Er setzt sich zusammen aus dem Substantiv *fund* und dem Verb *to raise. Fund* bedeutet *Geld, Kapital; to raise* heißt *etwas aufbringen (z.B. Geld).* Fundraising bedeutet wörtlich Geldbeschaffung oder Kapitalbeschaffung.

Urselmann definiert Fundraising lediglich als den Teil des Beschaffungsmarketings, „bei dem die Ressourcen ohne marktadäquate Gegenleistung beschafft werden" (*Urselmann* 2002, S. 21). Nach dieser Definition gehört das Sponsoring nicht zum Fundraising, da hierbei eine Gegenleistung durch den Sponsoringnehmer erbracht werden muss. Dies allerdings widerspricht der gängigen Praxis im Fundraising: Die Fundraising-Abteilung ist in vielen Fällen für Spenden und für Sponsoring zuständig. Beim Fundraising von Unternehmen ist notwendig, alle möglichen Unterstützungsformen – Spende, Sponsoring, Stiftungsförderung – im Blick zu haben und je nach Projekt zu klären, was am besten passt. Auch Mischformen sind üblich.

Der Begriff **Sponsor** kommt aus dem Englischen und steht für Förderer, Gönner, Schirmherr oder Geldgeber. Das daraus abgeleitete Wort **Sponsoring** bedeutet Förderung, etwas als Sponsor finanzieren oder veranstalten. In der Umgangssprache werden die Worte aus der Begriffsfamilie Sponsor oft undifferenziert für jegliche Form der privaten Förderung verwendet. Sponsoring ist jedoch lediglich eines der unterschiedlichen Fundraising-Instrumente, wenn auch ein ganz Besonderes, da anders als bei den anderen Methoden der Gesponserte eine Gegenleistung erbringen muss. Sponsoring ist aus Sicht der Unternehmen eine Form der Werbung; Ziel ist die öffentliche Kommunikation der Sponsoringmaßnahme. Beim Sponsoring handelt es sich um ein Geschäft: Sponsoren erbringen Leistungen in Form von Geld, Sachmitteln oder Dienstleistungen, um von den Gesponserten Gegenleistungen zu erhalten, die dazu beitragen, den Bekanntheitsgrad des jeweiligen Unternehmens zu steigern und/oder dessen Image positiv zu beeinflussen. Der Begriff Sponsoring wird jedoch in der Umgangssprache sogar oft anstelle von Fundraising verwendet.

Die Fundraising betreibenden Institutionen stehen vor der Herausforderung, ihre Leistungen den gegenwärtigen und potenziellen Förderern und Förderinnen immer wieder auf eine Weise nahezubringen, die diese verstehen („Der Köder muss dem Fisch schmecken, nicht dem Angler“). Fundraising verlangt Kundenorientierung im Hinblick auf die Förderer und Förderinnen, wobei es gilt, deren Motive und Erwartungen herauszufinden und möglichst individualisierte Kommunikationspläne zu entwickeln.

Viele Einrichtungen im Bildungsbereich sind durchaus erfolgreich, was die Einwerbung von Drittmitteln sowie von Geldern aus der Wirtschaft anbelangt. Meist aber fehlt eine **Gesamtstrategie** für die Einwerbung von Spenden, Stiftungsmitteln und Sponsoring-Einnahmen. Die Gewinnung privater Förderer beruht in der Regel auf dem „Zufallsprinzip“, mit dem oft durchaus ansehnliche „Zufallstreffer“ erzielt werden. Doch gleichzeitig bleiben große Potenziale ungenutzt.

Auch in Zukunft werden private Spendengelder, Stiftungsmittel oder Sponsoringeinnahmen lediglich einen kleinen Teil der Einnahmen der öffentlichen Bildungseinrichtungen in Deutschland ausmachen, doch oft tragen gerade diese Mittel entscheidend dazu bei, die jeweilige Institution darin zu unterstützen, ein besonders **Profil zu gewinnen** und die Hervorbringung von Spitzenleistungen voranzutreiben. Aus „Fundraising-Zufallstreffern“ können Dauererfolge werden. Ein wesentlicher Erfolgsfaktor dafür ist die interne Fundraising-Bereitschaft der Organisation und der Aufbau einer Fundraising-Infrastruktur. Fundraising ist eine zentrale Management-Aufgabe, die ohne engagierte Führungskräfte und Menschen, die dem Fundraising kontinuierlich Zeit widmen (Fundraising-Personal), nicht funktioniert. Fundraising-Aktivitäten bedürfen einer langfristig angelegten strategischen Planung.

2. Die Professionalisierung des Fundraising

Fundraising hat sich im vergangenen Jahrzehnt in Deutschland zunehmend zu einem **Berufsfeld** entwickelt. Dieser Trend ist im Übrigen auch in ganz Westeuropa feststellbar. Die Zahl der hauptberuflich mit der Mitteleinwerbung befassten Personen in gemeinnützigen Organisationen nimmt ständig zu. Dies belegt die Mitgliedszahl des Deutschen Fundraising Verbands, des Berufsverbandes der Fundraiser/innen in Deutschland. Dieser 1993 von 38 Gründungsmitgliedern errichtete Verband ist auf nunmehr fast 1.000 Mitglieder gewachsen. Pionierarbeit bei der Professionalisierung des Fundraising haben Greenpeace und andere bundesweite Umweltverbände sowie die großen Sozialorganisationen geleistet. Doch inzwischen verfügen auch zahlreiche kleine, lokale gemeinnützige Organisationen über Fundraiser/innen. Der Bedarf an qualifizierten Fundraiser/innen wächst ständig. Die im Herbst 1999 gegründete Fundraising Akademie in Frankfurt am Main kommt dieser Nachfrage entgegen und bietet eine zweijährige berufsbegleitende Ausbildung an.

In Deutschland und in den meisten anderen europäischen Ländern rangiert Bildung bei den Spendenzwecken bislang weit unten. Es gibt (noch) **keine weit verbreitete Kultur des Spendenengagements für den Bildungsbereich**. Allerdings kommen – und dies wird oft nicht gesehen – auch in den USA Spender und Sponsoren den Bildungseinrichtungen nicht „von selbst ins Haus gewandert". Vielmehr verfügen insbesondere Hochschulen über riesige Fundraising-Abteilungen (oft mit mehreren Hundert Mitarbeiter/innen). Dies ist ein relativ junger Trend: Die Professionalisierung des Hochschul-Fundraising begann in den USA in den 1960er und 1970er Jahren. Es gibt einen engen Zusammenhang zwischen der Steigerung von Fundraising-Einnahmen und dem den dafür bereit gestellten (hauptamtlichen) personellen Kapazitäten.

In Deutschland hingegen steckt die Professionalisierung des Fundraising im Bildungsbereich noch in den Anfängen. Kaum eine öffentliche Bildungseinrichtung verfügt über einen Fundraiser, geschweige denn eine ganze Fundraising-Abteilung. Anders sieht es bei den privaten Hochschulen aus, die meist von Anfang an mit Fundraising-Fachkräften arbeiten. Privatschulen hingegen verfügen selten über hauptberufliche Fundraiser. Grundproblem an öffentlichen Bildungsinstitutionen sind die mangelnde Bereitschaft und oft auch die fehlenden Ressourcen, die Anfangsinvestitionen zum Aufbau einer **Fundraising-Infrastruktur** zu leisten. Doch die Erfolge einiger weniger Vorreiter im Hochschulschulbereich, wie etwa der Technischen Universität München (TUM), belegen: In Deutschland stellen sich Erfolge ein, wenn eine Hochschule ihr Fundraising professionalisiert. Grundsätzlich muss bei Fundraising-Aktivitäten gefragt werden, in welchem Verhältnis Aufwand und Ertrag steht. Anders als bei Hochschulen, wo die Einrichtung von Fundraising-Stabstellen inzwischen angedacht und umgesetzt wird, stellt sich in vielen Fällen bei Schulen die Frage, ob sich ganze Stellen im Fundraising tatsächlich „rechnen". Doch es sollte zumindest dafür gesorgt werden, dass das Fundraising in einer **Kombination von Hauptberuflichen und Ehrenamtlichen** verankert wird, um die kostbare Zeit der Ehrenamtlichen möglichst effizient zu nutzen. Doch es nützt der Steigerung der Fundraising-Einnahmen, wenn zumindest die Erledigung von Routinearbeiten (z.B. das Führen der Spenderdatenbank eines Schul-Fördervereins) von bezahlten Kräften übernommen werden kann.

Einrichtungen im Bildungsbereich verfügen über **ein umfangreiches Spektrum an Stärken, die für das Fundraising** nutzbar gemacht werden könnten: Sie sind glaubwürdige Institutionen, deren Aufgaben gut erklärbar sind und die vielfältige Kontakte und hochkarätige Verbindungen haben. Auf dem Hintergrund der öffentlichen Diskussionen um die Defizite im Bildungsbereich, dem Interesse der Wirtschaft an qualifizierten Kräften und der Tatsache, dass vielen Eltern eine gute Ausbildung für ihre Kinder enorm wichtig ist, stehen die Chancen gut, den Bildungsbereich auf dem Fundraising-Markt gut zu positionieren. Hilfreich ist dabei auch die Umbruchsituation auf dem Spendenmarkt, die geprägt ist von der wachsenden Bedeutung bürgerschaftlichen Engagements, der zunehmenden Popularität des Themas Stiftungen und der Erbschaftswelle. Eine große Chance für das Fundraising im Bildungsbereich – langfristig gesehen – bilden zudem die Ehemaligen, insbesondere die Alumni von Hochschulen. Allerdings gilt es hier, zunächst einmal in das „Friendraising“ zu investieren: Viele Hochschulen haben die Pflege ihrer Ehemaligen jahrelang stark vernachlässigt.

3. Voraussetzungen für erfolgreiches Fundraising

Der Erfolg von Fundraising-Aktivitäten ist von fünf wesentlichen Elementen abhängig:

1. Einem überzeugenden und motivierendem Zielbild,
2. einem dringlichen Förderprojekt und einem plausiblen Finanzbedarf,
3. dem Zugang zu Förderquellen,
4. dem Engagement von ehrenamtlichen Führungspersönlichkeiten und Fürsprecher/innen sowie
5. der internen Fundraising-Bereitschaft.

3.1 Ein überzeugendes und motivierendes Zielbild

Das Zielbild einer Institution (Englisch: „case statement“) setzt sich aus allen Faktoren zusammen, für die diese steht: ihren Traditionen und Erfolgen in der Vergangenheit, in ihrem Nutzen heute, ihren gegenwärtigen Leistungen, und, was am wichtigsten ist, ihren Plänen, Ambitionen und ihrer Zukunftsvision. **„People give to make the world better.“** (Menschen engagieren sich für eine bessere Welt). Die Formulierung des Zielbildes bildet die Grundlage und das argumentative Dach, um die potenziellen Förderer vom Finanzbedarf der Institution und der Notwendigkeit von größeren Zuwendungen zu überzeugen. Ein wichtiger Faktor ist es dabei zu verdeutlichen, dass die Zuwendungen von privaten Förderern nicht in den öffentlichen Einnahmen „untergehen“. Vielmehr muss aufgezeigt werden, wo und wie private Spender, Stifter und Sponsoren einen Unterschied bewirken können.

3.2 Dringliche Förderprojekte und plausibler Finanzbedarf

Erfolgreiches Fundraising setzt voraus, dass die **Bedarfe einer Organisation** und die in diesem Zusammenhang genannten finanziellen Erfordernisse Nachfragen standhalten können. Sie müssen plausibel sein und auf anschauliche Weise erklärt werden. Von wichtiger Bedeutung in diesem Zusammenhang sind individuelle **Würdigungsmöglichkeiten** für Spender, Stifter und Sponsoren (im letzteren Falle Gegenleistungen), ob Veröffentlichung der Namen in der Schulzeitung oder auf einer Tafel im Eingangsbereich. Fundraising-Projekte im Hochschulbereich beziehen sich z. B. auf:

- Gebäude,
- Einzelne Räume,
- Akademische Stellen (insbesondere Stiftungsprofessuren),
- Forschungsinstitute,
- Forschungsprojekte,
- Veranstaltungen,
- Bibliothek,
- Stipendien,
- Sachmittel (Computer) und Dienstleistungen (Transport- und Versicherungsleistungen, Kommunikationsleistungen).

3.3 Zugang zu Förderquellen

In Zusammenhang mit der erfolgreichen Durchführung von Fundraising-Aktivitäten muss eine ausreichende Zahl an potenziellen Förderern identifiziert werden: (wohlhabende) **Privatpersonen**, Unternehmen, Stiftungen. Die Höhe dessen, was diese in der Lage wären zu geben, muss mit dem Finanzziel in Einklang stehen. Zudem muss die Hoffnung gerechtfertigt erscheinen, dieses Potenzial in eine tatsächliche Förderbereitschaft umwandeln zu können. Ein großer **Vorteil für Bildungsinstitutionen** sind ihre vielen „warmen“ Kontakte, ob Schüler oder Studierende, Eltern, Ehemalige: Alle kennen die Institution und auch ihre Bedarfe über lange Jahre von innen.

3.4 Engagement von ehrenamtlichen Führungspersönlichkeiten und Fürsprecher/innen

Ehrenamtliche Führungskräfte von außen, Persönlichkeiten, die hinter der Zielsetzung stehen, der Arbeit **Prestige und Ansehen** verleihen, die Kontaktarbeit mit tragen und unterstützen sowie Türen insbesondere zu Zustifter/innen und Großspender/innen öffnen, bilden den Schlüssel für jede groß angelegte Fundraising-Aktivität. Noch gehört es hierzulande nicht, wie in den USA, zum guten Ton, sich ehrenamtlich für das Fundraising im Bildungsbereich zu engagieren. Doch Interesse und Engagement wachsen.

3.5 Interne Fundraising-Bereitschaft

Ein weiterer Faktor für Fundraising-Erfolge ist die interne Bereitschaft innerhalb einer Organisation oder Institution, tatsächlich ein Fundraising zu betreiben. Voraussetzung dafür ist das Vorhandensein von **klaren Vorstellungen über die Prioritäten** der Organisation, eine breite Unterstützung der Kampagne innerhalb der Organisation und eine enge Verbindung zwischen den Zielen der Kampagne und der langfristigen Entwicklung der Institution insgesamt. Hinzu kommt die Notwendigkeit einer klaren, **konsequenten und inspirierenden Führung** innerhalb der Institution und von **Menschen, die dem Fundraising kontinuierlich Zeit widmen** (Fundraising-Personal). Fundraising ist „Chefsache“. Ein **Budget für Fundraising-Aktivitäten** ist dabei ebenso unabdingbar wie eine mittels einer Fundraising-Software geführte Fördererdatenbank.

Beim **Start ins professionelle Fundraising** gilt es in der Regel, zahlreiche Hürden zu nehmen. Vielerorts stellt die Vorfinanzierung der Fundraising-Kosten eine große Herausforderung dar. Es ist normal, dass zumindest in den ersten beiden Jahren „rote Zahlen“ geschrieben werden. Allerdings sollten die Fundraising-Kosten auf Dauer gesehen 25 % der Einnahmen nicht überschreiten. Fundraising ist immer eine Form von Organisationsentwicklung, die **Rollenänderungen** beinhaltet, auch und gerade auf der Leitungsebene. Meist gilt es, geeignete Organisationsformen und -strukturen (wie beispielsweise die Errichtung einer Stiftung) zu entwickeln. Fundraising-Fachkräfte mit Erfahrung im Bildungsbereich sind bislang rar in Deutschland, daher gestaltet sich die Suche von Fundraising-Personal oft nicht einfach. In diesem Zusammenhang muss erwähnt werden, dass **Berater/innen und Agenturen** am effizientesten genutzt werden können, wenn ihnen qualifizierte Fachkräfte in der Institution gegenüberstehen. Die Annahme, Fundraising-Berater/innen könnten quasi „freischwebend“, auf der Basis von Erfolgsbeteiligung Spender gewinnen und dies noch dazu für unterschiedliche Organisationen, beruht auf einer Illusion.

4. Fundraising: Zielgruppen und Instrumente

Fundraising richtet sich an eine breite Palette von potenziellen Förder/innen, insbesondere an Privatpersonen, Unternehmen und Stiftungen. Meist wird angenommen, die wichtigste Zielgruppe seien Unternehmen. Vielen ist nicht bekannt, dass ein großer Teil des gesamten Fundraising-Aufkommens von privaten Spendern kommt. Hierzulande gibt es keine verlässlichen Zahlen, doch die Trends weisen in die gleiche Richtung. Gut die Hälfte der Fundraising-Einnahmen von US-amerikanischen Hochschulen kommt von Individualspendern (davon jeweils die Hälfte von Alumni und Nicht-Alumni). Etwa ein Viertel kommt von Stiftungen, knapp ein Fünftel von Unternehmen. Auch die meisten Schulen in den USA, allen voran die privaten, verfügen über ansehnliche Einnahmen aus privaten Förderquellen. Gerade im Schul-Fundraising ist das Engagement von Ehrenamtlichen stark.

Die **Instrumente zur Gewinnung von privaten Förderern** sind vielfältig, ob Spenden-Mailing, Fundraising-Event, Erbschaftsmarketing oder Telefon-Fundraising und andere mehr. Für Fundraising-Erfolge wichtig ist meist die Kombination unterschiedliche Fundraising-Instrumente – jeweils maßgeschneidert für unterschiedliche Zielgruppen und Zielpersonen. Im Folgenden wird lediglich ein Fundraising-Instrument beleuchtet, das für den Bildungsbereich besonders relevant ist, das sogenannte „Major Donor Fundraising“, die persönliche Ansprache einzelner Förderer (ob Spender, Stifter oder Sponsoren). Beispielsweise Massenmailings bringen selten den gewünschten Erfolg, eine Schule oder Hochschule hat dazu nicht die Voraussetzungen, wie sie eine Umweltorganisation wie Greenpeace besitzt.

5. Das Major Donor Fundraising

Beim Major Donor Fundraising sollte entlang der folgenden **sieben Schritte** vorgegangen werden (vgl. Abbildung 1).

5.1 Identifikation möglicher Spender

Personen und Organisationen müssen identifiziert werden, von denen angenommen werden kann, dass sie in der Lage sind, hohe Spendenbeträge leisten zu können. Hierbei gilt es unter anderem eine Art Schneeballsystem zu initiieren und die persönlichen Netzwerke der Hochschul- bzw. Schulleitung, der Professoren bzw. Lehrer und anderer relevanter Personen zusammenzutragen. Das Prinzip lautet hier: „Von innen nach außen“. Jeder Mensch hat über die verschiedenen Bereiche, in die er involviert ist, zahlreiche Kontakte.

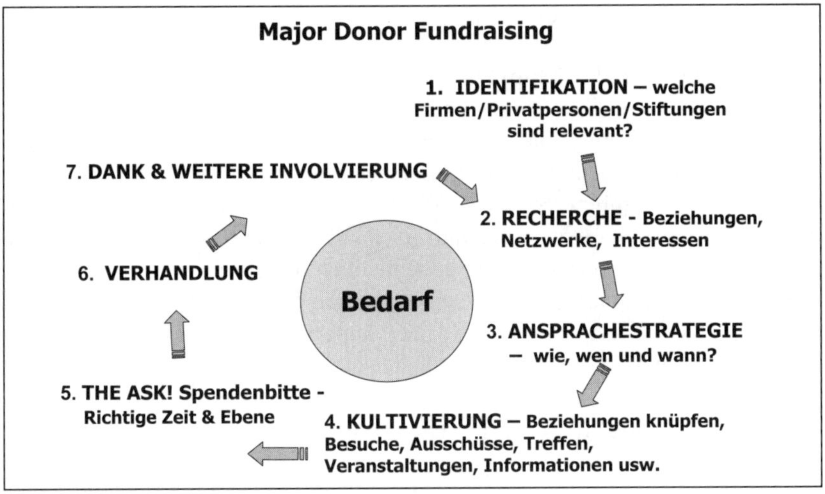

Abbildung 1: Die sieben Schritte des Major Donor Fundraising

5.2 Recherche und Evaluation

Recherchen über mögliche Förderer sind eine der wichtigsten Aufgaben im Major Donor Fundraising. Im Hochschulbereich ist es in der Regel sogar notwendig, zumindest eine Person in der Fundraising-Abteilung voll dafür abzustellen. Insbesondere durch das Internet sind die Informationsquellen auch hierzulande in den vergangenen Jahren enorm gewachsen. Es ist wichtig, die Art und Weise der Beziehung einer Person oder einer Organisation zu der jeweiligen Institution zu kennen, und eine realistische Einschätzung vorzunehmen, wie viel sie geben können. Wird um einen Betrag in unrealistischer Höhe gebeten oder jemand angefragt, der mit der Einrichtung im Konflikt steht oder aber irgendeine andere unaufgelöste negative Erfahrung gemacht hat, ist der Erfolg unwahrscheinlich. Wird umgekehrt um zu wenig gebeten, verpasst man nicht nur eine gute Gelegenheit, sondern kann sogar beleidigend wirken.

5.3 Planen der Ansprachestrategie

Die Ansprache muss sowohl strategisch (wann und wie die Ansprache eines Förderers in den Gesamtplan passt), wie auch taktisch (die Art und Weise, in der der Kontakt zu jedem potenziellen Förderer gepflegt wird) geplant werden.

5.4 Kultivierung und Involvierung des potenziellen Förderers

Einer der häufigsten Fehler im Fundraising ist, dass die Bitte um Förderung zu früh erfolgt. Erst nach einer ausreichenden Zahl an persönlichen Kontakten mit möglichen Spendern (bei hohen Beträgen bis zu fünf und mehr) und dem dadurch bewirkten Heranführen an die Hochschule und ihre Bedarfe sollte die eigentliche Spendenbitte erfolgen. Der potenzielle Sponsor muss auf den Gedanken, dass er die Hochschule mit einer signifikanten Spende unterstützen könnte, vorbereitet werden. Wenn er schließlich um die Spende gebeten wird, sollte der Vorschlag nicht überraschend kommen. Der Spender sollte so vorbereitet sein, dass sich der Anfragende über den erfolgreichen Ausgang ziemlich sicher sein kann.

5.5 The Ask – die Bitte um eine Zuwendung

Wichtig ist hierbei sowohl der richtige Zeitpunkt als auch die richtige Ebene. Derjenige, der den Kontakt zu einem möglichen Förderer gepflegt hat, wird in den meisten Fällen auch derjenige sein, der um die Zuwendung bittet. Idealerweise sollte eine Spendenbitte den möglichen Förderer herausfordern, ihn aber finanziell nicht in Verlegenheit bringen. Er wird vielleicht keine sofortige Antwort geben wollen, sondern wird die Förderung möglicherweise mit seinem Finanzberater, mit der Unternehmensleitung, mit dem Ehepartner oder einem anderen Familienmitglied diskutieren wollen.

5.6 Verhandlung: Die Bitte um Förderung zum Abschluss bringen

Die Person, die um die Spende gebeten hat, muss mit dem möglichen Spender in Kontakt bleiben und zu gegebener Zeit nachfassen. Welche Würdigung ein Spender erhalten sollte und die Art und Weise, in der die Spende öffentlich gemacht wird, ist Teil des Gesprächs mit dem potenziellen Spender. Dies setzt ein gewisses Verhandlungsgeschick voraus. Es ist ratsam, im Voraus hier eine klare, aber flexible Haltung zu formulieren, um sicher zu stellen, dass die Art der Anerkennung einer Spende zu dem Spender passt.

5.7 Dank und weitere Involvierung des Sponsors

Es ist unbedingt wichtig – wird aber oft vergessen – den Spender auch nach seiner Zusage involviert zu halten. Wenn der Spender eine größere Spende macht, erwächst unweigerlich die Erwartung, dass dies den Beginn einer intensiveren Beziehung zu der Bildungsinstitution markiert. Der Spender wird Teil der „Community“ der Hochschule oder Schule, des aktiven Kreises an

„Stakeholders“ und wäre enttäuscht, wenn diese nicht Schritte unternähmen, um ständige Wertschätzung für die Zuwendung auszudrücken, den Spender bei wichtigen Entscheidungen zu konsultieren und ihn als jemanden zu behandeln, der sich künftig weiter mit Zuwendungen engagieren könnte.

Eine ganze Fundraising-Strategie, die auf den Prinzipien des Major Donor Fundraising beruht, sind Capital Campaigns, Großspenden-Kampagnen über einen Zeitraum von zwei bis drei Jahren, wie sie beispielsweise die Technische Universität München bei ihrem Einstieg ins professionelle Fundraising mit großem Erfolg durchgeführt hat. Hierbei ist es unabdingbar, systematisch und geplant entlang vorzugehen. Notwendig ist gerade bei solchen Kampagnen die Schaffung eines mit „hochkarätigen“ Ehrenamtlichen besetzten Fundraising-Gremiums, die entweder selbst über Vermögen verfügen und in der Lage sind, sich mit hohen Summen zu engagieren oder aber in Führungspositionen in der Wirtschaft sitzen und so in der Lage sind, in dem Unternehmen hohe Förderbeträge zu initiieren.

6. Ausblick

Die Mehrzahl der Bildungsinstitutionen in Deutschland hat zwar Erfahrungen im „Zufalls-Fundraising“, doch eine wichtige Voraussetzung für Fundraising-Erfolge ist das systematische und kontinuierliche Bitten um Zuwendungen. Den an den Bedürfnissen der Förderer ausgerichteten Fragen um eine Zuwendung, ob Spende oder Sponsoring, kommt eine zentrale Funktion bei der Ausbildung einer Spendenkultur für die bundesdeutschen Hochschulen zu. Dies setzt, wie dargelegt, personelle Kapazitäten voraus. Es ist an der Zeit, dass die Professionalisierung des Fundraising im Bildungsbereich auch in Deutschland vorankommt.

Literatur

Haibach, M. (2002): Handbuch Fundraising, 2. überarb. Aufl., Frankfurt/Main 2002

Urselmann, M. (2002): Fundraising – Erfolgreiche Strategien führender Non-Profit-Organisationen, 3. Aufl., Berlin u.a. 2002

Konzeption, Durchführung und Kontrolle eines Sponsorship aus Sicht von Kindertagesstätten

Christa Zeller
Fachhochschule Heilbronn

1. Einblick: Kindertagesstätten im Wandel

Kindertagesstätten (KiTa)[1] sind im Wandel. Nicht erst seit „Pisa" weiß man um den fundamentalen Stellenwert von Kindertageseinrichtungen im deutschen Bildungssystem und einem damit verbundenem notwendigen Ausbau besonders im vorschulischen Bereich. Allein die vielzitierten leeren Kassen der Kommunen und zurückgehende Geburtenraten bremsen die Erwartungen. Viele Träger sind gefordert, ihre Einrichtungsmodelle neu zu überdenken. Hier liegt eine große Chance, dem guten alten **Kindergarten** – wie er selbst im englischen Sprachraum noch genannt wird – neue Wege zu eröffnen (vgl. *Haibach* 2002, S. 31). In der Neuausrichtung hinsichtlich betriebswirtschaftlicher Instrumente schlummert ein nicht zu verachtender Nebeneffekt. Zunehmend zeigen KiTas selbstbewusst ihr pädagogisches Image und legen projektorientiertes Arbeiten in vielen Bereichen der Öffentlichkeit dar. Das Einwerben von Geld- oder Sachspenden bei Unternehmen ist allerdings schon immer Teil des KiTa-Alltags gewesen – die Erzieherin spielte dabei aber eher die Rolle der bittenden und dankenden Spendenempfängerin. Die neuen Kommunikationswege bergen erstaunliches Potential für eine Zusammenarbeit auf einer anderen, einer partnerschaftlichen Basis mit der Wirtschaftswelt. Im Kontext der Diskussion um soziale Verantwortung als Corporate Citizen kann ein Unternehmen gerade im regionalen Bereich mit Bildungssponsoring sehr kompetente Partner unter den KiTas entdecken. Denn es ist das Alltagsgeschäft der KiTas sich dieser sozialen Verantwortung als Institution zu stellen. Mit diesem gemeinsamen Ziel finden sich genügend Projekte, die sich unter Berücksichtigung ethischer Grundregeln in eine für beide Seiten profitable Kommunikationsstrategie einbinden lassen. Noch gehen beide Seiten sehr vorsichtig aufeinander zu, und es sind eher Unternehmen, die mit eigeninitiierten Sponsoring-Aktionen KiTas ansprechen. Doch Erzieherinnen können mit Wirtschaftsunternehmen im vertraglich festgehaltenen Dialog gemeinsam soziale Verantwortung und soziale Professionalität in der Öffentlichkeit demonstrieren. Bildungssponsoring mit den „Kleinsten" kann so zu einer großen Sache werden.

2. Fünf Meilensteine zum Erfolg

Um eine Win-Win Situation für beide Partner zu erzielen, bedarf es eines klaren Handlungskonzepts. Beachten KiTas die folgenden **fünf Meilensteine**

[1] Der Begriff Kindertagsstätte bezieht sich in diesem Artikel vorwiegend auf Einrichtungen für Kinder im Alter von 0-12 Jahren und wird im Folgenden mit KiTa abgekürzt.

(vgl. Abbildung 1) als einzelne Handlungsschritte, ist eine innovative Idee auf dem besten Weg ein erfolgreiches Sponsoring zu werden.

Fünf Meilensteine zum Sponsoring-Erfolg
Handlungskonzept für ein Sponsoring aus Sicht einer Kindertagesstätte

	Meilensteine	Teilschritte
Meilenstein 1	**Fundament**	✓ Leitbild, Öffentlichkeitsarbeit und Projektarbeit ✓ Urteile, Vorteile und ethische Grenzen
Meilenstein 2	**Entscheidung**	✓ Wer ist involviert ✓ Agentur oder Eigenwerk
Meilenstein 3	**Konzeption**	✓ Wohin, Warum und Wodurch: Ziele und Form ✓ Für Wen und mit Wem: Zielgruppe ✓ Wie: Projektpräsentation und Leistungsprofil
Meilenstein 4	**Durchführung**	✓ Partnersuche ✓ Rechtliche Grundlagen und Vertrag ✓ Lebendiger Dialog
Meilenstein 5	**Erfolgskontrolle**	✓ Zielüberwachung und Projektanalyse ✓ Fehlervermeidung

Abbildung 1: Fünf Meilensteine zum Sponsoring-Erfolg

2.1 Fundament

Als gemeindeorientierte Dienstleistungsunternehmen haben sich die meisten KiTas vom Bild des „wohlbehüteten Kindergartens unter dem Dach eines sozialen Systems“ (*Zeller* 2001, S. 15) verabschiedet. Der Alltag verlangt den Dialog mit der Öffentlichkeit, die bloße Existenz genügt zur Legitimation nicht mehr. Sehr individuell und in unterschiedlichem Zeitmaß entwickeln sich in den deutschen KiTas Leitbildgedanken und Imageprofile, Prinzipien der Kundenpflege und dienstleistungsorientierte Konzepte. Diese Elemente dienen als Grundlage und Voraussetzung für die Zusammenarbeit mit einem Wirtschaftsunternehmen.

2.1.1 Leitbild, Öffentlichkeitsarbeit und Projektarbeit

Der **erste Meilenstein** beleuchtet Konzepte und **Leitbilder** im eigenen Haus. Es ist nicht zwingend notwendig eine ausführlich geschriebene Konzeption zu haben, aber Richtung und Ziele müssen wie ein roter Faden erkennbar sein und spürbar gelebt werden. Ein „offenes, freundliches Haus“ schließt nicht seine Türen, sieht Eltern als Erziehungspartner, informiert mit einem konsequenten Infosystem für Eltern und Interessierte, korrespondiert mit der Presse, mischt mit bei regionalen Veranstaltungen und dokumentiert seine Arbeit auch in der Öffentlichkeit. Dabei spielt das Instrument der **Projektarbeit** und **Projektmanagement** eine wesentliche Rolle. Eine klare Zielsetzung und Zielkontrolle, aktive Beteiligung vieler externer „Experten" und eine transparente Dokumentation – idealerweise an einem öffentlichen Ort mit viel Publikumsverkehr, wie dem Rathaus, der Bücherei, einer Bank oder dem Einkaufszentrum – machen dieses Instrument zur Grundlage professioneller Öffentlichkeitsarbeit. Projektarbeit dient letztendlich als **Kommunikationsplattform** für die Zusammenarbeit mit Wirtschaftsunternehmen. Sie führt, wie Abbildung 2 zeigt, die beiden Partner über die jeweils eigene Identitäts- und Zielfindung zusammen in die Öffentlichkeit.

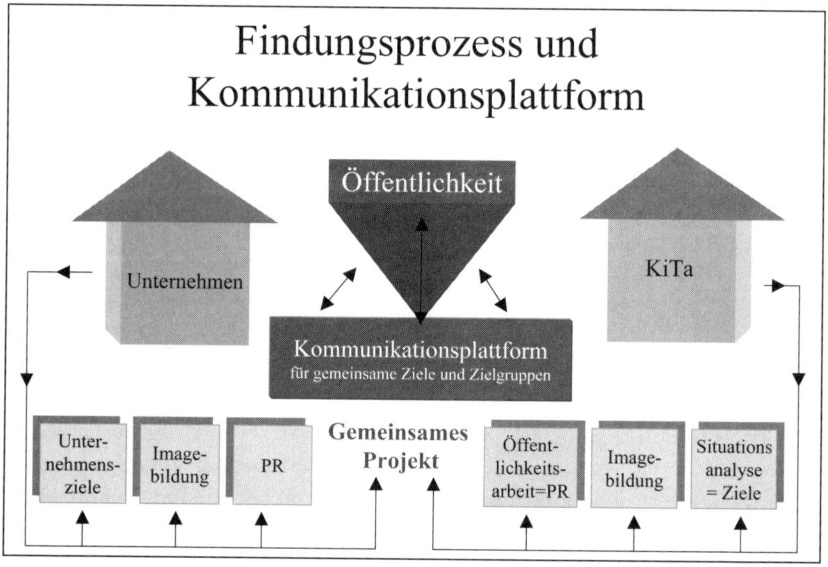

Abbildung 2: Findungsprozess und Kommunikationsplattform (*Zeller* 2001, S. 48)

Die visuellen Erkennungszeichen unterstützen eine nachhaltige Kontaktpflege mit der Öffentlichkeit. Der Name der Einrichtung zeugt von Individualität: Kindergarten Musterstadt wirkt sicher nicht so eindrücklich, wie Kinderhaus Kunterbunt oder Kindergarten Regenbogen. Ein passendes und professionell erarbeitetes Bild- oder Wortlogo unterstreicht die eigene Identität – die **Corporate Identity** – und erhöht bei regelmäßiger Nutzung den Wiedererkennungswert. Kurz und bündig zusammengestellte Informationen über die wichtigsten Eckdaten und besondere pädagogische Konzepte oder soziale Aufgaben, z. B. in Form eines Flyers, dienen einer akzentuierten Selbstdarstellung. Regelmäßige Informationen wie eine KiTa-Zeitung, die Kolumne in der regionalen Presse oder der Schaukasten pflegen den Dialog mit Eltern, Interessierten, Entscheidungsträgern – wirtschaftlich ausgedrückt mit allen Stakeholdern. Die nachstehende Checkliste in Abbildung 3 hilft bei der Überprüfung der Vorraussetzungen.

	Checkliste Voraussetzungen	✓
Haben wir	→Ziele und ein Leitbild?	
	→Eine Konzeption?	
	→Besondere pädagogische oder soziale Ansätze?	
	→Ein Logo, welches durchgängig genutzt wird?	
	→Projektorientiertes Arbeiten?	
	→Feste Informationswege wie KiTa-Zeitung, Elternbrief etc.?	
	→Einen Flyer mit Kurzinformationen über die Einrichtung?	
	→Erfahrung mit Ausstellungen und Dokumentationen?	
	→Kontakte zur Presse, Presseverteiler?	
	→Dokumentation bisheriger Öffentlichkeitsarbeit?	
	→Kontakte zu Wirtschaftsunternehmen? Referenzen?	
	→Positive Einstellung gegenüber der Wirtschaftswelt?	
	Mindesten 8 Häkchen ergeben ein brauchbares Fundament, ansonsten ist „Nacharbeit" notwendig	**Summe**

Abbildung 3: Checkliste Voraussetzungen

2.1.2 Urteile, Vorteile und ethische Grenzen

Mitarbeiter in sozialen Einrichtungen und Mitarbeiter in Wirtschaftsunternehmen agieren mit einer unterschiedlichen Sprache in ihren jeweils eigenen Lebenswelten. Meist ist das Wissen über die andere Welt geprägt von Vorurteilen und Schubladendenken. Im Extrem ist da einerseits die „birkenstocktragende liebe Kindergartentante" und andererseits der „kapitalorientierte Manager im Nadelstreifenanzug". Die Begegnung der ungleichen Partner auf gleicher Augenhöhe erfordert Offenheit und die Akzeptanz, sich mit neuen Sichtweisen zu beschäftigen. Solch ein Standortwechsel kann durchaus befruchtend sein – viele Unternehmen haben dies erkannt und fördern aktiv soziales Engagement ihrer Mitarbeiter. Der Umbau des Sozialstaates fordert die Sicherung einer gemeinsamen Zukunft, in der alle Beteiligten unserer Gesellschaft ihren Beitrag leisten müssen. Dabei geht es nicht um einseitige Wohlfahrt, sondern um Vorteile für alle Mitwirkende, wie Abbildung 4 verdeutlicht (*Zeller* 2001, S. 39 ff.).

Abbildung 4: Vorteile und Motive für ein Sponsoring mit KiTas

Laut einer repräsentativen Umfrage von Ipsos *(Ipsos Kindergartensponsoring* 2001, S. 8) finden 69 % der Befragten ein Sponsoring mit einer KiTa als sehr gut bis akzeptabel. Befragte, die selbst gesponserte Kindergärten kennen, stehen gar mit 75 % voll hinter dem Sponsoring – eine Akzeptanz, die durchaus Mut macht, aufeinander zuzugehen.

Trotzdem ist das Sponsoring im KiTa-Bereich mit hoher Sensibilität anzugehen, und es bedarf einiger wesentlicher **ethischer Grundregeln** für ein positives Ergebnis (vgl. Abbildung 5).

Ethische Grundregeln für das Sponsoring mit einer KiTa	
Regel	**Beispiel**
✓ Die Unverletzlichkeit der Menschenwürde und die Glaubwürdigkeit der Inhalte ist oberstes Gebot.	Eine Fast-Food Kette würde einer Sponsoringaktion zum Thema „gesunde Ernährung" eher negative Imagewerte für beide Seiten einbringen.
✓ Sponsoring kann nur Drittmittelfinanzierung sein und die öffentliche Hand nicht aus ihrer Verantwortung entlassen.	Regelpersonal und Grundausstattung müssen vom Träger gewährleistet sein, nur besondere Anliegen, wie z. B. die naturnahe Gestaltung des Außenbereichs oder der Wunsch nach einer zusätzlichen Sprachtherapeutin kann Gegenstand sein.
✓ Die Unabhängigkeit für inhaltliche und pädagogischen Handlungen muss gewährleistet sein.	Ein Unternehmen aus der Computerbranche kann keinen Einfluss auf die pädagogische Umsetzung eines Computerprojektes nehmen, um die Kinder mehr an das „Spielzeug" Computer zu binden.
✓ Kinder können zwar Imageträger sein, aber keine Werbeträger. Glückliche Kinder auf Bestellung kann es nicht geben.	Direktmarking über die Kinder oder die einheitliche Bekleidung mit Logo des Sponsors sind nicht nur aus rechtlicher Sicht (Aktive Werbeleistung) zu überdenken, sondern wirken besonders bei der Zielgruppe Eltern eher kontraproduktiv.
✓ Klischees von Elend und Mitleid haben in der Kommunikation keinen Platz.	Eine mitleiderregende Story über ein behindertes Kind in einer integrativen Einrichtung darf nicht zum Vertragsinhalt werden.

Abbildung 5: Ethische Grundregeln für das Sponsoring mit einer KiTa

2.2 Entscheidung

Ist das Fundament gelegt, folgt die konkrete Abwägung für oder auch gegen das Instrument Sponsoring. Beim **zweiten Meilenstein** sind die Beteiligung aller Akteure in die Entscheidung und die Überlegung für den Einsatz externer Berater wesentliche Punkte.

2.2.2 Wer ist involviert

Nur wenn nach dem Abwägen der Vor- und Nachteile und der ethischen Überlegungen alle dahinter stehen, hat das Projekt eine positive Zukunft. Dazu gehören nicht nur die **Kinder** und das **Team** der Einrichtung, auch die **Eltern** und der **Träger** sitzen mit im Boot. Der Zeitaufwand kann besonders bei ersten Projekten die üblichen Arbeitszeiten sprengen, weshalb es notwendig ist, schon im Voraus **freiwillige Helfer** in der „Hinterhand" zu haben. Das können Eltern, aber auch Gemeindemitglieder sein, die gerade für ein zeitlich begrenztes Projekt mit einem für sie interessanten Thema gerne Zeit, Wissen und/oder Arbeitskraft spenden. Eine direkte Ansprache oder ein Aufruf im örtlichen Amtsblatt kann so zum Erfolg führen: den Landfrauenverein zur Bedienung bei der Vernissage, die Kunsthistorikerin für die Texterstellung der Kinder-Kunstausstellung, den Architekt bei der Planung eines Einbaus oder den Nachbar für die Hilfe bei der Bestuhlung für ein Kindermusical.

2.2.3 Agentur oder Eigenwerk

Der Einbezug eines Beraters oder einer Agentur kann den Zeitaufwand, wie auch vorhersehbare Defizite in der professionelle Abwicklung kompensieren. Allerdings lohnt sich der Einsatz einer Agentur nur bei größeren, eventuell überregional angelegten Projekten, denn die Kosten-Nutzen Relation sollte ausgewogen sein. Die Honorargrundlage ist abhängig vom Umfang der Leistung, als Durchschnittswert sollte von 10-15 % des Sponsoring-Betrages ausgegangen werden. Agenturen, die Erfahrungen mit KiTa-Sponsoring haben, sind noch dünn gestreut (aktuelle Informationen sind z. B. bei der Europäischen Sponsoring Börse: www.esb-online.de oder bei der Bundesarbeitsgemeinschaft für Sozialmarketing: www.sozialmarketing.de erhältlich).

2.3 Konzeption

Der reibungslose Ablauf eines Sponsorships ist abhängig von einer fundierten konzeptionellen Planung. Fünf zentrale Fragen bestimmen im **Meilenstein Drei** die Richtung.

1. **Wohin und Warum** – Zielbestimmung
2. **Wodurch** – Darstellungsform
3. **Für Wen** – Zielgruppe
4. **Mit Wem** – potentielle Partner
5. **Wie** – Projektpräsentation und Leistungsangebot

2.3.1 Wohin, Warum und Wodurch: Zielbestimmung und Form

Ohne Ziel kann man keine Mitstreiter begeistern. Die Frage nach dem **Wohin** bestimmt den Ansatzpunkt für das Projekt. Nicht jedes KiTa-Projekt ist geeignet, um an Unternehmen heranzutreten. Hält man sich die Motive (vgl. Abbildung 4) der Sponsoren nochmals vor Augen, wird deutlich, dass sie das Einzigartige, das Innovative, das Originelle interessiert. Es müssen **Ereignisse** geschaffen werden. Patentrezepte gibt es hier nicht, da die Ideen aus der individuellen Situation der KiTa erwachsen. Hier gilt Mut zu ungewöhnlichen, zu konträr diskutierten, selbstschöpferischen aber auch gesellschaftspolitischen Themen und Gestaltungsformen (*Zeller* 2001, S. 53). Das Herausarbeiten des Besonderen spielt hier eine wesentliche Rolle. Eine prominente Person aus dem öffentlichen Leben als **Schirmherr** pointiert die Attraktivität. So kann der Bürgermeister nach der erfolgreichen Gartenumgestaltung gesponserte Geräte in einer Auktion auf dem Marktplatz versteigern, oder ein bekannter

Künstler die Kinder-Art-Ausstellung in den Geschäftsräumen des Sponsors eröffnen.

Beispiele aus der Praxis			
Projekt	**Partner**	**Ansatz/Verbindungen/Motive**	**Leistungen**
RegenbogenArt Kinderkunstprojekt mit Ausstellung	Weltweit agierendes Unternehmen der Ventilatorentechnik mit Hauptsitz am Ort der KiTa	50 jähriges Jubiläum der Firma mit einer regionalen Kunst-Ausstellung, Demonstration als Corporate Citizen, regionale Imagewerbung, Eltern als Mitarbeiter	Übernahme der Kosten/Materialien für die Ausstellung, Flyererstellung, gemeinsame Bewerbung und Pressearbeit, Artikel in Mitarbeiterzeitung, Ausstellung in Geschäftsräumen, Auftritt der KiTa beim Mitarbeiterfest
Lirum Larum Löffelstil Ernährungsprojekt	Bank, Reformhaus, örtlicher Bäcker	Projekt passt zum Produkt, gemeinsame Zielgruppe, Akquisitation neuer Kunden	Finanzielle und materielle Unterstützung, gemeinsame Pressearbeit
Snoozelesraum Einrichtung eines Sinnesraum	Fertighausbaufirma	Regionale Verbindung, Projekt passt zum Produkt, als bisheriger Sportsponsor das effektivere Soziosponsoring entdeckt	Finanzierung des Snoozelesraumes, Erstellung eines Kalenders für die Kunden, „Baufest“ mit dem Sponsor
Aufwertung der Inneneinrichtung	Frisör	Regionale Verbindung als direkter Nachbar, direkte Zielgruppenansprache	Finanzierung eines Raumteiler, Gestaltung des Schaufensters seitens der KiTa, Pressearbeit
Kochbuch Ernährungsprojekt	Krankenkasse	Projekt passt zum Produkt, Imageprofilierung, Neukundenwerbung	Gemeinsame Kochbucherstellung, Ernährungsberatung, gemeinsame interne und externe Pressearbeit, Verkauf des Kochbuches über beide Partner
Ran an die Maus Computerprojekt mit kindgerechter Software	Computerunternehmen und Softwarefirma	Projekt passt zum Produkt, Testen neuer Software für Zielgruppe	Computer und Softwareausstattung, Pressearbeit

Abbildung 6: Beispiele aus der Praxis (*Zeller* 2001, S. 81 ff.)

2.3.2 Für Wen und mit Wem: Zielgruppen und potentielle Partner

Wer weiß, wen er ansprechen möchte, kann die **Form der Ansprache** zielgruppengenau ausrichten. Eine KiTa hat im engen Bereich zunächst immer die Eltern als direkte Zielgruppe, bei gemeindeorientierten Themen (z. B. Projekt Stadtjubiläum) öffnet sich der Kreis in das nächste Gemeindeumfeld bis hin zur überregionalen Öffentlichkeit mit politischen Ansprechpartnern (z. B. Projekt Ausländerintegration). Schon an dieser Stelle sollte die Querverbindung zu möglichen Sponsoren in Betracht gezogen werden. Wird der gleiche Markt bearbeitet, findet sich die **Zielgruppe** im Kundenstamm des Unternehmens wieder, oder sind sie gar als neue Kunden interessant (wie z. B. die Elternschaft für Versicherungen)? Für ein Unternehmen ist es attraktiv, politische Ansprechpartner und Multiplikatoren beim informellen Gespräch auf der Vernissage der Kinder-Kunst-Ausstellung in der KiTa zu treffen: eine gesellschaftlich anerkannte Kommunikationsplattform, bei der in lockerer Atmosphäre geschäftliche Netzwerke ausgebaut werden können (vgl. auch Abbildung 2).

2.3.3 Wie: Projektpräsentation und Leistungsprofil

Für die Suche nach einem geeigneten Partner sollte die „Verpackung" des Angebotes neugierig machen. Ob als **Projektmappe** oder als **Präsentation** vor Ort hängt von Projekt und potentiellem Partner ab. Hier gilt die Devise: Der Köder muss dem Fisch und nicht dem Angler schmecken. Der Inhalt ist das erste Aushängeschild der Einrichtung. Gerade bei KiTas ist dabei nicht „Hochglanz" gefragt, sondern Individualität in professioneller Form. Wichtig ist die direkte Ansprache: der Hinweis auf gleiche Zielgruppen oder der Übereinstimmung von Werten und Zielen (zu finden in den Imagebroschüren oder Geschäftsberichten) – besonders die gesellschaftliche Verantwortung – zeugen von einer intensiven Beschäftigung mit dem Unternehmen. Die Vorteile (vgl. Abbildung 3) müssen klar auf das Unternehmen zugeschnitten sein. Hier wird die partnerschaftliche Ebene deutlich. Die ausgereifte Darstellung der Leistungen und Gegenleistungen bezeugen die professionelle und partnerschaftliche Ebene. Für eine KiTa gibt es neben der üblichen Logonutzung und Pressearbeit eine Vielzahl von innovativen und für einen Sponsor ungewöhnlichen Angeboten der Gegenleistung (vgl. Abbildung 4). Die erwartete Leistung erfordert eine genaue Kalkulation des Mittelbedarfs – ob in Geld-, Sach-, oder Dienstleistungsform. Nichts wirkt unprofessioneller als die Nachfrage nach weiteren Mitteln während des Projektes aufgrund einer Fehlkalkulation. Abbildung 7 zeigt eine Checkliste für den Inhalt eines Sponsoringkonzeptes als Grundlage für eine Projektmappe oder Präsentation (*Mayer* 1999, S. 89).

		Checkliste Sponsoringkonzept und Präsentation	✓
Haben wir	→	Vorstellung der Projektidee –kurz und bündig	
	→	Einzigartigkeit und Stärken des Projektes	
	→	Kurzer Steckbrief der Einrichtung	
	→	Zielgruppen des Projektes, Überschneidungen zu Zielgruppen des Unternehmens	
	→	Vorteile, Gründe und Motive für das Unternehmen	
	→	Geplante Medienarbeit, Medienpräsenz und Medienkontakte	
	→	Kommunikationsträger (geplante Auflage, Einsatz und Verteiler)	
	→	Katalog der angebotenen Leistung	
	→	Gegenleistungen mit konkretem Bedarf der Finanz- /Sachmittel oder Dienstleistungen	
	→	Kostenkalkulation und Kostenrahmen	
	→	Zeitrahmen	
	→	Exklusivsponsoring oder mit Nebensponsoren	
	→	Feste Kontaktperson(en)	

Abbildung 7: Checkliste Sponsoringkonzept und Präsentation

2.4 Durchführung

Die praktische Durchführung durchläuft in **Meilenstein Vier** die folgenden Schritte der konkreten Partnersuche mittels der Projektpräsentation, der gemeinsamen Umsetzung und einer Erfolgskontrolle.

2.4.1 Partnersuche

Bei der Auswahl der Partner werden KiTas sich zunächst am regionalen Umfeld orientieren. Hier liegen die größten Chancen der erfolgreichen Akquise. Neben den Grundsätzen ethischer Überlegungen können folgende **Kriterien** hilfreich sein:

- Klein- und Familienbetriebe, mittelständische Unternehmen,
- Ortsgebundenheit und Traditionen vor Ort,
- Eltern als Mitarbeiter oder Firmenchefs,
- vorhandene Kontakte und Beziehungen, z. B. über Spenden (Networking),
- passendes Firmenimage zum Projekt,
- passendes Projekt zum Produkt,
- Zielgruppenbezug,
- Sonderveranstaltungen der Firmen wie Gewerbemesse, Ausstellungen, Firmenjubiläen usw.

Die grundsätzliche Überlegung, einen Exklusivsponsor oder mehrer Sponsoren, evtl. auch mit einem Hauptsponsor in einem gemeinsamen Pool zu haben, ist immer abhängig von der Art des Projektes und den Wünschen der Sponsoren. Gerade für KiTas ist hier auch die Kombination der Instrumentarien Spende und Sponsoring möglich – allerdings sollte dies mit einer klaren, nach außen sichtbaren Abgrenzung stattfinden.

Weitere Möglichkeiten liegen in den eigeninitiierten Sponsoringangeboten der Firmen. Einige Unternehmen gehen dazu über, zu bestimmten Themen oder mit regionalem Bezug ein Sponsoring anzubieten, auf das man sich bewerben kann. Die klaren Regeln sind dabei meist schon festgelegt. Abbildung 8 zeigt dies am Beispiel des Unternehmens SAP, bei dem schon mehrere KiTas und Jugendeinrichtungen mit innovativen Projekten erfolgreich waren.

Beispiel eines eigeninitiierten Sponsoringangebotes der SAP	
Gefördert werden	**Nicht gefördert werden:**
✓ kreative Projekte mit Innovationsanspruch	✓ Kongresse, Konferenzen, Symposien und Bälle
✓ Projekte in partnerschaftlicher Zusammenarbeit mit klar erkennbarem, gegenseitigem Nutzen	✓ Festschriften, Ausstellungskataloge, Tonträger etc.
✓ Projekte mit erkennbarem inhaltlichem Bezug zur SAP (bevorzugt junge, dynamische Projekte, verschiedene Bereiche umfassende Projekte, Integration neuer Medien)	✓ Projekte ohne kreatives Engagement, wie z. B. Unterstützung von Umbauten, Neuanschaffung von Geräten jeder Art oder Trikotsponsoring
✓ Teamkonzepte als ausgewiesener Schwerpunkt im Sponsoring	✓ kommerzielle Veranstaltungen

Abbildung 8: Beispiel eines eigeninitiierten Sponsoringangebotes (Auszug aus dem regionalen Engagement der SAP „Entwicklung fördern – Durch Innovationen Chancen der Zukunft eröffnen“[2])

Sponsoring-Vereine bieten eine weitere Plattform der Partnersuche. Der Verein vermittelt Unternehmen, die sich sozialpartnerschaftlich engagieren wollen mit Non-Profit-Organisationen und deren konkreten Projektanliegen. Ein nachahmenswertes Beispiel ist „Sozial Sponsoring in Wuppertal“[3], das gerade für KiTas eine gute Basis für die erfolgreiche Suche nach dem passenden Partner darstellt.

2.4.2 Rechtliche Grundlagen und Vertrag

Sponsoring beruht im Gegensatz zur Spende auf einer vertraglichen Basis mit Leistung und Gegenleistung und wird mit dieser Definition erstmals im Sponsoring Erlass von 1998 ertragssteuerrechtlich geregelt. Die steuerrechtlichen Konsequenzen bei der Einstufung als wirtschaftlicher Geschäftsbetrieb, die sich aus der vertraglich festgehaltenen Werbeleistung ergeben, sind entscheidend für die Steuerpflicht auf Seiten des Gesponserten. Für das Unternehmen ist das Sponsoring im Gegensatz zur Spende eine Betriebsausgabe (§ 4 Abs. 4 EstG) und vermindert den zu versteuernden Gewinn. Der Vertrag sollte immer in schriftlicher Form abgeschlossen werden und folgende Punkte enthalten: Vertragspartner, Vertragsgegenstand/Leistungen, Vertragsdauer, Kündigungskonditionen und unter Sonstiges: Änderung/Ergänzung etc in Schriftform, Ausschließlichkeitsklausel, Gerichtsstand (vgl. hierzu *Bannenberg* 2002, S. 39 ff.; *Brockes* 2002, S. 77 ff.; *Zeller* 2002, S. 74).

---

2 Weitere Informationen unter http://www.sap.com/germany/company/publicaffairs/ regional/index.aspx [Stand 28.02.2005].

3 Infos unter www.sozialsponsor.org [Stand 28.02.2005].

2.4.3 Lebendiger Dialog

Wurde ein Partner gefunden, ist es wie in jeder Partnerschaft – die Beziehung muss gepflegt werden. Der regelmäßige Austausch mit dem Sponsor während des Projekts, ein offener Umgang bei auftretenden Hindernissen, der stete Informationsfluss über Neuigkeiten, Termine usw. gehört zum professionellen Beziehungsmarketing. Die Projekttreffen können abwechselnd bei beiden Partnern stattfinden – so lernt man auch persönlich die gegenseitigen Lebenswelten kennen und verstehen. Eine strukturierte, effiziente Planung der Treffen und die Protokollierung sind selbstverständlich.

2.5 Erfolgskontrolle

Für die Wirtschaft ist eine konsequente Erfolgskontrolle lebensnotwendig. Für KiTas wird dieses Instrument innerhalb der eigenen Qualitätsüberwachung ebenfalls zunehmend genutzt. Eine professionell eingesetzte Erfolgskontrolle legt die Grundlagen für die Optimierung des nächsten Projektes, möglicherweise auch die weitere Zusammenarbeit mit dem Partner. Das Controlling zeigt den Ablauf des Prozesses im **Meilenstein Fünf**:

- Prämissenkontrolle vor dem Projekt,
- Ablaufkontrolle während des Projektes,
- Ergebniskontrolle nach dem Projekt.

2.5.1 Zielüberwachung und Projektanalyse

Die **Prämissenkontrolle** überprüft zunächst die strategische Übereinstimmung des ganzen Sponsorships mit dem zukünftigen Partner. Die Überlegungen aus den Meilensteinen eins bis drei fließen hier mit ein.

Mit Befragungen vor und nach dem Projekt, sogenannten **Pre- und Posttests,** kann die **Wirkung** des Sponsoring abgefragt werden. Besonders für größere Unternehmen ist dies ein wichtiger Indikator, um den Einsatz des „sensiblen" Bildungssponsoring näher einzuschätzen und zu evaluieren.

Geplante Ziele machen nur Sinn, wenn sie auf dem Weg dorthin immer wieder überprüft werden. Die schriftlich fixierte **Vorplanung** aller notwendigen Maßnahmen, eingebettet in ein Zeitraster und versehen mit Prüfmechanismen, ist eine bewährte Methode, um die Zielüberwachung zu lenken. Diese **Ablaufplanung und Ablaufkontrolle** sollte als große Übersicht für alle Beteiligten einsichtig sein, sodass jeder immer über alle Module und Bereiche informiert ist, evtl. Änderungen einsehen kann und ein „Gegencheck" jederzeit möglich ist.

Die Methoden für die **Ergebniskontrolle** können weit gefächert sein und hängen auch vom Umfang des Projektes an:

- Selbstverständlich sollte das Sammeln und Auswerten der Medienresonanzen, auch **Clipping** genannt, sein. Diese Dokumentation enthält den Namen des Medienträgers (Zeitung, Online, Radio etc), Erscheinungsintervall (täglich/monatlich etc.), Erscheinungsdatum, Rubrik und Auflage bzw. Kontaktzahlen (bei Onlinebeiträgen) und lässt sich durch eine inhaltliche Auswertung (Bildanteil, Platzierung, Textwiedergabe usw.) qualitativ erweitern.
- Konkrete Ergebnisse zur **Zufriedenheit** lassen sich über Umfragen abrufen, die sowohl unter den Zielgruppen der KiTa, wie auch des Sponsors durchgeführt werden können.
- Für eine **Kosten-Nutzenanalyse** werden die tatsächlichen Kosten als bewerteter Aufwand ermittelt und dem „Nutzen" gegenübergestellt, der die Medienwirkung erzielt hat: wie oft wurde das Sponsoring mit dem Namen des Sponsors in den Medien erwähnt und was würden entsprechende Werbeschaltungen bei dem Werbeträger kosten? Ein einfaches Instrument, das aber bei positiver Bewertung als Argumentation für weitere erfolgreiche Partnerschaften sehr dienlich ist und Professionalität demonstriert. **Tipp:** die entsprechenden Mediadaten sind i.d.R. bei den Redaktionen erhältlich.
- Für eine KiTa ist das **Abschlussgespräch** mit dem Sponsor ein wichtiges Element und gehört zur Kategorie der Beziehungspflege. Folgende Fragen sollten dabei geklärt werden: sind die gemeinsamen Ziele erreicht worden, wo kollidiert die Kosten-, Zeit-, Sach- und Personalplanung mit der Ist-Situation, welche Faktoren haben dazu geführt?
- Positive individuelle Meinungen und Aussagen sind hervorragende **Referenzen** für weitere Vorhaben.

Wichtig ist, die Kosten- und Personalplanung für die Erfolgsanalyse im Vorfeld schon mit einzuplanen. Die Auswertung der Medien oder Befragungen sind zeit- und personalaufwendig!

2.5.2 Fehlervermeidung

Fehler sind menschlich. Wichtig ist, diese zu erkennen und zu analysieren. Ein Überblick über die häufigsten Fehler in Abbildung 9 kann im Vorfeld schon den ein oder anderen vermeidbar machen.

Checkliste Fehlervermeidung	ja	nein
→ Überschätzung der eigenen Fähigkeiten		
→ Verzicht auf schriftliche oder unzureichende Vereinbarungen		
→ fehlerhafte Organisation		
→ unsachgemäßer Umgang mit finanziellen/materiellen Ressourcen		
→ mangelnde Sensibilität gegenüber den Wünschen des Sponsors		
→ Schwierigkeiten in der Kommunikation / Sprachkodex		
→ fehlende persönliche Kommunikation		
→ unzureichende Abklärung mit Träger		
→ Unterlaufen von Exklusivitätsvereinbarungen		
→ falsche Kostenkalkulation		
→ Unterschätzung des Arbeitsaufwandes		
→ Unterschätzung der notwendigen Pressearbeit		

Abbildung 9: Checkliste Fehlervermeidung

3. Ausblick: Kindertagesstätten in starker Partnerschaft

Das vorgestellte Handlungskonzept **„Fünf Meilensteine zum Sponsoring Erfolg"** ermutigt KiTas, den Schulterschluss mit der Wirtschaftswelt zu wagen.

Auch wenn im KiTa-Bereich die traditionelle Spende weiterhin ihre Berechtigung haben wird und die Übergänge zum Sponsoring fließend bleiben, kann das Instrument des Sponsoring mit der zunehmenden Professionalisierung der KiTa-Welt weiterhin an Bedeutung gewinnen. Notwendig sind mutige Pädagogen, die aus ihrem Ideenreichtum schöpfen und in tatkräftiges Handeln umsetzen. Aber nicht nur KiTas, sondern alle Einrichtungen und Vereine im Kinder- und Jugendbereich können mit dem Konzept ungeahntes Potential freilegen um geeignete Partner finden. Der Bildungsbereich birgt noch viele kreative Schätze, die gemeinsam mit der Wirtschaft präsentiert werden können. Ein leidenschaftliches Plädoyer für eine starke Partnerschaft!

Literatur

Bannenberg, T. (2002): Basiswissen kita: Social Sponsoring & Fundraising, in: kindergarten heute, Freiburg 2002

Brockes, H. W. (2002): Sponsoren gewinnen leicht gemacht, Praxisleitfaden für Vereine, Planegg 2002

Gries, M. (2002): Vom Sommerfest zum Fundraising-Event, hrsg. v. der Redaktion klein&groß, Berlin 2002

Mayer, W. (1999): Sponsoring Explorer: Das Logbuch für neue Finanzierungsquellen, Kooperation Jugendarbeit & Wirtschaft, Münster 1999

Schiewe, K. (1995): Sozial Sponsoring, ein Ratgeber, Freiburg 1995

Sponsoringerlass des BMF zur ertragsteuerrechtlichen Behandlung des Sponsoring vom 18.02.1998, Schreiben des BMF IV B 2 - S 2144 - 40/98, IV B 7 - S 0183 - 62/98, v. 18.2.1998

Oehrens, E. M. (2000): Intelligente Sponsoring Partnerschaften: Ein effektives Instrument von Öffentlichkeitsarbeit, in: *Bundesvereinigung kulturelle Jugendbildung* (Hrsg.): Öffentlichkeitsarbeit, Pressearbeit, Marketingkommunikation und Sponsoring für Verbände, Remscheid 2000, S. 58-68

Zeller, C. (2001): Sozial Sponsoring: Gewinnbringende Zusammenarbeit zwischen KiTas und Unternehmen, München 2001

Zeller, C. (2001): Einleitung Kindergarten Sponsoring 2001, in: *Ipsos new business* (Hrsg.): Kindergarten Sponsoring 2001, Hamburg 2001, S. 3-6

Zeller, C. (2000): Soziales und Wirtschaft – eine starke Partnerschaft, Kindergärten und Wirtschaftsunternehmen wachsen gemeinsam in ein Sozial Sponsoring Projekt, in: KiTa spezial, Sonderausgabe Nr. 3/2000, S. 23

Zeller, C. (1999): Niemand zahlt nur für eine gute Idee, Ein Kindergarten entdeckt Sozial Sponsoring, in: Welt des Kindes, Nr. 4/99, S. 17 ff.

Zeller, C. (2000): Wie finanzieren wir ein Projekt? Erfahrungen mit Sozial Sponsoring, in: Kindergarten heute, Nr. 4/2000

Corporate-Identity-Strategien als Basis für ein erfolgreiches Sponsoring für Schulen

Gerhard Regenthal
Corporate Identity Akademie

1. Corporate Identity für Schulen – warum?
   1.1 Brauchen Schulen eine ganzheitliche Corporate Identity (CI)?
   1.2 CI für Schulen als Lösung unterschiedlicher Probleme
   1.3 Mach' guten Unterricht und rede darüber!
2. Notwendigkeit und Bedeutung des Aufbaus einer CI-Konzeption für Schulen
   2.1 Imagekomponenten
   2.2 Unterricht und Kommunikation
3. Der Aufbau einer CI-Konzeption für Schulen
4. Die Durchführung von CI-Maßnahmen
5. Schulprofil und Qualität

Literatur

1. Corporate Identity für Schulen – warum?

> Nur wenn es innen glänzt, kann es außen funkeln.
> (Schülerin im Betriebspraktikum auf die Frage, was Corporate Identity sei)

Wir machen guten Unterricht und haben ein vielseitiges Schulleben. Wozu brauchen wir ein Schulmarketing oder Corporate Identity (CI)? Eltern und Schüler schätzen unsere Schule – wir haben als angesehene Schule vor Ort genügend Schüler – wir machen guten Unterricht und haben ein vielseitiges Freizeitangebot. Wir müssen keine Werbung machen! Eine gute Schule braucht keine billige Reklame – das haben wir gar nicht nötig! Aber wie kommen wir an Sponsoren – möglichst auch an gute? Management- und Marketingstrategien, wie in der Wirtschaft brauchen wir nicht! Damit zeigen Sie ja unbewusst deutlich *Ihre* Strategie und *Ihre* Identität auf!

Guter Unterricht allein ist nicht mehr entscheidend für die **Profilierung der Schule** und damit für die Stellung der Schule im Vergleich zu anderen – im Schulmarkt. Eine hohe Qualität des Unterrichts wird vorausgesetzt und ein tolles Angebot für ein Schulleben finden wir sehr häufig in Schulen – ist also nicht mehr das ganz Besondere. Was macht Ihre Schule Besonderes darüber hinaus? Was bekommt mein Kind bei Ihnen, was es nicht woanders auch bekommt? Hohe Erwartungen sind bei uns Kunden überall üblich: Top Qualität zu einem niedrigen Preis – wie bei Aldi. Was zeichnet Ihre Schule aus – durch welche Schwerpunkte, Werte, Traditionen oder Erziehungsziele? Welches Denken, welche Kultur und welche wichtige Zukunftskompetenz ist Ihnen als Schule wichtig, auf die Sie Wert legen und den Schülern mitgeben möchten? Und wie wollen Sie das den Schülern, Eltern, Kooperationspartnern, Sponsoren und der Öffentlichkeit vermitteln und kommunizieren? Alles eine Frage des Marketings und der spezifischen Identität, wie Sie Ihre Schule selbst sehen und Ihr Selbstverständnis definieren wollen: Wer sind wir? Wer wollen wir eigentlich sein? Was ist uns wichtig? Können Sie darauf eine kurze, verständliche, gemeinsame und prägnante Antwort geben? Wenn Sie in zwei Sätzen so darauf antworten können, brauchen Sie keine Anleitung mehr für die Profilierung Ihrer Schule. Ansonsten müssen Sie gemeinsam mit allen Betroffenen beginnen, Ihr Selbstverständnis (vgl. Abbildung 1) zu formulieren, um entsprechend dieser Identität Ihre Arbeitsweise effektiv und effizient auszurichten und Ihre Imagebildung anzugehen – ohne dass es billige Reklame wird.

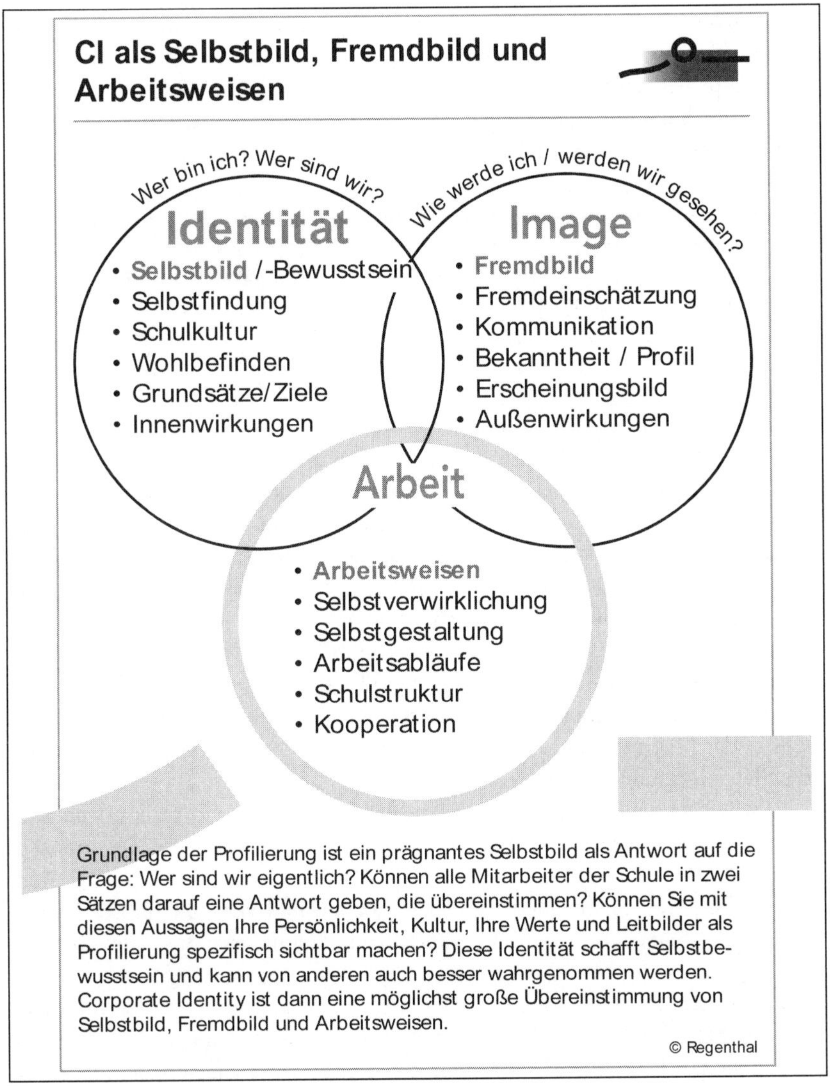

Abbildung 1: CI als Selbstbild, Fremdbild und Arbeitsweisen

Schulmarketing schafft Grundlagen und Vorgehensweisen, um schulspezifisch Ihre Stärken zu verdeutlichen und bewusster und gezielter umzusetzen. Gerade Schulen mit ihren vielen verschiedenen Angeboten können sich leicht verzetteln und in ihren Wirkungen behindern – es fehlt die gemeinsame und vernetzte Ausrichtung aller Maßnahmen und Projekte. „Schule profilieren“ beginnt mit der Schulprogramm-/Leitbildentwicklung und macht Ihre Identität als Schulkultur bewusst. Das schafft Stärke, Orientierung und Sicherheit. „Schule profilieren“ heißt die eigene pädagogische Identität entdecken, entwickeln und erleben! Das ist eine gute Schule – und die bekommt die richtigen Sponsoren.

1.1 Brauchen Schulen eine ganzheitliche Corporate Identity (CI)?

Schulen haben schon von sich aus eine ganz spezifische Corporate Identity (CI) – nur ist sie nicht bewusst.

Ganzheitliches Denken + vernetztes Arbeiten = Corporate
Motivation + Selbstbewusstsein = Identity

Corporate und Identity sind für das Kollegium notwendig, um mit den Veränderungen, Anforderungen und Belastungen fertig zu werden. Darüber hinaus brauchen sie auch noch die Kraft und den Mut, um ihre eigenen pädagogischen Vorstellungen, Werte und Visionen verwirklichen zu können. Engagierte Teams sind die notwendige Basis für eine Lernatmosphäre – die Ausstattung und die Angebote allein machen keine gute Schule aus. Wie aber können die sowieso vielfältigen und immer mehr werdenden Belastungen so verkraftet werden, dass die Motivation nicht absinkt? Effektives und strategisches Zusammenarbeiten für eine gemeinsame Sache, für die sich jeder engagiert und nicht in der Motivation nachlässt macht einen CI-Prozess notwendig. Schulen brauchen Corporate Identity weil

- ganzheitliche pädagogische Denkweisen, ganzheitliche Konzepte und Strategien eine ganzheitliche Theorie brauchen (als gemeinsame Theoriebasis, zur Identitätsfindung),
- sie eine herausragende Positionierung haben und vermehrt in der Öffentlichkeit stehen (zur Markenbildung, zum Schulmarketing, zum Sponsoring),
- sie so viele Projekte haben, die aufeinander abgestimmt werden müssen – sonst bleibt es blinder Aktionismus, mit mehr Belastungen und Aufwand und sich aufhebenden Wirkungen (als gemeinsame Zielsetzung zur effektiven Konzentration aller Ressourcen und Verbesserung der Zusammenarbeit).

Strukturelle und grundlegende Veränderungen in Wirtschaft und Gesellschaft erfordern ein tiefgreifendes Umdenken in allen Bereichen. Besonders der Bildungsbereich muss sich auf die Anforderungen der Wissensgesellschaft einstellen, um sich neu zu positionieren und verantwortlich für die Zukunft auszubilden. Was müssen wir als Schule an neuen Kompetenzen in unserer Ausbildung anbieten und wie können wir das Angebot professionell profilieren? Alles eine Frage nach dem Selbstverständnis – nach der Identität. Corporate Identity als ganzheitliche, strategische und konzeptionelle Denkweise zur Vernetzung aller Maßnahmen und Projekte ist eine bewährte und nachhaltige Managementtechnik für diese Veränderungen. Nur eine glaubwürdig gelebte Identität schafft ein gutes Image und damit eine langfristig erfolgreiche Profilierung und die kann ohne einen **Ganzheitlichen Identitätsprozess** (GIP) nicht wirklich entwickelt werden. Auf dem Wege der Veränderung, über einen GIP hin zur Identität und zum Image – zur erfolgreichen Profilierung über neue Kompetenzen in der Wissensgesellschaft! CI als Erfolgskonzept für die Ausrichtung der Schulen!

1.2 Corporate Identity für Schulen als Lösung unterschiedlicher Probleme

Die Denkweise der Corporate Identity trifft auch auf pädagogische, soziale und kirchliche Organisationen zu und kann bei den spezifischen Problemen erfolgreich und langfristig helfen. Ob es Schulprogramme oder Leitbildentwicklungen sind – Arbeitsweisen oder Problemlösungen – es geht um **ganzheitliche Entwicklungs- und Veränderungsprozesse**. Management-Methoden konnten entsprechend der unterschiedlichen Denk- und Arbeitsweisen und der einzelnen Kulturen sehr gut auf diese Bereiche übertragen werden, so dass CI schon seit über 15 Jahren hier gute Ansätze und Erfolge hatte. Diese Organisationen haben sich im Laufe der gestiegenen Erwartungen zu professionellen „Unternehmen" entwickelt, um diese Qualitäts- und Management-Prozesse, Organisations- und Personalentwicklungsprozesse und auch Marketing- und Image-Prozesse miteinander vernetzen zu können. Erst durch diese Vernetzung unterschiedlicher Projekte und der einzelnen pädagogischen Baustellen können die Schulen den Anforderungen, Erwartungen und Veränderungen von außen und innen gerecht werden, Ressourcen einsparen sowie die Zusammenarbeit und somit die Qualität der Schulen und der anderen Einrichtungen verbessern. Die CI-Strategien sind also gleichermaßen auch hier erfolgreich anwendbar, müssen aber natürlich spezifisch angepasst werden.

Schulentwicklungen, Schulprogramme, Schulkonzepte, Selbstverantwortung der Schulen, Schulentwicklungsprozesse, Schule und Qualitätsmanagement und Budgetierung, Schule der Zukunft, Schule im Rahmen neuer Schulaufsicht und Schulverwaltung – auf dem Wege, Schule neu zu gestalten, fehlen professionelle und kompetente Methoden, Strategien und Beratungen! Hier können **Schulmanagement** und Ganzheitliche Identitätsprozesse helfen, daraus einen gemeinsamen Veränderungsprozess zu entwickeln, um die unterschiedlichen Ansätze miteinander zu verbinden – zum Wohle der Schule und der Schüler. Schule braucht Management, Motivation und Marketing, um im Rahmen der Selbstgestaltung mit diesen Anforderungen und Erwartungen entsprechend so umzugehen, dass aus diesen Prozessen auch gute Ergebnisse erwachsen. Einige Schulen haben sich schon auf den Weg gemacht und ihr schulisches Leitbild und ihr Schulprogramm gemeinsam entwickelt. Allgemeine Werte und Aussagen sind fertig formuliert – aber was sollen wir jetzt machen? Sind wir fertig oder kommt jetzt noch etwas: **Schulprogramm** – und was dann? Sie stehen jetzt in der Situation, dass einigen engagierten Beteiligten „die Luft ausgeht", die Motivation und das „Warum" fehlt. Das Schulprogramm ist nur die Grundlage, die Verfassung der Schule – jetzt muss es umgesetzt und klein gearbeitet werden – bis in den Unterricht und die Darstellung der Schule hinein – es muss kommuniziert werden. Schulprogramm und was dann? Das Schulprogramm leben!

1.3 Mach' guten Unterricht und rede darüber!

Der Aufbau einer CI entsprechend der spezifischen Unternehmens-Leitbilder ist für jedes Unternehmen heute unabdingbar, wenn es auf den überfüllten Angebotsmärkten und bei vergleichbarer technischer Qualität und z.T. ähnlichem Design bestehen will. Das gute Mercedes-Image ist ein Beispiel dafür und zeigt, dass damit sogar eventuelle Schwächen und Übergangsschwierigkeiten eines Produktes überbrückt werden könnten, falls das einmal notwendig würde. Ein Unternehmen verkauft also nicht nur ein Produkt, sondern auch seinen Namen und sein Image, mit dem die Käufer sich identifizieren, herausheben und persönlich auszeichnen können. Ein fehlendes oder schlechtes Image oder eine nur kurzfristige Bekanntheit hemmen den Erfolg eines Unternehmens. Es geht also um eine Profilierung im Wettbewerb, die über die Qualität des Angebotes hinausgeht. Auch bei den Schulen reicht die reine Unterrichts-Qualität nicht mehr aus – es geht entscheidend um die **Schulkultur** und das **Schulleben**. Die CI-Konzeption kann damit zur Überlebensfrage werden, zur langfristigen Sicherung des Unternehmens. Das Entscheidende für die besondere Profilierung ist nicht mehr allein die Qualität der Fachlichkeit oder die hohe Wirtschaftlichkeit, sondern ein „zusätzlicher Wert", der besondere Wert und der Sinn, mit denen ich mich identifizieren kann: IDENTITÄT. Diese Markenpositionierung geht letztlich über eine Corporate-Identity-Strategie – ob Unternehmen oder Schule – es geht um eine glaubwürdige und langfristige Positionierung. Ein starkes Selbstbild, das gemeinsam nach diesem Ablaufplan entwickelt wurde, wird einheitlich und aufeinander abgestimmt im Alltag am

Arbeitsplatz gelebt und auch nach außen kommuniziert und schafft damit ein profiliertes Image. Bei den Zielgruppen wird somit ein einheitliches Bild der Organisation bewusst eingeprägt – Corporate Branding. Überlassen Sie Ihr Image nicht dem Zufall und schon gar nicht Ihren Mitbewerbern!

2. Notwendigkeit und Bedeutung des Aufbaus einer CI-Konzeption für Schulen

Der Bereich der Öffentlichkeitsarbeit war noch nie eine Domäne der Schulen. Die Begriffe Werbung und Schule schienen lange Zeit sogar unvereinbar miteinander zu sein. Bei einer repräsentativen Umfrage empfanden 49 % der Befragten das Wort Werbung als unsympathisch, ein nicht geringer Prozentsatz sprach sich zudem prinzipiell gegen Werbung für Schulen aus. CI sollte jedoch als pädagogische Chance genutzt werden, um sich über die Außenwirkung der Schule und über ihr Profil Gedanken zu machen. Denn eins steht fest: bei gleicher Unterrichtsqualität entscheidet heute das Image einer Schule über die Anmeldezahlen und damit über die Zukunft der Schule. Daher ist es wichtig, aufbauend auf einer guten Innenstruktur (Betriebsklima, Schulorganisation) eine positive Außenwirkung zu entwickeln und sich dadurch langfristig einen guten Namen zu machen (vgl. Abbildung 2).

2.1 Imagekomponenten

Als mögliche **Imagekomponenten**, die die Außenwirkung der Schulen nachhaltig beeinflussen, kommen folgende mit unterschiedlicher Gewichtung in Betracht:

- Lage und historische Entwicklung der Schule,
- gute äußere und innere Architektur, schülergerechte Raumgestaltung,
- Schülerzahlen, Einzugsgebiet,
- gute Ausstattung mit modernen Arbeitsmaterialien,
- Bekanntheit, „guter Name“,
- hochwertiger Unterricht, gerechte Bewertung,
- vielseitige Veranstaltungen (Projekte, Exkursionen, Besichtigungen, Feste),
- interessante Angebote (Arbeitsgemeinschaften, Ausstellungen),
- gutes Betriebsklima,
- harmonische Zusammenarbeit mit Eltern, Schülern und anderen Organisationen,
- häufige und möglichst günstige Berichterstattungen über schulische Maßnahmen (Schülerzeitungen, Tagespresse, Jubiläumshefte).

10 Schritte zur Öffentlichkeitsarbeit

Schritte, Phasen		Methoden, Maßnahmen
Akzeptanzschaffung	1	• Auftrag, Vision, Zielsetzung • Notwendigkeiten, Nutzen • Defizit, Schwächen • Persönliches Engagement, Ansprache • Referenzbeispiele, Anlässe
Teambildung	2	• Aufgaben, Verbindung CI-Team • Kompetenzen • Organisation • Teamentwicklung • Teamverhalten, Arbeitsweise
Ist-Analyse	3	• Zielgruppenfindung • Imageanalysen • Spinnenanalyse • Stärken - Schwächen - Profile • Unterspinnen
Soll-Analyse	4	• Richtlinien aus Organisationsgrundsätzen • Rasteranalyse • Ziele aus Ist-Analysen • Strategische Ziele • Operative Ziele
Instrumentenauswahl	5	• Kraftfeldanalyse • Bench-Marking • Modellprojekte • Instrumentenspektrum • Anleitungen, Beratungen
Konzeptentwicklung	6	• Konzeptberatung • Projektmanagement • Abstimmung mit anderen Konzepten • Testphase, Erprobung • Gesamtkonzeptabstimmung
Entscheidungsbildung	7	• Alternativen finden • Delphi-Methode (Fachleute) • Folgenabschätzung, Wirkungen • Genehmigung, Entscheidung • "point of no return"
Durchführung	8	• Lerneffekte, Motivation • Kleine Schritte, Projektmanagement • Dokumentationen, Zwischencontrolling • Konsequenzen, Durchhalten • Ergebnisorientierung
Controlling	9	• Strategisches + operatives Controlling • Controllinganzeiger, Ergebnisse • Soll-Ist-Vergleich, Effizienz • Stärken-Schwächen-Analyse • Nachbesserungen, Ausbau
Lernende Organisation	10	• Reflexion, "Bewusstmachung" • Erfahrungen, Erkenntnisse, Lernen • Übertragungen, Transfer • "Prozess in Gang halten" • Innovationen, neue Ziele

© Regenthal

Abbildung 2: Öffentlichkeitsarbeit

Für die Schule sollten bei diesen Überlegungen **drei Aspekte** nicht vergessen werden:

1. Wichtigste Grundlage für alle positiven Einschätzungen ist ein **fachlich guter Unterricht**. Allerdings kann der allein kein positives Schulimage aufbauen, denn Schule ist ja auch mehr als nur Unterricht!
2. Nicht alle Maßnahmen müssen unbedingt dem Image dienen. Falls möglich, sollten sie ihm aber zuarbeiten und die **Imagebildung** verstärken. Eine oberflächliche „Imagemache" als Öffentlichkeitsarbeit ohne Binnenwirkung sollte dabei vermieden werden. Sie schadet der Schule mehr, als sie nützt.
3. Ein **CI-Konzept** allein ist für die Schule noch keine Garantie für ein positives Image. Das CI-Konzept kann jedoch die schulischen Maßnahmen und Leistungen in ihrer Einzelwirkung und als Gesamtheit deutlich machen und verstärken. Und es kann auch mögliche Defizite und Probleme im Schulleben aufzeigen und zu lösen helfen.

2.2 Unterricht und Kommunikation

Um die allgemeinen Überlegungen der Schule und Öffentlichkeit in ein konkretes CI-Konzept einzubringen und dadurch zusammenzufassen, müssen die beiden Imagefaktoren der Schulen, nämlich Unterricht und Kommunikation, zunächst weiter untersucht werden. In den vielfältigen Maßnahmen wird die Komplexität der Schulen in ihren kommunikativen Bezügen und mit ihren entsprechenden Problemfeldern und Imagefaktoren deutlich. Gerade die Vielseitigkeit der unterschiedlichen Ansatzpunkte und ihre Interdependenzen machen eine abgestimmte Öffentlichkeitsarbeit der Schulen notwendig. Fixe Eingangsgröße der Imagegestaltung bleibt aber das „Produkt“ der Schule, nämlich der „Unterricht“ mit seinen beiden Elementen „Unterrichtsqualität“ und „Unterrichtsbedingungen“.

3. Der Aufbau einer CI-Konzeption für Schulen

Schulmarketing soll als Maxime, als Denk- und Operationsstil und systematische Entscheidungsfindung betrachtet werden. Marketing, das ist eine marktorientierte Managementsichtweise mit entsprechenden Führungsprinzipien und Instrumenten (to market = auf den Markt gehen). Ziel der Schule ist es, Leistungen anzubieten und nicht nur einfach Unterricht zu machen, der vielleicht gut ankommen könnte. Das Hauptproblem dabei ist das Angebot der Schule zu verbessern und auch gut darzustellen. Machen Sie gute Schule und reden Sie darüber!

Diese **marktorientierte Ausrichtung** ist eigentlich nicht neu, da die Schule sich schon immer nach den Anforderungen der Gesellschaft und der Schüler ausgerichtet hat. Das Aufnehmen der Schülerorientierungen und der gesellschaftlichen Forderungen ist ja auch als pädagogische Leitorientierung umgesetzt worden. Der neue Aspekt im Schulmarketing ist das marktorientierte Denken und Handeln nach innen und außen. Es soll einerseits zur Identitätsbindung nach innen und andererseits zur Imagebildung nach außen arbeiten. Beide Pole bedingen einander (Interdependenzen und Feed Back) und verstärken somit den Erfolg einer Schule:

1. **Verbesserung des Unterrichtsangebotes** (Orientierung an den Wünschen und Erwartungen der Schüler und der Gesellschaft – z.B. Arbeitsgemeinschaften, Projekte, Schulveranstaltungen (s. Problemanalyse der am Schulleben Beteiligten).
2. **Verbesserung der Darstellung der Leistungen** (das zielgerichtete, marktorientierte Handeln erfolgt planmäßig und systematisch – d.h., alle Einzelmaßnahmen müssen im Rahmen der Gesamtdarstellung (Öffentlichkeitsarbeit) gesehen werden. Die Abstimmung und Ausrichtung bringt das Corporate-Identity-Konzept.
3. **Verbesserung der Kommunikation** mit der sozialen Umwelt (Beziehung der Schule als Ganzes zur Gemeinde, den Parteien, Vereinen und Interessenverbänden, der Öffentlichkeit, der Presse usw. Dazu gehört die Marktbeobachtung – Tendenzen, Schulentwicklung, Konkurrenten und die langfristige Imagebildung).

Die **Zielsetzung der Öffentlichkeitsarbeit** ist in erster Linie eine Akzeptanzschaffung und -erhöhung. Durch entsprechende Ausrichtungen werden die unterschiedlichen und differenzierten Maßnahmen deutlich. Ausgehend von

- „Angeboten" (Schulangeboten),
- „Aktionen" (Pressearbeit, Projekte),
- „Terminen" (Anlässe, Daten, Feiertage),
- „Kontakten" (Personen, Organisationen, formell und informell) müssen
- „Adressaten" direkt und indirekt immer wieder informiert, angesprochen, beteiligt und integriert werden.

Nur das schafft eine Identifikation, die in der Wirtschaft auch als Kundenbindung und Kundenzufriedenheit eine ganz entscheidende Zielgröße für alle Maßnahmen der Organisation ist. In der Schule ist das der eigentliche pädagogische Auftrag – eine pädagogische Identität zu entwickeln.

Die Zielsetzung und Instrumente des Schulmarketings zwischen Effektivität und Menschlichkeit (theoretische Forderung und Beispiele aus der Praxis, die sich „leise" entwickelt haben) wurden im Gegensatz zum Marketingdenken in der Wirtschaft in den Bereichen Bildung, Gesundheit und Wohlfahrt nur ansatzweise durchgeführt oder ganz vernachlässigt. Sie wurden bislang weitgehend nur als „Instrument der Krise oder Defensive“ angesehen, mehr als „Propaganda“ und weniger als Dialog (vgl. Abbildung 3).

Abbildung 3: Profilierung der Schule

Das schlechte **Image der Öffentlichkeitsarbeit im Bildungsbereich** kommt nicht zuletzt aber auch daher, dass die Schulen damit überfordert sind. Die Schulleiter allein können diese Arbeit – durch die Vielfältigkeit ihrer Aufgaben – oft nur unzureichend leisten und brauchen deshalb einen „Zuarbeiter bzw. Koordinator" – einen „Beauftragten für Öffentlichkeitsarbeit" – und eine entsprechende Beratung von außen. Auch dieser Ansatz scheint nur wenig sinnvoll, wenn die Öffentlichkeitsarbeit nicht von der ganzen Schule getragen und unterstützt wird.

Die Aktionen und Projekte der Öffentlichkeitsarbeit sollten dabei nur Anlass sein, um über die Identität der Schule nachzudenken; sie sollten nicht allein die Zielsetzung mit sich bringen „Schüler für eine bestimmte Schule zu werben". Ausgangspunkt zur qualitativen Verbesserung der Schule von innen nach außen ist die Entscheidung für ein CI-Konzept. Diese Entscheidung ist vom Schulleiter oder einer Arbeitsgruppe vorzubereiten und anzulegen. Der grundsätzliche Beschluss muss jedoch von der Gesamtkonferenz kommen, um alle Beteiligten (Lehrer, Eltern, Schüler) anzusprechen und zu motivieren. Auf diese Weise wird eine breite Basis für die Durchführung der einzelnen CI-Maßnahmen hergestellt.

In größeren Schulen kann sich die Schulleitung Unterstützung suchen durch:

- **beratende Fachleute**, die Anregungen und Ideen (zeitlich und fachlich) bieten. Helfen können sowohl externe Berater und Referenten als auch Fortbildungsveranstaltungen (besonders regionale und schulinterne, z. B. SCHILF (Schulinterne Lehrerfortbildung) und entsprechende Veröffentlichungen und Beispiele),
- einen **Beauftragten für Öffentlichkeitsarbeit**, der in Absprache mit dem Schulleiter die zu fällenden Entscheidungen vorbereitet und für die weiteren CI-Schritte verantwortlich ist und/oder
- ein **CI-Team**, das die einzelnen Schritte in Richtung CI vorbereitet, die CI-Maßnahmen mit steuert und unterstützt und letztlich den CI-Prozess gemeinsam entwickeln kann. Freiwillige aus allen Bereichen, Abteilungen und Ebenen können als heterogene Gruppe der Schulleitung zuarbeiten, entsprechende Projekte moderieren und die Ideen in die einzelnen Bereiche der Schule hineintragen (Multiplikatoren).

Diese Beratung soll besonders die Planung, Initiativen, Strukturen und Vorgehensweisen aufnehmen und koordinieren – eine Arbeit, die bisher meistens von der Schulleitung gemacht wurde. Ziel dabei ist, die Schulleitung zu entlasten, zu unterstützen und die bisherige Öffentlichkeitsarbeit zu verbessern.

Das folgende **Ablaufschema zum Aufbau einer CI-Konzeption** zeigt die verschiedenen Phasen der Vorgehensweise:

1. **Festlegung der Aufgabenverteilung für die Beteiligten** (Schulleiter, Beauftragte für Öffentlichkeitsarbeit, Ausschuss mit Fachbereichsleitern und interessierten Lehrern, Eltern und Schülern),

2. **Entscheidung der Gesamtkonferenz**, ob eine CI-Konzeption umfassend oder nur teilweise durchgeführt werden soll und, wenn ja, welche CI-Maßnahmen mit welcher Präferenz zu ergreifen sind (CI-Team als Steuerungsgruppe mit festem Auftrag einrichten),
3. **Entwickeln und Durchführung der CI-Maßnahmen** und allmähliches Aufbauen eines CI-Konzeptes,
4. **Kontrolle** der einzelnen CI-Maßnahmen mit den CI-Ergebnissen,
5. **Ausbau und Ergänzung der Konzeption**,
6. **Konsequente Anwendung und Überprüfung** des CI-Konzeptes der Schule nach innen und außen bei allen möglichen Gelegenheiten.

Ein **vollständiges CI-Konzept** für die Schule lässt sich anschaulich mit einem Bauwerk vergleichen, das abschnittsweise erstellt wird. Zuerst müssen die Grundlagen erarbeitet werden – die grundsätzlichen Fragen zu den einzelnen Planungsbereichen. Die einzelnen Problemanalysen führen zu Grundregeln und grundsätzlichen Aspekten, die für die Schule wichtig sind. So entstehen nach und nach die „Fundamentplatte" und die weiteren Baustufen.

Die Ausbaustufen der CI-Konzeptionen sind in dieser Analogie der kontinuierliche Ausbau und die Einrichtung des Wohngebäudes, während die Ergänzungen des CI-Konzeptes mögliche An- und Umbauten darstellen.

4. Die Durchführung von CI-Maßnahmen

Es gibt **fünf Grundregeln** für die konkrete Erarbeitung und Durchführung der CI-Maßnahmen:

1. Die Schulleitung muss deutlich machen, dass sie voll hinter den CI-Maßnahmen steht.
2. An der Ausformulierung der CI-Richtlinien müssen alle Bereiche der Schule beteiligt sein.
3. Über den Fortschritt der CI-Maßnahmen muss kontinuierlich berichtet werden – CI darf nicht zur Geheimniskrämerei werden.
4. Alle Beteiligten sollten sensibilisiert werden für die CI-Maßnahmen, weil so geschaffenes Problembewusstsein die „Innenstruktur der Schule" erbessert und die Realisierung der CI-Maßnahmen beschleunigt.
5. Eine CI-Konzeption muss bei allen Aktionen der Schulen Anwendung finden, um so die Wirkung zu verstärken.

CI als Imageträger einer Schule umfasst alle Ebenen und Formen der Kommunikation: Die visuelle, soziale (interpersonale) und die auditive Kommunikation. Bei der **Konkretisierung einer CI-Konzeption** stehen die wichtigsten schulrelevanten Kommunikationsschwerpunkte im Mittelpunkt. Dabei sind CI-Elemente aus dem Bereich der **visuellen Kommunikation** (intern und extern) auch als viel bedeutender anzusehen als die CI-Elemente aus dem Bereich der **auditiven Kommunikation** (die im Schulbereich in der Aufbaustufe nur unterstützend wirken). Das Image der Schule wird also weitgehend durch eine visuelle Kommunikation geprägt, wobei auch nur einzelne Aufgabenbereiche wichtig sind (Minimalkonzeption). Entscheidend für das Schulimage ist aber letztlich der Bereich der **interpersonalen Kommunikation**, der für die langfristige Absicherung von großer Bedeutung ist. Die Verbesserung der Sozialstruktur der Schule bzw. des Schulklimas ist die Basis für die CI-Entwicklung. Gerade aber diese Imagebildung, die sich ja im emotionalen Verhalten der „Menschen, die mit der Schule zu tun haben" manifestiert, ist im Rahmen eines CI-Konzeptes nur schwer zu beeinflussen.

Die **Bedeutung des sozialen Bereiches** für die Imagebildung zeigt sich besonders durch zwei Aspekte:

1. Emotionale Denk- und Verhaltensstrukturen und eine entsprechende positive Bewertung in bezug auf das Image einer Schule können nur sehr langsam und nur durch eine konsequente Öffentlichkeitsarbeit aufgebaut werden – sie können aber auch sehr leicht wieder zerstört werden.
2. Wenn aber insgesamt eine gute „soziale Kennung der Schule" erarbeitet wurde, können damit die weniger wichtigen Bereiche der visuellen und auditiven Kommunikation (zumindest zeitweise) „überbrückt" oder entsprechende „Lücken" in diesen „Kennungen" ausgefüllt werden.

Durch die unterschiedliche Einschätzung der vielfältigen Interessengruppen, die hier angesprochen werden und auch durch eine neue, indirekte und wenig zu steuernde Imagebildung wird gerade die **soziale Kennung der Schulen** zukünftig Unterschiede zwischen einzelnen Schulen verdeutlichen; sie wird um so mehr eine wichtige Komponente im Rahmen einer CI-orientierten Öffentlichkeitsarbeit werden (vgl. Abbildung 4).

Die **„Minimalkonzeption"** aus der CI-Grundkonzeption umfasst Kommunikationsmittel, auf die keine Schule verzichten sollte. Im Bereich der internen und externen visuellen Kommunikation sind das folgende CI-Faktoren:

- Gestaltung von Unterrichtsmaterialien, Einsatz von Medien,
- Layout von Aushängen, Ankündigungen, Mitteilungen, Plakate,
- Layout von Drucksachen (Geschäftsbriefen, Formularen, Schulbroschüren),
- Darstellung der Schule in der Öffentlichkeit, in der Presse und im Kontakt zu anderen Ansprechpartnern,
- Organisation von Schulveranstaltungen.

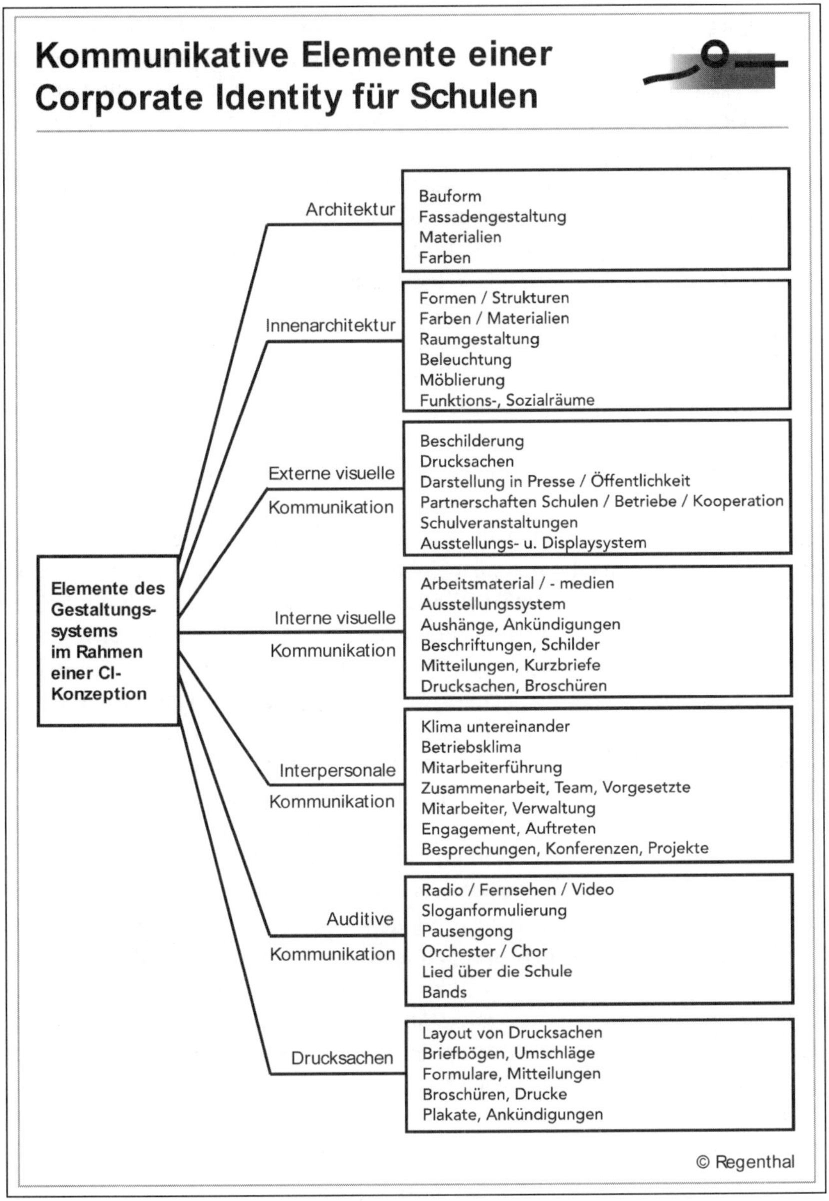

Abbildung 4: CI-Konzeption als Basis

Diese Faktoren sind als visuelle Kennung Grundvoraussetzung für die Ausbildung eines Schulimages. Sie können z. B. noch ergänzt werden durch Partnerschaften (zu ausländischen Schulen oder Betrieben), für Umweltaktionen, zur Gestaltung von Ausstellungen bzw. von Beschilderungen und Schulveröffentlichungen (Schulsticker/-buttons usw.).

Wichtig ist eine einheitliche Darstellung der Schule im Rahmen eines CI-Konzeptes, um damit die Imagewirkung zu verstärken. Im Bereich der **interpersonalen Kommunikation** sind folgende CI-Faktoren von Bedeutung:

- das Schulklima, das sich aus der Zusammenarbeit aller Beteiligten in der Schule ergibt (Schulleitung, Lehrer, Eltern, Schüler, Verwaltung),
- Personal- und Mitarbeiterführung sowie
- die Zusammenarbeit mit Eltern und Schülern.

Diese **soziale Kennung der Schule** kann noch ergänzt werden durch eine Erweiterung und Konkretisierung der Schulphilosophie und durch Engagement zum Beispiel im Bildungsbereich (Modellversuche, Unterrichtsveröffentlichungen, Wettbewerbe, Zusammenarbeit mit Verlagen und der Lehrerausbildung usw.) oder für Projekte im Einzugsbereich der Schule. Gerade dieses Engagement einzelner Lehrer oder Schüler einer Schule wirkt sich verstärkt aus auf die Imagebildung dieser Schule – zum Beispiel wenn mehrere Lehrer gleichzeitig auch in der Lehrerausbildung oder in der Verlagsarbeit tätig sind.

Die **Personalgestaltung** nach einem CI-Konzept ist dabei wesentlich schwieriger – gerade in der Schule. Um so wichtiger ist dann eine sensible Mitarbeiterführung und das Ziel, ein gutes Betriebsklima aufzubauen. Schulinterne Lehrerfortbildung und Fachkonferenzen sollten dazu dienen, diese Zielsetzungen anzugehen – und zwar direkt verbunden mit dem Aufbau eines CI-Konzeptes, so dass visuelle und soziale Kennung der Schule ein einheitliches Bild und somit eine bessere Wirkung ergeben. Gerade in der Schule geht es darum, die demotivierten Mitarbeiter anzusprechen und zu versuchen, sie wieder zu motivieren mit und durch Corporate Identity.

Wegen der **langfristigen Imagebildung** müssen die visuellen, sozialen und auditiven Kennungen der Schule übereinstimmen und sich in ihrer Wirkung nicht behindern, sondern unterstützen – ansonsten wird die Anstrengung, durch ein durchgehendes CI-Konzept ein nachhaltig positives Schulimage aufzubauen, auf Dauer umsonst bleiben.

Imageuntersuchungen bei großen Industrieunternehmen haben Ergebnisse gezeigt, die auch auf die Schule übertragen werden können:

- Ein Image ist ein Gesamtbild, das sich die Öffentlichkeit von der Schule macht.
- Die Gesamteinstellung wirkt ganzheitlich, setzt sich aber auch aus Teilbereichen zusammen, die ein rein subjektives Gesamturteil objektivieren.

Schulimage ist somit eine Gesamteinschätzung der Identität der Schule, der aber einzelne Faktoren zugrunde liegen.

5. Schulprofil und Qualität

Eine CI-Konzeption bezieht sich nicht nur auf eine Selbstdarstellung nach außen im Sinne von Werbung oder Öffentlichkeitsarbeit, sondern sie ist gekennzeichnet durch die Koordination und Integration aller für die Organisation wichtigen kommunikativen und handlungsaktiven Maßnahmen. Ziel ist die Profilierung der Organisation durch Verbesserung und Stärkung ihrer Identität und ihres Images. Nur so wird keine aufgesetzte Werbung für die Organisation gemacht, sondern das Qualitätsprogramm täglich umgesetzt und gelebt und damit Sponsoring ermöglicht.

Eine Schule ohne eine gute Selbstgestaltung durch eine sorgfältige Identitätsbildung hat nicht nur kein Profil, sondern ist auch nicht in der Lage, wichtige Qualifikationen für ihre Zielgruppen zu erbringen. Auch die veränderten Erwartungen und Ansprüche der unterschiedlichen Zielgruppen können nur professionell erfüllt werden, wenn die Schule einen guten Identitätsfindungsprozess als Basis hat. Für diese Identitätsgestaltung braucht die Schule die Bereitschaft und Offenheit aller Mitarbeiter und ein Schulmanagement, das mutig und vertrauensvoll ihre Managementaufgaben insgesamt anpackt und nicht nur eindimensionale und aktionistische Projektentscheidungen trifft für nur kurzfristige Erfolge. Dann können auch die vier **Ziele des ganzheitlichen Identitätsprozesses (GIP)** auch wirklich nachhaltig erreicht werden, nämlich:

1. eine effektive Zusammenarbeit zwischen allen Bereichen, Schulleitung, Kollegium, Eltern und Schülern,
2. die Verbesserung der Qualität von Unterricht, Schulprojekten, Organisation,
3. eine starke Identität aller Beteiligten: Kollegium, Eltern, Schüler, Ehemalige und
4. ein profiliertes Image der Schule und eine starke Positionierung.

„Das Sichtbare gibt dem Werk Gestalt,
das Unsichtbare verleiht ihm seinen Wert.“ (*Laotse*)

Literatur

Regenthal, G. (2001): Corporate Identity in Schulen, 2. Aufl., Neuwied 2001
Regenthal, G. (2001): Schulen in Veränderung, Neuwied 2001
Regenthal, G. (2001): Identität und Image, 3. Aufl., Neuwied 2001
Regenthal, G. (2003): Ganzheitliche Corporate Identity, Wiesbaden 2003

Anforderungen an das Management eines Hochschulsponsoring

Dr. Stefanie Beier
Universität Hannover

1. Einleitung

Sponsoring an Hochschulen, ein Thema, bei dem vor einigen Jahren noch Hochschulleitungen zurückhaltend reagiert haben. Ein „Ausverkauf“ der Hochschule von Lehre und Forschung wurde prophezeit. Einige Hochschulen ließen sich jedoch nicht von der Etablierung dieses neuen Marketinginstrumentes in die Hochschulstrategie abbringen und können heute als erfolgreiche Beispiele für die Suche nach Finanzierungsalternativen dienen. Heute akzeptieren etwa zwei Drittel der deutschen Bevölkerung Hochschulsponsoring und bewerten die Unterstützung von privater Hand oder Wirtschaft als gut bis sehr gut (*Ipsos* 2001).

Hochschulen und Unternehmen können das Hochschulsponsoring als finanzielles Beschaffungsinstrument und als Kommunikationsmittel im hart umkämpften Informationsmarkt u.a. mit zunehmender Produkthomogenität nutzen (*Pohl* 1999b). Die Instrumente der klassischen Kommunikationspolitik stoßen nunmehr an ihre Grenzen und Hochschulsponsoring bietet neue Möglichkeiten (*Hermanns/Suckrow* 1995; *Pohl* 1999a; *Tantow* 1997; *Westebbe/Winter/Trost* 1997).

Die folgenden Ausführungen und Schlüsse basieren auf einer Studie (*Beier* 2003) von erfolgreichen Hochschulsponsoring Kooperationen. Diese Ergebnisse zeigten Ansätze, die vorher in der Forschung zu Hochschulmarketing nicht herausgearbeitet wurden.

2. Basisbedingungen an Hochschulen, die Sponsoring betreiben

Hochschulsponsoring erfordert unternehmerische Denk- und Handlungsweisen. *Burens* macht es deutlich und schreibt: „Wer nicht weiß, für was er steht, wird von anderen nicht wahr- und ernstgenommen... Erst ein fester Standpunkt und ein klares Profil ermöglichen es, mit der Wirtschaft zu kommunizieren und diese als Sponsor zu gewinnen. Somit wird eine Verstärkung des Wettbewerbs innerhalb und zwischen den Hochschulen gefördert“ (*Burens* 1997, S. 7). Hieraus ergibt sich, dass Wissenschafts- und Hochschulsponsoring an betriebswirtschaftlichen Grundsätzen orientiert, systematisch geplant, durchgeführt und kontrolliert sein muss. Hochschulen sind gefordert, sich auf ihre Stärken zu konzentrieren und diese bei ihren Zielgruppen bekannt zu machen.

Das Profil der Hochschule ist ein entscheidender Faktor für einen Einstieg in diese Form der Drittmitteleinwerbung. Die **Erarbeitung eines eigenen Profils** ist elementar, mit der Positionierung bei einzelnen Themen kann eine Identität gefördert werden. Hochschulsponsoring sollte ein Geschäftsbereich einer Hochschule sein und ein Standing in der Hochschule haben, dieses erfordert Investitionen in Ressourcen und Personal. Der Sponsor erwartet eine professionelle Betreuung und versteht sich als Teil des gesamten Marketingprozesses. Diese **Professionalität** müssen Hochschulen auch in die Preisgestaltung der Projekte einfließen lassen. Häufig werden Projekte und kommunikative Leistungen weit unter Wert verkauft, doch auch die Marke der Hochschule und die Nennung im Zusammenhang mit ihr ist Leistung, die mit berechnet werden kann. In allen Schritten muss die Hochschule bemüht sein, die „Sprache der Unternehmen" zu verstehen und zu sprechen. Im Hochschulsponsoring stehen die Hochschulen mit anderen in Wettbewerb und Konkurrenz: mit anderen Hochschulen, aber auch mit karitativen Einrichtungen, kulturellen Bereichen und humanitären Dienstleistern. Um erfolgreich zu sein, sollten die Hochschulen drei Merkmale besitzen:

- **Markenbildung**,
- **Serviceorientierung** und
- **Öffnung der Institution**.

3. Basisforderungen und -anforderungen von Unternehmen, die Hochschulsponsoring betreiben

Unternehmen müssen bereit sein, auch Forderungen und Anforderungen an die Kooperationspartner, ohne die eine erfolgreiche Partnerschaft nicht entstehen kann, zu erfüllen.

Eine Basisvoraussetzung ist u.a. die **Personalausstattung** der kooperierenden Hochschule für den Bereich der Konzeption und Betreuung. Hier gilt ständige Erreichbarkeit und ein fester Ansprechpartner vor Ort als unerlässlich. Ferner sollte diese Stelle für die gesamte Hochschule agieren und in Entscheidungsabläufen integriert sein, so dass die Unternehmen nicht von verschiedenen Bereichen und Institutionen der Hochschule um Gelder gebeten werden und nur Konzepte von mangelnder Qualität vorhanden sind. Mit einer professionellen Einrichtung der Organisationsstruktur der Hochschule für die Einwerbung von Mitteln sollte intern die Akzeptanz vorherrschen, dass Projekte mit dieser Stelle abgestimmt und begleitet werden oder dass sie wenigstens in Kenntnis gesetzt wird, so dass Doppelarbeit und -anfragen vermieden werden. Wichtig für Unternehmen ist die Position der Hochschulleitung; bei einer unternehmensorientierten Position würden viele Vorbehalte gegenüber der Gewährung von kommunikativen Leistungen und anderen Gegenleistungen der Hochschule nicht entstehen. Das **Profil und Image der Hochschule** ist von entscheidender Bedeutung für eine Partnerschaft: Nur wenn diese sich von anderen Einrichtungen abhebt und Projekte aufweist, die für die Medien etwas Berichtenswertes darstellen und für das Unternehmen ein Imageträger sein könnten, sind Voraussetzungen für Sponsoring geschaffen.

Die realistische **Angabe von Zielgruppen** muss mit der Unternehmenskultur und -strategie einhergehen. Hinzu kommen Ausführungen zum hohen Stellenwert der kommunikativen Nutzung von Aktionen. Zusammengenommen liefern diese beiden Angaben den Unternehmen die Möglichkeit, die Potenziale des Projektes z. B. hinsichtlich der geographischen Reichweite und des Nutzens für die Gesellschaft abzuschätzen. Auch die Möglichkeiten zum Absolventenkontakt während der Sponsoringmaßnahme gehören in den Kriterienkatalog hinein.

Vorbehalte, die Hochschulen gegenüber Sponsoring im Bereich der kommunikativen Nutzung anbringen, sehen die Unternehmen als unbegründet an, da dieses im Vertrag geregelt und jeweils dem Projekt angemessen sein sollte. Generell besteht jedoch die Forderung, dass sich Hochschulen auch zu Sponsoring bekennen und nicht nach Vertragsunterzeichnung und Überweisung von der Partnerschaft distanzieren. Eine solche Distanzierung widerspricht auch den Zielen der Unternehmen, dauerhafte bzw. regelmäßige Sponsorships abzuschließen. Unternehmen sehen die Effekte des Hochschulsponsoring für ihre Einrichtung nur erreicht, wenn Sponsorships mit **längerfristigen Projekten** verbunden sind.

Topor formulierte: „Marketing is an concern of every member of a school, college, or university" (*Topor* 1986, S. 3). Dieses gilt für Hochschulmarketing und insbesondere auch für Hochschulsponsoring. Der Managementgedanke muss sich an Hochschulen erst noch etablieren und unternehmerische Denkweise gestattet sein. Hochschulen sollten hierfür in unternehmerischen Strukturen denken und zum Teil agieren. Eine Einbindung des Hochschulsponsoring-Bereichs in die unterschiedlichen Organisationsstrukturen ist nötig, da Sponsoring und im Weiteren Fundraising eine zentrale Managementaufgabe ist, die an zentraler Stelle angesiedelt sein muss, um erfolgreich zu sein.

Generell bedingen sich die drei Aspekte Imagetransfer, Unternehmenskommunikation sowie Personalrekrutierung und sollten daher gemeinsam verfolgt werden. Die Zusammenarbeit mit Unternehmen verlangt von den Hochschulen Zeit, Professionalität und Personal. Die folgende Tabelle 1 zeigt die genannten Aspekte und gibt zusätzlich Auskunft über die Schwächen die Hochschulen aufweisen.

Forderungen/Voraussetzungen	**Schwäche bei der Kooperation**	**Imagemerkmale**
• Personal • gute Erreichbarkeit • Kompetenz in Know-how • Entscheidungsgewalt • Nähe zur Hochschulleitung • Unternehmerische Position der Hochschulleitung • gutes und markantes Image • regelmäßiger Informationsaustausch • Vertrauen und Partnerschaft	• Fehlende Koordination in Hochschulen • große Autonomie von Instituten und Fachbereichen • fehlende Corporate Communication • interne Akzeptanz • adäquate Gegenleistungen • fehlende unternehmerische Denkweise	• innovativ • international • Spitzenforschung • große Bekanntheit • Gute Position in Deutschland

Tabelle 1: Voraussetzungen für Unternehmen, die mit Hochschulen im Sponsoring kooperieren wollen

4. Hochschulsponsoring als Managementaufgabe

Es lassen sich Faktoren nennen, die zum erfolgreichen Hochschulsponsoring führen und Rahmenbedingungen für ein optimales Milieu sind (vgl. Tabelle 2). Es ist zu beachten, dass für ein erfolgreiches Modell sich jeweils an vorherrschenden Ausgangsbedingungen der Hochschule angepasst werden muss. Im Folgenden werden Voraussetzungen, Maßnahmen und Entwicklungen genannt, die für die Hochschulen Ziele sein sollten, wenn sie Hochschulsponsoring etablieren möchten. Das Erreichen dieser Ziele bedarf einer Strategie, mit welchen Maßnahmen diese Ziele für die jeweilige Zielgruppe erreicht werden sollen.

Als Basis für das Hochschulsponsoring muss, wie in Unternehmen üblich, eine **Corporate Identity** vorhanden sein. Bei allen Hochschulmitgliedern muss eine Akzeptanz für das Wirken der Hochschulleitung geschaffen werden, ebenso ist es wichtig, dass Fachbereiche und Institute nicht zu eigenständig an ihrer Darstellung arbeiten. Die Hochschule zeichnet sich häufig durch dezentrale Strukturen aus, die es schwierig machen, eine Corporate Identity aufzubauen. Ein allgemeines Konzept für Hochschulsponsoring, das Inhalte, Ziele, Zeitpläne, Entwicklungsstrategien für die Hochschule, Aufgaben und deren Verteilung beinhaltet, ist wichtig und muss von der Hochschulleitung offensiv getragen werden.

Leitungen von Einrichtungen, Fachbereichen und Instituten arbeiten überwiegend selbstständig an ihren Darstellungen und auch an den Bereichen des

Sponsoring. Doch ist es für das Hochschulsponsoring und für die Markenbildung der Hochschule notwendig, dass die unterschiedlichen Bereiche zusammenarbeiten und sich professionell präsentieren.

Bedingungen/ Vorleistungen	**Zeitrahmen für Investitionen und Vorleistungen**	**Hochschulstrategie zum Hochschulsponsoring**	**Organisation**
• eindeutige Position der Hochschulleitung • Recherche, Stärken- und Schwächen Analyse • Personal • Infrastruktur • Know-how • Akzeptanz in der Hochschule • Ggf. Experimentierprojekte zum Einstieg, wie Jubiläen und Veranstaltungen • Kontakte zur Wirtschaft • Netzwerke zu unterschiedlichen Gesellschaftsgruppen	• bis zu zwei Jahren	• Definition der eigenen Marketingziele und Leitziele • Intensive interne und externe Kommunikation • Gesamtes Marketingkonzept für die Hochschule • Unternehmerisches Auftreten • Kompetenzen vergeben • Leitlinien und Standards formulieren und etablieren • Einbindung unterschiedlicher Gruppen der Hochschule	Generelle Entscheidung, in welchem Maße Hochschul-Sponsoring zentral begleitet werden soll bzw. geleitet werden soll. • Aufbau einer organisatorischen Einheit für Sponsoring • Ausstattung mit Kompetenzen • Kenntnis über Sponsoring-Aktivitäten innerhalb der Hochschule • Bereiche, wie Presse- und Öffentlichkeitsarbeit und Forschung- und Technologietransfer mit einbinden • Zusammenarbeit mit relevanten Verwaltungseinheiten (z. B. Rechtsabteilung). • gute Erreichbarkeit der Ansprechpartner und Kontaktpersonen gewährleisten • professionelle Begleitung der Maßnahmen

Tabelle 2: Faktoren zum erfolgreichen Hochschulsponsoring

Dieses ist die Basis nicht nur für Hochschulsponsoring, sondern auch für Hochschulmarketing. Herrscht eine große Akzeptanz zum Vorgehen der Hochschulleitung, können Instrumente des Marketing effektiver greifen. Bei der Vorbereitung vom Hochschulsponsoring muss die Hochschulleitung sich bewusst werden, dass Investitionen und Vorleistungen nötig sind.

In diesen Bereich fallen die kurzfristigen Maßnahmen zur Etablierung von Hochschulsponsoring. Mit einer Studie können Stärken und Schwächen der Hochschule untersucht, Kontakte zu Meinungsführern aufgebaut bzw. genutzt und Potenziale abgewogen werden. Diese Maßnahme ist grundlegend und sollte nicht fehlen. Auf dieser **Analyse** aufbauend, können weitere Schritte folgen und auch wenn sich die Hochschule entschließt, nicht den Weg des

Hochschulsponsoring weiter zugehen, können Erkenntnisse und Kontakte für andere Maßnahmen des Hochschulmarketing genutzt werden. Für solche Untersuchungen existieren professionelle externe Anbieter. Sie können eine Imageanalyse durchführen, bei der z. B. Professoren und Meinungsführer befragt werden. Für die Beteiligung eines externen Anbieters spricht eine gewisse Objektivität, nachteilig könnte sich mangelndes Vertrauen auswirken, so dass dieser nicht umfassend unterstützt wird. Weiterhin besteht auch die Möglichkeit, eigene Kapazitäten zu nutzen, so dass Lehrstühle, Institute und auch Studierende Arbeiten zu unterschiedlichen Fragestellungen anfertigen, u.a. im Bereich der Absolventenbetreuung, der Wahrnehmung der Hochschule in der Öffentlichkeit und bei Unternehmen. Auch eine Befragung der Studierenden könnte Aufschluss geben, wo sich die Hochschule positioniert. Nicht zuletzt ist es überaus wichtig, Hochschulmitglieder zu befragen und mit ihnen in den Dialog zu treten, um Hochschulmarketing und speziell Hochschulsponsoring zum Thema zu machen. Interne Einheiten und Abteilungen, die über die unterschiedlichen Kennzahlen und Daten der Hochschule verfügen, müssen eng zusammenarbeiten. Darüber hinaus ist es wichtig, bestehende Untersuchungen und Rankings zu nutzen und zu analysieren. Für diesen analytischen Vorlauf sollten bis zu zwei Jahre eingeplant werden. Liegen diese unterschiedlichen Informationen vor, ist es unerlässlich, dass sich die Hochschulleitung deutlich positioniert und dieses nach außen offensiv vertritt. Auch im Sinne der Profilbildung sollte sich eine Hochschule nicht scheuen, Schwerpunkte in ihrer Darstellung zu wählen, da sonst zwar eine Wahrnehmung der Hochschule besteht, jedoch nicht markante Imagemerkmale mit ihr verbunden werden. Auch dieser Faktor ist noch unabhängig von einer endgültigen Entscheidung, Hochschulsponsoring zu etablieren.

Während der Analysephase sollte sich die Hochschulleitung über die **Organisation und Struktur von Hochschulmarketing** und speziell Hochschulsponsoring entscheiden. Für diese mittelfristige Aufgabe gibt es unterschiedliche Modelle und Strukturen. Generell muss eine räumliche und ideelle Nähe zur Hochschulleitung bestehen, damit auf „kurzem informellen Wege" Fragen schnell geklärt werden können. Abhängig von den gewachsenen Strukturen in der Hochschule ist es wichtig, wie der Bereich Hochschulsponsoring eingebaut bzw. positioniert wird. Hierfür ist die Grundsatzfrage voranzustellen, ob Hochschulsponsoring zentral oder dezentral betrieben werden soll. Daraus ergibt sich das Aufgabenspektrum bestehender Einheiten bzw. neu einzurichtender Bereiche. In diesem Beitrag wird als Ideal angesetzt, dass ein hoher Grad an Zentralität angestrebt wird, insbesondere um Maßnahmen professionell zu begleiten und unternehmerischen Forderungen professionell entgegenzukommen. Da eine Begleitung von kleinen Sponsoringvorhaben nicht realistisch ist,

ist die Kenntnis von diesen Maßnahmen für die noch zu beschreibende Abteilung wichtig.

Hochschulsponsoring auf zentraler Basis ist an deutschen Hochschulen bis auf wenige Ausnahmen sehr schwer umzusetzen, da verzweigte Strukturen bestehen. Umso wichtiger ist im langen **Akzeptanzprozess**, dass Meldungen über erfolgreiche Projekte offensiv in der Hochschule vermarktet werden. Auf diesem Weg kann eine Akzeptanzsteigerung erreicht werden. Weitere Möglichkeiten hierzu stellt die Abbildung 1 dar. Die Einbindung von wissenschaftlichem Lehrpersonal in die Sponsoring-Einheit, die überwiegend der Verwaltung zugeordnet wird, ist für die Akzeptanz und Verbreitung wichtig. Sponsoring an Hochschulen sollte ein dynamischer Prozess sein. Entscheidet sich eine Hochschulleitung, Hochschulsponsoring zu etablieren bzw. einzusetzen, gewinnen die Analysen und deren Aktualisierung an Bedeutung, um die Eigen- und die Fremdwahrnehmung zu ermitteln. Wege zur Akzeptanzsteigerung (vgl. Abbildung 1) sind u.a. die Nutzung der eigenen Öffentlichkeitsarbeit und die Thematisierung in den Gremien der Hochschule. Mit der Einführung des Hochschulsponsoring sollte die Organisationseinheit ihre Dienstleistungen deutlich machen, z. B. mit Flyern, Informationsveranstaltungen und thematischen Vorträgen. Auch die Einbindung von Intra- und Internet sowie Mail-Newsletter sollte überlegt werden.

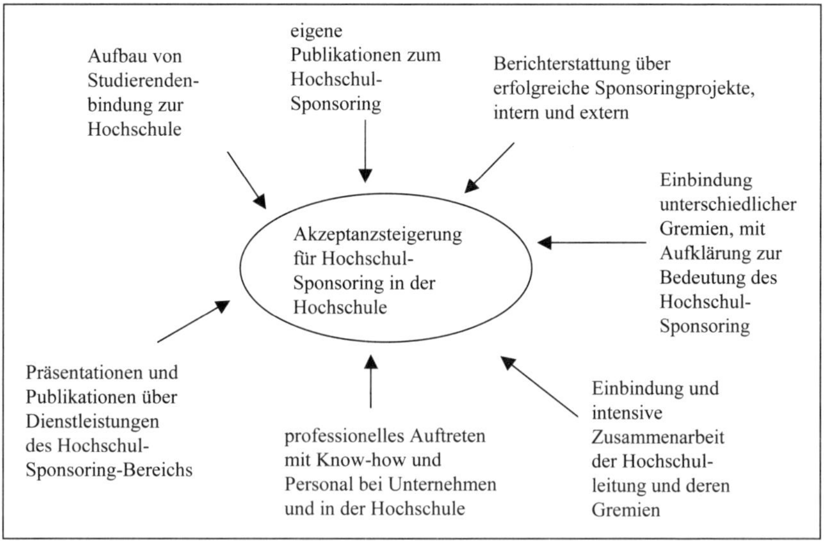

Abbildung 1: Möglichkeiten zur Akzeptanzsteigerung für Hochschulsponsoring

Um aus bestehenden Ressourcen den Bereich Hochschulsponsoring zu bedienen bzw. aufzubauen, sollten bestehende Abteilungen, die in dem Prozess Hochschulsponsoring tangiert werden, bzw. über Know-how und Kontakte verfügen, mit eingebunden werden. Für dieses Vorgehen bedarf es intensiver Absprachen und Vereinbarungen. Hier ist es bedeutsam, eine Leitung zu bestimmen, die in der Zusammenarbeit überzeugt und motiviert. Insgesamt ist bei der Wahl der Organisationsform entscheidend, dass der gesamte Hochschulsponsoringprozess und sein Aufbau durch strategisches Marketing gekennzeichnet ist. Die Einbindung der Öffentlichkeitsarbeit und der Alumni sowie der Bereich für ausländische Studierende ist daher unumgänglich. In der Etablierungsphase des Hochschulsponsoring ist die Formulierung von Standards unerlässlich, in denen Grundsätzlichkeiten festgelegt werden sollten. Die Beteiligten können so direkt ersehen, welche Leistungen übernommen, welche Gegenleistungen gewährt, welche Grenzen gesetzt, welche Maßnahmen nicht betreut, aber auch welche Sponsoren nicht genommen werden. Die Formulierung dieses Kataloges erleichtert die Arbeit. Daher sollten hierfür viele Recherchen, Vorarbeiten, Gespräche und Abstimmungen geführt werden. Um Problemen in der Akzeptanz zu begegnen, ist hier die Einbindung der Hochschulleitung wichtig und die Vorstellung der Standards in entsprechenden Foren der Hochschule, sowohl in Verwaltung als auch beim akademischen Personal.

Für die Organisation des Arbeitsbereiches für Hochschulsponsoring ist eine **Infrastruktur mit komplexer Informationstechnologie** unerlässlich, um Datenbanken aufzubauen, zu pflegen und zu nutzen bzw. zielgruppenorientiert Informationen zu verbreiten. Deren Pflege bedarf eines hohen Maßes an Seriosität und Diskretion. Eine umfassende Recherche über Firmen und Vorsitzende ist wichtig für die Schritte in der Akquise und Betreuung, um Informationen über Unternehmen und Kultur als Hintergrundwissen Vertretern der Hochschule zur Verfügung zu stellen. Diese Recherche kann ebenfalls nur mit entsprechenden Standards für die Mitarbeiter ablaufen. Zu empfehlen ist ein Handbuch, das Angaben zum Vorgehen in der Recherche gibt und darüber hinaus Hinweise auf die Betreuung, das Vorgehen und das Auftreten liefert. Sollte die Hochschulpolitik vorsehen, dass die Einheit lediglich begleitend an Projekten mitarbeitet, sollte dieser Guide Angaben zu einzelnen Schritten in der Sponsoringkonzeption und Durchführung geben. Regelmäßige Treffen der Abteilung mit den Kooperationspartnern in der Hochschulverwaltung sind unerlässlich. Auch die Einbindung von Mitgliedern der Hochschulleitung sollte angestrebt werden. Die nachfolgende Abbildung 2 führt die unterschiedlichen Schritte in der Phase der Organisation und Struktur von Hochschulsponsoring auf. Sie bildet auch die Entscheidungsalternativen ab, die Hochschulen in der Wahl der Organisationsform haben.

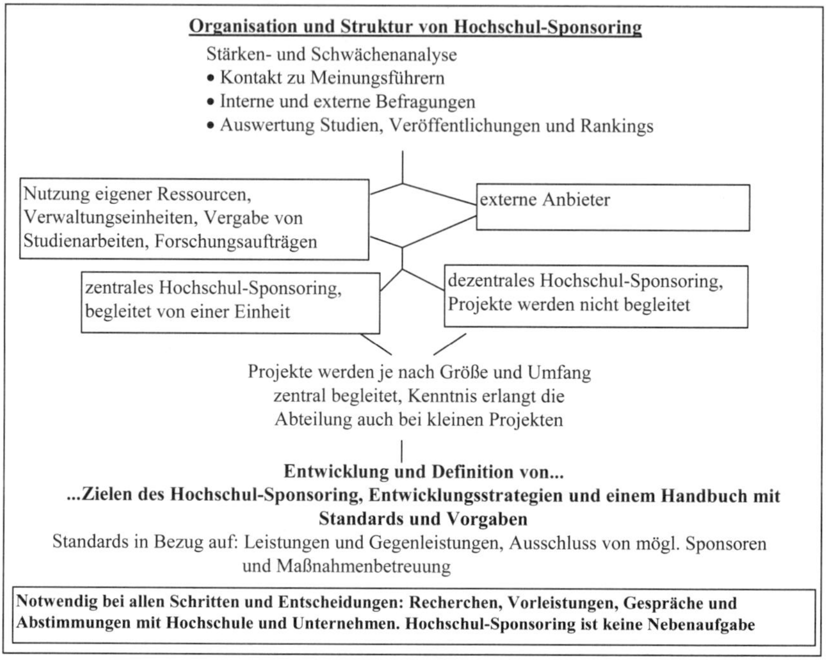

Abbildung 2: Organisation und Struktur von Hochschulsponsoring

In der weiteren Modellvorstellung wird davon ausgegangen, dass die Hochschule sich für Hochschulsponsoring entschieden hat und einzelne Großprojekte an zentralen und dezentralen Einrichtungen betreut werden. Besteht in der Hochschule Klarheit über die Organisationsstrukturen, die damit verbundenen Kompetenzen und die Tiefe, mit der Sponsoring betrieben wird bzw. begleitet wird, liegt es an der Hochschule, eine **Sponsoringstrategie** zu entwickeln und zu formulieren, aufbauend auf den gelegten Standards. Die Beispiele aus dem Ausland haben deutlich gezeigt, dass gezielte Kampagnen erfolgreich waren und diese unter einem eindeutigen Thema oder Slogan liefen, insbesondere dann, wenn für die Hochschule insgesamt Sponsorships abgeschlossen wurden. Ein Corporate Design u.a. mit Logo kann als Grundlage für eine Außendarstellung dienen.

Es ist auch möglich, dass in der Hochschule Projekte recherchiert werden, für die ein Finanzierungsbedarf besteht und die für Sponsoren attraktiv waren. Die **Projektfindung** bedarf eines großen Zeitbudgets der Beteiligten, um die Projekte einzuschätzen und ihre Potenziale zu ermitteln. Anschließend muss eine umfassende Beschreibung der Projekte erfolgen. Bei dieser Objektrecherche ist auch ein Vergleich der eigenen Hochschule mit anderen Hochschulen sinnvoll, um die angebotenen Projekte zu gestalten, die die Unternehmen nicht an anderen Hochschulen in dieser Ausprägung vorfinden.

Nach der Analyse sollten nähere **Angaben zum Sponsoringobjekt** vorliegen, u.a. Ziel, Dauer, Gegenleistungen und Anzahl der Sponsoren. Mit diesem Informationsgerüst sind die Grundlagen geschaffen, eine Projektbeschreibung für die Sponsoren zu formulieren und den Finanzierungsrahmen zu bestimmen; wichtig sind hier Zusatzinformationen über Projekt und Hochschule, wie z. B. Akzeptanz, Image und Erfahrungen im Hochschulsponsoring.

Hochschulen kooperieren mit Unternehmen auf der Basis unterschiedlicher Verbindungen. *Hermanns* und *Glogger* nennen **Kriterien zur Auswahl von Sponsoren**, wie geographischer und inhaltlicher Bezug, Zielgruppen- und Imagebezug, bereits bestehende Kontakte, bisherige Sponsoringaktivitäten der Unternehmen, wirtschaftliche Lage der Unternehmen und Akzeptanz der Unternehmen in der Hochschule (*Hermanns/Glogger* 1998, S. 48). Neben diesen Kriterien ist sicherlich auch die Hochschule gefragt, detaillierte Recherchen über Unternehmen zusammenzustellen und über diese Gemeinsamkeiten und Interessen bei Unternehmen zu finden. Der Aufbau auf bestehenden Kontakten ist wichtig, wie jede der befragten Hochschule bestätigt, jedoch ist es hierbei umso wichtiger, dass die Kooperation auf Grund der Leistungen des Sponsorship eingegangen wurde und nicht auf der Basis persönlicher Verbindungen. Die Fluktuation in Unternehmen ist zum Teil sehr hoch, so dass Bezugspersonen sich ändern und immer wieder die Leistungen zählen müssen.

So sollte das Projekt immer im Vordergrund der Kooperation stehen. Die angebotenen Leistungen und geforderten Gegenleistungen der Hochschule sollten den Sponsoren vorgelegt werden, so dass diese Rahmendaten wie:

- Zeitplan,
- Ansprechpartner,
- Finanzierung,
- Image,
- Zielgruppen,
- Reichweite,
- Kontrolle und Zusatzinformationen ablesen können.

Für diese Übersicht müssen Informationen zusammengetragen und Leistungen innerhalb der Hochschule abgestimmt werden, so dass über die Maßnahmen und mögliche Ergänzungen Kenntnis besteht, wenn die Sponsorenakquise aufgenommen wird.

In der **Akquisephase** ist die Kenntnis des richtigen Ansprechpartners im Unternehmen wichtig. Für die Ansprache gibt es kein allgemein gültiges Rezept. Ob ein persönliches Gespräch vor einem Brief geführt werden sollte oder nicht, wird unterschiedlich gehandhabt. Oft bereiten die Experten die Gespräche und Materialien vor und schalten zu der eigentlichen Akquise und dem Vertrag jeweils Rektor oder Präsident ein.

Auf die **Vertragsgestaltung** soll im Rahmen dieses Beitrages nicht weiter eingegangen werden, da dies der juristischen Fachdisziplin überlassen bleibt.

In der **Durchführung von Sponsorships** ist es wichtig, dem Sponsor die versprochenen Leistungen zu bieten und umzusetzen. Über den Fortgang ist der Sponsor kontinuierlich zu informieren, begleitende Maßnahmen der Presse- und Öffentlichkeitsarbeit sind selbstverständlich und nach Freigabe des Partners umzusetzen. Informationen gewinnen eine besondere Bedeutung: Vertreter meist der Unternehmenskommunikation sind gefordert aufzuzeigen, wo Teile des Budgets investiert werden, weshalb eine Dokumentation der Zusammenarbeit Grundlage und Basis für weitere Entscheidungen darstellt. Dieses Vorgehen zeigt auch unternehmerische Verhaltensweisen in der Hochschule. Mit der Entscheidung zum Sponsorship ist der entsprechende Bereich der Hochschule zu informieren, welcher Partner die Finanzierung übernimmt. Für diesen Sponsor muss eine Akzeptanz vorherrschen.

Mit der Umsetzung von Sponsoringmaßnahmen ist die Kooperation nicht beendet: Hinzu kommen **Erfolgskontrollen**, die vorher zwischen den Partnern vereinbart und definiert werden sollten. Hochschulen mit erfolgreichem Sponsoring dokumentierten quantitativ für ihre Sponsoren die Medienresonanz bzw. Teilnehmerzahlen bei Veranstaltungen oder Events und Besucherzahlen auf Internetseiten (*Beier* 2003). Doch weitere Möglichkeiten werden nur selten genutzt. Dabei bietet sich durch die Einbindung von Studierenden und Instituten die Möglichkeit zur qualitativen Kontrolle, z. B. Befragung, Imageanalyse, Studien zur Bekanntheit, Analyse der verschickten Pressemitteilungen und deren Abdruck. Auch interne Studien unter den Mitarbeitern sind denkbar. Wichtig ist die Analyse der Zusammenarbeit und die Betrachtung der Beschwerden oder Kritik seitens des Sponsors. Die befragten Hochschulen bestätigten, dass der ständige Dialog mit dem Sponsor wichtig ist und die Offenheit bestehen muss, Probleme offensiv anzugehen.

Auch bei negativen Entscheidungen seitens der Unternehmen ist eine vollständige **Dokumentation** dieses Kontaktes unerlässlich. Es dient insbesondere bei späteren Kontakten dazu, umfassende Kenntnis vom Vorgang zu haben. Absagen können auch als Chance gesehen werden, später auf das Unternehmen zuzukommen. In der Zwischenzeit sollte es aber auch kontinuierlich über Events, wissenschaftliche Ergebnisse und Entwicklungen in der Lehre informiert werden. Abschließend zeigt Abbildung 3 schematisch Forderungen der Unternehmen an Hochschulen für Sponsoring.

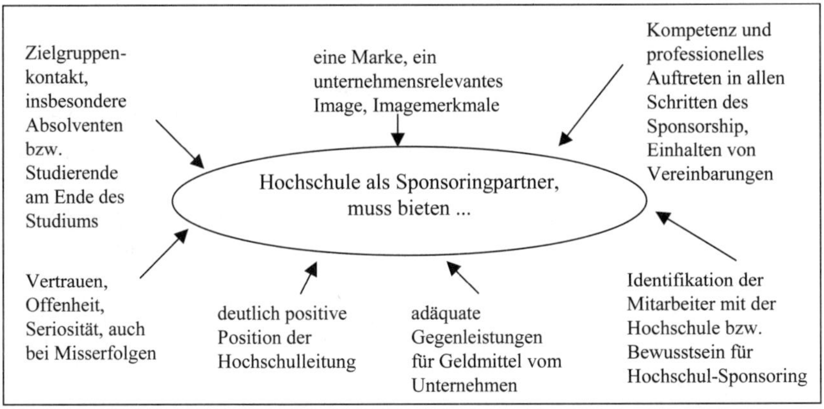

Abbildung 3: Forderungen der Unternehmen an Hochschulen für Sponsoringmaßnahmen

5. Fazit

Generell gilt bei allen Bestrebungen, dass ihr Erfolg abhängig ist von ihren Mitarbeitern in Verwaltung, Lehre und Forschung. Nur, wenn hier ein Bewusstsein für Marketing und für die Hochschule geschaffen ist, können Elemente wie Hochschulsponsoring erfolgreich eingesetzt werden.

Literatur

Beier, S. (2003): Hochschul-Sponsoring, Rahmenbedingungen und Faktoren erfolgreicher Kooperationen, Wiesbaden 2003

Burens, P.-C. (1997): Hochschulsponsoring, in: *Brockes, H.-W.* (Hrsg.): Leitfaden Sponsoring und Event-Marketing, Stuttgart 1997, F 7.3, S. 1-19

Erhardt, M. (1997): Hochschul-Sponsoring, in: Wissenschaftsmanagement, Zeitschrift für Innovation, Nr. 4/1997, S. 194-197

Hermanns, A. (1997): Sponsoring, Grundlagen, Wirkungen, Management, Perspektiven, 2., völlig überarb. u. erw. Aufl., München 1997

Hermanns, A. (1996) Sportsponsoring, in: *Ahsen, A. v./Czenskowsky* (Hrsg.): Marketing und Marktforschung: Entwicklungen, Erweiterungen und Schnittstellen im nationalen und internationalen Kontakt, Hamburg 1996, S. 330-343

Hermanns, A./Glogger, A. (1998): Management des Hochschulsponsoring, Orientierungshilfen für die Gestaltung und Umsetzung von Sponsoringkonzepten an Hochschulen, Berlin 1998

Hermanns, A./Suckrow, C. (1995): Wissenschaftssponsoring, Grundlagen, Verbreitung, Akzeptanz, Perspektiven und Management aus Sicht der Hochschulen und der Unternehmen, Bonn 1995

Ipsos Deutschland GmbH (2001): Hochschul-Sponsoring 2001, Pressesmitteilung vom 06.08.2001 zur Studie über die Akzeptanz von Hochschul-Sponsoring in Deutschland, Hamburg 2001

Kolarz-Lackenbacher, J./Reichlin-Meldegg, G. (1995): Sponsoring, Chancen, Möglichkeiten und Risiken eines Kommunikationsinstruments, Wien 1995

Lilija, A. (1997): Wissenschaftssponsoring – ein neuer Dialog zwischen Wissenschaft und Wirtschaft, in: *Brockes, H.-W.* (Hrsg.): Leitfaden Sponsoring und Event-Marketing, Stuttgart 1997, F 7.2, S. 1-16

Melega, M. (1997): Wissenschaftssponsoring, Frankfurt am Main 1997

Pohl, H.-P. (1999a): Spendenquittung, in: Deutsche Universitäts Zeitung, Heft 13/1999, Bonn 1999

Pohl, H.-P. (1999b): Wirtschaft und Wissenschaft passt das? URL: http://www.karrierefuehrer.de/rubriken/expertne/exp1.htm [Stand: 25.11.1999]

Tantow, L. (1997): Sponsoring für Forschung und Lehre: Cash für wenige oder Kommunikationserfolg für alle?, in: *Goebel, J.* (Hrsg.): Hochschulen in Deutschland: Forschung und Lehre für ads nächste Jahrtausend, Hamburg 1997, S. 110-119

Topor, R. (1986): Institutional Image: How to define, improve, marketing it. Council for Advancement an Support of Education, Washington 1986

Trautwien, R. (1999): Kommunikationsmanagement: Planung und Organisation von Public Relations und Werbung und ihre Integration in die Unternehmenspolitik, Ein Leitfaden für Hochschule und Praxis, Berlin 1999

Westebbe, A./Winter, E./Trost, O. (1997): Hochschul-Sponsoring, Von der Theorie zur Praxis, Stuttgart 1997

Entwicklung einer Marketing-Konzeption für universitäres Fundraising

Prof. Dr. Karin Reinhard
BA University of Cooperative Education Ravensburg

Dipl.-Ök. Thomas Osburg
Intel GmbH

1. Einleitung und Einordnung der Thematik

Universitäten sehen sich verstärkt gesellschaftlichen und finanziellen Herausforderungen gegenübergestellt, die ein professionelles Herangehen an die **Einwerbung von Drittmitteln** erfordern. Ein intensiverer Wettbewerb der Hochschulen, abnehmende staatliche Grundmittel als Basis der Finanzierung sowie steigende bzw. auf hohem Niveau stagnierende Studentenzahlen bringen die Finanzierung der Hochschulen aus dem Gleichgewicht, es fehlen inzwischen ca. 3 Mrd. Euro jährlich zur Wahrnehmung der Kernaufgaben in Forschung und Lehre (vgl. *Deutscher Hochschulverband* 2004). Mit Drittmitteln[1] werden inzwischen ca. 12 % der Ausgaben aller Hochschulen finanziert (vgl. *Statistisches Bundesamt* 2003, S. 52), neben den Forschungsaufträgen und Spenden kommt dabei dem Einwerben von Sponsorengeldern eine immer größere Bedeutung zu.

Der Prozess der Einwerbung aller privaten finanziellen Mittel wird allgemein als **Fundraising** bezeichnet, es stellt mehr dar, als nur „professionelles Betteln" (*Gazdar/Kirchhoff* 2003, S. 129). Unter Fundraising, für das es bisher keine geeignete deutsche Übersetzung gibt, kann die „…Erstellung einer Marketingstrategie zur Entwicklung von Vermögen, um gesellschaftliche Aufgaben erfüllen zu können" (*Haunert* 1998, S. 36) verstanden werden. *Haibach* definiert Fundraising als „…systematische und professionelle auf Marketingprinzipien basierende Einwerbung …" (*Haibach* 2004, S. 78) von Ressourcen. Hier soll der weitergehenden Definition von *Haunert* gefolgt werden, da die Erstellung eines universitären Leistungsangebots für die Entwicklung einer Fundraisingkonzeption von besonderer Wichtigkeit ist und somit über reine Gestaltungselemente der Mitteleinwerbung hinausgeht.

Universitäres Fundraising als Teil des Hochschulmarketings wird meist in die Marketingkonzeptionen des „Sozio-Marketing" (*Wiedmann* 1982), „Marketing für öffentliche Betriebe" (*Raffée/Fritz/Wiedmann* 1994) oder „Marketing für Non-Profit-Organisationen" (*Meffert* 1993) eingeordnet.

---

[1] Unter Drittmitteln versteht man alle Gelder, die „…zur Förderung von Forschung und Entwicklung sowie des wissenschaftlichen Nachwuchses und der Lehre zusätzlich zum regulären Hochschulhaushalt (Grundausstattung) von öffentlichen oder privaten Stellen eingeworben werden" (*Statistisches Bundesamt* 2003a, S. 52). Sponsoring oder Doktorandenstipendien gelten nicht als Drittmittel, Spenden hingegen schon.

Während ältere Ansätze vor allem eine Verhaltensänderung der Gesellschaft oder für Teile der Gesellschaft als Zielkomponente thematisieren[2] (vgl. *Kotler/Zaltman* 1971) erfolgte später eine Ausdifferenzierung der Konzepte in verhaltensorientiertes und versorgungsorientiertes **Sozio-Marketing** (vgl. *Wiedmann* 1982, S. 11 f.). Die Beeinflussung von Verhaltens- und Handlungsweisen, die aus gesellschaftlicher Sicht als problematisch angesehen werden, steht im Mittelpunkt des **verhaltensorientierten Ansatzes**. Dabei versuchen die agierenden Institutionen, die angesprochenen Zielgruppen zu einem gesellschaftskonformen Verhalten zu bewegen (vgl. *Wiedmann* 1982, S. 12). Im Gegensatz hierzu setzt die **versorgungsorientierte Sichtweise** bei einer wahrgenommenen Unterversorgung bestimmter gesellschaftlicher Gruppen mit benötigten Gütern an: mit Hilfe eines institutionellen Sozio-Marketings soll die Vermeidung oder Beseitigung dieser Defizite erreicht werden (vgl. *Wiedmann* 1982, S. 11).

In der Literatur ist die Abgrenzung von Social Marketing und Non-Business-Marketing nicht immer eindeutig. Es hat sich allerdings herauskristallisiert, dass „...sich das Non-Business-Marketing durch den Anwender definiert und das Social Marketing über das Marketingobjekt“ (*Hansen/Bode* 1999, S. 137). Dies bedeutet, dass Programme, die auf eine Verhaltensänderung abzielen, dem **Social Marketing** zugerechnet werden (z.B. Kampagnen gegen Drogen), während **Non-Business-Marketing** von Vereinen, Organisationen oder Hochschulen durchgeführt und damit das Marketingobjekt von physischen Gütern oder Dienstleistungen auf öffentliche, teilweise meritorische Güter und Leistungen übertragen wird (vgl. *Hansen/Bode* 1999, S. 138).

Folgt man diesen Klassifikationen, so kann Fundraising als Ausprägung universitären Marketings als versorgungsorientiertes Sozio-Marketing bzw. als Teil des Non-Business-Marketing verstanden werden.

2. Hochschulmarketing als konzeptioneller Bezugsrahmen von universitärem Fundraising

Fundraising ist ein Teilbereich des **universitären Beschaffungsmarketings** (vgl. *Hermanns/Suckrow* 1995, S. 66) und damit in eine übergeordnete Hochschulmarketingkonzeption integriert. Ähnlich wie andere Marktteilnehmer stehen Hochschulen mit ihrer Umwelt in enger Beziehung beim Austausch

2 „Social marketing is the design, implementation and control of programs calculated to influence the acceptability of social ideas and involving considerations of product planning, pricing, communication, distribution, and marketing research" (*Kotler/Zaltman* 1971, S. 5).

von Leistungen (vgl. *Trogele* 1995, S. 7) und sind bemüht, gegenüber der Gesellschaft ein eigenes Profil zu etablieren (vgl. *Frackmann* 1989, S. 110), um so u.a. ihre gesellschaftliche „Licence to operate“ zu begründen.

Hochschulmarketing kann sowohl dazu beitragen, diese Position gegenüber der Öffentlichkeit zu dokumentieren als auch auf die vorhandenen wirtschaftlichen und gesellschaftlichen Herausforderungen an Universitäten angemessen und proaktiv zu reagieren. Damit kann **Universitätsmarketing** als „...Planung, Koordination, Durchführung und Kontrolle aller universitären Aktivitäten...“ (*Meffert* 1993, S. 1) verstanden werden, bei dem Fundraising ein Teil des Beschaffungsmarketings ist.

In der Praxis kritisieren viele Firmen die Fundraisingkompetenz öffentlicher Einrichtungen, die nur unzureichend den Erfordernissen der Unternehmen entsprechen (*Gazdar/Kirchhoff* 2003, S. 130)[3]. Ein tiefer liegender Grund für diese wahrgenommene Kompetenzlücke kann in einer als ebenfalls unzureichend angesehenen gesamtuniversitären Marketingstrategie liegen (vgl. *Slapnicar/Melega* 1998, S. 31 f.). Allerdings erkennen auch viele Manager die Defizite der Wirtschaft im Zugang auf die Wissenschaft an (vgl. *Hanser/Linke* 2005, S. 499).

3. Grundsatzentscheidungen des universitären Fundraising

Bevor man eine detaillierte Fundraisingkonzeption erstellt, ist es notwendig, die wichtigsten Zielgruppen und Arten des universitären Fundraising zu definieren. Als Zielgruppen kommen prinzipiell Privatpersonen, Stiftungen oder private Wirtschaftsunternehmen in Frage (vgl. *Haibach* 2002), als Arten des Fundraising kann zwischen Spenden, Sponsoring, Förderung, Auftragsforschung und Vermarktung unterschieden werden (vgl. *Hermanns/Glogger* 1998, S. 16). Abhängig von der jeweiligen Zielgruppe und der Art des Fundraising variieren auch die Ausprägungen der Fundraisingkonzeption.

3.1 Zielgruppen des Fundraising

3.1.1 Privatpersonen

In den USA kommen ca. 75 % aller erfassten Spenden von Privatpersonen. Dieses Segment stellt also eindeutig die größte Zielgruppe für philanthropische Einwerbeaktivitäten dar. In Deutschland liegen keine vergleichbaren

[3] Private Hochschulen sind verstärkt dagegen auf Fundraising zur Finanzierung ihrer Aufgaben angewiesen und haben entsprechende Organisationsstrukturen, die die professionelle Ansprache potenzieller Förderer erlauben (vgl. *Haibach* 2004, S. 77 f.)

Zahlen vor, es wird allerdings geschätzt, dass auch hierzulande die privaten Geldgeber mehr als 50 % der Mittel für sämtliche Non-Profit Organisationen zur Verfügung stellen (vgl. *Haibach* 2002, S. 145 f.).

Speziell für den Hochschulsektor gibt es keine aussagekräftigen Zahlen, es ist allerdings zu vermuten, dass der private Anteil hier etwas geringer ist, da Deutschland im Vergleich zu den USA die Einbindung von Alumni in die universitäre Finanzierung weniger einsetzt (vgl. *Haibach* 2004, S. 88; *Hanser/Linke* 2005, S. 46). Einen Hinweis mögen die Zahlen der Technischen Universität (TU) München geben, nach denen 50 % der seit 1999 eingeworbenen Gelder von Unternehmen, 30 % von Stiftungen und 20 % von privaten Förderern stammen (vgl. *Melzer* 2004, S. 495).

Entsprechend der Heterogenität von Individuen sind auch kaum allgemeingültige Aussagen über die Ziele der Privatpersonen möglich. Oft wird aufzählend von Grundeinstellungen, Zugehörigkeitsgefühlen zu Gemeinschaften, Einflussnahme, Steigerung des Selbstwertgefühls usw. gesprochen (vgl. *Haibach* 2002, S. 153). Universitäre Aktivitäten zur Ansprache dieser Zielgruppen haben also eine ganze Vielfalt von Möglichkeiten.

3.1.2 Stiftungen und Verbände

Ähnlich wie bei den Privatpersonen sind die Ziele der Stiftungen äußerst komplex, was vor allem an der großen Zahl der inzwischen existierenden Stiftungen liegt. Alleine in Deutschland legen ca. 4.000 Stiftungen[4] (d.h. ca. 30 % aller Stiftungen) ihren Schwerpunkt auf die Bereiche Wissenschaft, Forschung, Bildung und Erziehung (vgl. *Bruhn* 2003, S. 159; *Erhardt* 2001, S. 62), ca. 100 Stiftungen widmen sich der Förderung einzelner Hochschulen (vgl. *Erhardt* 2001, S. 62). In Stiftungen haben Unternehmen und Privatpersonen die Möglichkeit, ihre Aktivitäten zu bündeln und die Auswahl der Zusammenarbeit und Projekte den Stiftungsgremien zu überlassen. Ferner kann so die Nachhaltigkeit des unternehmerischen Engagements kommuniziert werden, da durch Stiftungen die Förderzwecke verstetigt werden und die Glaubwürdigkeit steigt (vgl. *Meffert* 1993, S. 9).

3.1.3 Private Wirtschaftsunternehmen

Unternehmen der Privatwirtschaft werden für die Finanzierung von Hochschulen immer wichtiger, die Formen der Zusammenarbeit werden vielfältiger. Dabei stehen die Dokumentation gesellschaftlicher Verantwortung, die Ver-

4 Ca. 20 % der Stiftungen konzentrieren sich auf Bildung allgemein, ca. 13 % auf Wissenschaft (vgl. *Kocka* 2004, S. 5).

besserung des Unternehmensimage (Imagetransfer von der Hochschule auf das Unternehmen, vgl. *Glogger* 1999), die Steigerung des Bekanntheitsgrades und Aspekte der Mitarbeitermotivation und -rekrutierung im Zentrum unternehmerischer Ziele des Hochschulsponsoring. Ökonomische Ziele, wie z.B. die Absatzsteigerung, spielen eine untergeordnete Rolle (vgl. *Hermanns/Suckrow* 1995, S. 44; *Westebbe/Winter/Trost* 1997, S. 28; *Bruhn* 2003, S. 232). Abhängig von den jeweiligen Zielen der Partnerunternehmen werden Hochschulen ihr Angebot entsprechend gestalten müssen, um den Firmen einen attraktiven Gegenwert zu bieten.

3.2 Arten des Fundraising

Als traditionellste Art des Fundraising kann die **Spende** gelten, die eine altruistische Einstellung des Geldgebers voraussetzt und für die keinerlei Gegenleistung eingefordert wird (vgl. *Walliser* 1995, S. 8-10), obwohl dies z.B. als Vergabe der Ehrendoktorwürde oder der Anbringung von Danktafeln auf dem Campus durchaus erfolgen kann (vgl. *Westebbe/Winter/Trost* 1997, S. 20). Wenn hingegen das Recht auf kommunikative Nutzung der Fördermaßnahme vertraglich vereinbart wird, so spricht man von **Sponsoring** (vgl. *Hermanns* 1997, S. 36; *Bruhn* 2003, S. 5).

Neben Spenden und Sponsoring kommt im Zuge der Drittmitteleinwerbung an Universitäten der **Auftragsforschung** eine besondere Wichtigkeit zu. Hierbei vereinbaren die Partner ein Forschungsprojekt, an dessen Ende das Ergebnis auf den Sponsor transferiert wird (vgl. *Westebbe/Winter/Trost* 1997, S. 20). Auch das unternehmerische **Personalmarketing** stellt eine weitere Möglichkeit für universitäres Fundraising dar (vgl. *Hermanns* 1997, S. 99). Die Möglichkeiten der positiven Beeinflussung des Unternehmensimage durch Vergabe von Praktikantenplätzen oder Stipendien sowie die Aktivitäten auf Hochschulabsolventenkongressen werden von Unternehmen durchaus gesehen und in ihre Sponsoringstrategie integriert. Aktives universitäres Fundraising kann bei allen diesen Formen der Zusammenarbeit ansetzen (vgl. *Walliser* 1995, S. 8-13).

4. Marketingkonzept für Fundraising

Die Instrumente und Elemente einer Marketingkonzeption für Unternehmen sowie ein dazugehöriges idealtypisches Phasenmodell (Ziele, Planung, Durchführung und Kontrolle) lassen sich ohne große Schwierigkeiten auch auf Universitäten übertragen (vgl. *Hermanns/Suckrow* 1995, S. 66; *Cordes* 2001,

S. 39). Im Nachfolgenden sollen daher kurz die einzelnen Elemente einer universitären Fundraisingkonzeption skizziert werden.

4.1 Fundraisinggrundsätze und -philosophie

Am Anfang einer jeden Fundraisingkonzeption steht die Ausarbeitung von Grundsätzen, die mit dem Leitbild der Hochschule kongruent sind und damit den „...Orientierungsrahmen in Form einer Zwecksetzung und Verhaltensregel..." (*Hermanns/Suckrow* 1995, S. 67) bilden. Hier ist zwischen zwei organisatorischen Ebenen zu unterscheiden: Einerseits sind Entscheidungen auf gesamtuniversitärer Ebene zu treffen, andererseits hat der Sponsoringträger selbst (z.B. der Fachbereich oder Lehrstuhl) weit reichende Grundsätze zu etablieren (vgl. *Hermanns/Glogger* 1998, S. 30-55).

Auf Ebene der gesamten **Universität** ist Fundraising als Element des Beschaffungsmarketings zu verankern und so als allgemeingültiges Instrument der Mitteleinwerbung zu etablieren. Hierzu gehört auch die allgemeinverbindliche Festlegung von Anwendungsrichtlinien und -grundsätzen, prinzipiellen Möglichkeiten der Umsetzung sowie die Bestimmung möglicher Grenzen der privaten Förderung (vgl. *Herrmanns/Glogger* 1998, S. 30). Neben den organisatorischen Vorteilen ist dies auch ein Element zur Durchsetzung der hochschulinternen Akzeptanz der Finanzierung von Wissenschaft durch private Geldgeber (vgl. *Cordes/Bröker* 2001, S. 215) sowie ein Zeichen an die privaten Förderer, dass die Hochschule eine langfristige Strategie mit den Fundraisingaktivitäten verfolgt (vgl. *Westebbe/Winter/Trost* 1997, S. 39).

Auf Seiten der **Sponsoringträger** (z. B. Fachbereich oder Lehrstuhl) ist vor allem die Entscheidung über den Einsatz des Fundraising von zentraler Bedeutung (vgl. *Herrmanns/Glogger* 1998, S. 38), sowie die Erstellung fachbereichsinterner Grundsätze und Richtlinien, die die gesamtuniversitären Rahmenfaktoren konkretisieren.

Die weiteren Schritte der Planung, Umsetzung und Kontrolle werden meist auf Ebene der einzelnen Sponsoringträger geplant und durchgeführt, können aber auch für die gesamte Universität als eine Einheit zur Anwendung kommen.

4.2 Phase der strategischen Planung

Im Zuge der strategischen Planung der Fundraisingaktivitäten stehen die Situationsanalyse, die Zielgenerierung, die Erstellung eines Leistungspakets sowie die Struktur möglicher Fundraisingpartner im Mittelpunkt.

4.2.1 Situationsanalyse und Erstellung einer Ausgangsbasis

Am Anfang der Analyse steht eine **Stärken- und Schwächenanalyse** der Universität im Vergleich zu anderen Hochschulen (vgl. *Meffert* 1993, S. 16), da sie um die knappen Mittel potenzieller Förderer mit mehr als 350 anderen Hochschulen in Deutschland in Konkurrenz steht (vgl. *BMBF* 2004, S. 150-151). Weiterhin ist zu analysieren, aus welchem Grund überhaupt Fundraising unternommen werden soll, d.h. konkret, welche **Bedürfnisse** durch die Mittelbeschaffung befriedigt werden sollen und wie hoch der Ressourcenbedarf ist. Auch muss sichergestellt sein, dass die Ziele der universitären Fundraisingkonzeption in das **Leitbild der Hochschule** integriert sind (vgl. *Cordes* 2001, S. 43-45), da die Gestaltung einer detaillierten Fundraisingkonzeption die Existenz einer übergreifenden Fundraising-Philosophie bzw. Fundraising-Grundsätzen auf Universitätsebene voraussetzt (vgl. *Hermanns/Suckrow* 1995, S. 67). Durch die Formulierung von Sponsoring-Grundsätzen für alle Ebenen der Hochschule wird ein langfristiger Rahmen für einzelne Fachbereiche durch die Universitätsleitung geschaffen (vgl. *Cordes/Bröker* 2001, S. 215), wodurch auch der möglicherweise wahrgenommenen Gefahr der Beeinflussung von Forschung und Lehre entgegengetreten werden kann (vgl. *Cordes/Bröker* 2001, S. 218).

4.2.2 Zielgenerierung

Ziele universitären Fundraising können anhand der Dimensionen Beschaffung, Kommunikation und Lernen klassifiziert werden (vgl. *Haunert* 1998, S. 36, *Westebbe/Winter/Trost* 1997, S. 43-45): Die **Beschaffungsziele** stehen traditionell im Mittelpunkt des Interesses von Fundraising, Unternehmen unterstützen die Hochschulen mit finanziellen Mitteln, Sach- oder Dienstleistungen. Dadurch bessern die Hochschulen ihre Budgets auf, entwickeln den Lehrbetrieb oder finanzieren neue Forschungsvorhaben. Im Bereich **Kommunikation** kann die Universität ihre Bekanntheit erhöhen, ihr Image verbessern (vgl. *Cordes/Bröker* 2001, S. 220) oder ein Profil schärfen bzw. aufbauen, da die Nähe zur Wirtschaft oft ein Argument zur Gewinnung von Studenten ist. Als **Lernziele** von Fundraisingmaßnahmen hat der Wissenstransfer von Unternehmen in die Hochschulen eine große Bedeutung, besonders Fachhochschulen profitieren von der Nähe zur Wirtschaft (vgl. *Cordes/Bröker* 2001, S. 220).

4.2.3 Leistungserstellung

Bei den meisten Fundraisingaktivitäten stellt sich für die Universitäten die Frage, was sie potenziellen Unterstützern anbieten können. Hier herrscht auf

Seiten der Universitäten oft noch eine gewisse Unerfahrenheit, da Mittelbeschaffung bisher nicht als wichtig angesehen wurde und kaum Erfahrungen vorliegen, welche Angebote von Universitäten für die Wirtschaft interessant sind (vgl. *Reinhard* 2004, S. 31). So können auf der **Objektebene** u.a. Symposien, Forschungsvorhaben oder Stiftungsprofessuren als Leistungspakete dargestellt und für Fundraisingaktivitäten angeboten werden (vgl. *Westebbe/Winter/Trost* 1997, S. 46), Hochschulen können ebenfalls bei der Entwicklung konkreter Studienpläne und -inhalte eigene Produktpolitik betreiben (vgl. *Raffée/Fritz/Wiedmann* 1994, S. 202). Auf **kommunikativer Ebene** kann es sich um eine rein passive Duldung der Kommunikation durch den Sponsor oder Spender handeln, es können aber auch Leistungspakete definiert werden, die den potenziellen Geldgebern angeboten werden können (wie z. B. Symposien, Veranstaltungen, Öffentlichkeitsarbeit, usw.) (vgl. *Westebbe/Winter/Trost* 1997, S. 47). Auch das Image einer Hochschule ist ein aktives Element der Vermarktung, da Unternehmen sich oft einen positiven Imagetransfer von der Universität auf das Unternehmen erwarten. Als zentrales Element der Darstellung sämtlicher universitärer Leistungen bietet sich die Erstellung einer Wissensbilanz an, die das Kapital eines Lehrstuhls in intellektuelles Vermögen, Leistungsprozesse und Wirkungen untergliedert (vgl. hierzu im Detail *ARC* 2003 und *Hanser/Linke* 2005, S. 46).

4.2.4 Anzahl und Struktur möglicher Sponsoren

Als Abschluss ist, basierend auf den bisherigen Überlegungen, eine erste Eingrenzung der in Frage kommenden Sponsoren durchzuführen (vgl. *Cordes/Bröker* 2001, S. 220). Dies kann anhand einer Positiv-/Negativliste geschehen, wobei die Produkte und Branche, die räumliche Nähe zur Hochschule, das Interesse an Hochschulförderung oder das Image des Unternehmens entscheidende Auswahlkriterien darstellen.

4.3 Phase der operativen Umsetzung

Nach der Erstellung der strategischen Grundsätze und Planungselemente geht es im nächsten Schritt um die konkrete Umsetzung der Fundraisingaktivitäten. Zu diesen Themen ist die Literatur sehr reichhaltig, d.h. es gibt zahlreiche Publikationen, die sich mit den Einzelheiten der konkreten Umsetzung auseinandersetzen (vgl. hierzu u.a. *Haibach* 2002, *Haibach* 2004, *de Pol* 2004, *Bortoluzzi-Dubach* 1997, *LEU* 2001). Idealtypisch lässt sich folgendes Schema erstellen, auf das hier aber nicht näher eingegangen werden soll (in Anlehnung an *Haibach* 2004, S. 85-88):

- Identifikation möglicher Spender und Sponsoren,
- Recherche und Evaluation, Eingrenzung der Zieldimension,
- Planen der Kommunikationsstrategie,
- Umsetzung und Durchführung der Kommunikation mit möglichen Geldgebern,
- Verhandlung über Gegenleistungen,
- Etablierung einer dauerhaften Kommunikation mit dem Förderer.

Die o.g. Elemente der Umsetzung sind für alle Ebenen der Fundraisingträger identisch, d.h. es spielt keine Rolle, ob Fundraising auf gesamtuniversitärer oder fachbereichlicher Ebene betrieben wird.

Als **Instrumente des Fundraising** kommen alle Formen der Kommunikation in Betracht, d.h. Direktmarketing (z.B. Spendenwerbung per Brief oder Telefon), Massenkommunikation (z.B. Werbung oder PR), Event-Marketing (Benefizveranstaltungen), usw. (vgl. *Haunert* 1998, S. 36; *Meffert* 1993, S. 12-15).

4.4 Kontrolle des Fundraising

Die Kontrolle der Fundraisingaktivität steht am Ende der Konzeption und versucht den Erfolg der Maßnahme zu quantifizieren. Man kann diese Kontrollen prozess- oder ergebnisorientiert anlegen, d.h. man konzentriert sich entweder auf die Überprüfung des Fundraisingkonzeptes sowie den Ablauf des Fundraising oder man nimmt eine ergebnisorientierte Wirkungskontrolle der Aktivitäten vor (vgl. *Cordes/Bröker* 2001, S. 225). Meffert plädiert eher für eine prozessorientierte Kontrolle, d.h. einen sog. Sponsoring-Audit (vgl. *Meffert* 1993, S. 26), da bei einer singulären ergebnisorientierten Überprüfung nicht die gesamte Konzeption einer Analyse unterzogen wird und durch den Audit auch die Zielsetzungen und Prämissen des Fundraising in die Analyse integriert werden können (vgl. auch *Hermanns/Glogger* 1998, S. 64-68).

5. Zusammenfassung und Ausblick

Es ist interessant festzustellen, dass die Praxisliteratur relativ stark die Umsetzung von Fundraising thematisiert, allerdings weniger die Einbindung in eine übergreifende Marketingkonzeption der Universitäten. Dies mag aus Sicht der Praktiker an den Universitäten verständlich sein, da meist nur der „finanzielle Köder" gesehen wird. Im Zuge einer langfristigen und nachhaltigen Zusatzfinanzierung der einzelnen Fachbereiche und Lehrstühle erscheint es aber geboten, die Phasen der Festlegung von Fundraisinggrundsätzen und strategischen Planungen mit der entsprechenden Wichtigkeit zu verfolgen. Ansonsten besteht die Gefahr, dass es „Einzelmaßnahmen" bleiben werden, die auf Dauer kaum zur nachhaltigen Finanzierung beitragen können. Die Hochschulen müssen hierfür aber die Notwendigkeit eines professionellen Marketings, das in das zeitgemäßes Fundraising eingebettet ist, erkennen und umsetzen. Dabei wird verstärkt die Einschaltung von professionellen Agenturen für Fundraising und Sponsoring gefordert, da die Hochschulen durch ihre vielfältigen anderen Herausforderungen kaum mehr die Kapazitäten haben, ein professionelles Marketing aufzubauen (vgl. *Slapnicar/Melega* 1998; *Haibach* 2004, S. 79 f.). Ein Beispiel hierfür kann die Technische Universität (TU) München sein, die externe Beratung im Großspenden-Fundraising sowie als glaubwürdige Fürsprecher ihrer Aktivitäten ein prominent besetztes Partnerkomitee als kritische Erfolgsfaktoren für die erreichten Ziele ansieht (vgl. *Melzer* 2004, S. 495).

Literatur

ARC (Austrian Research Center) (2003): Wissensbilanz 2002, URL: http://www.arcs.ac.at/publik/fulltext/wissensbilanz/ARC_Wissensbilanz_2002.pdf, [Stand: 02.03.2005]

BMBF (Bundesministerium für Bildung und Forschung) (2004) (Hrsg.): Grund- und Strukturdaten 2003/2004, Bonn 2004

Bortoluzzi-Dubach, E./Frey, H. (1997): Sponsoring – Der Leitfaden für die Praxis, Stuttgart 1997

Bruhn, M. (2003): Sponsoring – Systematische Planung und integrativer Ansatz, Wiesbaden 2003

Cordes, J. (2001): Strategisches Marketing an Hochschulen, in: *Cordes, J./Roland, F./Westermann, G.* (Hrsg.): Hochschulmanagement, Betriebswirtschaftliche Aspekte der Hochschulsteuerung, Wiesbaden 2001, S. 37-62

Cordes, J./Bröker, K. (2001): Sponsoring-Management an Hochschulen, in: *Cordes, J./Roland, F./Westermann, G.* (Hrsg.): Hochschulmanagement, Betriebswirtschaftliche Aspekte der Hochschulsteuerung, Wiesbaden 2001, S. 207-229

De Pol, E. (2004): Sponsoring-Guide, Wer sponsert was?, Stuttgart 2004

Deutscher Hochschulverband (2004): Zur zukünftigen Finanzierung der Hochschulen, URL: http://www.hochschulverband.de/cms/fileadmin/pdf/pm/pm17-04-II.pdf, [Stand 08.12.2004]

Erhardt, M. (2001): Stiftungen – Partner der Hochschulen, in: Forschung & Lehre, Heft 2/2001, S. 62-63

Frackmann, E. (1989): Marketing – Überlebensstrategien für Hochschulen, in: *Töpfer, A./Braun, G. E.* (Hrsg.): Marketing im staatlichen Bereich, Bedarfs- und zielgruppenorientiertes Verhalten von Institutionen auf Bundes- und Länderebene, Stuttgart 1989, S. 105-126

Gazdar, K./Kirchhoff, K. R. (2003): Unternehmerische Wohltaten: Last oder Lust? Von Stakeholder Value, Corporate Citizenship und Sustainable Development bis Sponsoring, München/Unterschleißheim 2003

Glogger, A. (1999): Imagetransfer im Sponsoring: Entwicklung eines Erklärungsmodells, Europäische Hochschulschriften, Reihe 5, Volks- und Betriebswirtschaft, Bd. 2429, Frankfurt 1999

Haibach, M. (2002): Handbuch Fundraising, Spenden, Sponsoring, Stiftungen in der Praxis, Frankfurt u. New York 2002

Haibach, M. (2004): Fundraising-Management: Von „Zufallstreffern" zu Dauererfolgen, in: *Hochschulrektorenkonferenz* (Hrsg.): Alternativen in der Hochschulfinanzierung, Sponsoring, Fundraising, Stiftungen, Beiträge zur Hochschulpolitik, Nr. 4/2004, S. 77-89

Hansen, U.; Bode, M. (1999): Marketing und Konsum: Theorie und Praxis von der Industrialisierung bis ins 21. Jahrhundert, München 1999

Hanser, P./Linke, L.-P. (2005): Das Vermögen wird nicht ausreichend sichtbar gemacht, in: absatzwirtschaft, Nr. 3/2005, S. 44-49

Haunert, F. (1998): Sponsoring und Spenden – Ausweg aus der Finanznot?, in: Verwaltung-Organisation-Personal (V-O-P), 20. Jg., Heft 7-8/1998, S. 36-38

Hermanns, A. (1997): Sponsoring. Grundlagen, Wirkungen, Management, Perspektiven, 2. völlig überarb. u. erw. Aufl., München 1997

Hermanns, A./Glogger A. (1998): Management des Hochschulsponsoring, Orientierungshilfen für die Gestaltung und Umsetzung von Sponsoringkonzepten an Hochschulen, Neuwied 1998

Hermanns, A./Suckrow, C. (1995): Wissenschafts-Sponsoring: Grundlagen, Verbreitung, Akzeptanz, Perspektiven und Management aus Sicht der Hochschulen und der Unternehmen, Bonn 1995

Kotler, P./Zaltman, G. (1971): Social Marketing: An Approach to Planned Social Change, in: Journal of Marketing, Vol. 35, Nr. 3/1971, S. 3-12

LEU (Landesinstititut für Erziehung und Unterricht in Baden-Württemberg) (2001) (Hrsg.): Förderalmanach, Ein Handbuch zum Bildungssponsoring, Stuttgart 2001

Meffert, H. (1993): Fundraising für die Wissenschaft – eine Herausforderung an das Marketing von Universitäten, Arbeitspapier Nr. 42, Institut für Marketing der Universität Münster, Münster 1993

Melzer, A. (2004): Erfolgreiches Fundraising, in: Forschung & Lehre, Heft 9/2004, S. 495

Raffée, H./Fritz, W./Wiedmann, K.-P. (1994): Marketing für öffentliche Betriebe, Stuttgart u.a. 1994

Reinhard, K. (2004): Verfahren des Bildungssponsorings: Ein Vergleich zwischen Deutschland und den USA, Weingarten 2004

Slapnicar, K. W./Melega, M. (1998): Geborgter Glanz hilft beiden Partnern, Individuelles Hochschul- und Wissenschaftssponsoring – ein innovatives Instrument für die deutschen Universitäten und Fachhochschulen im Wettbewerb um Drittmittel, in: Wissenschaftsmanagement, Nr. 1/1998, S. 30-38

Statistisches Bundesamt (Hrsg.) (2003): Bericht zur finanziellen Lage der Hochschulen 2003, Wiesbaden 2003

Stippel, P. (2005): Sponsoring, Fußball reicht nicht mehr, in: absatzwirtschaft, Nr. 3/2005, S. 14-17

Trogele, U. (1995): Strategisches Marketing für deutsche Universitäten: Die Anwendung von Marketing-Konzepten amerikanischer Hochschulen in deutschen Universitäten, Dissertation, Europäische Hochschulschriften, Reihe V, Volks- und Betriebswirtschaft, Bd. 1761, Frankfurt/Main 1995

Walliser, B. (1995): Sponsoring: Bedeutung, Wirkung und Kontrollmöglichkeiten, Wiesbaden 1995

Westebbe, A./Winter, E./Trost, O. (1997): Hochschul-Sponsoring: Ein Leitfaden für die Sponsoringpraxis an Hochschulen, Stuttgart 1997

Wiedmann, K.-P. (1982): Ansatzpunkte einer theoretischen und empirischen Erforschung des Problemfeldes Sozio-Marketing – Stand der Forschung und erste Skizze eines Forschungsprogramms, Arbeitspapier Nr. 18, Institut für Marketing der Universität Mannheim, Mannheim 1982

Kapitel 4
Fallbeispiele

Praxisbeispiel Kindergartensponsoring

Birgitt A. Cleuvers
Forschungsinstitut für Bildungs- und Sozialökonomie (FIBS)

1. Einleitung

Ursachen und Anlässe, sich als Kindertagesstätte (KiTa) oder Unternehmen mit Soziosponsoring zu beschäftigen, gibt es viele. Die Initiative kann von Unternehmen und KiTas ergriffen werden. Während für Unternehmen oft ökonomische Gründe im Vordergrund stehen, sie insbesondere um ein positives Image, Glaubwürdigkeit und Werbeeffekte unabhängig vom klassischen Marketing bemüht sind, vielleicht auch ein Jubiläum ansteht oder Entscheidungsträger sich im Privaten für soziale Fragestellungen stärker öffnen, kommt das Thema bei KiTas und ihren Trägern in der Regel auf den Tisch, wenn die Kassen der Einrichtung bzw. der Träger leer sind. Dann fehlen Mittel für spezielle Projekte oder es können generelle Instandhaltungs- und Betreuungskosten nicht mehr aufgebracht werden. Kreative pädagogische Ideen oder die Finanzierung einer sprachtherapeutischen Fachkraft können genauso Ausgangspunkt sein wie die Renovierung von Räumlichkeiten oder die Gestaltung des Freigeländes der KiTa, der Bedarf an zusätzlichen Ernährungsangeboten, Spielzeug oder PC-Ausstattung und mehr. Die Bandbreite der Sponsoring-Projekte ist groß; die Abgrenzung zu Mäzenatentum, Spenden oder Public Private Partnership ist mitunter schwierig.

Um das enorme Spektrum der Möglichkeiten zu skizzieren, stellen die nachfolgenden Seiten einerseits ein eher kleineres, aber erfolgreiches Sponsoring-Projekt vor, das vom kirchlichen Träger begleitet und gemeinsam von Eltern und Erzieherinnen durchgeführt wurde. Verschiedene Fundraising-Aktivitäten wurden im lokalen Umfeld miteinander verknüpft, um innerhalb von rund acht Monaten die fehlenden Mittel für die gleichzeitige Renovierung und Neugestaltung eines Kreativraums einzuwerben – und damit die Realisierung zu ermöglichen. Dieses Beispiel wird aus der Perspektive der Sponsorensuchenden, insbesondere der Mutter, die die Projektleitung übernommen hatte, geschildert. Andererseits soll auch auf eine überregionale und mehrjährige Sozialkampagne hingewiesen werden, die durch die Mediendominanz („Bob hilft Kindergärten“, begleitet von Super RTL) auffällt, letztlich aber die Marketing-Kommunikation verschiedener Unternehmen bündelt. Den Ausführungen zum letzten Aktionsjahr 2004 liegt die Enddokumentation des Fernsehsenders, ergänzt durch Interviews mit Beteiligten zugrunde.

2. „Hand in Hand Zukunft schaffen“ – Initiative: der Kindergarten

2.1 Ausgangssituation und Zielsetzung

Der Evangelische Kindergarten Hegelstraße liegt in einem Wohngebiet in Ratingen-Ost. Die Einrichtung existiert seit 1972 und hat zum Zeitpunkt der Aktionen rund 75 Kinder, die von einer Kindergartenleiterin, sechs Erzieherinnen und zeitweilig zwei Praktikantinnen in drei altersgemischten Gruppen betreut werden. Im Spätherbst 2003 fiel die Entscheidung für Sponsoring und Fundraising, im Sommer 2004 wurde das Projekt erfolgreich abgeschlossen.

Neben dringenden Renovierungsarbeiten wünschen sich Erzieherinnen und Eltern eine Erweiterung des kreativen Angebots. Ideal wäre ein Raum für großflächige Arbeit und Experimente mit Farben und anderen Materialien. Die begrenzten Mittel des Trägers reichen nicht für die Umsetzung des Ganzen und lassen intensive Diskussionen über alternative Finanzierungsformen im Kindergarten, unter den Eltern und in der Gemeinde aufkommen. Obwohl niemand im Umfeld des Kindergartens Erfahrung mit Fundraising oder Sponsoring hat, möchte man nicht mit einer professionellen Agentur zusammenarbeiten. Man will es allein schaffen, auch wenn man sich nicht sicher ist, ob die gesetzten Ziele erreicht werden können und was den Kindergarten nun erwartet. Ängste vor einer möglichen Einflussnahme von Unternehmen auf die pädagogische Arbeit und vor dem immensen Arbeitsaufwand, Zweifel an dem hinreichenden Engagement aller Beteiligten stehen Neugierde und zielorientierter Aktivität gegenüber. Eine Mutter übernimmt in Zusammenarbeit mit der Kindergartenleiterin und dem Träger die führende Aufgabe, Sponsoren für die Mitfinanzierung der Renovierung und der Gestaltung eines Kreativraums zu suchen. Zielpunkt ist die Renovierung und Umgestaltung in den folgenden Sommerferien, damit keine Reparaturen und Umbauarbeiten während des laufenden Betriebs stattfinden und dadurch die Betreuung und Erziehung eingeschränkt wird. Damit bleiben etwa acht Monate für die Mittelbeschaffung und Realisierung des Projekts.

Nachdem Angebote verschiedener Handwerksbetriebe, Hersteller und eines Architekten eingeholt wurden, ist klar, dass sich die Kosten für alle Maßnahmen auf rund 40.000 bis 50.000 Euro belaufen und damit deutlich höher sind als erwartet. Einen ansehnlichen Teil übernimmt der Träger, ein Viertel des Betrags muss jedoch anderweitig aufgebracht werden.

2.2 Konzeption und Präsentation

Die Mutter, die Kindergartenleiterin und andere Erzieherinnen sowie der Elternrat klären ab, was die Teilziele sind, planen das weitere Vorgehen und die

Zuständigkeiten unter den Akteuren. Rechtliche Fragen müssen im Vorfeld geklärt und der Träger als potenzieller Unterzeichner des Sponsoringvertrags insbesondere zu den möglichen Gegenleistungen des Kindergartens sowie der Presse- und Öffentlichkeitsarbeit insgesamt um Zustimmung gefragt werden.

Um nicht nur von wenigen großzügigen Sponsoren und Spendern abhängig zu sein, werden auch ergänzende Aktivitäten geplant, wie der Verkauf von Selbstgebasteltem und Kuchen auf dem Wochenendmarkt und von Selbstgebackenem nach den Gottesdiensten im Gemeindecafé. Mit einem hübsch gestalteten und von allen Beteiligten verteilten Faltblatt, einer Vorstellung des Projekts im Gemeindebrief und Presseinformationen wird die Öffentlichkeit informiert. Mit der Verbreitung des Flyers und weiterer Informationen kommen die ersten Spenden von Privatleuten. Zwischen fünf und tausend Euro werden, teils anonym, auf das extra eingerichtete Konto des Kindergartens überwiesen.

Persönliche Kontakte zu Unternehmen werden bei der Sponsorensuche genutzt, Hinweise zu Firmen unterschiedlicher Größe, Branche und lokaler Anbindung werden hinsichtlich ihrer Eignung für Soziosponsoring, dem bisherigem Engagement oder auch anstehenden Festivitäten ausgewertet, Imagebroschüren werden angefordert. Einige der Firmen werden dann individuell angeschrieben und der Nutzen Ihres Engagements hervorgehoben. Je nach Unternehmen wird um Geld-, Sachmittel (Mobiliar, Farben etc.) oder auch Dienstleistungen (kostenlose Lieferung und Aufbau, Malerarbeiten etc.) gebeten. Unter den vom Kindergarten angebotenen Gegenleistungen finden sich klassische Werbeformen wie kreative Ideen für den besonderen Firmenauftritt.

2.3 Sponsorships

Bei der Nachfrage zeigt sich, wie verschieden die Resonanz beim Soziosponsoring sein kann. Während teilweise überregional renommierte Firmen telefonisch „nicht erreichbar" sind und nicht einmal absagen, handeln lokal ansässige Betriebe spontan:

- Ein Fahrradladen schenkt dem Kindergarten Lauflernräder und Fahrräder – mehr, als gebraucht werden können. So wird eines nach Rücksprache verkauft und auf diese Weise in Geld umgewandelt. Als Gegenleistung wünscht man sich im Gespräch, bei jeder sich bietenden Gelegenheit als engagierter Laden erwähnt und damit beworben zu werden.
- Ein Fotoladen überweist – ohne Gegenleistungen mit der KiTa zu vereinbaren – 100,- €, ein Friseur 60,- €.

- Ein Küchenfachmarkt meldet sich und spendet Arbeitsplatten und eine Spüle, also Produkte aus dem eigenen Warenbestand, sowie deren Einbau, ohne eine Gegenleistung zu erwarten.
- Eine Apotheke spendet einen Geldbetrag und erhält nach mündlicher Vereinbarung zwei Fensterdekorationen von den Kindern. Ein Schild mit der Aufschrift „Der Evangelische Kindergarten Hegelstraße bedankt sich für die helfende Hand" weist auf das Sponsoring hin.
- Ein Maler aus der Elternschaft erklärt sich bereit, seine Arbeitskraft einzubringen und am letzten Wochenende der Sommerferien die neuen Räumlichkeiten zu streichen; Farben und Tapeten werden zum Einkaufspreis weitergegeben.
- Die Ratinger Stadtwerke, die auch als potenzielle Sponsoren angeschrieben wurden, laden zum Gespräch ein und fragen, ob der Kindergarten, d.h. Erzieherinnen und Eltern, bei der Hausmesse eine Kinderbetreuung anbieten können. Vertraglich werden schließlich Geldleistungen gegen Betreuung, Spieleprogramm sowie Werbung für den Sponsor im Gemeindebrief und bei der Einweihungsfeier vereinbart. Der Sponsoring-Partner ist mit der Abwicklung zufrieden.
- Die Sparkasse vor Ort beschließt, die Hälfte des Erlöses einer Verlosung, die anlässlich eines Jubiläums im Sommer stattfindet, dem Kindergarten zukommen zu lassen; die andere Hälfte ist für ein weiteres Sozialprojekt im Ort vorgesehen. Als Dankeschön soll für die Bank geworben werden. Als es soweit ist, kann die Kindergartenleiterin auf der Feier zusammen mit dem Pfarrer einen beachtlichen Scheck in Empfang nehmen.

2.4 Projektabschluss

Nachdem die benötigte Summe für die Renovierung zusammen ist und alle Formalia geklärt sind, kann jetzt auch – zusammen mit dem Geld des Trägers – der endgültige Auftrag an die Handwerker erteilt werden. Im Gemeindebrief wird mehrfach über den Verlauf des Projekts berichtet, den Förderern öffentlich und persönlich für ihr Engagement gedankt, die lokale und regionale Presse wird auf dem Laufenden gehalten. Im Kindergarten werden alle Unterlagen zum Projekt gesammelt. Nach den Umbauarbeiten wird dann zum Einweihungsfest vor Ort eingeladen. Einzelhändler, die sich engagiert haben, hängen Plakate mit Hinweisen in ihren Geschäftsräumen aus, auf denen auch ihr Logo und das Dankeschön des Kindergartens steht. Die Presse bringt kurze Artikel. Das Fest wird ein großer Erfolg. Ein großes Schild mit den Logos und Namen der Sponsoren begrüßt die Besucher schon am Eingang und wird dort auch noch eine Weile nach dem Fest auf die Unterstützer hinweisen. Wie zuvor schon in der Kirche dankt ihnen der Pfarrer in der Einweihungsrede am Kindergarten noch einmal persönlich für die Unterstützung. Den Eltern und MitarbeiterInnen wird für ihr unermüdliches Engagement gedankt. Man trinkt ein Glas Sekt, isst etwas vom reichhaltigen Buffet, während die Gäste die schönen Räumlichkeiten bestaunen und die Kinder schon im neuen Kreativraum agieren.

3. „Bob hilft Kindergärten“ – Initiative: die Unternehmen

3.1 Ausgangssituation und Zielsetzung

Super RTL ist der Marktführer im Kinderfernsehen. Mit seinen Partnern HIT Entertainment, SONY BMG/EUROPA und Ravensburger und unter der Schirmherrschaft von *Liz Mohn* von der Bertelsmann Stiftung lautet die Mission 2002, zehn Kindergärten mit erheblichen Beeinträchtigungen „auf Vordermann“ zu bringen. Bob der Baumeister ist eine Zeichentrickfigur im Kinderprogramm, die für Werte wie soziales Engagement, gemeinsame Aufgabenbewältigung und Teamgeist steht und zur Leitfigur der Förderaktivitäten wird. Unter dem Motto „Yo, wir schaffen das!“ macht er öffentlichkeitswirksam auf Missstände in deutschen KiTas aufmerksam und bietet Unterstützung an.

Ab dem zweiten Jahr wird parallel zum Aufruf an die KiTas, an der Reparaturaktion wiederum teilzunehmen, auf besondere Initiative der SONY BMG/EUROPA zusätzlich eine Aktionsmappe in Zusammenarbeit mit Erzieherinnen und dem Verlag Careline entwickelt und an 13.000 KiTas versandt. Sie soll die ErzieherInnen sowie verstärkt und längerfristig auch Kinder und Eltern direkt erreichen. Aufgrund der Vielzahl nachfragender KiTas und der überregionalen Bekanntheit wird das gesamte Projekt nach zwei Jahren um ein weiteres Jahr verlängert, allerdings erfolgt die vertiefende Berichterstattung verstärkt regional. Die konstante Fortführung der Aktion bringt Super RTL und seinen Partnern eine hohe Aufmerksamkeit und Glaubwürdigkeit. Die folgende Aktionsdarstellung bezieht sich insbesondere auf das letzte Durchführungsjahr 2004.

3.2 Aktionsverlauf

Die Aktion „Bob hilft Kindergärten“ lässt sich in verschiedene Phasen und Events unterteilen. Die Aufrufphase mit aufwändiger Presse- und Öffentlichkeitsarbeit und anschließender Selektion ging von Juli bis September eines

Jahres, die Durchführungsphase mit Reparatur- und TV-Event fand im Oktober und November statt.

3.2.1 Aufruf und Selektion

Der Aufruf zur Aktion „Bob hilft Kindergärten", verbunden mit einer Mal- und Bastelaktion, ist durch intensive Medienkontakte über die relevanten Plattformen gekennzeichnet. Ein Ankündigungstrailer mit einem Bruttomediavolumen von 447.000,- € hat eine Nettoreichweite unter den 3- bis 13-Jährigen Kindern von 5 Mio., bei den Bruttokontakten verweist Super RTL sogar auf 42,2 Mio. Kontakte in dieser Altersgruppe. Der Sender-Website Toggolino.de wird während des Aktionszeitraums eine Mikrosite zugeordnet, von der weitere Exemplare der vorgenannten Kindergartenmappe mit Bastel- und Spielanleitungen heruntergeladen werden können. Die Mappe enthält auch einen Feedback-Bogen für Anregungen und Kritik. Zudem werden 5.000 Aktionsflyer in vier Städten im Rahmen der TOGGO Tour verteilt, Anzeigen im Magazin „Bob der Baumeister" geschaltet und die Arbeitsmappe an 13.000 KiTas verschickt. Die PR-Abteilung generiert 8,9 Mio. Printkontakte. Alle Materialien tragen die Logos der beteiligten Unternehmen.

Zur Kennzeichnung der nun folgenden Events werden verschiedene Träger gewählt: Kappen, Pylone, Baustellenschilder und das gebrandete Bob Mobil, Pressemappen, Fotorahmen und Malwände werden für „Bob hilft Kindergärten" bereit gestellt bzw. produziert.

Das Ergebnis des Aufrufs sind insgesamt 2.500 Bewerbungen zur Aktion und 8.700 gemalte Bilder und Bastelarbeiten, die an den Sender geschickt werden. Die Integrative Kindertagesstätte „Zwergenland" in Zwickau beispielsweise, bei der sich eine Erzieherin zunächst im Alleingang an der Ausschreibung beteiligt hat, schickt als Bewerbung ein Plakat und Bilder der Kinder zusammen mit einem Brief an Super RTL, der das Sanierungsobjekt und seine Bedeutung für die Kinder vorstellt.

Zentrales Auswahlkriterium für das Förderprojekt seitens des Fernsehsenders ist, tatsächlich die Kinder in den KiTas zu begünstigen, d.h. Maßnahmen für die ErzieherInnen werden beispielsweise nicht berücksichtigt. Weitere Kriterien für die Auswahl und folgende Durchführung der Reparaturmaßnahmen sind im Wesentlichen die Berücksichtigung verschiedener Bundesländer und Städte, der Gesamtzustand der KiTa und die Art des Schadens sowie ein durchschnittliches Reparaturbudget pro KiTa in Höhe von 10.000,- €.

Nach der Besichtigung von über 40 Kindergärten bundesweit, bei der Vertreter von Super RTL in die einzelnen KiTas gehen und Videos aufnehmen, werden zehn Einrichtungen als besonders sanierungsbedürftig ins Finale genommen. Diesen Einrichtungen wird vierzehn Tage nach dem Termin mitgeteilt, ob sie für das Projekt ausgewählt wurden. Zwei der Einrichtungen werden als TV-Kindergärten ausgewählt. Allerdings werden keine Verträge mit den KiTas geschlossen. Die weiteren Absprachen erfolgen oft mündlich.

Auch die anderen Einsendungen werden bearbeitet, Absageschreiben mit Präsenten der Partner versehen. Die Gewinner der Mal- und Bastelaktion erhalten Bob-Pakete und die 80 Einsender der Feedback-Bögen der Kindergartenmappe ein Dankeschön. Als Anreiz für die Rückmeldung waren für die ersten 200 Einsender Produkte von Ravensburger und Super RTL ausgewählt worden.

3.2.2 Durchführung

Zur Durchführung der Reparaturen und TV-Events wird für 2004 der nachfolgende Tourplan erstellt, der auch die ausgewählten Einrichtungen benennt; in Erfurt und Solingen begleitet ein Kamerateam die Reparaturmaßnahmen (vgl. Tabelle 1):

Oberhausen	Ev. Kiga St. Markus	4.11.2004
Erfurt	Kiga Waldblick	9.11.2004
Zwickau	KiTa Zwergenland	10.11.2004
Solingen	KiTa Benedictinchen	11.11.2004
Bamberg	Kiga Philippus	16.11.2004
Ludwigshafen	Kiga St. Sebastian	17.11.2004
Saarbrücken	KiTa Markuskirche	18.11.2004
Offenbach	KiTa der ev. Stadtkirchengemeinde	23.11.2004
Wolfsburg	St. Christophorus KiTa	24.11.2004
Lübeck	KiTa Auferstehungsgemeinde	25.11.2004

Tabelle 1: Tourplan zur Durchführung der Reparaturen und TV-Events 2004

Das Spektrum an Reparaturen umfasst in diesem Jahr den Aufbau einer Wasserspielanlage und die Behebung von Sturmschäden, die Sanierung von Sanitärräumen, die Erneuerung des Turnraums (Bodenbelag, Fensterverkleidung, Einrichtung), der Bau eines Unterstandes für den Waldkindergarten und mehrfach die Erneuerung des Außenbereichs. Die Handwerksbetriebe werden von den KiTas benannt, aber die komplette Abwicklung erfolgt über Super RTL.

Bei der Kalkulation engagierten sich vielfach auch die Handwerker selbst als Sponsoren.

Nach den Reparaturen besucht „Bob“ persönlich mit seinem Bob Mobil den jeweiligen Kindergarten, bringt Werkzeug und Helme für die Kinder mit, die sich auf einer Malwand mit einem Handabdruck verewigen und mit Bob fotografieren lassen können. Die KiTas organisieren das Fest. Jedes Kind erhält sein persönliches Foto im Bobrahmen und eine Kappe zur Erinnerung.

3.3 Projektabschluss und Auswertung

Bei den Reparaturen, insbesondere den von einem Fernsehteam begleiteten, und den abschließenden Events stehen die Kinder und AnsprechpartnerInnen rund um den Kindergarten für Aufnahmen zur Verfügung, beleben die Dokumentation der sozial orientierten Aktivitäten und unterstreichen damit die Glaubwürdigkeit des Engagements der Partnerunternehmen. Super RTL, Presse und Personen des öffentlichen Lebens, wie beispielsweise die Leiter diverser Trägerschaften, Prälaten, Bürgermeister und Jugendamtsvertreter feiern gemeinsam mit „Bob der Baumeister“ die Sanierungsmaßnahme der Einrichtung. Auch die Eltern verfolgen das Geschehen.

Mit dem Reparaturevent werden 2004 rund 3,7 Mio. Printkontakte ermöglicht. Im Fernsehen und Radio (on-air) fremder Sendeanstalten wird zudem mehrfach über die Aktionen berichtet. Am 28. November 2004 wird im TV-Event „Advent mit Bob der Baumeister“ und einer Sonderprogrammierung von 11.00 bis 15.00 Uhr das Engagement überblickend gewürdigt. Neben mehreren Bob-Filmen gibt es fünf Anmoderationen und redaktionelle Berichte zur Aktion. Die erzielte Nettoreichweite unter den 3- bis 13-jährigen Kindern wird hier mit 0,27 Mio., der erzielte Marktanteil der Sendung in dieser Altersgruppe mit 26,8 % beziffert.

4. Fazit

Das Projekt in Ratingen aus Sicht des Kindergartens samt Elternrats: Die Mühe hat sich auf jeden Fall gelohnt und eine Wiederholung ist möglich – jedoch sehr von aktiven Einzelpersonen abhängig. Die Vorgespräche und das KiTa-Sponsoring sind sehr zeitaufwändig, zumal wenn man nur wenig Erfahrung mit der Einwerbung von Drittmitteln hat. Nach der anfänglichen Skepsis ist der Erfolg aber größer und der Umgang mit den Unternehmen einfacher als erwartet. Es ist schwer einzuschätzen, welche Firma ein potenzieller Sponsor sein könnte. Die Presse- und Öffentlichkeitsarbeit ist verbesserungswürdig, da letztlich nur wenig Medienresonanz da war. Ohne die Verkaufsaktionen und den enormen Elterneinsatz wäre es auch schwerer gewesen, die benötigte Summe zusammen zu bekommen.

Das bundesweite Projekt aus Sicht von Super RTL: Die konstant hohe Bewerberzahl ist ein Beleg für die hohe Aufmerksamkeit, die die Aktion erreicht hat. Der Verbesserungsbedarf in deutschen KiTas ist unverändert gegeben. Besonders erfolgreich war die PR-Strategie, KiTas in mittelgroßen Städten mit auflagenstarker Tagespresse auszuwählen. Die zahlreiche und stets sehr ausführliche Presseberichterstattung hat zum enormen positiven Imagetransfer maßgeblich beigetragen. Die Aktion gilt nach drei erfolgreichen Jahren als abgeschlossen. Die Wiederholung eines ähnlichen sozialen Engagements wird als durchaus wahrscheinlich bezeichnet. Derzeit sind allerdings keine konkreten Maßnahmen geplant.

Das bundesweite Projekt aus Sicht der SONY BMG Music Entertainment: Sozial orientierte Direktkampagnen für die Kleinstzielgruppe finden mehr Aufmerksamkeit als klassische Werbeformen, die im KiTa-Bereich eher schwierig sind und kritisch betrachtet werden. Darum ist einer unserer Schwerpunkte des Marketing für Kleinkinderthemen/Lizenzen der Schritt in den Kindergarten und zwar immer mit einem edukativen Anspruch. Der Begriff Sponsoring ist im KiTa-Bereich eher unüblich und tendenziell negativ belegt und wird daher eher vermieden.

Gerade über die im Rahmen der Bob-Aktion im zweiten und dritten Jahr lancierte Aktionsmappe, die die Beteiligung der KiTas steigerte, wurden die ErzieherInnen in der pädagogischen Arbeit unterstützt und Kinder und Eltern auf einer weiteren Ebene nachhaltig erreicht. Anreize wie Gewinnspiele und Dankeschön-Pakete erleichterten auch hier den Zugang zur Zielgruppe und ihr Feedback. Oberstes Ziel von Engagement sollte jedoch immer das Wohl der Kinder sein.

Bei diesem und anderen Projekten des Konzerns zeigte sich, dass Imagekampagnen mit sozialem Anspruch über Dienstleistungen wie z.B. Reparaturen kaum als Werbung wahrgenommen werden, Geld aber angesichts der oft anzutreffenden Missstände in den Einrichtungen aber gern gesehen ist. Die Erwartungshaltungen und Ansprüche seitens der KiTas variieren aber zum Teil. Der Umgang mit der Zielgruppe ist aber in der Regel unkompliziert. Unternehmen sehen es gerne, wenn die Kinder in den Einrichtungen über das Projekt spannend informiert und auf Besuche vorbereitet werden, um die Eltern und Dritte noch leichter zu erreichen. Dafür müssen Sponsoren manchmal auf eine sorgfältige Absprache (z.B. zu den Veranstaltungen, incl. Catering) mit den ErzieherInnen achten, um nicht „das Falsche“ mitzubringen oder die Beteiligten zu „überrollen“, denn nur sie können einschätzen und beurteilen, was „ihren“ Kindern am meisten Freude macht und was auch bei den Eltern gern gesehen ist – bei den Events sollen am Ende alle zufrieden sein.

Das bundesweite Projekt aus Sicht einer beteiligten KiTa, hier der integrativen Kindertagesstätte „Zwergenland“ in Zwickau: Das gesamte Projekt von der Ausschreibung bis zum Event wurde als zügig durchgeführte Aktion wahrgenommen. Die KiTa musste sich letztlich nur um die Herstellung der Kontakte, die Vorbereitung und Durchführung des Festes mit Presse- und Elternvertretern etc. kümmern sowie für Foto- und Filmaufnahmen beim Event zur Verfügung stehen, so dass der Arbeitsaufwand als gering eingestuft wurde. Die wenigen Zuständigkeiten wurden nicht als „Gegenleistung“, sondern Selbstverständlichkeit und die Kommunikation und Abwicklung als sehr angenehm empfunden. Nach den zufriedenstellenden Erfahrungen würde sich die KiTa jederzeit wieder an einem solchen Projekt beteiligen.

„Ächtz – Stöhn – Knatter – Ratter“: Die Fantasiemaschine – Bildungssponsoring als Schnittstellenmanagement

Birgit Hackl
Script – Corporate + Public Communication GmbH

Christoph Potting
Script – Corporate + Public Communication GmbH

1. Einleitung

Im Jahre 2004 realisierte Wissenschaft im Dialog (WiD) und der TIGERENTEN CLUB ein Modellprojekt zum Wissenschaftslernen und Bildungssponsoring mit Kindern. Wissenschaftler und Techniker aus fünf Forschungs- und Wissenschaftseinrichtungen in Deutschland begleiteten über hundert Kinder auf fünf Mitmach-Baustellen bei ihrer **Konstruktion einer Kettenreaktionsmaschine**.

Im Wissenschaftssommer 2004 in Stuttgart platzte eine Woche lang das Ausstellungszelt aus allen Nähten. Die Presse- und Medienresonanz auf das Projekt war groß. Und Politiker und Wissenschaftler geizten nicht mit Lob und Anerkennung: „So eine Aktion kann für einige Teilnehmer lebensbestimmend sein", kommentierte *Prof. Treusch*, Vorsitzender von *Wissenschaft im Dialog* und Leiter des Forschungszentrums Jülich die Aktion. „Die **Fantasiemaschine** ist ein einmaliges und exemplarisches Projekt für kreatives Wissenschaftslernen mit Kindern", schrieben Tages- und Fachzeitungen. Bildungsministerin *Edelgart Buhlman*, das Ministerium für Forschung und Wissenschaft und die Europäische Kommission wählten im Frühjahr 2005 die Fantasiemaschine zu einem Modellprojekt für Wissenschaftskommunikation für Europa aus.

Der Begriff „**Schnittstellenmanagement**" stammt aus dem technischen Sprachgebrauch und beschreibt im betriebswirtschaftlichen Kontext Transferpunkte, an denen ein Austausch von Gütern oder Informationen stattfindet. Das englische Wort für Schnittstelle heißt interface. Wer sich „Inter-Face" als ein Wort(bild) vorstellt, sieht zwei Gesichter einander gegenüber, die durch eine neue Verknüpfung etwas gemeinsam Drittes schaffen. Inter-Faces der Fantasiemaschine zeigen, wie Bildungssponsoring gelingen kann: Ein Ball fällt auf eine Wippe. Die Wippe kippt und löst einen Schalter aus. Strom setzt einen Ventilator in Gang. Wind drückt eine Kugel in ein Laufrohr. Sie landet auf einer Mausefalle, die auch gleich losgeht. Klatsch macht es und die springende Feder der Falle gibt den Impuls weiter. Ein Schere schneidet einen Faden durch. Ein Gewicht fällt mit Wucht auf eine gespannte Feder... Eine Kettenreaktion gelingt, wenn ein Impuls von einer Installation zur nächsten weiterläuft. Die dafür nötigen Übergabepunkte oder Schnittstellen müssen funktionieren. Bei der Fantasiemaschine tun sie es auf eine faszinierende Weise (vgl. Abbildung 1).

Abbildung 1: Ausschnitt einer Kettenreaktion der Fantasiemaschine

Was von weitem wie ein fantasievolles Ensemble von Baumarkt-Materialien ausschaut, ist ein Beispiel dafür, wie Kindern (und Erwachsenen) ein kreativer, produktiver und anregender Umgang mit wissenschaftlich-technischen Zusammenhängen gelingen kann. Was ist passiert? Fünf Teams von je 20-25 Kindern haben im Sommer 2004 drei Monate lang als Mini-Konstrukteure gearbeitet und die Gesetze der Mechanik, der Schwerkraft, der Hebelwirkung etc. praktisch erkundet und umgesetzt. Ihr gemeinsames Produkt, die Fantasiemaschine, wurde durch ein Netzwerk der besonderen Art möglich. Kooperationspartner aus Forschung und Wissenschaft, Medien und Pädagogik, Wirtschaft und Industrie fanden zusammen, um den Potentialen des Bildungssponsoring durch ein großes Modellprojekt eine deutliche Kontur zu geben. Und um zu demonstrieren, dass in wirtschaftlich und bildungspolitisch angespannten Zeiten Handlungsspielräume dann wachsen, wenn in der Zusammenarbeit unterschiedlicher Partner ein deutlicher Mehrwert für alle Beteiligten entsteht.

2. Aus virtuell wird real

„Wissen macht Spaß“ – seit Frühjahr 2004 begleitet dieses Motto die Jahresaktionen der ARD-Kindersendung TIGERENTEN CLUB. Zum „Jahr der Technik 2004“ kam es unter diesem Aktionsdach zu einer interessanten Zusammenarbeit mit *Wissenschaft im Dialog* (WiD). Diese Dachorganisation aller bedeutenden Forschungs- und Wissenschaftseinrichtungen in Deutschland hat die Aufgabe, Öffentlichkeit und „verständliche Wissenschaft" in einen produktiven Austausch zu bringen. Beide Projektpartner starteten im Frühjahr 2004 zunächst einen **virtuellen Kreativ-Wettbewerb** für Kinder im Alter von sechs bis zwölf Jahren. Die Aufgabe für die jungen Konstrukteure und Erfinder lautet: „Baut Eure eigene Fantasiemaschine!" Das Medienunternehmen Vivendi Universal stellte dafür 200.000 Exemplare der Kinder-Lernsoftware „Tim, die Rückkehr der verrückten Werkstatt" zur Verfügung, mit der Kinder unter Nutzung vielfältiger Konstruktionselemente virtuelle Modelle ihrer Fantasiemaschine konstruieren. Der TIGERENTEN CLUB warb im Rahmen seiner Jahresaktion „Wissen macht Spaß" für das Projekt. In einer Sondersendung, der Kinderzeitschrift CLUB-Tigerente und auf den Internetseiten des TIGERENTEN CLUB wurden Kinder bundesweit zum Mitmachen aufgefordert. 150.000 CDs lagen der „CLUB Tigerente", der Zeitschrift für Clubmitglieder des TIGERENTEN CLUBs, bei. Auch *Wissenschaft im Dialog* (siehe www.w-i-d.de) und die Kinderzeitschrift *Geolino* berichteten über den Wettbewerb. Über eine Telefon-Hotline konnten Schulen, Kinder und Eltern weitere CDs direkt bestellen. Das intelligente Computerspiel erfreute sich einer begeisterten Nachfrage von interessierten Kindern in Deutschland. Vom 1. März bis zum 31. Mai 2004 konstruierten Kinder mit Hilfe dieses virtuellen Baukastens ihre Fantasiemaschinen am Computer.

Im Anschluss an den virtuellen Wettbewerb wählte eine Jury die 100 kreativsten und originellsten Entwürfe aus. Die Gewinner-Kinder nahmen an einer der fünf **Mitmachbaustellen** in den beteiligten Forschungseinrichtungen teil. Hier bekamen sie die Gelegenheit, gemeinsam mit Forschern und Technik-Pädagogen eine große, wirkliche Fantasiemaschine zu bauen. Der TIGERENTEN CLUB berichtete in seinen Kinder-Reportagen und der Zeitschrift CLUB-Tigerente regelmäßig aus den Erfinderwerkstätten. Im Internet wurden die einzelnen Werkstätten in Fototagebüchern dokumentiert.

Eine Live-Sendung des TIGERENTEN CLUB eröffnete im September 2004 in Stuttgart den sog. Wissenschaftssommer, ein jährlich von *Wissenschaft im Dialog* organisiertes Wissenschaftsfest in unterschiedlichen Städten Deutschlands. Der Wissenschaftssommer zum Jahr der Technik in Stuttgart bot den Mini-Erfindern und ihrer Fantasiemaschine die angemessene Bühne.

3. Der wissenschaftlich-pädagogische Kontext

„Je früher, desto besser" – Einschlägige Untersuchungen zur Lernbiografie von Kindern kommen zu einem wenig überraschenden Ergebnis. Je früher

Kinder mit interessanten Angeboten und Lernerfahrungen aus Forschung und Wissenschaft in Berührung kommen, um so nachhaltiger ist die Wirkung auf ihre spätere Entwicklung. Wissenschaftliche Untersuchungen belegen ebenfalls ein nachlassendes Interesse von Kindern und Schülern an Themen und Fächern der Naturwissenschaften und der Technik, denn: Studien- und Berufsentscheidungen im Kontext Naturwissenschaft, Technik, Kultur und Umwelt sind nachhaltig von Erfahrungen im Kindesalter geprägt. Das heutige Schulsystem ermöglicht Kindern solche Lernerfahrungen bisher nur im Ausnahmefall.

Früh beginnen, um viel zu bewegen: Machen Kinder im Grundschulalter produktive Erfahrungen mit Themen aus (Natur)Wissenschaften und Technik, hat dies langfristige biografische Folgen. Dies zeigte exemplarisch eine Untersuchung von *Prof. Dr. Gisela Lück* an der Universität Bielefeld, die 1.345 Biografien von Chemiestudenten auswertete. Darin machen 22 % der Studienanfänger im Fach Chemie frühe und interessante Erfahrungen mit Naturwissenschaften im Kindesalter für ihre Fächerwahl verantwortlich. Nur 8 % waren der Meinung, Erfahrungen in ihrer Jugendzeit hätten prägenden Einfluss gehabt.

Persönliche Erfahrungen in der Kindheit beeinflussen maßgeblich Entscheidungen für eine Karriere als Wissenschaftler. Vorhandene Talente bei Kindern können sich nur entfalten, wenn sie rechtzeitig wahrgenommen und entwickelt werden. Dafür braucht es eine Verbesserung des Lehr- und Lernmilieus in Deutschland und eine Entwicklung von Praxisfeldern, die spielerisches Lernen und Neugier auf Themen aus Wirtschaft, Wissenschaft, Gesellschaft und Technik am Leben halten und eine „Kultur des Fragens" fördern.

4. Bildung in Bewegung

Spätestens seit dem „TIMSS-Schock" im Jahre 1997 liegen die Schwächen offen. Die „Third International Mathematics and Science Study" bewies, wie wenig deutsche Schüler in Mathematik und Naturwissenschaften im internationalen Vergleich tatsächlich lernen. Die PISA Studie tat ihr übriges. Seitdem ist einiges im Auf- und Umbruch. Und ohne diese „Bewegung" wäre die Fantasiemaschine gar nicht denkbar.

Kinder zeigen ein nachweisbares Interesse an (natur-) wissenschaftlichen Themen. Sachbücher und Zeitschriften für Kinder haben hohe Auflagen. Magazine aus Wissenschaft und Forschung machen im Rundfunk und im Fernsehen Quote. Internet-Seiten finden eine nachhaltige Aufmerksamkeit. Medien für Kinder können auf Themen aus Wissenschaft und Technik nicht mehr verzichten.

Selten ist eine Basisinitiative wie die Idee der Tübinger Kinderuniversität so schnell und auf eine beinahe selbstverständliche Weise zum integralen Bestandteil des Ausbildungs- und Wissenschaftssystems geworden. Professor trifft Kind: Begegnungen dieser Art sind in Deutschland seit zwei Jahren keine Seltenheit mehr. **Kinder-Unis** haben Konjunktur. Im Jahre 2004 besuchten über 100.000 Kinder Vorlesungen und Veranstaltungen an (Fach-)Hochschulen. Mittlerweile gehört es zum akademischen guten Ton, dass Professoren mit Spritzpistolen Regenbögen zaubern, es an Labortischen knallen und zischen lassen oder so originelle Fragen beantworten, wie Giraffen schlafen.

Auch **Schüler-Mitmach-Labore** freuen sich großer Beliebtheit. Die Ressourcen in der Volkswagen Autostadt oder bei BASF sind langfristig ausgebucht. Das „DLR_Scholl_Lab" des Deutschen Zentrums für Luft- und Raumfahrt oder das „X-Lab" in Göttingen als Brücke zwischen Schule und Hochschule haben steigende Besucherzahlen. Außerschulische Lernorte zur sinnlichen und sinnvollen Wissensvermittlung stoßen bei Schülern und Lehrern gleichermaßen auf Interesse.

Das „Universum" in Bremen ist das größte und bekannteste unter den Museen für Kinder und **Kindermuseen**. In diesen Einrichtungen steht die Vermittlung von Naturwissenschaft und Technik im Vordergrund. Auch kleinere „Science Center" wie das „Mathematikum" in Gießen finden Anklang in Medien und Öffentlichkeit. Alle diese Institutionen können über einen Mangel an Besuchern nicht klagen.

Vor wenigen Jahren zog die „**Lange Nacht der Wissenschaften**" in Berlin noch „wenige" zehntausend Menschen an. Heute sind es über 100.000 Besucher, die zu ungewöhnlichen Stunden einen ungewöhnlichen Blick hinter die Kulissen von Forschungs- und Wissenschaftseinrichtungen werfen. „Formate" wie „Science Nights", Wissenschaftsfeste etc. sind Exportschlager. München, Dresden, Frankfurt u.a.: Die „Lange Nacht der Wissenschaften" ist ein lokaler und regionaler Event mit medialer Ausstrahlungskraft.

5. Bildungssponsoring und Communicating Science

Im Rahmen der Unternehmenskommunikation von Groß- und Mittelbetrieben fristet das Bildungssponsoring kein Schattendasein mehr. Aktuelle Marketing- und Kommunikationsstudien belegen, dass die Budgets für Bildungssponsoring wachsen, während Sport- und Kulturausgaben bei Unternehmen abnehmen. Weil intelligentes Bildungssponsoring mit dem Kerngeschäft der Unternehmen in Verbindung steht, haben außerschulische Bildungs- und Lernprojekte mit naturwissenschaftlichem Schwerpunkt eine wachsende Bedeutung. Die Förderung des Interesses an Bildung, Wissenschaft und Forschung sowie die Einrichtungen und Interessen der Wissenschaft, der Bildung und der Wirtschaft sind bisher kaum miteinander verknüpft.

Auch (Fach-)Hochschulen und Einrichtungen aus Wissenschaft und Forschung brauchen heute effiziente und phantasievolle Wissenschaftskommunikation. Das „public understanding of science and humanities“ ist insbesondere auf angemessene Öffentlichkeiten und Kommunikationsanlässe angewiesen. Die Fantasiemaschine ist ein exemplarisches Beispiel dafür, wie ein intelligentes Bildungssponsoring die Interessen unterschiedlicher Akteure verknüpfen kann und der Wissenskommunikation eine interessante Bühne bietet.

6. Hands on Science

In den vergangenen fünf Jahren haben sich jenseits von Bildungspolitik und Entscheidungen von Kultusministerkonferenzen in außerschulischen Lern- und Praxisfeldern Projekte und Initiativen etabliert, die Kindern und Jugendlichen neue Wege und Zugänge zu Themen aus Wissenschaft und Technik eröffnen. „So etwas hat es in der deutschen Bildungslandschaft noch nicht gegeben“, staunt *Manfred Euler* vom Institut für die Pädagogik der Naturwissenschaften über die Aufbruchstimmung. Er meint damit die Vielzahl von lokalen und regionalen Initiativen und Projekten, die in den letzten Jahren zur Wissens- und Wissenschaftskommunikation mit Kindern aktiv beitragen. Sie finden bei Schülern, Pädagogen und Medien gleichermaßen verstärkte Aufmerksamkeit.

Um viel zu bewegen, wenn man früh anfängt, praktiziert diese „hands on Pädagogik“ einen Lern- und Bildungsbegriff, der sich von demjenigen in staatlich institutionalisierten Schulprozessen radikal unterscheidet.

Klassische, strukturierte Lernprozesse bleiben oftmals auf frustrierende Weise abstrakt. Die Kommunikation im Sinne einer Einbahnstraße verpflichtet die Teilnehmer zur passiven Rezeption. Das formlosere und informell-lockere „hands on Lernen“ stellt dagegen konkrete, aktive und interaktive Erfahrungen in den Vordergrund. Beim formalen Lernen leisten normalerweise Einzelpersonen eine hochgradig strukturierte und kumulativ angelegte Arbeit. „hands on Lernen“ richtet sich in der Regel an Personengruppen, die gemeinsam eine unstrukturierte und nicht kumulativ angelegte Lernerfahrung absolvieren. Im Rahmen des traditionellen Lernens gelingt es oftmals nicht, Nicht-Fachleute einzubinden. Wissenschaftliche Untersuchungen belegen, dass die auf diese Weise vermittelten Inhalte rasch vergessen werden. Lernprozesse, die das „hands on Lernen“ mit praktischen Übungen und Erfahrungen verknüpft, sind allen Schichten der Gesellschaft zugänglich. Oftmals erinnern Teilnehmer und Besucher sich an das Gelernte noch nach Tagen, Monaten bzw. sogar Jahren.

7. Wissen durch Erfahrung

Das strukturierte, formale Lernen setzt häufig an die Stelle der intuitiven Wahrnehmung der Lernenden ein neues, gegen die Intuitionen der Beteiligten gerichtetes Wissen. Das „hands on Lernen" setzt stattdessen auf die direkte Erfahrung der Lernenden. Teilnehmer sollen beispielsweise die involvierten Prinzipien und Prozesse in den Funktionsweisen und -abläufen der Natur auf eine neue, intuitive Weise erfahren können. Statt mit den Gesetzen der Physik, der Thermik oder Mechanik sterilen Frontalunterricht zu organisieren, stellte das Projekt Fantasiemaschine die von praktischer Neugier getriebene Lust am konstruktiven Selbermachen in das Zentrum aller Aktivitäten. Herausgekommen ist dabei ein phantastisches physikalisch-technisches Labor, ein Experimental- und Demonstrationsobjekt gleichermaßen (vgl. Abbildung 2).

Abbildung 2: Die Fantasiemaschine im Ausstellungszelt in Stuttgart

8. Kooperationsgewinne – eins plus eins gleich drei

Wissenschaft im Dialog (WiD) gGmbH wurde 1999 von den führenden Wissenschaftsorganisationen auf Initiative des Stifterverbandes für die Deutsche Wissenschaft und mit Unterstützung des Bundesministeriums für Bildung und Forschung gegründet. *WiD* unterstützt mit verschiedenen Aktionen und Projekten den Austausch zwischen Wissenschaftlern und der Bevölkerung und organisiert als jeweiligen Höhepunkt eines Jahres der Wissenschaften an wechselnden Orten den alljährlichen Wissenschaftssommer. Dass eine Organisation wie *Wissenschaft im Dialog* eine Fantasiemaschine mit Kindern baut, bedarf keiner größeren Erklärung. Hier fallen Aufgabe und Selbstverständnis der Organisation mit wesentlichen Projektzielen zusammen.

Bei einer öffentlich-rechtlichen Kindersendung wie dem TIGERENTEN CLUB ist das Engagement für ein Projekt wie die Fantasiemaschine auf den ersten Blick keineswegs selbstverständlich. Der TIGERENTEN CLUB zählt seit 1996 mit durchschnittlich 1,3 Millionen Zuschauern zu den bekanntesten und beliebtesten Kindersendungen im öffentlich-rechtlichen Fernsehen in Deutschland. Er bietet einen eigenen Kinderclub mit über 150.000 Mitgliedern und organisiert für seine Zuschauer zahlreiche Mitmach-Aktionen. Mit der Jahresaktion „Wissen macht Spaß" eröffnen seit Frühjahr 2004 die TIGER-ENTEN Kindern den Zugang zu Wissenschaft und Forschung.

Die Fantasiemaschine passte in diesen konzeptionellen Rahmen. Sie bot der Redaktion insbesondere zusätzliche Anknüpfungspunkte für intelligentes Programmmarketing sowie Presse- und Medienarbeit in eigener Sache. Off-Air Aktivitäten sind auch bei engagierten Kindersendungen eng mit dem Programm und seiner Kommunikation verknüpft. Im Wettbewerb auf der Fernbedienung suchen auch öffentlich-rechtliche Redaktionen nach intelligenten Konzepten, um ihre Zielgruppen zusätzlich zu interessieren und wenn eben möglich auch zu binden. Für die Redaktion und den Sender SWR in Stuttgart kam daher die Fantasiemaschine auch aus ganz eigennützlicher Perspektive äußerst gelegen. Selten hat ein Bildungsprojekt einer öffentlich-rechtlichen Redaktion soviel interessierte Aufmerksamkeit schaffen können wie die Fantasiemaschine.

9. Die Forschungsinstitute und ihre Mitmachbaustellen

Was bringt Forscher und Wissenschaftler aus fünf renommierten Forschungseinrichtungen in Deutschland dazu, die Mühen und die Kosten einer Mitmach-Baustelle, einer der Einrichtung eigentlich wesensfremden Aktivität, zu übernehmen? Dabei könnte zunächst das wissenschaftliche Engagement der Partner unterschiedlicher nicht sein:

- Das DFG Forschungszentrum *Ozeanränder an der Universität Bremen* untersucht die Ozeanränder aus geowissenschaftlicher Perspektive und erforscht die Auswirkungen zunehmender Nahrungs- und Rohstoffgewinnung in den Ozeanen.
- Das Forschungszentrum Karlsruhe FZK ist mit über 4.000 Mitarbeitern eine der größten natur- und ingenieurwissenschaftlichen Forschungseinrichtungen in Europa. Es gliedert sich in die fünf Forschungsbereiche „Struktur der Materie", „Erde und Umwelt", „Gesundheit", „Energie" sowie „Schlüsseltechnologien".

- Das GSF Forschungszentrum für Umwelt und Gesundheit in der Helmholtz Gemeinschaft in Neuherberg bei München erarbeitet wissenschaftliche Grundlagen, um die Gesundheit des Menschen und seiner natürlichen Lebensgrundlagen nachhaltig zu schützen.
- Das Fraunhofer Institut für Fabrikbetrieb und -automatisierung IFF Magdeburg forscht und entwickelt anwendungsorientiert auf den Schwerpunktgebieten virtuelle Entwicklung und Training, Logistiksysteme und -netze, Informationslogistik, Automatisierung sowie Produktions- und Anlagenmanagement.
- Die 4.200 Mitarbeiter des Forschungszentrums Jülich widmen sich der Erforschung aktueller gesellschaftsrelevanter Themen in den Disziplinen Physik, Chemie, Biologie, Medizin und Ingenieurwissenschaften in den Bereichen Materie, Energie, Information, Leben und Umwelt.

Warum investierten Forschungsleiter und Präsidenten von diesen Wissenschaftseinrichtungen in ein Projekt, das ihren Mitarbeitern ein ganzes Wochenende lang Gelegenheit gab, mit Kindern zu schrauben und zu sägen, zu zeichnen und zu grübeln, zu experimentieren und Spaß zu haben? Was hat ein Projekt wie die Fantasiemaschine mit den Interessen und Strategien von Forschungs- und Wissenschaftseinrichtungen in Deutschland gemein?

10. Surplus an Aufmerksamkeit

Keine Forschungseinrichtung und kein wissenschaftliches Zentrum kann heute auf „communicating science" verzichten. Dieses Engagement steht in einem nationalen und lokalen Rahmen gleichermaßen. Es soll dabei behilflich sein, im Wettbewerb mit anderen Einrichtungen früh interessierte Mitarbeiter zu finden und zu binden. Im „Run" auf Fördermittel und potentielle Aufträge erfreuen sich Ideen für ein Surplus an Aufmerksamkeit großer Resonanz. Selbstverständlich soll Wissenschaftskommunikation auch die Unterstützung und Akzeptanz der Anrainer und Nachbarn gewinnen. Wer die Leute von Helmholtz, wer die Max Plancks etc. persönlich kennenlernt, wird neue Bekanntschaften machen und Vorurteile revidieren.

Auf der Suche nach „Trägerthemen" für ihre Wissenschaftskommunikation kam daher den beteiligten Forschungs- und Wissenschaftseinrichtungen die Fantasiemaschine wie gelegen. Zunächst vermittelte dieses Projekt des Bildungssponsorings für Kinder Glaubwürdigkeit. Mit den langfristigen strategischen und gesellschaftlichen Zielen der Ausbildung wissenschaftlichen Nachwuchses war es ohnehin verknüpft. Die Anlässe für regionale und überregionale Presse- und Medienarbeit und damit die öffentliche „Sichtbarkeit" der beteiligten Forschungseinrichtungen gaben den Ausschlag für ihr Engagement in diesem Bildungssponsoring.

Die Fantasiemaschine von TIGERENTEN CLUB und *Wissenschaft im Dialog* ermöglichte einen ganz spezifischen „Aus-Tausch". Return on investment: Für die Ermöglichung von exemplarischen Lernangeboten für Kinder bekamen die Forschungseinrichtungen als Äquivalent Kommunikationsanlässe so originell und zahlreich wie selten. Der TIGERENTEN CLUB berichtete beispielsweise laufend über den Stand des Projektes. Die Kinder-Reporter der Sendung drehten von jeder Mitmach-Baustelle einen „spezial", der nicht nur im Fernsehen, sondern insbesondere im Internet Zehntausende junge und ältere Zuschauer fand.

Die regionalen Tageszeitungen, Hörfunk- und Fernsehsender brachten im Projektzeitraum immer wieder die Fantasiemaschine mit den Partnern aus Forschung und Wissenschaft in Verbindung. Und wann haben die Beteiligten außer an ihren „Tagen der offenen Tür" die Gelegenheit, nicht nur die Familien der beteiligten Kinder, sondern auch eine breite Öffentlichkeit zu sich einzuladen? Die Präsentation der Fantasiemaschine durch die Mini-Konstrukteure war hierfür eine passende und erfolgreiche Gelegenheit.

Der pädagogische Erfolg des Projektes bestand jedoch insbesondere in seinem völlig unpädagogischen Zugang. Die Eigendynamik und modulare Konstruktionsweise der Kettenreaktionsmaschine verlangte den Kindern technische und soziale Kompetenzen gleichermaßen ab. Wer sich mit den anderen Konstruktionsteams darüber einigen musste, wie beispielsweise der Bewegungsimpuls einer Wippe so übersetzt werden kann, dass elektrischer Strom zum Antrieb eines Ventilators zur Verfügung steht, musste sich auf die Funktionsweise von elektrischen Schaltern und Aggregaten verstehen. Da gab es natürlich Debatten und Streit. Aber als Schlichter traten keine Pädagogen auf. Die Funktionslogik der Maschine objektivierte die unterschiedlichen Perspektiven. Der produktive (kommunikative) Austausch über den Um- oder Rückbau der individuellen Module zu einer funktionierenden Kettenreaktion hat den Tüftler-Gruppen der Mitmach-Baustellen die Fähigkeiten zur Verständigung, Problemlösung und Kooperation abverlangt. Pädagogik und Didaktik waren immanenter Bestandteil der Konstruktionsweisen. Diese Integration von technischen und sozialen Qualifikationen hat die Fantasiemaschine zu einem Modellprojekt des Wissenschaftslernens mit Kindern gemacht (vgl. Abbildung 3).

Abbildung 3: Die Tüftler-Gruppen der Mitmach-Baustellen vor der Fantasiemaschine

11. „Schnittstellen" erfordern Perspektivenwechsel

Dass eine Kettenreaktion ohne funktionierende Schnittstellen eine Fehlkonstruktion bleibt, ist selbstverständlich. Ein Ball fällt auf einen Schalter, der Schalter gibt den Strom frei und der Ventilator dreht sich, eine Dosenwand stürzt um usw.: Eine Kettenreaktion gelingt, wenn ein Impuls von einer Installation zur nächsten weiterläuft. Die dafür nötigen Übergabepunkte oder Schnittstellen müssen funktionieren...

Es sind jedoch die Verbindungen von technischem und sozialem Lern-„Provokationen", die die Schnittstellen der Fantasiemaschine für Kinder wie Erwachsene gleichermaßen attraktiv machten. Jedes Erfinderteam baute zunächst seinen Abschnitt der Kettenreaktion. Die Abstimmung der Module mit den Vorläufern und Nachfolgern war die nächste Herausforderung. Eine Verständigung über die Konstruktion und Anpassung der Übergabepunkte war für die Konstruktionsteams unerlässlich. „Schnittstellen" erfordern die Koordination technischer Lösungen. Funktionierende Übergabepunkte können jedoch nur entstehen, wenn Teams technische Kreativität mit Verständigung und Zusammenarbeit verknüpfen. Die Fantasiemaschine schaffte in diesem Zusammenhang einzigartige Anlässe zur Kooperation und zum Perspektivenwechsel.

12. Inter-Faces schaffen Mehrwert

Wenn wir aus der Interface-Perspektive auf das Kooperationsnetzwerk der Fantasiemaschine schauen, wird insbesondere deutlich, wie die Entwicklung und Pflege gemeinsamer Schnittstellen zusätzlichen Mehrwert für alle Beteiligten schaffen (können).

Verbindet sich beispielsweise der Bildungsanspruch eines öffentlich-rechtlichen Kinderprogramms wie des TIGERENTEN CLUBs mit den Kommunikations- und Projektinteressen einer Organisation wie *Wissenschaft im Dialog*, entsteht eine ganz besondere win-win Konstellation:

- Was dem einen Partner, hier dem TIGERENTEN CLUB, an Themen und Zugängen zu Lebenswelten aus Forschung und Wissenschaften fehlte, konnte *WiD* als Dachorganisation der bedeutenden Forschungs- und Wissenschaftseinrichtungen in Deutschland ermöglichen.
- Wo es *Wissenschaft im Dialog* an Kommunikationskanälen und attraktiven Medien mangelte, konnte der TIGERENTEN CLUB mit seinen vielfältigen Programmformaten aushelfen (Fernsehsendung, Internet, Clubzeitschrift).

Eins und eins gleich drei – die Win-Win Konstellation von *WiD* und TIGERENTEN CLUB sind ein exemplarisches Beispiel dafür, wie sich ergänzende Partnerkonstellationen gemeinsam etwas bewegen können. Dieses Netzwerk von Vorteilspartnerschaften hat die Energie und den „spirit" des Fantasiemaschinenprojektes ausgemacht. Die beteiligten Forschungseinrichtungen haben den Kindern die Mitmachbaustellen ermöglicht. Erworben haben sie darüber attraktive Geschichten und Anlässe für ihre Wissenschaftskommunikation. Die Techniktüftler von AKKI e.V., einer kulturpädagogische Einrichtung in Düsseldorf, waren für das technische, ästhetische und handwerkliche Konzept der Fantasiemaschine sowie für die Betreuung der Mitmachbaustellen verantwortlich. Ihre Projektorganisation und „Didaktik" auf den Mitmach-Baustellen vor Ort hat auf eine ganz praktische Weise zu einem Wissens- und Kompetenztransfer beigetragen, den unzählige Fortbildungen für Pädagogen nicht vermitteln können. Die Deutsche Lufthansa AG unterstützte Wissenschaft im Dialog bei der Realisierung des Fantasiemaschinen-Projekts. Der Toom Baumarkt ermöglichte die kostenlose Beschaffung von Material und Werkzeug für die Mitmachbaustellen. Und MAN-Nutzfahrzeuge stellte einen LKW für den Transport der Fantasiemaschine von Baustelle zu Baustelle zur Verfügung.

Alle Partner aus Wirtschaft und Industrie machten durch dieses Bildungssponsoring ihr gesellschaftliches Engagement sichtbar. Als Ideengeber, Vernetzer und Manager dieser zahlreichen Synapsen war die Agentur script, corporate+public communications aktiv, weil Schnittstellenmanagement ohne engagierte Vermittlungsarbeit nicht lebendig bleibt.

Zum Schluss möchten wir zum kreativen Umgang mit dem „kommunikativen Bauplan“ unserer Fantasiemaschine ermuntern. Wir sind sicher, dass ein solches Projekt im Bildungssponsoring Potentiale zum Nachmachen birgt:

- Skizzieren Sie an Hand Ihres Projektes das für Sie spezifische Interface-Netzwerk!
- Beschreiben Sie die Vorteile Ihres Projektes aus den jeweils unterschiedlichen Perspektive der Partner!
- Suchen Sie nach noch fehlenden Medien- und Kooperationspartnern in Ihrer Region!

Sie werden sehen: Bei der von uns gebauten Fantasiemaschine muss es nicht bleiben.

360° Bildungsprojekte – Ein Praxisbeispiel zum Schulsponsoring

Manfred Weber
Konzept 360° GbmH & Co. KG

Stefanie Gleim
Konzept 360° GmbH & Co. KG

1. 360°Bildungsprojekte– rundum pädagogisch sinnvoll, motivierend und organisiert

360°Bildungsprojekte will einen Beitrag leisten zur Modernisierung und nachhaltigen Qualitätssteigerung des Bildungsstandorts Deutschland durch Förderung der kooperativen und strategischen Zusammenarbeit zwischen den Bildungseinrichtungen und den relevanten Zukunftsbranchen aus Wirtschaft und Gesellschaft. Zentrale Stichworte sind hierbei Public-Private-Partnership, **Bildungssponsoring** und innovative Bildungsprojekte. Dabei sieht sich 360°Bildungsprojekte als **Dienstleister an der Schnittstelle von Bildung und Wirtschaft**.

360°Bildungsprojekte gestaltet Bildungsprogramme nach dem Motto **„bewegen – erleben – lernen"**. Lernen ist dabei gleichzeitiges Erleben und Entdecken neuer Inhalte, deren konstruktive Auseinandersetzung fasziniert und fesselt. Unsere Angebote sind rundum pädagogisch sinnvoll, rundum motivierend und rundum organisiert – daher 360°Bildungsprojekte. Die „Macher" von 360° Bildungsprojekte sind ein erfahrenes Team – auch im Zusammenspiel mit Institutionen und Unternehmen. Unsere Projekte werden einerseits den Forderungen von Pädagogen und andererseits den Ansprüchen der an Bildungsförderung interessierten Unternehmen gerecht. Beide können sich auf ein gewachsenes und etabliertes Netzwerk und die daraus resultierenden Kompetenzen verlassen. Sie sind die Grundlage für Qualität und Sicherheit bei Planung, Umsetzung und Betreuung unserer Bildungsprojekte.

Aufgrund unserer langjährigen Erfahrungen und unserer Kompetenzen kann 360°Bildungsprojekte ein weites Spektrum an Themenfeldern für Bildungsprogramme abdecken, wie Projektentwicklung, Projektmanagement, Beratung und Moderation, Bildungssponsoring, Bildungsmarketing, PR und Kommunikation, mit den Schwerpunkten Sport, Neue Medien, Musik und Kultur.

2. 360°Bildungsprojekte in der Praxis – die Celsius-Reihe

Die Celsius-Reihe beinhaltet außerschulische Projektwochen für Schüler ab 14 Jahren und Studenten. Sie finden in ausgewählten Erlebnisregionen in Deutschland, Österreich und Ägypten statt. Das gleichzeitige Erleben und Entdecken von vielfältigen Inhalten aus den Bereichen Sport und Multimediaunterricht machen die Faszination dieses Angebots aus. Besonderes Extra dieses Bildungsangebotes: alles ist bis ins Detail organisiert!

Der klassische Bildungskanon hat sich verändert und um mit technologischem Wandel und sozialen Entwicklungen mithalten zu können, ist lebenslanges und kontinuierliches Lernen gefordert. 360°Bildungsprojekte bietet Lernen im Kontext von Emotionalität und Kreativität. Dieser Anspruch ist auch bei allen Celsius-Projekten spürbar: Immer gibt es eine Kombination von Lernen und Erleben, von vernetzten Inhalten in der realen und der virtuellen Welt. Immer mit dem Ziel vor Augen, vermeintliche Gegensätze wie Natur und Technologie oder Spaß und Lernen zu überwinden und Denken über den Tellerrand hinaus zu ermöglichen (vgl. Abbildung 1).

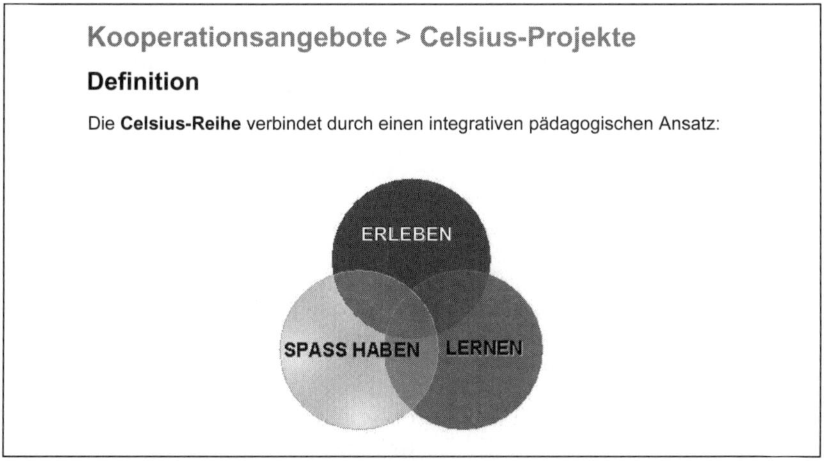

Abbildung 1: Der integrative pädagogische Ansatz der Celsius-Reihe

Dafür geht 360°Bildungsprojekte neue kreative Wege, sowohl bei der inhaltlichen Gestaltung der Celsius-Angebote als auch bei deren Finanzierung. Zentrale Stichworte sind hier **Bildungssponsoring und die Zusammenarbeit zwischen dem öffentlichen und privaten Sektor**. 360°Bildungsprojekte begreift sich als Schnittstelle und Dienstleister zwischen diesen Interessen.

Celsius arbeitet mit Förderern aus unterschiedlichen Bereichen Hand in Hand: mit Ausstattern für die Multimedia-Ausrüstung und für die Sportangebote, mit den Celsius-Stationen vor Ort und mit renommierten Medien zur Steigerung der Bekanntheit. Durch das Zusammenwirken dieser Partner entsteht ein einmaliges und **innovatives Bildungsprojekt**. Die Zahlen sprechen für uns: Seit dem Start der Reihe im Jahr 2000 haben bereits über 20.000 Schülerinnen und Schüler mit begleitenden Lehrkräften aus allen Bundesländern an dieser Projekt-Reihe teilgenommen.

2.1. Die 0°Celsius-Projektwoche „Winterworld“

Hinter 0°Celsius verbirgt sich eine Woche Pistenspaß, Pulverschnee und Multimedia. Bei der winterlichen 0°Celsius Bildungsoffensive können Schneebegeisterte unter fachkundiger Betreuung die Pisten mit dem neuesten Ski- oder Snowboard-Equipment bezwingen. Das Angebot erstreckt sich von Skifahren über Snowboarden bis hin zum Erkunden der Winterwelt auf Schneeschuhen beim Natur-Pur-Tag (vgl. Tabelle 1).

Konzept	Schneesportarten und -aktionen	Multimedia-Angebote/ -Seminare	Das Celsius MediaHouse	Orte	Zeit	Zielgruppe
Motto: „schneesports meets multimedia”	- Snowbladen - Ski alpin-raving - Snowboarden - Wintercross-Natur pur	- Digitales Tagebuch/ Bildbearbeitung - Flashprogrammierung - Webdesign/Internetrecherche - eigenes Themenprojekt	Das Celsius-MediaHouse bietet Surfen, Lernen und Gestalten in der WorkStation und im Net-Club: - Live-Web Cams, Mailen, Surfen, - Bilder des Tages - Digitale Film- und Photobearbeitung - Multimedia-Produktionen - Redaktion 0°Celsius Special - Video-Conferencing - interaktive Spiele - Disco	- Westendorf (Tirol) - Kramsach (Vorarlberg/ Montafon) - Schruns /Tschagguns (Tirol)	Januar-April 2005	- Schüler ab 8. Klasse - Studenten - Referendare

Tabelle 1: 0° Celsius im Überblick

Im CelsiusMediaHouse kann darüber hinaus zwischen verschiedenen Multimediaseminaren gewählt werden. Ob digitale Bildbearbeitung oder Homepage-Design, E-Mails checken, surfen oder chatten – all das bietet das Celsius-MediaHouse (vgl. Abbildung 2). Darüber hinaus bietet O°Celsius eine Internet-Plattform (www.nullgradcelsius.de), die für alle offen steht, aktuell informiert und darüber hinaus die Arbeitsplattform für die Projektteilnehmer ist. CelsiusMediaHouses befinden sich im Tal bei den Unterkünften oder als NetStations auf dem Berg. Hier wird die virtuelle Welt direkt auf die Piste gebracht.

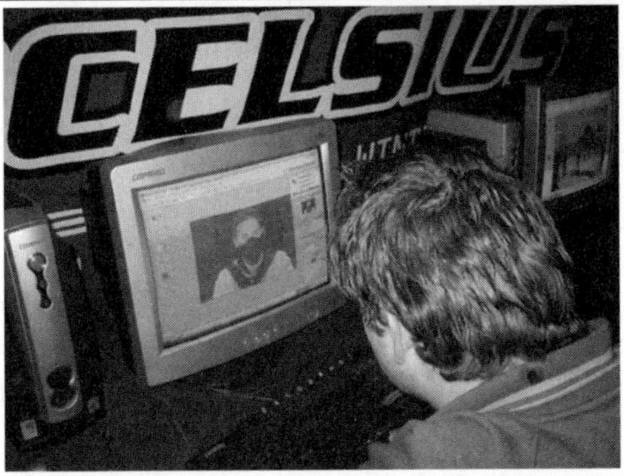

Abbildung 2: 0° Multimedia

2.2 Die Projektwoche „20°Celsius-Summerworld“

Das Projekt 20°Celsius hat die gleichen Ansätze wie 0°Celsius, nur mit dem Unterschied, dass dieses Projekt von Frühjahr bis Herbst stattfindet. 20°Celsius heißt zurück zur Natur ohne „Ab vom Schuss“ zu sein. Tagsüber Grenzen kennen lernen, testen und überwinden und abends im CelsiusMediaHouse die Highlights der Familie oder den Freunden per Mail oder Chat mitteilen (vgl. Tabelle 2). Auch bei diesem Projekt steht den Teilnehmern eine virtuelle Internet-Plattform für die Multimedia-Projektarbeit zur Verfügung (www.20gradcelsius.de). Unterrichtet werden sie dabei von studentischen Moderatoren.

Das Sportprogramm ist bei 20°Celsiuis sehr abwechslungsreich. Beim Biken findet man in der 20°Celsius-Bergwelt ideale Bedingungen für vielfältige Up- und Downhill-Touren. Das Openair Klettern – bei schlechtem Wetter in Indoor-Anlagen – an bis zu 90° steilen Wände fordert hingegen Körper und Geist. 20°Celsius heißt auch Fahrspaß pur beim Inline-Skating auf Touren, in Halfpipes oder Ramps erleben oder bei alpinem Panorama den Körper ganzheitlich mit Nordic Fitness trainieren. Und nicht zuletzt kann man beim Wassersport die Faszination von wildem Wasser und reißenden Strömen erleben.

Alle Aktivitäten haben ein Credo: Neues ausprobieren, persönliche Grenzen erweitern, Fähigkeiten erfahren – und Spaß haben. Aber: Safety first! Das Programm ist für Anfänger und Fortgeschrittene abgestuft und für jede Sportart gibt es spezielle Techniktrainings. Equipment und Sicherheitsausrüstung werden von Markenherstellern zur Verfügung gestellt, die Aktivitäten von professionellen Celsius-Trainern begleitet.

Konzept	Outdoor-sportarten	Multimedia-Angebote/ -Seminare	Das Celsius MediaHouse	Orte	Zeit	Zielgruppe
Motto: „outdoor-sport meets multi-media"	- Mountain-biking - Inline-Skating - Nordic-Fitness - Klettern - Wasser-sport	Angebote wie bei 0°Celsius	Angebote wie bei 0°Celsius	- Westendorf (Tirol) - Kramsach (Vorarlberg/ Montafon) - Schruns /Tschagguns (Tirol)	Mai-Oktober 2005	- Schüler ab 7. Klasse - Studenten - Referendare

Tabelle 2: 20° Celsius im Überblick

2.3 Das 20°Celsius-Golfcamp „Das golfende Klassenzimmer"

Die Initiative „Das golfende Klassenzimmer" will Schülerinnen und Schüler eine sportliche Bewegung näher bringen, die inzwischen in Deutschland schon von über 1,7 Millionen Spielern betrieben wird. Der Golfsport ist trotz vieler Vorurteile auf dem Weg zum Breitensport. Er bietet Jugendlichen neben körperlicher Betätigung in der Natur vor allem auch ein Lernfeld für soziales Verhalten. Golf spielen fördert – sicher wie andere Sportarten auch – eine Werteerziehung hinsichtlich Selbstdisziplin, Rücksichtnahme und Fairness. „Das golfende Klassenzimmer" ist eine Kombination aus Multimediaunterricht, Golfunterricht mit Profi-Trainern und naturnahen Erlebnissen in einer motivierenden Lernumgebung (vgl. Tabelle 3).

Konzept	Lernziele	Orte	Zeit	Zielgruppe
Motto: „golf meets multi-media"	- Golf (Grundtechnik, Etikette, Turnier) - Beweglichkeit/Fitness (Mountainbiken, Kanufahren) - Teamfähigkeit (Erlebnispädagogische Angebote) - Lernen (Multimediaunterricht, Computerspiele)	Golfinternat Fleesensee (Waren, Mecklenburgische Seenplatte/Nähe Nationalpark Müritz)	Mai-November 2005	- Schüler ab 7. Klasse - Studenten - Referendare

Tabelle 3: 20° Celsius-Golfcamp im Überblick

2.4 Die 30°Celsius-Projektwoche „Waterworld"

30°Celsius ist die neueste Entwicklung der Celsius-Reihe und setzt den bewährten Ansatz der Projekte im Bereich Wassersport fort. Es ist derzeit noch in der Pilotphase und hat erstmalig im September 2004 stattgefunden. 30°Celsius findet in Ägypten statt und ist in erster Linie für Abschlussklassen mit jungen Erwachsenen über 18 Jahren konzipiert. Die Pilotwoche hat jedoch mit großer Resonanz und großem Erfolg stattgefunden, aufgrund der nicht unerheblichen logistischen Herausforderungen wird eine grundsätzliche Einführung des Angebotes jedoch derzeit überprüft.

Konzept	Wassersportarten	Multimedia-Angebote/ -Seminare	Das Celsius MediaHouse	Orte	Zeit	Zielgruppe
Motto: „wassersport meets multi-media"	- Tauchen - Surfen - Lenkdrachen - Beach-volleyball	Angebote wie bei 0°Celsius	Angebote wie bei 0°Celsius	Hurghada (rotes Meer)/ Ägypten	Mai-November 2005	- Schüler von Abschlussklassen - Studenten - Referendare

Tabelle 4: 30° Celsius im Überblick

3. Nutzen für Unternehmen

Die **Akzeptanz von Bildungssponsoring** hängt von vielen Faktoren ab, wie dem damit geschaffenen pädagogischen Mehrwert, dem Grad der Nachhaltigkeit und der Qualitätsverbesserung. Diese hohen Ansprüche prägen die Celsius-Reihe. Insbesondere die Zusammenarbeit mit der Wirtschaft im Multime-

dia-Bereich trägt Früchte und gibt den jungen Menschen Anstöße und Information für ihre berufliche und private Zukunft. Um für die moderne Wissensgesellschaft gerüstet zu sein, sind Multimediakenntnisse heutzutage unverzichtbar geworden. Zudem verfolgt Celsius bei den Sportarten einen Bildungsauftrag, nämlich das Erleben und Begreifen des eigenen Körpers und der Überwindung von selbst abgesteckten Grenzen. Dies ermöglicht eine ganzheitliche und gesunde Lebensgestaltung mit positiven Effekten über die Projektwoche hinaus.
Sich an Bildungsprojekten von 360°Bildungsprojekte zu beteiligen gibt den an Bildungsförderung interessierten Unternehmen die Sicherheit, dass nur pädagogisch sinnvolle und ministeriell genehmigte Projekte realisiert werden. Die 360°Bildungsprojekte haben ihren Background in der Pädagogik und sind von Ministerien legitimiert.

Das Demonstrieren von **„Corporate Social Responsibility"** ist ein entscheidendes Kriterium für Unternehmen sich an Bildungssponsoring-Projekten zu beteiligen. Dieses gesellschaftliche Engagement der Wirtschaft honorieren die Verbraucher, was folgende Studienergebnisse belegen:

- Internationale Studien belegen eine positive Relation zwischen sozialer Verantwortung und Marktperformance von Unternehmen (Quelle: Studien der London Business School)
- 86 % der Deutschen glauben, das Unternehmen, die sich aktiv um ihre soziale Verantwortung bemühen, langfristig erfolgreicher sind (Quelle: Studie der Universität St. Gallen).
- Bei 47 % der Deutschen spielt die soziale Verantwortung von Unternehmen bei einer Kaufentscheidung eine wichtige Rolle; 30 % sind bereit, mehr für Produkte solcher Firmen zu zahlen (Quelle: Marktforschungsfirma Mori).

360°Bildungsprojekte arbeitet direkt mit verschiedenen Institutionen und Ministerien zusammen, wie den Kultusministerien der Länder, Fachgremien, Lehrerfortbildungsinstitute, wodurch ein **direkter Kontakt mit der Zielgruppe** gewährleistet ist: Bisher haben über 4.000 Schulen an den Projekten teilgenommen. Durch die genannte direkte Zusammenarbeit entstehen keine bis wenig Streuverluste bei der Ansprache von Schülern, Jugendlichen, Lehrern und Eltern, wodurch eine direkter und ungefilterter Kontakt zur Zielgruppe hergestellt wird.

Dem Sponsor entsteht kein personeller Einsatz, die Koordination und Betreuung der Projekte von der Produktion über die Distribution bis zur Öffentlichkeitsarbeit erfolgt durch 360°Bildungsprojekte.

Die **Präsentationsmöglichkeiten** bei den 360° Bildungsprojekten sind vielfältig: Unternehmensinhalte sowie Fotos und das Logo des Sponsors werden in die Medien der einzelnen Projekte wie z.B. in Themenhefte, Broschüren, Flyer, Pressemappen oder Poster, Fahnen und Banner integriert. Die Sponsoren von Sachmitteln (z. B. Ski, Snowboards, Soft- und Hardware) sind mit ihren Produkten vor Ort bei den Projekten präsent. Um das Engagement der Sponsoren in der Öffentlichkeit bekannt zu machen, werden von 360°Bildungsprojekte Pressekonferenzen, Promotions-Aktionen oder Roadshows organisiert, auf der die Sponsoren dargestellt und genannt werden. Darüber hinaus erfolgt eine kontinuierliche projektbegleitende Pressearbeit. Die Logos der Sponsoren unserer Projekte werden auf unseren entsprechenden Internetplattformen abgebildet und auf die Homepage des Sponsors verlinkt. Darüber hinaus werden die Sponsoren-Websites in den Projektmedien erwähnt. Die Unternehmen, die unsere Projekte unterstützen, haben außerdem die Möglichkeit, sich mit einzel- oder doppelseitigen Anzeigen in den Projektmedien darzustellen. Die Celsius-Reihe bietet Sponsoren schließlich vielfältige Möglichkeiten sich zu präsentieren (vgl. Abbildung 2). Zum rundum Service der Projektreihe gehört u. a. die Versorgung mit Equipment und Safeties für die Sportarten sowie die gesamte Ausstattung der CelsiusMediaHouses mit Computern, Zubehör, Software und Internet-Technik, die von namhaften Markenherstellern zur Verfügung gestellt werden. Da die Schüler und Lehrer jeden Tag Sport- und Multimedia- oder auch Rahmenprogramm haben, ist die Kontaktfrequenz der Sponsoren-Marken und -unternehmen während der gesamten Projektwoche sehr hoch.

Abbildung 2: 20°Celsius-Medien (Beispiele)

4. Fazit

Um dem sich wandelnden Bildungskanon gerecht zu werden, dürfen Ausbildungsinhalte weder an Schulen noch an Hochschulen starr sein, sondern müssen sich den gesellschaftlichen Rahmenbedingungen anpassen können. Diese werden ebenso von Unternehmen in großem Maße mitgestaltet und vorgegeben. Firmen begreifen immer häufiger, dass ihr gesellschaftlicher Auftrag nicht nur aus der Sicherung von Arbeitsplätzen oder der Steigerung des Bruttoinlandproduktes besteht. Vielmehr erkennen Unternehmen zunehmend ihre gesellschaftliche Verantwortung und fördern Projekte durch inhaltliche, sachliche und finanzielle Unterstützung. Davon profitieren leere Haushaltskassen und die Unternehmen selbst – insbesondere bei der Förderung von Bildung. Schließlich sind die Lernenden von heute die qualifizierten Mitarbeiter von morgen.

Schulsponsoring als Bestandteil des Basketball-Sponsoring der Deutschen Bahn AG: Bahn Basketball Academy at School

Tilman Falt
Bob Bomliz Group

Enno Urbeinz
Bob Bomliz Group

1. Einleitung

Computer von IBM, Internet-Anschlüsse von AT&T – was im Schulalltag der USA längst eine Selbstverständlichkeit ist, steckt in Deutschland noch in den Kinderschuhen: Bildungssponsoring. Zu groß waren lange Zeit Berührungsängste, die Bildung einer vermeintlichen Umklammerung der Wirtschaft auszuliefern. Zu groß die Angst vor kommerzieller Einflussnahme, vor einer „Logoflut" in den Klassenräumen. Mittlerweile hat sich das Meinungsklima allerdings geändert. Seitens der betreffenden Einrichtungen, wie Universitäten und Schulen, ist angesichts der Knappheit öffentlicher Mittel ein gestiegener Bedarf an Zuwendungen von außen zu verzeichnen. Eigenverantwortung ist die Herausforderung, der sich öffentliche Einrichtungen zunehmend zu stellen haben. Bildungseinrichtungen sind sogar von der Politik direkt aufgerufen, sich weitere Quellen zur Finanzierung zu erschließen. Im Fokus dieser Anstrengungen steht Sponsoring durch Wirtschaftsunternehmen. 50 % der Sponsoring-Experten sehen eine Zunahme der Investitionen im Bereich Schule (*Sponsor Visions* 2004). Das Kapital, das wiederum die Schulen dabei in die Waagschale werfen, ist der Zugang zu jungen, relativ homogenen Zielgruppen, die so in ihrem gewohnten Umfeld konzentriert angesprochen werden können. Dabei ist jedoch eine Reihe von Faktoren zu berücksichtigen, denn Bildungssponsoring ist nach wie vor auch ein sensibles Thema.

Unverändert aktuell ist beispielsweise die Funktion von Schulen vor allem für minderjährige Schüler als Schutzraum gegenüber allgegenwärtiger Werbung. Diesen Schutz vor kommerzieller Einflussnahme gilt es nun bei gleichzeitiger Öffnung für finanzielle Engagements interessierter Unternehmen im Kern zu bewahren. In Form von Sponsorings können die Interessen aller Beteiligten angemessen berücksichtigt werden. Dieses Instrument der materiellen und finanziellen Zuwendung bietet den Vorteil, dass vertraglich Leistung und Gegenleistung genau fixiert werden. So können die Schulen Inhalte im Detail festlegen und dadurch ihrer besonderen pädagogischen Verantwortung gerecht werden. Seitens der Wirtschaft erfolgt eine Fokussierung von Unterstützungsleistungen auf solche schulische Vorhaben, die für Unternehmens-, Kommunikations- oder Marketingziele eines Konzerns oder Betriebes besonders interessant sind. Das Idealbild ist eine Win-win-Situation, bei der alle Seiten profitieren.

2. Konzept

Unter den 2.500 umsatzstärksten Unternehmen in Deutschland wird Sponsoring seit Jahren verstärkt als Kommunikationsinstrument eingesetzt. 2004 lag die Nutzung erstmals bei über 70 % (*Hermanns* 2004, S. 8). Die Bahn setzt bereits seit vielen Jahren vom Konzern aus gesteuerte Sponsoringmaßnahmen ein. Gemeinsam mit den Sponsoringexperten der Bob Bomliz Group wurde 2000 ein Konzept entwickelt, das primär auf glaubwürdige Imageprofilierung abzielte. Ein langfristiger Aspekt war Absatzsteigerung mit dem Schwerpunkt, mehr jugendliche Bahnnutzer zu gewinnen. Dabei wurden als Zielgruppe in erster Linie 12- bis18-Jährige als „Trendsetter und Entscheider von morgen" definiert. In zweiter Linie sollte das künftige Engagement Multiplikatoren für die Jugendlichen ansprechen, im Wesentlichen ältere Jugendliche, Eltern, Lehrer etc. Im Fokus der Überlegungen stand ein zielgruppenaffines, dynamisches Sponsoringprojekt, das langfristig und nachhaltig auf das Unternehmensimage einzahlt. Die Wahl fiel auf den „In-Sport" Basketball, einen hochemotionalen Mannschaftssport, der mitreißend inszeniert werden kann. Damit eng verbunden sind Attribute wie Teamwork, Technik, Dynamik und Modernität. Alles Eigenschaften, die auch dem Zielimage der Bahn entsprechen.

Abbildung 1: Basketball und die Bahn: Teamwork, Technik, Dynamik und Modernität

Die Ansprache junger Menschen erfolgt zunächst über die Bahn Basketball Academy (BBA), einer Serie von Trainingslagern für den Basketball-Nachwuchs. Dabei handelt es sich um dreitägige Camps für Jugendliche zwischen 12 und 18 Jahren, die zunächst in den Standorten der 1. Basketball-Bundesliga (BBL) stattfand. Später sind mit der Erweiterung der BBA auf 20 Camps vier ausgewählte Teams der Zweiten Bundesliga bzw. der Regionalliga hinzugekommen. Unter dem Motto „Trainieren mit den Stars" haben die Jugendlichen bei der Bahn Basketball Academy Gelegenheit, mit Spielern und Coaches des jeweils gastgebenden Vereins zu trainieren. Ferner gehören zu einem BBA-Wochenende das Turnier um den BBA-Cup mit Siegerehrung und bahnaffinen Preisen sowie der Besuch einer Ligabegegnung der Profis. Der Ablauf der Trainingseinheiten beim Camp folgt einem Konzept, das von dem zentralen Testimonial der BBA entwickelt wurde: Erfolgstrainer *Dirk Bauermann*, der u.a. als Cheftrainer mit Bayer Leverkusen siebenmal Deutscher

Meister wurde, inzwischen als Headcoach den Erstligisten GHP Bamberg und seit 2003 auch die deutsche Nationalmannschaft trainiert.

Abbildung 2: Bundestrainer Dirk Bauermann ist Schirmherr der BBA

3. BBA at School

Während der Camps gab es immer wieder intensiven Austausch mit Lehrern und Schülern – mit durchweg einhellig positivem Feedback. Deshalb entschloss sich die Bahn, das Konzept, mit den Profis zu trainieren, auch auf Schulen zu übertragen. Mit dem Start der BBA at School-Tour im Jahr 2002 gelang auch die Einbindung von „Nicht-Basketballern“ in das BBA-Konzept. Kinder und Jugendliche, die bis dahin noch keinen Bezug zum Basketball hatten, konnten so diese Sportart näher kennen lernen und sich dafür begeistern.

Abbildung 3: Ein Bundesliga-Trainer eröffnet einen Workshop der BBA at School

Basketball bietet eine Welt, die auch außerhalb der Courts wirkt. Der soziokulturelle Kontext des Basketballsports als Element der HipHop-Kultur mit Breakdance, entsprechender Mode, Gestik und Sprache haben den US-Trend längst zu einer Lebenseinstellung auch bei deutschen Jugendlichen werden lassen. Darüber bieten sich zahlreiche Möglichkeiten für intensive emotionale

Kontakte mit einer Marke durch Dialog und Interaktion. Face-to-face-Kontakte mit der werbekritischen jungen Zielgruppe in erlebnisorientierten und emotional positiv besetzten Umfeldern sollten die Assoziation von Basketball mit der Bahn unterstützen. Nur durch diese Herangehensweise, so das Konzept, könnten Glaubwürdigkeit und nachhaltige Einstellungsänderungen gegenüber der Marke entstehen. Dabei wurden sowohl selbst kreierte Formate als auch fremdinitiierte Aktionen von vornherein als Plattformen in Betracht gezogen.

3.1 Ansatz

In Zusammenarbeit mit starken Partnern im schulpädagogischen Bereich, 2002 mit der Stiftung Lesen bzw. seit 2003 der Deutschen Schulsportstiftung, wurden bundesweit Gewinnaktionen durchgeführt, bei denen zunächst 20, später 30 Schulklassen je einen Basketballworkshop mit dem Headcoach und den Stars des renommiertesten Teams der Region gewinnen konnten. Alle Klassen ab Jahrgangsstufe 7 wurden darin aufgerufen, sich für die BBA at school-Tour 2003 zu bewerben. Deutschlandweit waren dazu Informations-Flyer an Gymnasien, Haupt- und Realschulen versendet worden. Dabei galt es, die Frage „Warum soll gerade eure Klasse einen BBA at School-Workshop gewinnen?" möglichst kreativ zu beantworten. Die jeweils 30 originellsten Bewerbungen, darunter Videos, Gedichte, Collagen und Rap-Songs, wurden von einer Jury, bestehend aus dem DSF-Moderator Frank Buschmann, dem BBA-Schirmherrn *Dirk Bauermann*, den Basketball-Nationalspielern *Stefano Garris*, *Mithat Demirel* und *Sophie von Saldern* sowie dem Sponsoring-Verantwortlichen der Deutschen Bahn ausgewählt.

Abbildung 4: Kreativität und Sport – bei BBA at School gehört beides zusammen

3.2 Die Workshops

Der Aufbau eines BBA at School-„Workshops“ ist eng mit den Schulen abgestimmt. Für jeweils 3,5 Stunden übernehmen Stars die Rolle der Sportlehrer und trainieren mit den Gewinnerklassen. Die Schüler haben im Rahmen der Workshops die Möglichkeit, Tipps und Tricks von professionellen Spielern und Coaches zu erhalten und ihr Ballgefühl zu verbessern. Dabei wird der Forderung nach ständiger Aufsicht durch das Lehrpersonal stets Rechnung getragen.

Nach der offiziellen Begrüßung durch das Organisationsteam erhält jeder Schüler zunächst ein T-Shirt der Bahn Basketball Academy. Danach werden eigens von der Bahn produzierte Bälle ausgegeben, welche die Schulen später behalten dürfen. Das Trainingsprogramm beinhaltet zwei Trainingseinheiten, in denen vor allem grundlegende Fähigkeiten wie Passen/Fangen, Dribbeln, Korbleger und Wurf geschult werden. Gruppenspiele wie der Bahn Shoot Out, ein interner Wurfwettbewerb, fördern den Klassenzusammenhalt und bilden eine wichtige spielerische Komponente. Zudem stehen die Profis den Schülern Rede und Antwort und sorgen mit spektakulären Demonstrationen, wie Dunkings, 3-Punkte-Würfen und besonderem Ballhandling, für große Begeisterung.

Abbildung 5: Die Bundesliga-Profis begeistern die Jugendlichen mit spektakulären Aktionen

Spielerischer Höhepunkt eines Workshops der BBA at School ist der Bahn Try Out, bei dem die Schulklassen ihr Können unter Beweis stellen und mit ihrer erreichten Punktzahl mit den anderen Schulen in Konkurrenz treten. Dabei gibt es Wissensfragen sowie sportliche Aufgaben zu bewältigen. An vier

Stationen findet ein spielerischer Wettbewerb mit den Disziplinen Korbleger, Werfen, Passen und Verteidigung statt. An der fünften und letzten Station können Punkte durch das richtige Beantworten aktueller Fragen zum Thema Basketball, wie z.B. „Wie hoch hängt ein Basketballkorb?“, „Wie groß ist *Dirk Nowitzki*?“ und „Wer ist Deutscher Meister der Saison x/y?“, gesammelt werden. Die jeweiligen Gesamtpunktzahlen der einzelnen Klassen werden auf der Internetseite der Bahn in einer Tabelle veröffentlicht. Als Hauptgewinn für die Schüler mit der höchsten Punktzahl winkt eine Reise im Klassenverband zum spektakulärsten Event, das der deutsche Basketball zu bieten hat – dem jährlichen ALLSTAR Day der BBL, an dem die besten Profis der Basketball-Bundesliga in einer Nord- und einer Südauswahl gegeneinander antreten.

Abbildung 6: Jeder Punkt zählt – Beim Wurfwettbewerb spielen die Klassen um einen attraktiven Gesamtpreis

Das Highlight der BBA at School-Tour 2003 war z.B. ein Meet & Greet mit der Deutschen Basketball-Nationalmannschaft im Rahmen eines Workshops in Berlin. Die Schüler der Dreilinden-Oberschule hatten Gelegenheit, in der Max-Schmeling-Halle zu trainieren und anschließend das gesamte Team – und vor allem Superstar *Dirk Nowitzki* zu treffen – und sich Autogramme zu besorgen.

Terminlich sind die Workshops BBA at School rund um die Sommerferien angesiedelt. In vier verschiedenen Routen (Nord-, Süd-, West- und Ostroute), aufgeteilt nach Bundesländern, reisen BBA-Teams durch die Republik und besuchen die Gewinnerschulen. Die Nordroute besteht aus den Bundesländern Schleswig-Holstein, Hamburg, Mecklenburg-Vorpommern, Niedersachsen und Bremen. Nordrhein-Westfalen, Rheinland-Pfalz, Hessen und das Saarland bilden die Westroute. Im Osten werden Schulen in Berlin, Brandenburg, Sachsen, Sachsen-Anhalt und Thüringen zu einer Tour zusammengefasst. Baden-

Württemberg und Bayern sind die südlichen Ziele. Dabei ist die Verteilung so angelegt, dass je zwei Routen vor bzw. nach den Sommerferien liegen.

3.3 Kommunikation

Die Camp-Serie BBA ist angetreten, dem Basketballnachwuchs professionelle Trainingsbedingungen mit optimaler Betreuung und Event-Charakter zu bieten. Die Direktkontakte mit der Marke „Die Bahn“ sollen als einzigartig und glaubwürdig wahrgenommen und in Erinnerung behalten werden. Entsprechend der äußere Auftritt der BBA: Neben einem Aktionslogo in bahnnahem Corporate Design wurde ein spezieller Indoor-Court im DB-Design erstellt, der bei jeder Veranstaltung zum Einsatz kommt. Die Ankündigung der Camps erfolgt durch Plakate und Flyer, z.B. an Schulen, Bahnhöfen und bei den Vereinen, sowie über das Pressebüro in bundesweiten und vor allem regionalen Medien.

Abbildung 7: Banner und Shirts mit BBA-Logo sowie DB-Bälle gehören zur Grundausstattung der Schulworkshops und der Camps

Von besonderem Interesse ist für einen Sponsor die Wahrnehmung des Engagements in der Öffentlichkeit. Und das nicht nur eindimensional, sondern über die gesamte Palette klassischer und neuer Medien, sowohl mit Hilfe von Pressemitteilungen aus der eigenen Medienarbeit als auch unter Einbindung der kooperierenden Vereine, Schulen etc.

So arbeitete das Pressebüro der BBA eng mit den Schulen zusammen. Bereits bestehende Kontakte konnten mit interessanten Neuigkeiten versorgt werden, während zusätzlich weitere Medien in der Region auf das Event in der betreffenden Schule aufmerksam gemacht wurden. Die so generierten Artikel in der Tagespresse und Online-Medien, Meldungen von Nachrichtenagenturen sowie Berichte in TV und Hörfunk hatten 2004 eine Gesamtreichweite von über 30 Millionen Lesern, Zuschauern und Hörern. Die Schulen selbst berichteten zusätzlich über ihre eigenen Medien wie Homepages und Schülerzeitungen von den Workshops. Hinzu kam die Berichterstattung auf den Internet-Seiten der Deutschen Bahn, der Partnervereine und weiterer Kooperationspartner sowie Artikel in der pädagogischen Fachpresse. Besondere Bedeutung kommt dabei den Beiträgen in Medien zu, die sich ganz speziell an Kinder und Jugendliche richten, wie etwa im Angebot auf www.Scoolz.de und beispielsweise in jojo, dem Kindermagazin der AOK.

Abbildung 8: Beim BBA at School-Workshop setzen Schulen auch eigene Medien zur Dokumentation und Öffentlichkeitsarbeit ein

4. Resonanz

Im Jahr 2003 gingen insgesamt 589 Bewerbungen von 292 verschiedenen Schulen aus ganz Deutschland ein. Bei einem geschätzten Klassenschnitt von 25 Schülern haben sich demnach über 7.500 Schüler an dem Wettbewerb beteiligt. In der vergangenen Saison erhöhte sich die Zahl der teilnehmenden Schulen noch einmal auf 310 mit rund 7.700 Schülern. Die Resonanz unter den beteiligten Schülern und auch den Zuschauern war einhellig positiv. Allein die Besucherzahlen belegen die hohe Akzeptanz und Attraktivität der Veranstaltungen. Während 2003 ca. 900 Schülerinnen und Schüler an den Workshops teilnahmen, wurden auf den Bänken und Tribünen rund 2.500 Zuschauer gezählt. Ein Jahr später fanden sich bei rund 950 aktiven Teilnehmern über 4.500 Besucher ein, sowohl Schüler als auch etliche Lehrer und Eltern.

Ergebnisse eigener Marktforschung, durchgeführt vom Institut für Marketing der Universität der Bundeswehr München, sowie zahlreiche Gespräche mit Zuschauern in den Hallen, Eltern und Lehrern belegen die positive Resonanz auf das Engagement der Bahn für Nachwuchssportler im Allgemeinen und die BBA-Camps im Speziellen. Die Befragten stellen der Bahn und den Basketball-Camps ein exzellentes Zeugnis aus. Nahezu alle Teilnehmer und Zuschauer der Veranstaltungen empfinden das Engagement der Deutschen Bahn für den deutschen Basketball als sehr gut bis gut. 95 % der Teilnehmer und 83 % der Zuschauer bewerteten die BBA mit der Note sehr gut bis gut. Die Noten 4 - 6 wurden so gut wie gar nicht vergeben. 99 % aller Teilnehmer und 94 % der Zuschauer würden die BBA weiterempfehlen (*Hermanns/Gampenrieder* 2002).

Abbildung 9: Spaß und Freude an der Bewegung vermitteln die Workshops der BBA at School

5. Fazit

Mit der Bahn Basketball Academy at School hat die Bahn ein Projekt ins Leben gerufen, das nachhaltig für Sponsoringnehmer wie für Sponsoringgeber von großem Nutzen ist. Sowohl seitens der Teilnehmer als auch der Zuschauer besteht ein hoher Informationsbedarf bezüglich des Basketball-Engagements der Bahn. Das zielgruppengerechte Auftreten, basierend auf den Erfahrungen mit der Campserie Bahn Basketball Academy, sichert nachhaltigen Imagegewinn für das Unternehmen „Die Bahn" in der wichtigen Zielgruppe der Kinder und Jugendlichen. Dies bescheinigen auch die Ergebnisse der Marktforschung.

Abbildung 10: Schüler, Vereine und die Bahn – bei BBA at School profitieren alle Partner

Für die Gewinnerschulen gibt es eine breite Palette an Unterstützungsmaßnahmen, von der inhaltlichen über die materielle Versorgung bis zu einer umfassenden Einbindung in die Medienarbeit. Die reichhaltige und durchweg positive Berichterstattung, u.a. auch in der pädagogischen Fachpresse, ist ein Beleg dafür, dass die Wertigkeit des Projekts weit über die Beteiligten hinaus wahrgenommen wird. Dabei konnte über die Jahre eine kontinuierliche Steigerung der medialen Reichweite verzeichnet werden, da sich das Projekt BBA at School zunehmender Bekanntheit und Aufmerksamkeit erfreut.

Neben den bisher sehr guten Erfahrungen mit den Camps der Bahn Basketball Academy in Bezug auf Teamgeist und Mannschaftsbildung wirkt in den Schulen die Förderung des Klassenzusammenhalts insgesamt, nach Aussagen einiger Lehrer sogar nachhaltig. Insgesamt ist unter den Schülern laut Aussagen der beteiligten Lehrer eine spürbare Erhöhung des Interesses an der Sportart Basketball erreicht worden. Besonders zu erwähnen ist hier die Steigerung des Interesses an der Sportart auch bei denjenigen, die sich bis dahin nicht mit Basketball beschäftigt hatten. Die durch BBA at School entstandenen Kontakte zu den Profis werden von vielen Lehrern gepflegt und für weitere gemeinsame Aktionen, wie Einladungen der Vereine zu gemeinsamen Spielbesuchen, genutzt. U. a. erreichen auch deshalb lange nach einem Workshop zahlreiche Dankesschreiben teilnehmender Klassen das Organisationsbüro der BBA. Lehrer und Schüler – sowohl der teilnehmenden Schulen als auch der erfolglosen Bewerber – zeigen großes Interesse an der Fortführung der BBA at School-Tour. Eine klassische Win-win-Situation wurde also erreicht, bei der alle Seiten profitieren.

Literatur

Hermanns, A./Gampenrieder, A. (2002): Evaluierung der Bahn Basketball Academy, unveröffentlichte Studie, München 2002

Hermanns, A. (2004): Sponsoring Trends 2004, hrsg. von Bob Bomliz Group, Berlin u.a. 2004

Sponsor Visions (2004): Sponsor Visions 2004, Stellenwert und Trends im Sponsoring-Markt, hrsg. v. pilot checkpoint GmbH, Hamburg 2004

Sparkassen-SchulService: Schulsponsoring mit Tradition

Christine Kadolli
Deutscher Sparkassenverlag Stuttgart

1. Einleitung

Schule soll junge Menschen fit machen fürs Leben; dies erwarten Schüler und Eltern, aber auch die Wirtschaft. Am besten kann das gelingen, wenn die Wirtschaft frühzeitig in die Schulbildung einbezogen wird und den Bildungsträgern auch als Partner zur Verfügung steht. Die Sparkassen leben diesen Gedanken schon sehr langer Zeit und leisten einen wichtigen Beitrag zur Bildung und Erziehung der jungen Generation. Dies ist – gerade in Zeiten knapper werdender öffentlicher Kassen – ein sehr willkommenes Engagement mit wachsender Bedeutung.

An einigen Fallbeispielen von Sparkassen und ihrem breiten und vielfältigen Engagement im Bildungssponsoring wird deutlich, wie eine gute Partnerschaft zwischen Schule und Sparkasse funktionieren kann. So wird der von beiden Seiten gewünschte Effekt erzielt, die Wirtschaftserziehung mit einem fundierten und kompetenten Beitrag der Sparkassen zu stärken.

2. Was ist der Sparkassen-SchulService?

Seit mehr als dreißig Jahren engagieren sich die Sparkassen mit ihrem SchulService für die schulische Bildung und bieten Unterrichtsmaterialien, Wettbewerbe und Veranstaltungen zu Wirtschaftsthemen an, die den Unterricht für Lehrer und Schüler einfacher und interessanter machen.

2.1 Die besondere Rolle der Sparkassen

Dass die Sparkassen so viel Einsatz bei der Unterstützung der Schulen zeigen, kommt nicht von ungefähr, denn die Sparkassen sind mehr als nur Geschäftsbanken. Ihre Träger sind die Kommunen, wobei sie grundsätzlich am Gemeinwohl orientiert sind. Ihre Aufgabe ist es nicht nur, die Bevölkerung mit geld- und kreditwirtschaftlichen Leistungen zu versorgen, sondern auch die Kommunen bei der Erfüllung ihrer Aufgaben im wirtschaftlichen, regionalpolitischen, sozialen und kulturellen Bereich zu unterstützen. Diese Gemeinwohlorientierung ist ein integraler Bestandteil des Selbstverständnisses der Sparkassen. Mit dem Sparkassen-SchulService erfüllen die Sparkassen ihren satzungsgemäßen Auftrag, die **Spar- und Wirtschaftserziehung junger Menschen** durch ein vielfältiges pädagogisches Angebot zu unterstützen. Die Jugendlichen werden damit auf ihre Rolle als wirtschaftlich mündige Bürger vorbereitet, sie gewinnen ein Bewusstsein für wirtschaftliche Zusammenhänge und erhalten dabei auch grundlegende Einblicke in den Einfluss der modernen Informationstechnologien auf die Wirtschafts- und Arbeitswelt. Der Sparkassen-SchulService trägt also dazu bei, junge Menschen auf ihre Rolle als „Homo Oeconomicus“ in unserer Gesellschaft vorzubereiten – mit modernen Unterrichtsmedien und durch vielfältige Aktivitäten in der Lehrerfortbildung.

Dies ist eine wichtige Aufgabe, denn nicht nur Kinder und Jugendliche sind beim behutsamen, vorsorglichen Umgang mit ihrem Geld überfordert. Aus einer 2004 veröffentlichten Studie der Bertelsmann-Stiftung geht hervor, dass die Deutschen zu wenig über Finanzen wissen. Laut der Studie bereiten etwa 50 % der Deutschen finanzielle Entscheidungen Unbehagen, da sie sich dabei unsicher fühlen. Über 60 % empfinden Finanzfragen allgemein als schwierig. Dass der Großteil der Bevölkerung in finanziellen Fragen nicht sehr gebildet ist, bestätigt auch eine Studie der GfK (Gesellschaft für Konsumforschung). Beispielsweise ist der Informationsstand über Investmentfonds sehr niedrig, und das selbst bei Fondsbesitzern. Lediglich 28 % der Fondsbesitzer kennen „Aktienfonds“ und nur 18 % können sich etwas unter „Rentenfonds“ vorstellen. Noch schlechter fallen die Werte bei Nichtfondsbesitzern und bei Spezialitäten unter den Fondsprodukten (wie Hedge-, Branchen- oder Garantiefonds) aus. Deshalb – und das folgern beide Studien – ist es sehr wichtig, die finanzielle Bildung in Deutschland zu erhöhen, zum Beispiel durch verstärkten Unterricht in Schulen.

2.2 Themenspektrum und Materialien

Der SchulService wendet sich von Vorschülern bis zu Abiturienten an Schüler aller Schulsysteme und Altersklassen, daneben aber auch an Lehrer, Eltern und schließlich auch an die Mitarbeiter von Schulämtern und Studienseminaren. Ihnen allen steht ein umfangreiches Angebot von derzeit etwa 250 verschiedenen Unterrichtsmaterialien zur Verfügung, die vom Deutschen Sparkassenverlag entwickelt wurden. Sie sind auf die Lehrpläne abgestimmt und zeichnen sich durch ihren Praxisbezug und ihre multimediale Vielfalt aus.

Die werbefreien **Materialien des SchulService** eignen sich als unterrichtsbegleitende, punktuell einzusetzende Arbeitshilfen, hauptsächlich für die Schulfächer Wirtschafts- und Sozialkunde, aber auch für Fächer wie Gemeinschaftskunde, Arbeitslehre, Informatik, Deutsch oder Geschichte. Sie ermöglichen einen fächerübergreifenden, handlungsorientierten Unterricht und werden von Lehrern wie von Schülern geschätzt, weil sie didaktisch hervorragend aufbereitete Informationen zur Verfügung stellen, die Lehrer bei ihrer Unterrichtsvorbereitung entlasten und den Unterricht für Schüler interessanter machen.

Die **Themen** reichen vom ersten spielerischen Umgang mit Geld bis hin zum Börsengeschehen, von Verbraucherfragen bis hinein in die Wirtschafts-

und Finanzpolitik. Fünf grundlegende Themenbereiche lassen sich unterscheiden:

- Wirtschaftserziehung, Erziehung zum sinnvollen Umgang mit Geld, Verbrauchererziehung, Wirtschaftslehre allgemein
- Arbeitswelt, Berufsorientierung und Bewerbungstraining
- Medienkunde und Informatik
- Allgemeinbildung, Gesellschafts- und Sozialkunde
- Lebenshilfe, Lernmethodik, Verkehrserziehung

Zu den **angebotenen Unterrichtsmaterialien und Veranstaltungen** gehören Printmedien wie Broschüren, Arbeitshefte, Foliensätze oder Informationsmappen, ferner Filme und Software wie PC-Programme oder interaktive Planspiele (vgl. Abbildung 1). Eine besondere Rolle spielen Wettbewerbe und Planspiele wie das Planspiel Börse oder die StartUp-Werkstatt. Das Planspiel Börse findet übrigens nicht nur in Deutschland, sondern auch in etlichen europäischen Ländern Jahr für Jahr eine immense Teilnehmerzahl und wurde bereits auch auf europäischer Ebene ausgezeichnet: Als Best-Practice-Beispiel wurde es in eine EU-Datenbank für lebenslanges Lernen aufgenommen. Die StartUp-Werkstatt der Partner stern, Sparkassen, McKinsey & Company und ZDF, wird außerdem durch das Bundesministerium für Wirtschaft und Technologie und die Versicherungen der Sparkassen unterstützt. Gefördert wird das Projekt von der Bertelsmann AG und verschiedenen Kultusministerien auf Länderebene. Zu den Unterrichtsmedien und Planspielen kommen noch **Aktivitäten der Sparkassen vor Ort** hinzu, wie beispielsweise Betriebserkundungen und Expertenbefragungen sowie Veranstaltungen zu Themen wie Lernen, Schulden, Geld, Bewerbung oder Berufswahl.

Ganz neu wurde ein **interaktives Onlineangebot** direkt für den Einsatz im Unterricht entwickelt. Unter http://www.sparkassenschul-server.de, der Lernplattform des Sparkassen-SchulService, kann man z.B. erste Erfahrungen im Onlinebanking sammeln: Auf der dort eingerichteten Übungsplattform „*Giro-Sim Online*“ lassen sich genau wie im richtigen „Onlinebanking-Leben“ Konten einrichten und Buchungen durchführen – ideale Voraussetzungen für Schüler und Lehrer, das Thema Girokonto im Unterricht anschaulich und realitätsnah zu behandeln. Der Kurs „*Bewerbungstrainer*“ führt in sieben Lernmodulen Schritt für Schritt von der Suche nach einem Ausbildungsplatz über die optimale Bewerbung und das erste Vorstellungsgespräch bis zum Einstieg in den Job. Die Module bauen aufeinander auf, können aber auch einzeln erarbeitet werden. Zahlreiche Tipps und Checklisten ergänzen das Programm. Der Kurs „*E-Commerce*“ gibt Antworten auf die Fragen „Was ist und wie funktioniert E-Commerce?“ sowie „Welche Rechte und Pflichten haben Käufer und

Verkäufer?". Die Themen werden nicht nur in der Theorie, sondern auch mit praktischen Beispielen im integrierten Übungsshop behandelt.

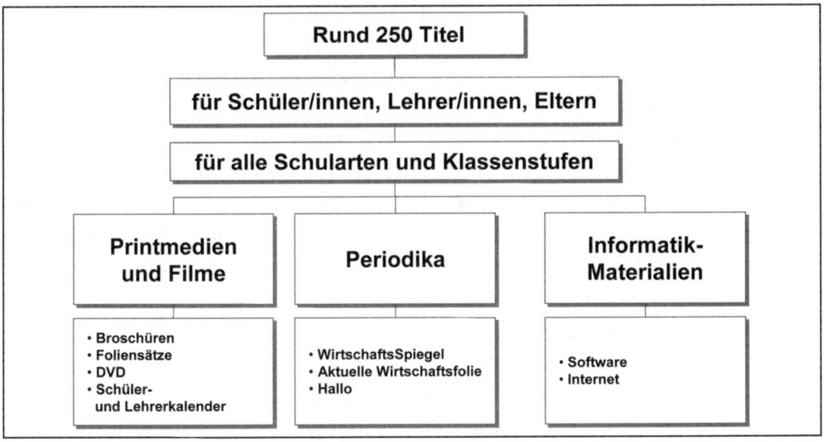

Abbildung 1: Unterrichtsmaterialien des Sparkassen-SchulService

Im Rahmen des SchulService werden auch verschiedene **Periodika** herausgegeben, darunter „Hallo", eine Zeitschrift für die Grundschule, die „Aktuelle Wirtschaftsfolie" mit Information für Schüler der Sekundarstufe I und II, sowie die Zeitschrift „WirtschaftsSpiegel", die für Lehrer der Sekundarstufen I und II gedacht ist. Verschiedene Schulkalender runden das Programm ab, zum Beispiel der Lehrerkalender, der die Lehrer das ganze Jahr über auf praxisgerechte Weise unterstützt, sowie Schülerkalender, Wandterminplaner und sogar Kalender für Schulsekretariate und für Hausmeister.

Die Art der angebotenen Medien ist naturgemäß einem gewissen Wandel unterworfen. Beispielsweise wird Software aktuell stärker nachgefragt als in der Vergangenheit, ohne dass sich allerdings ein wirklicher Trendwandel weg von den Printmedien eingestellt hätte. Druckerzeugnisse sind nach wie vor stark gefragt, auch wenn der Einsatz von Plakaten zurückgegangen ist. Foliensätze und Videofilme erfreuen sich nach wie vor großer Beliebtheit, während die Nachfrage nach DVDs allmählich zunimmt. Die wichtigsten Informationen rund um den Sparkassen-SchulService und seine Unterrichtsmedien sind unter http://www.sparkassen-schulservice.de zu finden.

2.3 Bestnoten für die Materialien

In einer Untersuchung überprüfte der Deutsche Sparkassenverlag erst kürzlich die Schultauglichkeit und Effizienz der Bildungsmedien des Sparkassen-SchulService. Im Praxistest wurden Schüler und Lehrer jeweils vor und nach dem Unterrichtseinsatz der Materialien befragt. Im Zentrum der Studie standen Informationsgehalt und Verständlichkeit der Medien sowie die didaktische Aufbereitung. Der Praxistest zeigte: 97 % der Grundschüler und 78 % der Sekundarstufenschüler bewerten das eingesetzte Unterrichtsmaterial positiv. Schüler und Lehrer loben den hohen Informationsgehalt, die gute, schülergerechte Verständlichkeit und den Aufbau der Unterrichtsmaterialien: Mit anschaulichen Beispielen aus der Lebenswelt der Schüler werden Wirtschafts- und Finanzthemen schülergerecht erklärt. Die Lehrer heben besonders die Aktualität der SchulService-Medien hervor. Damit erhalten sie die Möglichkeit, im Unterricht auf aktuelle, gesellschaftsrelevante Themen und Ereignisse aus der Wirtschaft einzugehen. So wird bei den Schülern das Interesse an der Wirtschafts- und Arbeitswelt geweckt und das notwendige Grundwissen als Voraussetzung für die ökonomische Mündigkeit geschaffen.

2.4 Auszeichnung durch die Unesco-Kommission

Im Jahr 2005 zeichnete die Unesco-Kommission außerdem Beiträge des Sparkassen-SchulService zur „Verbraucherbildung in Finanzfragen“ aus. Urkunde, Logo, Flagge und Stempel der Weltdekade der Vereinten Nationen 2005-2014 „Bildung für nachhaltige Entwicklung“ wurden von der Unesco-Kommission an *Christoph Schulz*, geschäftsführendes Vorstandsmitglied des Deutschen Sparkassen- und Giroverbands (DSGV), überreicht.

3. Fallbeispiele

Praktisch alle 460 Sparkassen in Deutschland setzen Materialien des Sparkassen-SchulService ein. Dabei legt jedes Institut die Art und Weise des Einsatzes sowie den finanziellen Umfang des Sponsorings nach einem eigenen Konzept fest. An dieser Stelle werden nur beispielhaft die Sponsoringmaßnahmen einiger Sparkassen, die den Sparkassen-SchulService sehr aktiv betreiben, beschrieben.

3.1 Das Schulsponsoring der Ostsächsischen Sparkasse Dresden

„Die Ostsächsische Sparkasse Dresden unterstützt die Schulen in ihrem Geschäftsgebiet regelmäßig mit den vom Deutschen Sparkassenverlag bereitgestellten Informationsmedien für den Unterricht, die sehr gern angenommen werden“, sagt *Andreas Rieger*, Direktor Unternehmenskommunikation. „Wir gehen aber auch selbst in die Klassenräume: ‚**Unterricht in der Schule**‘ heißt das Angebot, bei dem Sparkassenexperten Unterrichtsstunden zu Themen wie

‚Kapital und Börse', ‚Girokonto und modernes Geld' oder ‚Richtig bewerben' gestalten." 30 bis 40 Mal im Jahr werden die Sparkassenexperten dazu angefordert – Schule mal ganz anders.

Auch das **Planspiel Börse** und die StartUp-Werkstatt der Sparkassen-Finanzgruppe und ihrer Projektpartner leisten einen wesentlichen Beitrag zur Vorbereitung junger Menschen auf künftige Herausforderungen in der Gesellschaft. Einmal selbst an den internationalen Aktienmärkten aktiv werden ohne dass Fehlentscheidungen gleich im eigenen Geldbeutel weh tun, und sich dabei fundiertes Wissen über Wirtschaft, Unternehmen, volkswirtschaftliche und sogar globale Kapitalkreisläufe aneignen – das haben allein im vergangenen Jahr 400 Schülerteams im Geschäftsgebiet der Ostsächsischen Sparkasse Dresden beim Planspiel Börse ausprobiert.

Zur **StartUp-Werkstatt** treten 2006 insgesamt 36 Teams in und um Dresden an – mit kreativen Geschäftsideen und einer gehörigen Portion Unternehmergeist. Schon zum siebten Mal betreut die Ostsächsische Sparkasse Dresden Schüler beim Aufbau ihrer virtuellen Unternehmen. Das Schöne daran: Nicht nur die Siegerteams gewinnen. Denn alle Teilnehmer lernen, was kein Lehrplan bieten kann: Eine eigene Idee kreativ und selbstverantwortlich in die Tat umzusetzen. Und bei manchem Schüler wird so vielleicht der Mut geweckt, sich später auch als „richtiger" Unternehmer zu bewähren.

Ein Ausflug in die Geschichte: Ein besonderer Höhepunkt war für die Schüler der **Besuch der 2. Sächsischen Landesausstellung „Glaube und Macht"** in Torgau, organisiert und finanziert von der Ostsächsischen Sparkasse Dresden und der Ostdeutschen Sparkassenstiftung. Dabei machten sich die jungen Leute mit der Geschichte Sachsens und der Reformation vertraut – eine andere Art von Geschichtsunterricht, die von 220 Schulklassen begeistert aufgenommen wurde.

„Die junge Generation ist Zukunft", resümiert *Andreas Rieger*, „wir fördern daher Inhalte, die die Jugend unterstützen, auf die Herausforderungen der Zukunft vorbereitet zu sein. Wir als Ostsächsische Sparkasse Dresden wissen um den vernetzten Zusammenhang von Jugend, Bildung und Entwicklung von Wirtschaftsräumen und nehmen die daraus entstehende Verantwortung wahr."

3.2 Die Sparkasse Neuss veranstaltet eine eigene Schulmesse

Die Sparkasse Neuss führt bereits seit sechs Jahren zweimal im Jahr eine eigene Schulmesse durch. Dabei haben die Lehrer die Möglichkeit, die zahlreichen Materialien des SchulService genau anzuschauen und kennen zu lernen. „Der Aufwand ist nicht gering, weil eigens ein Messebauer eingesetzt wird", erzählt *Daniel Höveler* von der Sparkasse Neuss. Doch die Messe kommt bei den

Lehrern gut an. Sie schätzen es, die Unterrichtsmaterialien nicht ungesehen per Katalog bestellen zu müssen. Zudem bietet die Messe die Chance für Gespräche und den direkten Austausch zwischen Schulen und Sparkasse. „Wir wollen die Lehrer als Multiplikatoren gewinnen. Wenn sie mit unserem Angebot zufrieden sind, geben sie das auch an die Schüler weiter“, so *Höveler*. Wie groß das Potenzial ist, zeigt die Tatsache, dass rund 90 % der Schulen im Einzugsbereich der Sparkasse Neuss das Angebot nutzen – und das mit steigender Tendenz.

3.3 Schularbeit der Sparkasse Aachen

Neben der Bereitstellung der Unterrichtsmaterialien bilden Seminare zur Berufsvorbereitung, bei denen mit den Schülern ein Einstellungstest simuliert wird, einen besonderen Schwerpunkt der Schularbeit der Sparkasse Aachen. „Dies bietet außer uns niemand an,“ erklärt *Elmar Schwartz* von der Sparkasse Aachen. „Mit diesem Projekt wollen wir eine konkrete Hilfestellung leisten.“ 150 Seminare zur Berufsvorbereitung wurden bereits veranstaltet, 4.000 Schüler haben an dem Einstellungstest teilgenommen. Für das Schulsponsoring investiert die Sparkasse Aachen Jahr für Jahr rund 100.000 Euro. „Wer stark auftritt, hat ein Pfund zum Wuchern“, freut sich *Schwartz* und verweist auf die positiven Effekte.

Fazit

Im Rahmen des Schulsponsoring des SparkassenSchulservice werden zwei Aufgaben perfekt miteinander verknüpft: Zum einen setzen die Sparkassen gewissenhaft ihren Bildungsauftrag in der Öffentlichkeit um und sensibilisieren junge Menschen in allen Fragen rund ums Geld, und zum anderen schaffen sie gleichzeitig einen Nährboden für spätere Kundenbeziehungen.

Literatur

Kadolli, C./Wies, A. (2005): Jugendmarketing mit dem Sparkassen-SchulService, Den Bildungsauftrag erfolgreich umsetzen, in: Sparkassen Markt, Sonderheft II/2005, Stuttgart 2005

Ostsächsische Sparkasse Dresden (2005): Fürs Leben lernen – die Sparkasse hilft, Ostsächsische Sparkasse Dresden bietet Schülern vielseitige Unterstützung, Dresden 2005

Weiss, T. (2006): SchulService – Gastbeitrag: Klamm und ahnungslos, in: Sparkasse, Heft Januar/2006, Berlin 2006

Hochschulsponsoring am Beispiel der privaten Business Schools

Dr. Hans Georg Helmstädter
HHL – Leipzig Graduate School of Management

1. Einleitung

Dieser Beitrag stellt das Thema des Hochschulsponsoring in den Gesamtzusammenhang der Finanzierung einer Hochschule aus privaten Mitteln. Wir beschäftigen uns im Gliederungspunkt 2 zunächst mit der Frage, was denn eine Hochschule überhaupt kostet, d.h. welche Mittel insgesamt für den Betrieb der Hochschule benötigt werden[1]. Eine Modellrechnung auf Basis der amtlichen Statistik werden wir durch Kennzahlen dreier ausgewählter privat finanzierter Business Schools ergänzen, namentlich der European Business School in Oestrich-Winkel (EBS), der Handelshochschule Leipzig (HHL) und der Wissenschaftlichen Hochschule für Unternehmensführung – Otto Beisheim-Hochschule in Vallendar (WHU)[2].

In der Hauptsache werden wir uns mit Gliederungspunkt 3 der Frage zuwenden, aus welchen verschiedenen **Quellen** sich die **Finanzierung einer privaten Hochschule** bestreiten lässt. Wir unterscheiden dabei drei Gruppen von potentiellen Geldgebern: Studierende, Unternehmen und Privatpersonen. Als Sponsoren werden dabei in erster Linie Unternehmen verstanden, die – gemäß der Definition des Sponsoring – mit einer Gegenleistung rechnen. Zwar erwarten auch die Studierenden einer privaten Hochschule als zahlende Kunden eine Gegenleistung. Dennoch wird man die Studierenden – zumindest für die Dauer des Studiums – nicht als Sponsoren bezeichnen wollen. Schließlich betrachten wir als dritte Gruppe Privatpersonen und Stiftungen, die als Spender und Förderer ihren Beitrag zur Finanzierung der Hochschule leisten, ohne dass hier von einer wirtschaftlichen Gegenleistung im engen Sinne des „Sponsoring" gesprochen werden kann. Für die drei Gruppen von Geldgebern werden wir die Motive und Zahlungsbereitschaften ergründen. Auch in diesem Kapitel werden wir einige Modellrechnungen anstellen und mit den tatsächlichen Verhältnissen am Beispiel der HHL und der WHU messen.

2. Was kostet eine Business School? – Die Beispiele EBS, HHL und WHU

Zunächst betrachten wir eine **Modellrechnung zur Höhe der für den Betrieb einer Hochschule benötigten Finanzmittel** auf Basis der amtlichen Statistik für die Universitäten in Deutschland. Tabelle 1 ordnet ausgewählten Studienfächern und den zentralen Einrichtungen (Hochschulverwaltungen, Bibliothe-

[1] Dass man sich schon bei der Beantwortung dieser so einfach klingenden Frage gehörig verrechnen kann, haben in den letzten Jahren einige prominente Hochschulgründer eindrucksvoll unter Beweis gestellt!

[2] Nach dem im April 2005 erschienenen Ranking der Zeitschrift „Karriere" handelt es sich übrigens um die drei führenden BWL-Universitäten in Deutschland.

ken, Rechenzentren etc.) an Universitäten die insgesamt zur Verfügung stehenden Finanzmittel bezogen auf die Anzahl der Professorenstellen zu.

Tabelle 1 belegt, wie sehr sich die für den Betrieb der staatlichen Hochschulen **im Jahr 2002 verfügbaren Finanzmittel je nach Studienfach** unterscheiden. Eine Ausnahmestellung kommt der Humanmedizin zu, deren Finanzmittel zu einem Großteil für den Betrieb der Kliniken benötigt werden. Umgekehrt wird natürlich ein Großteil der Einnahmen durch die in den Kliniken erbrachten Dienstleistungen generiert. Aber auch in den anderen Fächergruppen variieren die Finanzmittel erheblich: Für die Ingenieurwissenschaften werden annähernd dreimal so hohe Finanzmittel benötigt wie für die Kunst(wissenschaft). Die Wirtschaftswissenschaften zählen dabei eher zu den „preiswerteren" Studienfächern.

Studienfach	Finanzmittel in 1.000,- € p.a.
Humanmedizin (einschließlich Kliniken)	3.285,8
Ingenieurwissenschaften	644,3
Sport	536,1
Mathematik, Naturwissenschaften	446,7
Wirtschaftswissenschaften	304,0
Sprach- und Kulturwissenschaften	238,5
Kunst, Kunstwissenschaft	225,6
Zentrale Einrichtungen	176,4

Tabelle 1: Finanzmittel[3] ausgewählter Studienfächer je Professorenstelle (Quelle: *Statistisches Bundesamt* 2004a; eigene Berechnungen; Angaben für das Jahr 2002)

Die Addition der in den Wirtschaftswissenschaften und den zentralen Einrichtungen pro Professorenstelle verausgabten Mittel ergibt 480.400,- €. Veranschlagt man die für ein BWL-Studium benötigte fachliche Mindestausstattung mit fünf betriebswirtschaftlichen und zwei volkswirtschaftlichen Kernfächern (also z.B. Controlling, Finanzen, Marketing, Produktion und Strategie; Mikro- und Makroökonomie), so summieren sich die für den laufenden Betrieb einer Business School benötigten Finanzmittel auf rund 3,4 Mio. € (7x480.400,- €). Wohlgemerkt: Die amtliche Hochschulstatistik führt nur die Mittel für den

3 Finanzmittel = Laufende Grundmittel + Drittmittel + Verwaltungseinnahmen. In den einzelnen Fächern werden die Finanzmittel auf die Anzahl der Professorenstellen im jeweiligen Fach bezogen, für die zentralen Einrichtungen auf die Gesamtzahl der Professorenstellen an den Hochschulen.

laufenden Betrieb auf, d.h. die Kosten für die Errichtung und den Unterhalt von Gebäuden sind also in unserer Modellrechnung ebenso wenig enthalten wie (kalkulatorische) Mieten und Abschreibungen.

Nun stellt sich die Frage, welche **Anzahl von Studierenden** wir für die Hochschule in unserem Modell unterstellen. Gemäß der offiziellen Hochschulstatistik kommen auf eine Professorenstelle in den Rechts-, Wirtschafts- und Sozialwissenschaften rund 110 Studierende (Statistische Bundesamt 2004b; eigene Berechnungen). Folglich hätte eine Hochschule mit 7 Professorenstellen rechnerisch 770 Studierende. Die Anzahl der Studierenden, die von einer Business School zugelassen werden, wird man natürlich deutlich niedriger ansetzen. Das ist letztlich eine Frage des Geschäftsmodells und der strategischen Ausrichtung der Hochschule, sofern sie in der Lage ist, die Studierendenzahl autonom festzulegen.

Tabelle 2 stellt der Modellrechnung nunmehr die realen Verhältnisse von EBS, HHL und WHU gegenüber und zeigt insbesondere, wie sich die drei Business Schools in der Betreuungsrelation vom Durchschnitt der staatlichen Hochschulen abheben. Die bundesdurchschnittliche Relation von Studierenden zu Professoren übersteigt die Relation an allen drei Business Schools um etwa das Dreifache. Ähnlich verhält es sich mit der Finanzausstattung bezogen auf die Zahl der Studierenden. Im Bundesdurchschnitt ergibt sich für die Rechts-, Wirtschafts- und Sozialwissenschaften ein Wert von 2.535,- €, hinzu kommen 1.608,- € für die Zentralen Einrichtungen[4](*Statistisches Bundesamt* 2004a u. 2004b; eigene Berechnungen). Die Finanzausstattung der Business Schools ist also pro Student gerechnet an der EBS und der HHL rund viermal und an der WHU sogar 6,4-mal höher als im Durchschnitt der staatlichen Hochschulen.

Im Vergleich der Kennzahlen der drei Hochschulen untereinander ist eine konzeptionelle Besonderheit der HHL zu berücksichtigen, die nämlich im Diplomstudiengang nur ein viersemestriges Hauptstudium anbietet. Dies erklärt, warum die Gesamtzahl der Studierenden an der HHL im Vergleich zur WHU (bzw. zur EBS) rund die Hälfte (ein Drittel) und damit auch das Gesamtbudget der HHL nur jeweils ein Drittel beträgt, die Zahl der Absolventen aber leicht höher (nur um die Hälfte niedriger) liegt.

---

[4] Der Anteil an den zentralen Einrichtungen je Professorenstelle für die Hochschulen insgesamt wurde mit der Professorenzahl im Bereich Rechts-, Wirtschafts- und Sozialwissenschaften multipliziert und durch die entsprechende Studierendenzahl dividiert.

	EBS	HHL	WHU
Gesamtbudget (Mio. €)	14	4,7	14,4
Lehrstuhlsponsoring (in Mio. €)	k. A.*	1,8	3,4
Weiteres Sponsoring und Spenden (in Mio. €)	k. A.	0,14	3,1
Erträge aus Stiftungskapital (in Mio. €)	k. A.	0,53	0,76
Erträge aus Studiengebühren (in Mio. €)	k. A.	1,57	4,7
Anzahl Sponsoren und Spender**	k. A.	40	60
Anzahl Studierende***	880	283	551
Anzahl Absolventen	200	102	85
Anzahl Professorenstellen	24	10	14
Gesamtbudget/# Professorenstellen (in 1.000,- €)	583	470	1.028
Gesamtbudget/# Absolventen (in 1.000,- €)	70	46,1	169,4
Gesamtbudget/# Studierende (in 1.000,- €)	15,9	16,6	26,1
Betreuungsrelation (#Studierende/# Professorenstellen)	36,7	28,3	39,4

* k. A. = Keine Angabe

** mit einem Finanzierungsbeitrag von mindestens € 10.000,

*** Jahresdurchschnitt, ohne Doktoranden

Tabelle 2: Kennzahlen ausgewählter Business Schools im Jahr 2004 (Quelle: Angaben der Hochschulen)

Insgesamt kann man also festhalten: Für den Betrieb einer betriebswirtschaftlichen Hochschule ist bei einer personellen Mindestausstattung von 7 Professorenstellen eine finanzielle Mindestausstattung von rund 3,4 Mio. € zu veranschlagen, der – je nach Profil der Hochschule – eine Studierendenzahl zwischen 200 (selektive Business School) und 770 (staatliche Hochschule in Deutschland) zuzuordnen ist. Aus diesen Zahlenverhältnissen für die kleinste Einheit können die Verhältnisse größerer Einheiten proportional hochgerechnet werden.

3. Wie finanzieren sich Business Schools?

Nachdem der Bedarf an Finanzmitteln umrissen ist, widmen wir uns nun den Quellen, aus denen eine Business School ihre Finanzierung bestreiten kann.

Die Frage nach den (potentiellen) Finanzierungsquellen einer Hochschule ist dabei zu Beginn auch eine Frage des **Geschäftsmodells**, das die Hochschule verfolgt. Hieraus leitet sich ab, mit welchen Leistungen sich welche Einnahmen bei welchen unterschiedlichen Akteuren am Markt erzielen lassen. Unsere Argumentation orientiert sich also an folgenden Fragen:

- Welche **Zielgruppen** können über welche **Motive** angesprochen werden, einen Beitrag zur Finanzierung einer privaten Business School zu leisten?
- Wie hoch sind die **Zahlungsbereitschaften** für die unterschiedlichen Zielgruppen und Motive?
- In welchem Grade werden diese **Finanzierungspotentiale** tatsächlich auch **ausgeschöpft**?

Wir gliedern die Argumentation dieses Kapitels nach den drei Zielgruppen

- Studenten als „zahlende Kunden“,
- Unternehmen als Sponsoren und
- Privatpersonen als Spender und Stifter.

Unsere Modellrechnungen zu den Finanzierungsquellen werden wir am Beispiel der Finanzstrukturen von HHL und WHU empirisch überprüfen (vgl. hierzu Tabelle 2 sowie die Abbildungen 1 und 2).

3.1 Studierende als „zahlende Kunden“

Gegenüber den Studierenden sind die zwei wesentlichen, interdependenten Bestandteile des Geschäftsmodells einer privaten Business School einerseits die Erhebung von Studiengebühren, andererseits die hohe Selektivität in der Zulassung zum Studium. Den nicht unerheblichen Studiengebühren der Business Schools (8.000,- € pro Jahr an der HHL, 9.900,- € an der EBS und 10.000,- € an der WHU für Diplom- bzw. Bachelor-Studiengänge) stehen als Gegenleistungen („value proposition“) bessere Studienbedingungen sowie ein früherer und besser bezahlter Berufseinstieg gegenüber. Dass sich die Studiengebühren als Investitionen im wahrsten Sinne auszahlen, kann ebenfalls durch eine Modellrechnung belegt werden: Die mittlere Studiendauer (Median) der Absolventen im Fach BWL liegt bundesweit im Jahr 2003 bei 11,4 Semestern (*Statistisches Bundesamt* 2004c) (das Durchschnittsalter bei 27,5 Jahren (*Statistisches Bundesamt* 2004d)), gegenüber 8,5 Semestern (und 24,4 Jahren) an der HHL. Allein innerhalb der ersten beiden Jahre des Berufseinstiegs können die Absolventen der HHL die insgesamt fällig gewordenen Studiengebühren von 16.000,- € durch eigenes Einkommen erwirtschaften[5]. Genau aus diesem Grund stellt der Kapitalmarkt bereits jetzt hinreichend viele Kreditlösungen für die Finanzierung der Studiengebühren (zumindest an den führenden Business Schools) bereit. Während also die Kommilitonen an den staatlichen Hochschulen noch zu Ende studieren, haben die HHL-Absolventen ihre Studiengebührenkredite bereits zurückgezahlt.

Der Gesamtbeitrag zur Finanzierung, der durch Studiengebühren mobilisiert wird, liegt im Jahr 2004 bei 1,6 Mio. € an der HHL und bei 4,7 Mio. € an der WHU (das entspricht rund 33 % des Budgets, vgl. Abbildungen 1 und 2). Da sich beide Hochschulen am oberen Rand der Preisskala in Deutschland bewegen, kann das Potential aus dieser Finanzquelle – nach einer Phase der Preiserhöhungen in den letzten fünf Jahren – inzwischen als ausgeschöpft gelten.

3.2 Unternehmen als Sponsoren

Im Hinblick auf die Unternehmen lautet das Geschäftsmodell: die restriktive Auswahl der Studierenden, die bei den Business Schools am Anfang steht, wird am Ende – also, wenn die Studierenden das Studium abgeschlossen haben – von den Unternehmen honoriert, weil die Such- und Auswahlkosten im Vergleich zur Einstellung von Absolventen der Hochschulen ohne strenges Auswahlverfahren geringer ausfallen. Als zweites Leistungsversprechen der Business Schools kommt der Anspruch auf eine höhere Praxisorientierung in der Lehre sowie eine bessere Berufsvorbereitung durch die Lehre hinzu. Dies zahlt sich für die Unternehmen direkt durch geringere Einarbeitungskosten aus.

3.2.1 Recruiting als Sponsoringmotiv

Die Gewinnung von überdurchschnittlich qualifiziertem Management-Nachwuchs ist sicherlich das am nächsten liegende Motiv der Sponsoren einer Business School. Auf diesem Gebiet hat sich an allen Business Schools eine vielfältige und permanente Zusammenarbeit mit den Unternehmen etabliert. Die Gegenleistungen der Hochschulen bestehen darin, die Möglichkeiten des Zugriffs auf die Absolventen zu rationieren, d.h. diesen Zugriff auf Sponsoren zu beschränken und dabei gestaffelte Preise für je unterschiedliche Qualitäten

[5] Schon Ende der 1990er Jahre erzielten 50 % der HHL-Absolventen ein Einstiegsgehalt von € 40.000,- und mehr (*Barthold/Spoun* 2004). Die EBS gibt das durchschnittliche Einstiegsgehalt ihrer Absolventen im Jahr 2003 mit 47.400,- € an (Quelle: www.ebs.de, Absolventenstatistiken).

des Zugriffs zu definieren. Auf diesem Gebiet stehen Leistung und Gegenleistung heute schon in einem derart ausgewogenen Verhältnis, dass von einer am Markt eingekauften Personaldienstleistung gesprochen werden kann.

Das sich aus diesen Überlegungen abzeichnende **Sponsoringpotential** lässt sich durch folgende Modellrechnung quantifizieren: 20 % eines Jahresbruttogehalts gilt bei Personaldienstleistern als übliche Provision für die Vermittlung von „high potentials" als Berufseinsteiger. Daraus errechnet sich – bei einem durchschnittlichen Einstiegsgehalt von 45.000,- € – ein theoretisches jährliches Potential von 765.000,- € für die WHU, 918.000,- € für die HHL und 1,8 Mio. € für die EBS (Absolventenzahl x 9.000,- €). Dies entspricht einem Anteil am Gesamtbudget der Hochschulen zwischen 5 % und 20 %.

Mit welchen Mitteln und bis zu welchem Grade gelingt es nun den Business Schools, dieses Potential auch auszuschöpfen? Im wesentlichen eignen sich hierfür die unterschiedlichen Recruiting-Veranstaltungen mit Unternehmen, die an allen betrachteten Business Schools in ähnlicher Weise durchgeführt werden, also Unternehmenspräsentationen, Messen, On Campus-Interviews, Workshops etc. Bei einer Obergrenze von ca. 40 Veranstaltungen im Jahr und Preisen, die für eine Unternehmenspräsentation zwischen 10.000,- € an der HHL und 20.000,- € an der WHU betragen, lassen sich hierdurch allein rechnerisch 400.000,- bzw. 800.000,- € generieren. Darüber hinaus stehen weitere Instrumente wie der Verkauf von Jahrgangsbüchern oder das Angebot von Online-Recruiting-Plattformen zur Verfügung, so dass man davon ausgehen kann, dass die Business Schools bereits heute in der Lage sind, das aus dem Recruitingmotiv ableitbare Sponsoringpotential auch abzuschöpfen.

Allerdings ist eine bedeutende Einschränkung zu beachten: Das **Recruitingmotiv** ist stark an den Konjunkturzyklus gebunden, d.h. die berechneten Potentiale können natürlich nur realisiert werden, wenn die Unternehmen auch einen entsprechenden Einstellungsbedarf haben. In Phasen allgegenwärtiger Einstellungsstopps und Entlassungswellen (z.B. in den Jahren 2001 bis 2003) sind auch die Business Schools zu „Preiszugeständnissen" gezwungen.

3.2.2 Lehre, Forschung und Beratung als Sponsoringmotive

Es gehört zum Selbstverständnis der Business School, dass der praxisorientierten Lehre ein besonders hoher Stellenwert zukommt. Insbesondere ist der Anspruch an die Lehre, dass die Absolventen der Business Schools besser und im Hinblick auf geforderte Schlüsselqualifikationen ganzheitlicher auf die Berufspraxis vorbereitet werden.

Die hieraus resultierenden, geringeren Einarbeitungskosten stellen für die Unternehmen ein Motiv dar, zur Finanzierung der Lehre an den Business Schools beizutragen. Das aus diesem Motiv ableitbare finanzielle Potential ist aber bereits in der im Gliederungspunkt 3.2.1 kalkulierten Zahlungsbereitschaft für eine Personaldienstleistung enthalten. Diese Zahlungsbereitschaft ist ja gerade an die Voraussetzung des „high potentials" gebunden, von dem man eben auch eine entsprechende Praxisorientierung und einen verminderten Einarbeitungsaufwand erwartet.

Allein aus dem Motiv geringerer Transaktionskosten bei der Nachwuchsgewinnung wird sich also kaum ein Unternehmen entschließen, an einer Business School einen Lehrstuhl zu stiften und hierfür jährlich 200.000 bis 300.000,- € aufzuwenden. Hierzu müssten nämlich jährlich 10 bis 15 Absolventen gewonnen werden. Dieser Wert dürfte jedoch nur ganz selten von einem einzelnen Unternehmen an einer der betrachteten Business Schools erreicht worden sein.

Abgesehen von einer grundsätzlich stärkeren Praxisorientierung und der Betonung von Schlüsselqualifikationen (z.B. in Gruppenarbeiten und Projektpräsentationen) ist insgesamt also das sich aus der **Lehre** ergebende Sponsoringpotential in den Kernfächern des Studienangebots eher begrenzt[6]. Letztlich kann man argumentieren, dass der Charakter der akademischen Ausbildung als **öffentliches Gut** das Sponsoringpotential der Unternehmen begrenzt. Die Exzellenz der Ausbildung und Lehre an einer Business School kommt eben allen dort Studierenden zu gute und damit auch allen Unternehmen, die diese Studierenden schließlich einstellen werden. Ein Sponsoringmotiv für ein einzelnes Unternehmen kann sich aber nur aus demjenigen Nutzen ergeben, den sich dieses Unternehmen auch exklusiv aneignen kann. Der beste und einzige Maßstab für diese Aneignung ist aber der Anteil an den Absolventen, den ein Unternehmen für sich rekrutieren kann.

Für die firmenspezifische **Forschung und Beratung** wiederum besteht die Problematik darin, dass für ein Unternehmen im betriebswirtschaftlichen Bereich nur selten ein derartig langfristiges Forschungsinteresse an einem bestimmten Thema besteht, so dass dies eine feste und langfristige Bindung an einen bestimmten Lehrstuhl motivieren könnte. Stattdessen wird eher eine **projektgebundene Zusammenarbeit** bevorzugt und zweifellos auch in großem Umfang an den Business Schools betrieben.

---

6 Sehr wohl lassen sich für Lehrinhalte in firmen- oder branchenspezifischen **Aufbau-Studiengängen** (z.B. Real Estate Management, Health Care) zusätzliche finanzielle Mittel gewinnen, denen dann aber auch zusätzliche Aufwendungen gegenüberstehen.

Insgesamt kommen wir zu dem Schluss, dass jenseits der oben ermittelten Beträge für „Personaldienstleistungen" und jenseits projektbezogener Mittel keine nennenswerte Zahlungsbereitschaft für die Grundausstattung einer Hochschule seitens der Unternehmen besteht, wenn die Zuwendungen an eine wirtschaftliche Gegenleistung geknüpft ist[7]. Gefragt ist also eine Zahlungsbereitschaft jenseits des „kommerziellen" Sponsoring.

3.3 Privatpersonen als Förderer und Stifter

Aus den Modellrechnungen und empirischen Beispielen hatten wir geschlossen, dass sich auch eine Business School nicht allein nach betriebswirtschaftlichen Gesichtspunkten und nach den Gesetzen des Marktes finanzieren lässt. Es bedarf offensichtlich auch einer gehörigen Portion Idealismus von Privatpersonen, die sich – jenseits der wirtschaftlich verwertbaren Gegenleistungen – als Stifter und Förderer oder als der Hochschule verbundene Alumni engagieren.

Die Möglichkeiten der Hochschulen, eine angemessene Gegenleistung für die von Privatpersonen gestifteten Mittel zu erbringen, sind sehr begrenzt. Natürlich können die Hochschulen ihren Stiftern und Förderern durch die Verleihung von akademischen Ehrengraden Anerkennung zukommen lassen. Ginge es den Stiftern aber allein darum, so muss festgehalten werden, dass der akademische Graumarkt hierfür sehr viel preiswertere Angebote bereithält. Man kommt also nicht umhin, den Stiftern im wesentlichen ideelle Motive zu attestieren: Sie schaffen sich ein Lebenswerk, das ihren Namen auf Dauer mit etwas Sinnvollem verbindet, sie fördern die Ideen der Gemeinnützigkeit oder der Begabtenförderung oder des Chancenausgleichs für sozial Benachteiligte.

Übrigens gelten diese Aussagen auch für die Business Schools in den USA, deren Finanzierung sich in weitaus höherem Maße auf die Stiftungen von Privatpersonen (u.a. Alumni) stützt als dem direkten finanziellen Engagement von Unternehmen. Die berühmten amerikanischen Business Schools tragen die Namen privater Stifterpersönlichkeiten (wie z.B. *Alfred P. **Sloan***, *Amos **Tuck*** (der Vater des Stifters *Edward Tuck*) oder *Joseph **Wharton***).

3.4 Die Finanzierungsstruktur von HHL und WHU

Abschließend vergleichen wir die in den Abbildungen 1 und 2 dargestellte Finanzierungsstruktur von HHL und WHU.

---

[7] Insbesondere von börsennotierten Aktiengesellschaften, die sich dem shareholder value verpflichtet fühlen, lassen sich größere Mittel für Hochschulen immer weniger mobilisieren.

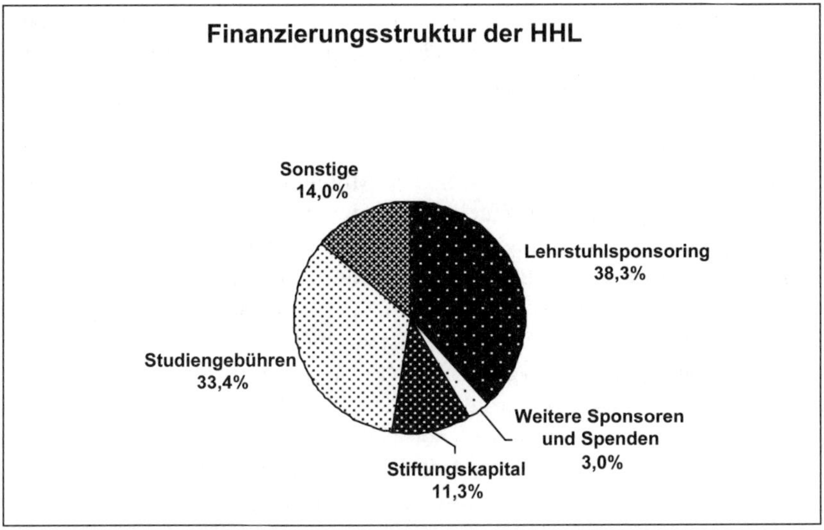

Abbildung 1: Finanzierungsstruktur der HHL (Quelle: HHL, vgl. Tabelle 2)

Den größten Anteil an der **Finanzierung der HHL** tragen mit 38,3 % die Lehrstuhlstifter. Dabei werden etwa zwei Drittel der Mittel direkt oder indirekt (über den Stifterverband für die Deutsche Wissenschaft) von Unternehmen (KfW, PwC, Sachsen LB, Sparkasse Leipzig und TUI) aufgebracht. Ein weiteres Drittel tragen Stiftungen bei (Dieter Schwarz-Stiftung, Körber-Stiftung, Leipziger Stiftung für Innovation und Technologietransfer). Die Studiengebühren folgen mit 33,4 % auf Platz zwei. Die sonstigen Mittel (14 %) setzen sich im wesentlichen aus Einnahmen des wirtschaftlichen Geschäftsbetriebs zusammen, die durch bezahlte Forschungs- und Beratungsprojekte generiert werden können. Gemeinsam mit den weiteren Sponsoren und Spenden handelt es sich also um private Gelder. Demgegenüber entstammt das Stiftungskapital der HHL einem Darlehen des Freistaats Sachsen.

Zur **Einordnung der Stiftungslehrstühle** ist festzuhalten, dass die auf diese Weise aufgebrachten Mittel zwar ebenfalls rein privater Herkunft sind. Allerdings kann hier nicht in derselben Weise von Gegenleistungen der Hochschule gesprochen werden. Einerseits werden die Mittel zu rund einem Drittel von Stiftungen ausgegeben, die weder in der Lage noch Willens sind, eine direkte wirtschaftliche Gegenleistung zu empfangen. Andererseits kommt der durch einen Stiftungslehrstuhl geschaffene Nutzen nur in dem Maße dem Stifterunternehmen zu Gute, in dem es diesem gelingt, Absolventen der Hochschule zu rekrutieren (vgl. Gliederungspunkt 3.2.2). Das aus diesem Sponsoringmotiv mobilisierbare Potential hatten wir im Falle der HHL auf maximal

900.000,- € beziffert, was einem Anteil am Gesamtbudget von rund 19 % oder ziemlich genau der Hälfte der von Lehrstuhlstiftern bereitgestellten Mittel entspricht (zum Teil ist dieses Potential jedoch schon im Anteil der „weiteren Sponsoren“ enthalten).

Insgesamt kann also für die HHL festgehalten werden, dass genau die Hälfte der Finanzierung aus rein privaten Mitteln bestritten werden kann, denen auch unmittelbare Gegenleistungen der Hochschule gegenüberstehen (Studiengebühren, Sponsoring und Kooperationsprojekte). Als „echter“ Sponsoringanteil der Lehrstuhlstiftungen dürften etwa weitere 10 % hinzugerechnet werden. Der staatliche Anteil schlägt mit 11,3 % des jährlichen Budgets und mit der mietfreien Nutzung von Gebäuden zu Buche.

In Abbildung 2 ist zum Vergleich die Finanzierungsstruktur der WHU dargestellt. Als Gemeinsamkeit ist festzuhalten, dass die Studiengebühren dieselbe Größenordnung aufweisen wie an der HHL. Das Stiftungskapital von HHL und WHU liegt von der absoluten Höhe her zwar in derselben Größenordnung (10 - 15 Mio. €). Da aber das Gesamtbudget der WHU um mehr als das Dreifache über dem der HHL liegt, ist der Anteil des Stiftungskapitals hier entsprechend geringer.

Anders als im Falle der HHL entstammt das Stiftungskapital der WHU nicht aus staatlichen, sondern aus privaten Mitteln des Namensgebers *Otto Beisheim*. Damit kann der WHU attestiert werden, dass sie die – nach unserer Kenntnis – einzige Hochschule in Deutschland ist, die keine nennenswerten staatlichen Hilfen in Anspruch nimmt, wenn man einmal von der Förderung einzelner Forschungsprojekte durch die Deutsche Forschungsgemeinschaft o.ä. absieht. Auch für die von der Stadt Vallendar zur Verfügung gestellten Gebäude zahlt die WHU eine – wenn auch günstige – Miete.

Aber auch für die WHU stellt sich die Frage, inwieweit es sich bei den aus privaten Quellen eingeworbenen Mitteln um Sponsoring im engeren Sinne handelt. Die Lehrstühle der WHU werden sowohl von Unternehmen (z.B. Deutsche Telekom und Dresdner Bank) als auch von Stiftungen (Otto Beisheim-, Dietmar Hopp-, Herbert Quandt- sowie Erich und Irmgard Schneider-Stiftung) getragen, so dass hier dieselben Einschätzungen wie für die HHL zutreffen.

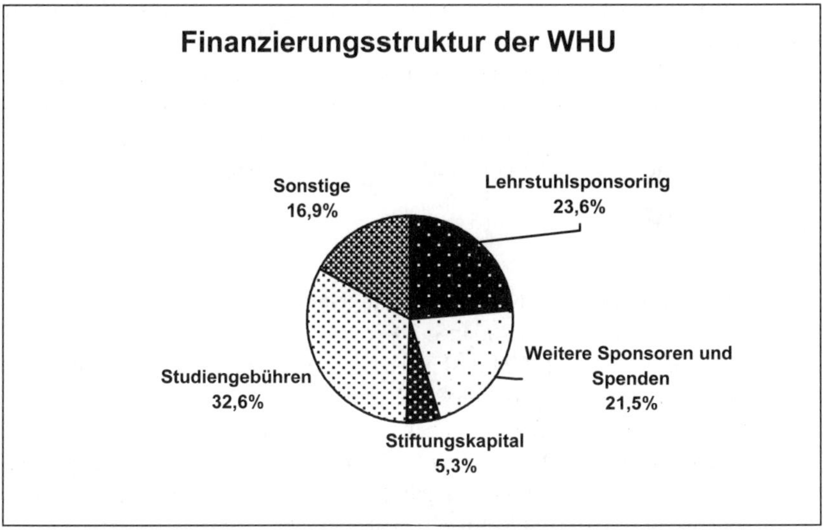

Abbildung 2: Finanzierungsstruktur der WHU (Quelle: WHU, vgl. Tabelle 2)

Bemerkenswert ist jedoch der Unterschied im Bereich der weiteren Sponsoren und Spenden, die an der WHU auf einen sehr viel höheren Anteil kommen als an der HHL. Die Ursache hierfür ist darin zu sehen, dass die WHU rund zehn Jahre länger besteht als die 1994 neu gegründete HHL. Dadurch sind einerseits die Unternehmenskontakte der WHU länger, zahlreicher und vor allem ertragreicher etabliert. Die Eintrittsschwelle für den Sponsorenkreis liegt an der HHL bei 10.000,- € und an der WHU eben schon bei 20.000,- €. Zu nennen ist auch der Beitrag der von den Alumni der WHU aufgebrachten Mittel z. B. im Rahmen der Spendenkampagne „1000 Gesichter" oder in der Übernahme von Patenschaften für die Bestuhlung eines neuen Hörsaalzentrums. Noch bedeutender ist sicherlich die Rolle der Alumni als Türöffner in den Entscheidungsebenen der Unternehmen. Auch in dieser Hinsicht sind die Alumni der WHU denen der HHL naturgemäß um zehn Jahre voraus.

4. Fazit

Selbst im Fach BWL ist die vollständige Kommerzialisierung einer Business School eine Illusion, wenn damit gemeint ist, dass die Hochschule sich ausschließlich aus dem marktmäßigen Verkauf ihrer „Produkte und Personaldienstleistungen" (gut vorbereitete Absolventen und praxisnahe Forschungsergebnisse) finanzieren müsste. Aus Studiengebühren und „reinem Sponsoring“ von Unternehmen (im Sinne eines Leistungsaustauschs) wird sich eine Business School nach unseren Schätzungen zu 50-60 % finanzieren lassen.

Dennoch können sich Business Schools natürlich vollständig aus privaten Mitteln (von Unternehmen und Stifterpersönlichkeiten) finanzieren. Sie bleiben aber auf mäzenatisch motivierte Spenden (ggf. von Alumni) und auf „gegenleistungsfreie“ Zuwendungen von Stiftungen angewiesen.

Literatur

Barthold, H.-M./Spoun, S. (2004): Private Unis im Karrieretest, in: Hochschulanzeiger, Nr. 68/2004, S. 80

Statistisches Bundesamt (2004a): Fachserie 11, Reihe 4.3.2, Tabelle 1.3.3, S. 33; Angaben für das Jahr 2002

Statistisches Bundesamt (2004b): Fachserie 11, Reihe 4.3.1, Nichtmonetäre hochschulstatistische Kennzahlen, Tabelle 5, S. 114; Bezugsjahr: 2002

Statistisches Bundesamt (2004c): Fachserie 11, Reihe 4.3.1, Nichtmonetäre hochschulstatistische Kennzahlen, Tabelle 6, S. 250

Statistisches Bundesamt (2004d): Fachserie 11, Reihe 4.3.1, Nichtmonetäre hochschulstatistische Kennzahlen, Tabelle 6, S. 317

Bildungssponsoring in Lernenden Regionen

Rolf Prudent
Lernende Region Tölzer Land gGmbH
Bad Tölz

1. Einleitung

Wie passen Bildung und Sponsoring zusammen? Wann ist das Umfeld von Lebenslangem Lernen attraktiv genug, damit Sponsoren hier investieren? Welchen Nutzen können sie aus einem finanziellen Engagement bei Bildungseinrichtungen oder einzelnen Bildungsveranstaltungen ziehen? Und umgekehrt: Welche Erfahrungen haben die Lernenden Regionen mit Sponsoren gemacht?

2. Lebenslanges Lernen als Umfeld

Tut sich nichts, ist die schmerzliche Wissenslücke für 2010 programmiert: Dann werden 80 % der Arbeitnehmerinnen und Arbeitnehmer eine Qualifikation haben, die älter ist als zehn Jahre. Gleichzeitig werden jedoch 80 % der Technologien jünger sein als zehn Jahre. Nur wer sein Wissen aktualisieren kann, wird Schritt halten und neue Chancen wirklich nutzen. Andernfalls drohen Arbeitslosigkeit und soziale Ausgrenzung.

In einer Wissensgesellschaft, noch dazu mit einer alternden Bevölkerung wie in Deutschland, ist es daher notwendig, die Rahmenbedingungen für Kompetenzentwicklung und Qualifikationserwerb zu verbessern und den Menschen **Lebenslanges Lernen**[1] zu ermöglichen. Gelingt Lebenslanges Lernen, hilft es überdies, dem demographischen Wandel zu begegnen oder – besser noch – ihn aktiv zu gestalten und gesellschaftliche Teilhabe auch für Ältere zu sichern.

Die bildungspolitische wie auch die individuelle Herausforderung besteht darin, einen kontinuierlichen Lernprozess in Gang zu bringen und zu halten, der vom kindlichen übers schulische ins nachschulische Lernen übergeht und sich nicht mehr in eigenständige, in sich abgeschlossenen Lern- und Lebensphasen aufteilt. Dabei gehören formales Lernen in Aus-, Fort- und Weiterbildung und informelles Alltags- und Erfahrungslernen in Familienarbeit, Ehrenamt, Sport, Hobby u.a. zusammen. Um diese **neue Lernkultur**, die formale und informelle Bildung gleichermaßen berücksichtigt, zu etablieren, müssen außerhalb traditioneller Arrangements wie Schule und Klassenraum neue Unterstützungsstrukturen und Dienstleistungen für Lebenslanges Lernen aufgebaut werden. Dies setzt Kooperationen aller relevanten Akteure aus Bildung, Arbeitsleben und Gesellschaft voraus. Der Staat allein kann Lebenslanges

---

[1] Ungezwungener und daher motivierender in der Umsetzung klingt „lebensbegleitendes Lernen“, aber im vorliegenden fachlichen Zusammenhang soll es bei der Begrifflichkeit „Lebenslanges Lernen“ bleiben.

Lernen in freien Bildungsmärkten nicht durchsetzen, vielmehr braucht er aktive Partner. Umso wichtiger ist „moral suasion" (*Uckel* 2004), Überzeugungsarbeit mit Hilfe guter Beispiele.

Nachahmenswerte Beispiele und gute Erfahrungen sind die besten Argumente, um Bildung als fortdauernden Prozess auch im Bewusstsein der Bürgerinnen und Bürger zu verankern und bei ihnen mehr Eigeninitiative und Bereitschaft zu erhöhter Beteiligung an den Bildungskosten zu wecken. Dazu – und so schließt sich der Kreis – sind attraktive, bedarfsgerechte Angebote in leicht zugänglichen, kooperativen Bildungsstrukturen nötig.

Deutschland hat bei der Entwicklung von Lebenslangem Lernen im internationalen Vergleich Nachholbedarf. Das ist u.a. an den Ergebnissen der PISA-Studien, der stagnierenden Weiterbildungsbeteiligung (vgl. *Bundesministerium für Bildung und Forschung* 2004) und daran abzulesen, dass in manchen Regionen mehr als 15 % der Schulabgänger keinen Hauptschulabschluss erlangt haben. Bund und Länder haben sich deshalb im Forum Bildung und im **Aktionsprogramm Lebenslanges Lernen 2001** auf gemeinsame Ansätze und Maßnahmen verständigt. In diesem Rahmen ist das Programm „Lernende Regionen – Förderung von Netzwerken" die größte gemeinsame Initiative zur strukturellen Entwicklung Lebenslangen Lernens. Mit einer Kofinanzierung aus dem Europäischen Sozialfonds werden bis 2007 rund 118 Mio. € für die Lernenden Regionen bereitgestellt. Gefördert werden modellhafte regionale Bildungsnetzwerke, die ein maßgeschneidertes Beratungs-, Lern- und Weiterbildungsangebot aufbauen und von privaten und öffentlichen Institutionen sowie Unternehmen getragen und dauerhaft finanziert werden. Das Programm gibt Impulse zur regionalen Zusammenarbeit über institutionelle Grenzen hinweg, um den Zugang zu Bildungsangeboten zu erleichtern und dadurch alle Bevölkerungsgruppen einzubeziehen.

Die **Lernenden Regionen** sehen ihre Aufgabe darin, neue anregende Lehr- und Lernarrangements dauerhaft zu verwirklichen und dadurch mehr Menschen für Lebenslanges Lernen zu gewinnen. Der Ansatz der Lernenden Region Tölzer Land lautet dementsprechend: „Lernen mit Freude bringt Vorsprung durch Können". Dies setzt konsequente Kundenorientierung voraus. Nur dann können die Lernenden Regionen auch die wirtschaftliche Herausforderung meistern: Sie brauchen steigende Einnahmen aus Teilnahmebeiträgen der Bildungsinteressierten und aus Dienstleistungen für die Netzwerkpartner, um sich nach dem Förderprogramm selber zu finanzieren. Deshalb reift in den Lernenden Regionen ein neues, umfassendes Verständnis von Bildungsmarketing heran. In diesem Zusammenhang spielt Sponsoring eine derzeit noch eher bescheidene, künftig aber zunehmende Rolle.

3. Lernende Region als Unternehmen

Gegenwärtig werden 71 Lernende Regionen gefördert. In vielen weiteren Regionen hat das Programm Initiativen und Planungen angeregt, zum Beispiel indem Lernende Regionen externe Kooperationspartner einbinden (Know-how-Transfer). Da Bund und Länder 2004 in ihrer gemeinsamen Strategie für Lebenslanges Lernen in der Bundesrepublik Deutschland (vgl. *BLK* 2004) die Vernetzung als einen zentralen Entwicklungsschwerpunkt für Lebenslanges Lernen benannt haben, werden die Lernenden Regionen auch in Zukunft von besonderem Interesses für die Bildungspolitik sein.

Regionale Netzwerke für Lebenslanges Lernen sind gut beraten, wenn sie ihre Aufgabe in unternehmerischem Geist angehen – vergleichbar Firmengründern. Sie überleben, wenn die Partner und Kunden in der Region die Netzwerkleistungen brauchen und bezahlen. Das Programm „Lernende Regionen – Förderung von Netzwerken“ stellt lediglich eine zeitlich begrenzte Anschubfinanzierung zur Verfügung. Bereits während dieser Zeit müssen die Netzwerke einen Teil ihrer Ausgaben aus eigenen Mitteln und Einnahmen finanzieren. Darüber hinaus müssen sie für die Zeit nach Auslaufen der Anschubfinanzierung von Bund und Europäischem Sozialfonds Strategien für die marktorientierte Selbstfinanzierung durch Einnahmen aus diversen Quellen entwickeln. Eine davon kann Sponsoring in Verbindung mit Bildungsveranstaltungen sein.

Das bedeutet: Lebenslanges Lernen als Aufgabe und Chance muss so populär werden, dass Sponsoren sich einen Vorteil davon versprechen, wenn sie sich in diesem Umfeld engagieren. Ein Beispiel aus der Lernenden Region Tölzer Land: Ihr Lernfest-Sponsor E.ON Bayern AG nutzte mit seiner Beteiligung das Image und die hohe Publizität des Lernfestes 2004 im Kloster Benediktbeuern (monatelange Presseberichterstattung, über 30.000 Besucherinnen und Besucher) und verband damit zwei Botschaften – die eine („Wir sind ein lernendes Unternehmen“) nach innen an die Mitarbeiterinnen und Mitarbeiter gerichtet und die andere („Wir sind ein regionales kundennahes Unternehmen“) auf den Markt gemünzt (vgl. Gliederungspunkt 3.3.1).

3.1 Der Zugang zu den Lernenden Regionen: Wegweiser für Sponsoren

Für die Sponsoren sind die Lernenden Regionen in Aufbau und Funktion zunächst schwer durchschaubar: Wer sind die Akteure? Wer ist der passende Ansprechpartner? Wie professionell wird gearbeitet? Es geht schließlich aus Sicht der Sponsoren nicht um Mäzenatentum und Spenden, sondern um Leistung und Gegenleistung.

Zum Verständnis der Lernenden Regionen ist wichtig: Sie weisen entsprechend ihrer regionalen Strategie ein breites Spektrum an Organisationsformen und Dienstleistungen auf (vgl. Abbildung 1). Das Netzwerkmanagement für die Lernende Region ist meistens im Hauptprojekt angesiedelt, das zugleich zentrale Beratungsangebote aufbaut und Marketing betreibt. Verbunden mit dem Hauptprojekt sind in der Regel mehrere Teilprojekte, die zu einzelnen spezifischen Themen- und Geschäftsfeldern Bildungsdienstleistungen entwickeln und anbieten. Durchschnittlich vier bis sechs Personen pro Netzwerk leisten die hierfür nötige fachliche und organisatorische Arbeit; darüber hinaus werden weitere Personen zeitweilig eingebunden.

Träger von Geschäftsstelle und Netzwerkleitung ist in vielen Fällen eine Interessengemeinschaft, ein eingetragener Verein oder eine GmbH. Die Mitglieder in diesen Verbünden stammen aus unterschiedlichen gesellschaftlichen Bereichen. Dazu gehören insbesondere Schulen, Hochschulen, Einrichtungen der Erwachsenenbildung, die Arbeitsverwaltung, Kommunen und Kreise, Wirtschaftsförderungsgesellschaften, Unternehmen, Kammern sowie Arbeitnehmervertretungen. Ihre Zusammenarbeit orientiert sich mittel- und langfristig an Zielen des Gemeinwohls und ist – bei entsprechender Zusammensetzung der Partner – einer Public Private Partnership vergleichbar: Öffentliche Hand und Privatwirtschaft arbeiten auf vertraglicher Basis zur Erfüllung von Aufgaben im allgemeinen Interesse zusammen. Die verbindende Erwartung der Netzwerkpartner sind Größenvorteile dank der Zusammenarbeit. Zum Beispiel:

- Ein gemeinsames Bildungsmarketing wirbt für die Chancen qualifizierter Aus- und Weiterbildung, weckt mehr Aufmerksamkeit und führt zu einer höheren Bildungsbeteiligung in der Region.
- Eine trägerübergreifende Beratung und Qualitätsentwicklung gibt Interessierten persönliche Orientierungshilfe, motiviert sie und führt sie in das Netzwerk hinein.
- Die Anerkennung informeller Kompetenzen und die Verknüpfung von Lernorten fällt leichter über ein Netzwerk, das Vertrauen und Qualitätsbewusstsein schafft.
- Zentrale Lernmanagementsysteme, die über das Netzwerk bereitgestellt werden, ermöglichen virtuelles Lernen an unterschiedlichen Orten (über das Netzwerk werden sie auch für kleinere Anbieter erschwinglich).
- Gegenseitige Unterstützung und Erfahrungsaustausch können bei der Organisationsentwicklung Kosten sparen und die Qualität von Bildungsangeboten steigern.

95 % der vorliegenden **Angebote** in den Lernenden Regionen lassen sich in drei Produktklassen beschreiben:

- **Information und Beratung** mit Bildungsdatenbanken (Transparenz der Veranstaltungen und Kurse) sowie Bildungs- und Kompetenzberatung,
- **Bildungsprodukte** als größter Bereich mit der ganzen Wertschöpfungskette von der Konzeption und Durchführung einer (Weiter-)Bildungsmaßnahme bis zur Organisation von Bildungsveranstaltungen, Lernfesten, Kongressen, Messen sowie dem Verkauf unterstützender (Lehr-)Materialien;
- **Netzwerkmanagement** mit Koordination und Serviceleistungen, Qualitätsmanagement und Zertifizierung sowie Marketing.

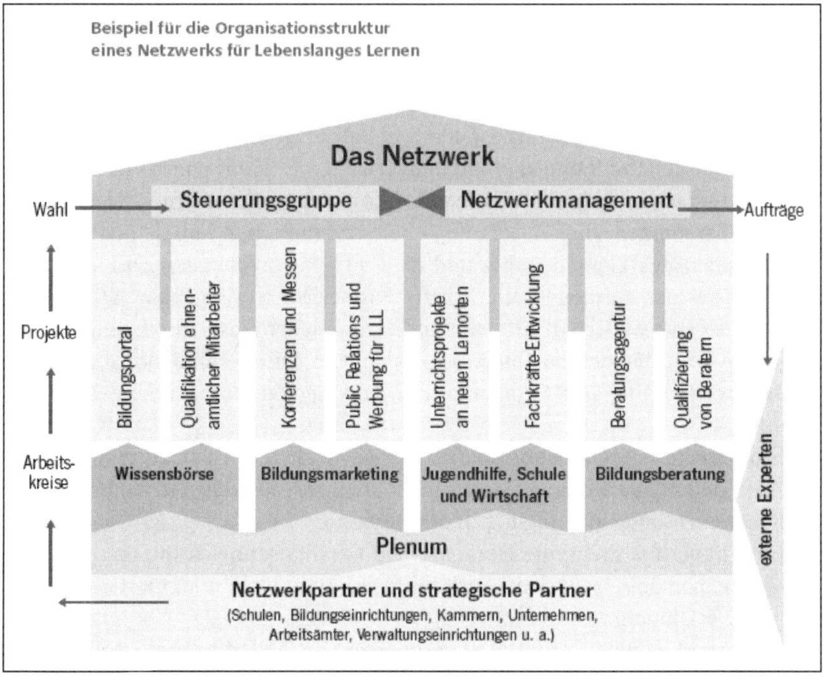

Abbildung 1: Beispiel für die Organisationsstruktur eines Netzwerkes für Lebenslanges Lernen (Quelle: *BMBF Programmdarstellung*)

3.2 Bildungsmarketing in Entwicklung

Befragungen in den Lernenden Regionen haben gezeigt, dass noch Entwicklungsbedarf in Marktforschung, Marktanalyse und Kundengewinnung sowohl bei den Netzwerkleitungen als auch bei den Partnern besteht. Dies ist umso wichtiger, als die Leistungen der Lernenden Regionen vielfach erklärungsbedürftig sind und sich – anders als beispielsweise im Tier- und Naturschutz – bisher kaum emotional aufladen lassen im Sinne der traditionellen Public-Relations-Regel „Tue Gutes und rede darüber".

Der Nachholbedarf wird nicht zuletzt deutlich an der regen Beteiligung von den Lernenden Regionen an den bundesweiten Marketingtagungen der Lernenden Region Tölzer Land zu den Themen „Lernende Region – der Weg zu einer Marke" (2003), „Begeisterte Kunden in Lernenden Regionen" (2003) und „Wirkungsvolles Zielgruppenmarketing" (2005). Ziel ist jeweils, in der Wirtschaft übliche Denkweisen wie Kundenorientierung und die dort gebräuchlichen Instrumente sinnvoll in den Bildungsmarkt zu übertragen – Sponsoring eingeschlossen.

Damit sich Lebenslanges Lernen durchsetzen kann, müssen die Bildungsanbieter die Lernenden als Kundinnen und Kunden verstehen. Deren Mobilisierung beginnt mit den Information über die Angebote: Je klarer – das zeigt die Bildungsforschung – der Überblick ist, desto größer ist die Bereitschaft der Bildungskunden, an Weiterbildungsveranstaltungen teilzunehmen.

Die Zielgruppen der Lernenden Regionen sind sehr unterschiedlich. Am häufigsten – in 82,2 % aller Netzwerke – werden Schüler, Auszubildende und Berufsschüler genannt, da sich viele Angebote auf den Übergang Schule/ Beruf beziehen und Unterstützung bei der Berufswahlorientierung leisten. 80,8 % der Lernenden Regionen geben Aus- und Weiterbildungseinrichtungen als Zielgruppe an; ihnen bieten sie Beratung und Service. Unternehmen und bestimmte Berufsgruppen bilden mit jeweils 78,1 % die nächstgrößere Zielgruppe; hier spiegeln sich Maßnahmen der beruflichen und betrieblichen Weiterbildung wider. Darüber hinaus gibt es diverse weitere Zielgruppen, darunter in rund einem Drittel der Netzwerke Migranten, Benachteiligte und Bildungsferne.

Als Zielgruppe zu sehen sind natürlich auch Sponsoren. In dem Maße, wie es einer Lernenden Region gelingt, ihr Markenprofil zu schärfen und prominente Multiplikatoren („Kronzeugen") zu aktivieren, werden sie auch für Sponsoren interessant. Doch nicht jeder Sponsor eines Bundesligavereins oder Rennstalls kommt auch als Partner für Bildungseinrichtungen in Frage. Voraussetzung für ein Zusammengehen ist, dass Bildung und andere Aktivitäten der Lernenden Region mit den aktuellen Kommunikationszielen des Sponsors zusammen passen. Als Beispiel wäre hier E.ON und das Lernfest zu nennen: Die gemeinsame Plattform für den gegenseitigen Imagetransfer basierte auf dem Lernfest-Ziel, mehr Energie fürs Lernen zu mobilisieren, und auf der E.ON-Losung, mit Energie die Regionalentwicklung voranzutreiben.

3.3. Erfolgsfaktoren und Erfahrungen

Sponsoring im Sinne eines exakt definierten Leistungsaustausches findet in den Lernenden Regionen bisher sporadisch und nur in geringem Umfange statt. Es konzentriert sich auf Lernfeste, Bildungsmessen und Webportale.

Wenn es um das Einwerben von Geld geht (Fundraising), so bewegen sich die Lernenden Regionen in einem von Verdrängungswettbewerb geprägten Umfeld. Während das Mittelaufkommen kaum steigt, treten immer mehr Wettbewerber auf – zum großen Teil auch Einrichtungen, die Kürzungen bei öffentlichen Zuwendungen durch die Akquisition privater Mittel ausgleichen wollen. Deshalb wird es immer schwieriger, Geldleistungen zu erzielen, insbesondere im Umfeld von Projekten, die nicht auf Mediadaten verweisen können. Geldwerte Leistungen, Lobbying und inhaltliche Partnerschaften können jedoch ebenfalls von großem Wert sein und zu dauerhaften Partnerschaften zur Förderung Lebenslangen Lernens führen. In jedem Fall müssen sich die Lernenden Regionen im Wettbewerb um Sponsorenleistungen als zu bevorzugende Partner profilieren. Dazu gehören die Klärung, Konkretisierung und Professionalisierung des geplanten Sponsorings, die in den folgenden drei Absätzen erläutert werden.

Zum Stichwort **Klärung:** Wer Sponsoring sagt, muss auch Sponsoring meinen – im Gegensatz zu Spendensammeln. Anders als uneigennützige Mäzene und Spender, die emotionalen oder mildtätigen Impulsen folgen, erwarten Sponsoren eine Kommunikationsleistung, zumindest in Form eines Imagegewinns in der Öffentlichkeit allgemein oder speziell in ihren Absatz- oder Personalmärkten. Jedenfalls kommt es auf klare und überzeugende Konzepte und Zeitpläne an, bei denen der unmittelbare Gewinn für beide Seiten erkennbar sein muss. Die Sponsoren sollten auf Bildungsmessen und Lernfesten die Möglichkeiten erhalten, mit eigenen Ständen vertreten zu sein.

Zum Stichwort **Konkretisierung:** Im Zusammenhang mit publikumswirksamen Großveranstaltungen wie Lernfesten ist die Kommunikationsleistung leichter zu realisieren als durch die kontinuierliche Arbeit in einem erklärungsbedürftigen Bildungsnetzwerk. Viele Lernende Regionen sind schon auf dem richtigen Weg. Sie veranstalten Lernfeste und/oder Bildungsmessen, um alle Bevölkerungsschichten für Lernen und Weiterbildung zu mobilisieren. Lernfeste sind dank der Publikumsresonanz mittlerweile ein zentrales Instrument des Bildungsmarketing. 2004 fanden in Deutschland schätzungsweise 25 Lernfeste statt, die Hälfte davon in den Lernenden Regionen.

Zum Stichwort **Professionalisierung:** Was bisher nicht alle Lernenden Regionen leisten können, und das ist für Sponsoren wichtig, ist eine exakt umrissene Kommunikationsleistungen in bestimmten Zielgruppen zu benennen, z.B. in Form von Werbeträgern und Reichweiten (etwa Leser einer Zeitung in der Region). Das stärkt beim Sponsor Vertrauen in die professionelle Vorgehensweise des Bildungspartners, zumal ansonsten die Imagewirkung einer einzelnen Sponsoringmaßnahme kaum messbar ist. Wenn ein potenzieller Sponsorgeber identifiziert ist, sollte er durch ein prominentes Mitglied des Netzwerks angesprochen werden. Bei der Suche nach geeigneten Partnern können Werbeagenturen, Wirtschaftsförderer und das Standortmarketing Tipps geben.

Die folgenden beispielhaften Berichte aus den Lernenden Regionen illustrieren das Spektrum großer Bildungsveranstaltungen.

3.3.1 Lernende Region Tölzer Land

Das Lernfest im Kloster Benediktbeuern, im Mai 2004 bereits das 4. seit 1998, war mit seinem innovativen Ansatz – Lernen durch Mitmachen, Ausprobieren, Selbsterfahrung – die Wurzel der Lernenden Region Tölzer Land (vgl. Abbildung 2). Im Jahre 2004 stand es unter dem Motto „Mehr Können bringt Punkte!“ und lockte über 30.000 Besucher an. Neben der erfolgreichen PR-Arbeit, einer idealen Örtlichkeit und einer guten Organisation trugen Testimonials aus der Region zum Gelingen bei. Als Sponsoren beteiligten sich mehrere regionale Unternehmen aus den Branchen Energie, Medizin, Finanzen, Nahrungs- und Genussmittel sowie Hightech. Ähnlich wie bei E.ON war es auch mit allen anderen Sponsoren möglich, eine gemeinsame Plattform zu erarbeiten.

Die kommunikative Lernfest-Präsenz der Sponsoren wurde nicht nur auf die übliche Weise (Nennung in 80.000 Programmheften und auf 400 Plakaten) deutlich. Hinweise auf Sponsoren fanden sich zudem in der Presse. E.ON nutzte das Lernfest-Engagement des weiteren in der eigenen Kundenkommunikation: Verbunden mit einem Gewinnspiel veröffentlichte das Unternehmen einen Lernfestbericht in seinem Info-Flyer mit einer Auflage von 1,7 Millionen Exemplaren in München und Oberbayern. Ebenso wichtig für die Lernende Region Tölzer Land war die von dem Unternehmen kostenfrei gestellte mobile Bühne.

Abbildung 2: Arkadenhof des Klosters Benediktbeuern als idealer Ort fürs Lernfest

3.3.2 Lernende Metropolregion Hamburg

Im November 2004 fand im Freihafen in Hamburg die „EDU 21 – Die Messe für Bildung und Karriere im Norden“ statt. Das Messekonzept zielte darauf, Aussteller nach Branchen zu bündeln. Als Highlights kamen „Berufe, die keiner kennt“ hinzu, außerdem die ganzheitliche Abbildung von Berufsfeldern im Sinne des Lebenslangen Lernens und ein Rahmenprogramm. Teilgenommen haben über 100 Anbieter aus Aus-, Fort- und Weiterbildung der gesamten Metropolregion sowie 10.000 Bildungsinteressierte. Vorangegangen war eine intensive Werbekampagne mit Direktmailings an Betriebe und Weiterbildner, die Verteilung von Flyern und Postern. Den größten Werbeeffekt erzielten Plakate und Flyer in der Metropolregion Hamburg: 38 % der befragten Erwachsenen wurden dadurch auf die EDU 21 aufmerksam (vgl. Abbildung 3). Als weiteres werbewirksames Medium erwiesen sich die regionalen Tageszeitungen: Ein Viertel der Weiterbildungsinteressierten kam aufgrund der Vorab-Berichterstattung in Hamburger Abendblatt, Morgenpost und regionalen Stadtteilzeitungen.

Strategische Unterstützer waren die Vereinigung der Unternehmensverbände in Hamburg und Schleswig-Holstein e.V. und der Deutsche Gewerkschaftsbund (DGB) sowie die Sponsoringpartner NDR, Bluenoise (Veranstaltungstechnik), bühnenwerk (Lehrwerkstatt für Veranstaltungstechnik), die Hanseatische Akademie der Medien, die Qualifizierungsgesellschaft einfal GmbH und die Agentur für Audiodesign Soundcom. Die „EDU 21“ soll mit Ausweitung des Sponsorings auch im nächsten Jahr stattfinden. Angestrebt wird eine internationale Ausrichtung.

Abbildung 3: Bildung für das 21. Jahrhundert – die EDU 21 in Hamburg

3.3.3 Lernende Region Marzahn-Hellersdorf

Für die „Braindays 2001 – ein Lernfest für Jung und Alt!“ im Einkaufszentrum „Helle Mitte“ in Marzahn-Hellersdorf wurden Partner gesucht, welche die Initiative in einem der Handlungsfelder der Lernenden Region übernehmen und sich mit innovativen Produkten, Dienstleistungen oder Angeboten vor Ort engagieren wollen. Diese so genannten Initiativpartner erwarben das Recht, mit ihren Firmenlogos prominent und gleichberechtigt in allen Publikationen des Lernfestes aufgeführt zu werden. Eine direkte Produktwerbung und eine die Gemeinnützigkeit des Gesamtprojekts gefährdende Präsentation wurde dabei aber ausgeschlossen. Darüber hinaus wurden weitere Formen von Partnerschaften angeboten wie:

- Entwicklungspartnerschaften mit einem Geldbeitrag von 5.000 DM und den übrigen Vereinbarungen wie bei Initiativpartnern,
- Lernpartnerschaften, bei denen kein Geldbeitrag, jedoch ein inhaltlicher Beitrag (z. B. Bereitstellung von Computern und Betreuern) zu leisten war. Als Gegenleistung war das Logo des Unternehmens sichtbar bei Veranstaltungen und 2 Personen wurden als „VIP" behandelt mit namentlicher Nennung bei der Eröffnung und besonderer Bewirtung,
- WildCards, bei denen ebenfalls kein Geldbetrag, sondern Lobbyarbeit anfiel und 6 Personen als „VIP" behandelt wurden (sonst wie Initiativpartner).

Für die Braindays 2001 konnten 15, teilweise überregional aktive Sponsoren gewonnen werden. Das Lernfest zog 6.000 Besucher an (vgl. Abbildung 4).

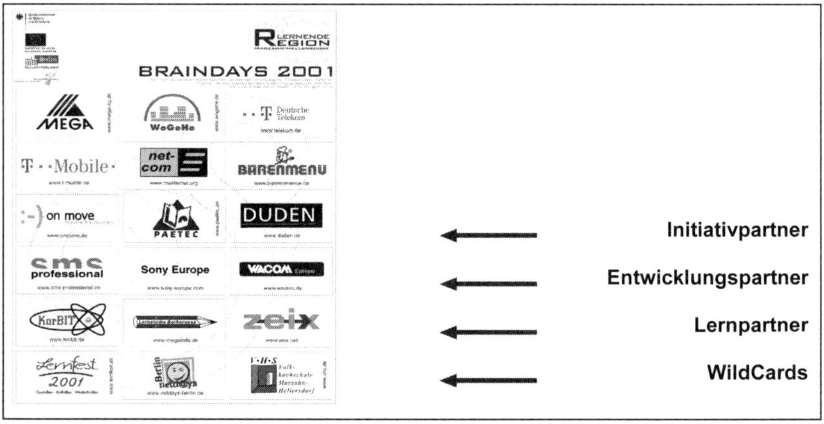

Abbildung 4: Struktur der Braindays-Sponsoren in Berlin

2004 wurde das Konzept in abgewandelter Form weitergeführt: die Braindays wurden mobil mit einem Truck an Schulen durchgeführt. Der Truck wurde gesponsert, darüber hinaus gab es weitere Entwicklungs- und Lernpartnerschaften. Durch das veränderte Konzept wurden nicht mehr so viele Teilnehmer angesprochen, entsprechend ging das Sponsoring zurück.

3.3.4 Lernende Region Mainz

Die Projektleitung der **Lernenden Region Mainz**, angesiedelt im Zentrum für wissenschaftliche Weiterbildung an der Johannes-Gutenberg-Universität

Mainz, konnte die Stadtwerke Mainz als Sponsor für den Bildungsatlas und den Weiterbildungstag gewinnen. Für die Logo-Integration, Bannerwerbung und Nennung in den Veröffentlichungen wurde ein vierstelliger Betrag gezahlt. Die Universität Mainz hat bereits Erfahrungen mit Sponsoring. Für die Sponsorensuche wurde ein Flyer mit wesentlichen Daten zur Veranstaltung erstellt. Im Vorfeld wurde mit dem Citymanager und einer Werbeagentur über mögliche Sponsoren gesprochen. Drei potentielle Sponsoren wurden schließlich über den Präsidenten der Universität angesprochen, von denen einer zusagte. Zukünftig soll das Sponsoring ausgeweitet werden. Weitere Möglichkeiten werden im Sponsoring für die Seniorenbildung gesehen, wo die Gesundheitswirtschaft angesprochen werden soll.

Als Sponsoren des Bildungsportals der **Lernenden Region Main-Kinzig+Spessart** treten die Sparkassen in Hanau und Gelnhausen sowie das Main-Echo in Aschaffenburg auf (http://www.bildungsportal-main-kinzig-spessart.de/). Die Basis bildet eine mehrjährige Partnerschaft, die der Lernenden Region – unabhängig von den Besucherzahlen – rund 15.000 € für die Werbebanner einbringt. Darüber hinaus wird die Bildungsmesse „Lernwelten 2005“ von der Frankfurter Rundschau und dem Hanauer Anzeiger gesponsert.

3.4 Restriktionen für das Sponsoring

Wie lassen sich Einnahmen aus Sponsoring förderrechtlich, steuerlich und wettbewerbsrechtlich einordnen? Das kann für die Lernenden Regionen zu einer Gratwanderung werden. Die Förderung aus dem Programm „Lernende Regionen – Förderung von Netzwerken“ umfasst mit einem Jahr Planungs- und vier Jahren Durchführungsphase maximal fünf Jahre. Eigenbeteiligungen der Netzwerke sind in Höhe von gemittelt 30 % erforderlich. Diese Eigenbeteiligung kann durch Eigenmittel, wie z. B. Einlagen und Mitgliedsbeiträge der Partner, der Zuwendungsempfänger und Drittmittel (zweckgebundene Zuschüsse und Einnahmen) aufgebracht werden. Die Drittmittel können aus Teilnahme- und Eintrittsgebühren, Spenden und Zuschüssen der Bundesagentur für Arbeit bestehen. Außerhalb der geförderten Finanzierungspläne haben sich die Lernenden Regionen weitere Mittel und geldwerte Leistungen (zum Teil auch in Form von Sponsoring) beschafft.

In ihrer Rolle als Partner von Sponsoren unterliegen die Lernenden Regionen allerdings bestimmten Restriktionen, da sie öffentliche Gelder einsetzen und staatliche Akteure als Netzwerkpartner haben. Diese Konstellation wird auch bei der zukünftigen Finanzierung der Lernenden Regionen von Bedeutung sein, wobei steuerliche, förderrechtliche und wettbewerbsrechtliche Gesichtspunkte zu beachten sind:

- **Steuerlich:** Ein großer Teil der Lernenden Regionen wird von eingetragenen Vereinen und in einzelnen Fällen von einer gemeinnützigen GmbH betrieben. Diese müssen darauf achten, dass Einnahmen von Sponsoren nicht ihre steuerliche Gemeinnützigkeit gefährden. Denn die Einnahmen aus Sponsoring gelten wie aus der Vermietung von Werbeflächen als Einnahmen aus dem Verkauf von Leistungen und sind in der Regel steuerpflichtig. Bei Sponsoring in großem Umfang empfiehlt es sich, eine Steuerberatung einzuschalten und gegebenenfalls die Organisationsstrukturen anzupassen (vgl. *Kiel* 2004, S. 8 ff.). Anders ist es bei Spenden, Mäzenatentum und anderen Unterstützungen, (vorausgesetzt, die Abgrenzung ist deutlich) und bei der Duldung von Anzeigen, in denen der Sponsorbetrieb auf die Sponsoring-Kooperation aufmerksam macht und mit ihr wirbt; sie sind keine Gegenleistung im Sinne des Steuerrechts (*Bundesministerium für Umwelt, Naturschutz und Reaktorsicherheit* 2004, S. 76 ff.).
- **Förderrechtlich**: Drittmittel aus Sponsoring, die nach der Bewilligung der öffentlichen Förderung für das Vorhaben im geförderten Finanzierungsrahmen eingeworben werden, führen in der Regel zu einer entsprechenden Senkung der öffentlichen Fördermittel. Daher gibt es im geförderten Finanzierungsrahmen wenig Anreize für die Lernenden Regionen, außerplanmäßig finanzielle Einnahmen zu erzielen. Auf der anderen Seite sind Sponsoringeinnahmen für die Lernenden Regionen nicht dauerhaft planbar. Aus diesen Gründen findet Sponsoring überwiegend außerhalb der geförderten Finanzierungspläne statt – oft in Form von punktuellem Austausch geldwerter Leistungen wie Sachmitteln, Räumen, Verabredungen zu Informations- und Lobbyarbeit.
- **Wettbewerbsrechtlich**: Öffentliche Mittel sind wirtschaftlich und zweckgebunden einzusetzen. Sie dürfen nicht zu einer Wettbewerbsverzerrung und Korruption führen. Dieses Prinzip gilt auch für das Sponsoring öffentlich geförderter Einrichtungen: Schon der Anschein einer fremden Einflussnahme muss verhindert und die Wettbewerbsgleichheit potenzieller Sponsoren gewahrt bleiben. Doch ist ein Missbrauchsrisiko im Rahmen des Programms „Lernende Regionen – Förderung von Netzwerken“ nicht zu befürchten, da die Lernenden Regionen beim Beantragen der Projektförderung Arbeits- und Finanzierungspläne transparent machen müssen. Im Übrigen gelten die Grundsätze der öffentlichen Ausschreibung.

Die Richtlinie der Bundesregierung zur Korruptionsprävention und die allgemeine Verwaltungsvorschrift zur Förderung von Tätigkeiten des Bundes durch Leistungen Privater (PrivSponsorVwV) finden in der Projektförderung zwar keine Anwendung, sie liefern aber wichtige Hinweise für die grundsätzliche Gestaltung des Sponsorings öffentlicher Einrichtungen. Zum Teil gelten in den Einrichtungen, die in den Bildungsnetzwerken kooperieren, ähnliche Bestimmungen für die Transparenz des Sponsorings und die Überprüfung, ob die Ausübung der Kernaufgaben durch ein Sponsoring gefährdet wird oder nicht. Teilweise verfügen die Institutionen auch über Sponsoringbeauftragte, denen die Entscheidung über das „Ob" und „Wie" des Sponsorings obliegt.

4. Ausblick

Auch wenn Sponsoring für die Lernenden Regionen derzeit noch eine geringe Bedeutung hat und jedenfalls keine tragende Finanzierungsquelle darstellt, muss das nicht so bleiben. In welchem Maße es ihnen tatsächlich gelingt, mit Sponsoren in größerem Umfang als bisher über Win-Win-Situationen ins Geschäft zu kommen, hängt entscheidend vom künftigen Stellenwert Lebenslangen Lernens ab. Ihn in allen Bevölkerungskreisen und insbesondere auch bei Multiplikatoren zu heben, gehört ohnehin zu den Aufgaben der Lernenden Regionen. Sie sollen die kollektive Aufgabe Lebenslanges Lernen durch ihre Aktivitäten so gegenständlich und fassbar machen wie der Natur- und Umweltschutz. Einiges spricht dafür, dass sich die Lernenden Regionen als „Naherholungsgebiete" für Bildungsinteressierte etablieren können. Die Sponsorenlogik bei alledem ist simpel: Je mehr Menschen sich auf kontinuierliches Lernen von der Kindheit bis ins hohe Alter einlassen, je mehr öffentliche Resonanz die Bildungsveranstaltungen gewinnen, desto interessanter wird dieses Feld auch für Sponsoren – aus heutiger Sicht sicher nicht so attraktiv wie der Sport, aber vielleicht so publizitätsträchtig und imagebildend wie Natur- und Umweltschutz.

Auf dem Weg dorthin empfehlen sich folgenden unterstützende Schritte:

- **Medienpartnerschaften**: Die Lernenden Regionen entwickeln ihre Beziehungen zu den örtlichen Medien partnerschaftlich weiter und schaffen durch Veranstaltungen Anlässe, damit die Bildung in der Berichterstattung stärker zur Geltung kommt. Daraus entwickeln sich überzeugende Mediadaten (Zahlen für Auflagen, Leser, Hörer usw.). Auf diese Weise lassen sich Zweifel an der Werbewirksamkeit des Umfeldes Bildung und an dem damit verbundenen Imagegewinn entkräften.
- **Inhaltliche Bereicherung**: Die Lernenden Regionen können über inhaltliche Ansätze neue Sponsoringbeziehungen aufbauen und bestehende festigen, insbesondere zu Unternehmen. So wie eine Reihe von Firmen mit Know-how und geldwerten Sachleistungen bereits Schulen unterstützen, sollten sie auch für Einrichtungen der Erwachsenenbildung und für Bildungsnetzwerke zu gewinnen sein. Denkbar wäre es, dass auch Bildungsberatung, Kompetenzerfassung, Selbstlernzentren, neue Lernarrangements

und Bildungsangebote einbezogen und betriebliche Erfahrungen von Sponsoren verwertet werden. Dies verlangt jedoch von beiden Seiten Mut und Umsicht: den Mut zum Experiment ohne übertriebene Sorge vor einer Einmischung von Unternehmen in pädagogische Fragen (vgl. *Expertenkommission „Finanzierung Lebenslangen Lernens"* 2004, S. 201).

Unter Umständen könnten in dieser Hinsicht Eckpunkte für vorbildliches Sponsoring, die auf Grund der bisherigen Erfahrungen definiert werden, vertrauensbildend wirken.

Literatur

Bundesministerium für Bildung und Forschung (2001): Aktionsprogramm Lebensbegleitendes Lernen, Bonn 2001

Bundesministerium für Bildung und Forschung (Hrsg.) (2004): Berichtssystem Weiterbildung IX, Bonn/Berlin 2004

Bundesministerium für Umwelt, Naturschutz und Reaktorsicherheit (Hrsg.) (2004): Finanzierungshandbuch für Naturschutzmaßnahmen, Berlin

BLK (Bund-Länder Kommission für Bildungsplanung und Forschungsförderung) (Hrsg.) (2004): Strategie für Lebenslanges Lernen in der Bundesrepublik Deutschland, Heft 115, Bonn 2004

Expertenkommission „Finanzierung Lebenslangen Lernens" (2004): Der Weg in die Zukunft, Schlussbericht der von der Bundesregierung eingesetzten unabhängigen Expertenkommission „Finanzierung Lebenslangen Lernens", URL: http://www.bmbf.de/pub/schlussbericht_kommission_lll.pdf

Forum Bildung (2001): Ergebnisse des Forum Bildung, Bonn 2001

Kiel, H.-J. (2004): Stellungnahme an die Experten der öffentlichen Anhörung zum Thema „Public Private Partnership im Kulturbereich" am 03.11.2004 in Düsseldorf, EK-Kultur K.-Drs. 15/252, Berlin, URL: http://www.bundestag.de

Lernende Region Tölzer Land (2003): Lernende Regionen – der Weg zu einer Marke, Dokumentation der 1. Bundesweiten Marketingtagung 2003

PrivSponsorVwV (Privat-Sponsoring-Verwaltungsvorschrift) (2003): Allgemeine Verwaltungsvorschrift zur Förderung von Tätigkeiten des Bundes durch Leistungen Privater (Sponsoring, Spenden und sonstige Schenkungen) vom 07. Juli 2003, BAnz. S. 14906

Uckel, K. (2004): Warum Marketing für Lebenslanges Lernen? in: InfoDienst Nr. 02/04 des Landesinstitutes für Qualifizierung NRW, S. 14 ff.

Kapitel 5
Perspektiven

Entwicklungstendenzen im Bildungssponsoring

Dr. Dieter Mussler
Dr. Mussler & Partner

1. Förderung des Innovationsklimas

Die Ausbildung und Förderung junger Menschen ist eine der zentralen Aufgaben zur Sicherung des Wohlstandes einer Gesellschaft. Damit wird das Innovationsklima angeregt und die internationale Wettbewerbsfähigkeit verbessert. Deutschland hat in den letzten Jahren auf diesem Gebiet jedoch zunehmend an Boden verloren.

Innovationen entstehen in den Köpfen, sie werden von Menschen gemacht. Doch lassen sie sich nicht erzwingen. Entgegen der landläufigen Meinung beginnen Innovationen nicht mit einem Feuerwerk kreativer Ideen, sondern mit einer fundierten Ausbildung in Schulen, Hochschulen und den Forschungsinstituten unseres Landes. „Deutschland gehen die Innovatoren aus“ konstatierte unlängst das Institut für angewandte Innovationsforschung e.V. und wies auf die Defizite in unserem Bildungssystem hin. Der Förderung junger Talente kommt somit eine Schlüsselposition zu. Denn unsere Wirtschaft ist nur dann zukunftsfähig, wenn die Besten auch tatsächlich die besten Chancen erhalten, sich zu den Leistungsträgern von morgen zu entwickeln.

1.1 Investitionen für das Bildungssystem

Dies ist in erster Linie eine Aufgabe des Staates. Aber auch die Wirtschaft ist hier gefragt: Anstatt immer nur eine Reduzierung unserer überhöhten Staatsquote und den Abbau von Regulierungen und Reglementierungen zu fordern, gilt es in gleichem Maße, auch selbst Verantwortung zu übernehmen.

Zur Verbesserung der Innovationskraft unserer Wirtschaft reicht es aber nicht, dass die Unternehmen einfach nur Fördergelder in das Bildungssystem investieren. Der amerikanische Unternehmensberater *Robert H. Waterman* weist darauf hin, dass dabei eine entsprechende Kultur und Philosophie der Unternehmen unerlässlich ist (*Peters/Waterman* 1989). Denn vor allem junge Menschen brauchen für ihre Arbeit Freiräume, Motivation und ein unbürokratisches Zusammenspiel zwischen lebendiger Kreativität und stabilen Werten und Leitbildern.

Es gibt bereits eine Vielzahl beispielhafter Förderaktivitäten der deutschen Wirtschaft, die innovatives Denken und Handeln in ihre Philosophie mit aufgenommen haben und diese im Arbeitsalltag „leben“. So wählen manche Unternehmen den Weg über eigene Stiftungen oder Zustiftungen, um das Bildungssystem zu unterstützen. Andere engagieren sich in Public Private Partnerships, bei denen der Aspekt im Vordergrund steht, gemeinsam mit öffentlichen Institutionen etwas zu bewegen und verantwortungsvoll umzusetzen. Diese Ausgaben muten jedoch – angesichts leerer Kassen bei Bund, Ländern und Kommunen und der Fülle unterstützungswürdiger Initiativen – eher wie der berühmte „Tropfen auf den heißen Stein“ an.

1.2 Gesellschaftliche Verantwortung durch Bildungssponsoring

Das **Bildungssponsoring als Ausdruck einer gezielt übernommenen gesellschaftlichen Verantwortung durch Unternehmen** auf der Basis von Leistung und Gegenleistung spielt bislang in Deutschland in Anbetracht der immensen Ausgaben für Sport und Kultur hingegen nur eine marginale Rolle. Dabei ist der Boden für ein umfassenderes Bildungssponsoring durchaus aufbereitet. Schließlich haben die Ergebnisse der PISA-Studie sowie die zunehmenden Forderungen nach einer höheren Eliteförderung zur Verbesserung der Innovationschancen unseres Landes die Diskussion um bildungspolitische Themen emotional belebt.

Aber: Sponsoring ist nun einmal nicht mit Altruismus gleichzusetzen. Als ein Standbein im Kommunikationsmix hat sich Sponsoring in den vergangenen Jahren zu einem vollwertigen, professionellen und zielführenden Kommunikationsinstrument entwickelt. Eines, bei dem ein ausgewogenes Verhältnis von Leistung und Gegenleistung bestehen sollte und mit dem ein Unternehmen eine Menge für sich selbst gewinnen kann: Von der Steigerung des Bekanntheitsgrades, dem Erreichen von Sympathie und Goodwill in der Öffentlichkeit, über Imagetransfer und Kontaktpflege bis hin zum Verfolgen konkreter Absatzziele.

Vor diesem Hintergrund muss es ein zentrales Anliegen sein, sich intensiv mit den Chancen und Risiken des Bildungssponsoring zu beschäftigen und dabei vor allem dessen Entwicklungstendenzen und Zukunftspotentiale zu betrachten. Welches sind die „Key Driver“, die Antriebskräfte des Bildungssponsoring, und wo liegen mögliche Hemmnisse?

Derzeit ist eine äußerst dynamische Entwicklung des **Sponsoring als ein attraktives und lebendiges Kommunikationsinstrument** der Unternehmen festzustellen. Damit wird der Boden auch für solche Felder positiv aufbereitet, die derzeit noch etwas im Schatten von Fußball, Motorsport oder Rock-Konzerten stehen, wie beispielsweise das Bildungssponsoring. Ergänzt wird dieser Trend durch die verstärkte Übernahme von Verantwortung der Unternehmen für gesellschaftlich relevante Themen in Form von Corporate Social Responsibility und somit auch für die Investition in die Bildung.

Diese beiden Entwicklungen werden unterstützt durch die **steigende Akzeptanz des Bildungssponsoring seitens der Bildungsinstitutionen**, die zunehmend die Notwendigkeit der Finanzbeschaffung auch aus den privaten Bereichen unserer Gesellschaft einsehen und die deshalb auch bereit sind, sich die notwendige Professionalität anzueignen.

In diesem Zusammenhang fällt den Medien eine entscheidende Rolle zu, ohne deren Mitwirkung die Kommunikation der Unternehmensaktivitäten im Bildungsbereich und deren Multiplikatorwirkung in der Öffentlichkeit nicht möglich ist. So gesehen prägen alle vier hier angesprochenen Entwicklungen und Trends die Zukunft des Bildungssponsoring.

2. Bildungssponsoring zur Belebung der Kommunikation

Der Sponsoringmarkt ist derzeit durch eine äußerst dynamische Entwicklung gekennzeichnet. Die Ausgaben der Unternehmen belaufen sich im Jahre 2005 auf über 3 Mrd. €. Im Durchschnitt entfallen etwa 17 % des gesamten Kommunikationsbudgets auf das Sponsoring. Damit stehen die deutschen Unternehmen zwar noch hinter den in den USA vergleichsweise hohen Investitionen zurück. Doch die Bereitschaft und damit die Zahlen wachsen überproportional zugunsten des Sponsoring.

2.1 Neue Trends in der Kommunikation

Die Ursache für diese Entwicklung liegt in den drastischen Veränderungen der Umfeldbedingungen der Kommunikation. Diese wurde in den vergangenen Jahren für die Wirtschaftsunternehmen immer wichtiger und hat sich längst zum zentralen Erfolgsfaktor innerhalb des Marketingmix entwickelt. Der Produktwettbewerb wurde vom Kommunikationswettbewerb abgelöst. Das hat mit der zunehmenden Anpassung der Produktionstechniken zu tun, aber auch mit nahezu austauschbaren Eigenschaften der Produkte. Differenzierung durch Kommunikation ist die Antwort. Kommunikation hat aber nicht nur ständig an Bedeutung gewonnen. Sie wurde gleichzeitig auch immer schwieriger. Die Entwicklungen sind rasant: In immer kürzer werdenden Abständen kommen neue Techniken und neue Medien auf die Verbraucher zu. Diese werden mit Informationen und Werbebotschaften geradezu überfüttert, so dass sie nur noch einen Teil davon aufnehmen können oder gar wollen.

Entsprechend haben sich auch gewisse Verschiebungen innerhalb des Kommunikationsmix ergeben. Die klassischen Instrumente haben aufgrund der sinkenden Verbraucherakzeptanz an Ausstrahlung und Durchschlagskraft verloren. Gewonnen dagegen haben Instrumente, die für den Aufbau von Beziehungen und zur erlebnisorientierten Markenkommunikation geeignet sind. Sponsoring zählt zu diesen „Winnern" und hat sich inzwischen zu einem integrierten Kommunikationsinstrument auf Seiten der Unternehmen etabliert.

Soweit so gut. Doch von dieser positiven Entwicklung konnten nicht alle Sponsoringfelder gleichermaßen profitieren. So sind es gerade einmal 12 % aller Sponsoringausgaben, die in die Kultur fließen. Und nicht einmal 8 % in die Bereiche Umwelt, Bildung, Wissenschaft und Soziales. Der größte Anteil geht in den Sport und das Mediensponsoring, und hier ist es vor allem der Fußball, der als „Winner" der Sponsoringszene bezeichnet werden kann.

Der Statistik nach sind es mittlerweile aber immerhin etwa 50 % der Unternehmen, die sich für soziale Themen engagieren. Doch wenn man diese Zahl in Relation zu den tatsächlich in dieses Sponsoringfeld fließenden Geldern setzt, so muss man feststellen, dass es sich hier zumeist nur um kleinere und eher mäzenatenhaft geprägte Engagements handelt. Manchmal kann man sich des Eindrucks nicht erwehren, dass diesen Sponsorships eher eine „Alibifunktion" zukommt, um die größeren Gelder für den Sport zu rechtfertigen.

2.2 Polarisierung im Sponsoring

Wenn man die jüngsten Entwicklungen und Trends innerhalb des Sponsoringmarktes einmal genauer betrachtet, so weisen diese auf eine zunehmende Polarisierung im Sponsoring hin. Auf der einen Seite steht der Sport, der zumindest bei einzelnen Sportarten und Events Show-Charakter aufweist. Damit lassen sich Bekanntheitsgrad und Image deutlich verbessern, wobei zusätzliche Attraktivität über die Multiplikatorwirkung der Medien erzielt wird.

Auf der anderen Seite möglicher Sponsoringengagements stehen gesellschaftlich relevante Themen, die über eine hohe Betroffenheit und ein starkes Involvement die Bevölkerung beschäftigen und emotionalisieren. Dieses Feld wird seitens der Unternehmen derzeit zwar noch stiefmütterlich behandelt, obwohl die Basis für ein umfassendes Public Sponsoring durchaus gegeben ist. Doch in jüngster Zeit tut sich hier etwas auf Unternehmensseite.

Dies hat seine Ursache nicht nur darin, dass diese Unternehmen plötzlich ihr soziales Gewissen entdeckt haben. Die Gründe, warum die Unternehmen ihre „guten Werke" zunehmend professionalisieren, liegen vielmehr auch in der Erkenntnis, dass auf diese Weise ein echter Nutzen erzielt werden kann. Unternehmen mit hohem Ansehen gelten als weniger anfällig in Krisenzeiten und erfolgreicher bei der Gewinnung qualifizierter Mitarbeiter. Dieses allein ist schon wertvoll. Zudem erwarten Investoren und Shareholder in Zeiten globaler Wertschöpfungsketten, dass Unternehmen schnell Antworten auf gesellschaftliche, politische oder ökologische Krisen finden, die ihre Geschäftsfelder berühren können.

2.3 Mehrwert durch Bildungssponsoring

Immer mehr Studien belegen, dass es eine positive Relation zwischen gesellschaftlicher Verantwortung und dem Wert und der Performance von Unternehmen gibt. So hat man beispielsweise durch Studien der Harvard University herausgefunden, dass „stakeholder-balancierte" Unternehmen viermal größere Wachstumsraten und ein achtmal höheres Mitarbeiterwachstum vorweisen konnten als ausschließlich „shareholder-fokussierte" Unternehmen. Steigerung des Unternehmenswertes in Zeiten des Relationship-Marketing über Public Sponsoring-Programme heißt demnach die Devise. Dies veranschaulichen die nachstehenden Daten aus diversen Marktstudien:

- Etwa 80 % der europäischen Führungskräfte meinen, dass sozial verantwortliches Wirtschaften ein Unternehmen wettbewerbsfähiger macht. 86 % der Deutschen glauben, dass Unternehmen, die sich aktiv um gesellschaftliche Aufgaben bemühen, langfristig die Erfolgreicheren sind.
- Auch Verbraucher honorieren das gesellschaftliche Engagement der Unternehmen: Für über 80 % der Deutschen spricht die soziale Verantwortung von Unternehmen bei einer Kaufentscheidung eine wichtige Rolle. Und etwa 30 % sind bereit, auch etwas mehr für Produkte solcher Firmen zu bezahlen.
- Sechs von zehn Berufstätigen würden gerne bei einem sozial aktiven Unternehmen arbeiten. Etwa 50 % der Deutschen würden sogar gewisse Einschränkungen hinsichtlich ihrer gehaltlichen Vorstellungen hinnehmen, wenn sich ihr Arbeitgeber gesellschaftlich engagiert.
- Analysten und Journalisten vertreten die Auffassung, dass sich Unternehmen, die sich gesellschaftlich betätigen und damit ihre Sinne für das Umfeld schärfen, an Ansehen und Börsenwert gewinnen.

Voraussetzung für diese positiven Werte ist allerdings, dass die gesellschaftlichen Aktivitäten als strategisches Investment der Unternehmensführung angesehen und akzeptiert werden. Passt das Projekt zum Unternehmen? Erbringt es einen spürbaren Lösungsbeitrag für das angesprochene gesellschaftliche Problem? Hier gibt es offenbar noch Defizite. Denn immerhin vertreten über 90 % der Deutschen die Auffassung, dass das gesellschaftliche Engagement der Unternehmen noch zu wünschen übrig lässt (*Info-Studie* 2001, *Cone Corporate Citizenship Study* 2004).

2.4 Glaubwürdigkeit des Sponsoringengagements

Die Chancen für eine Belebung der Unternehmenskommunikation und damit zur Erhöhung des Wertes eines Unternehmens durch Public Sponsoring ergeben sich nicht von ungefähr. Von entscheidender Bedeutung für eine echte „win-win-Situation" ist die **Glaubwürdigkeit des Engagements**. Oder anders formuliert: Das Sponsoringthema muss ganz einfach zum Unternehmen passen, zu seinen Zielen, zu seinen Zielgruppen, zu seinen Imagewerten. Die Unternehmen sind gut beraten, entsprechend dieser kommunikativen Vorgaben das passende Sponsoringfeld bzw. -thema auszuwählen und hierfür die vielfältigen unterschiedlichen Möglichkeiten genauestens zu analysieren und zu bewerten.

Angesichts dieser Forderung nach Glaubwürdigkeit und Akzeptanz bietet vor allem das **Bildungssponsoring echte Chancen**. Denn es zeichnet sich bei den Zielen, die die Unternehmen mit dem Sponsoring verfolgen, ein Paradigmenwechsel vom quantitativen zum qualitativen Denken ab: Ansprache jüngerer Zielgruppen, Imageverbesserung in Richtung innovativ, zukunftsorientiert oder kreativ und vor allem die Übernahme gesellschaftlicher Verantwortung und die Darstellung dieser Engagements in der Öffentlichkeit. Und genau hier kann man mit dem Thema Bildung punkten, da es die Bevölkerung derzeit in starkem Maße emotional berührt und damit der Boden für eine hohe Wahrnehmung aufbereitet ist. Hinzu kommt, dass die Unternehmen zunehmend die Bedeutung gut ausgebildeter Mitarbeiter für den eigenen Geschäftserfolg wie auch für das Innovationsklima des Landes erkannt haben und demzufolge diese Herausforderungen als einen integrierten Bestandteil in ihre Unternehmensphilosophie mit aufgenommen haben.

Als **Fazit** lässt sich festhalten, dass das Sponsoring innerhalb des Kommunikationsmix der Unternehmen weiter an Bedeutung gewinnt und dass die Polarisierung innerhalb des Sponsoringmarktes dazu führen wird, dass das Bildungssponsoring seinen Anteil kontinuierlich ausbaut, sofern beide Partner – Sponsor und Gesponserter – zielorientiert und professionell an diese Aufgaben herangehen.

3. Bildungsförderung als Teil der Corporate Social Responsibility

Parallel zur dynamischen Entwicklung des Sponsoringmarktes erfolgt derzeit eine lebendige Diskussion um eine neue Bürgergesellschaft mit mehr sozialer Kompetenz. Demzufolge ist der Start für größere und umfassendere Engagements in der Gesellschaft und damit auch für das Thema Bildung schon gegeben. Nicht nur die einzelnen Bürger sind aufgefordert, mehr Verantwortung für sich und auch für andere zu übernehmen. Auch die Unternehmen betreten neue Pfade: Als „Corporate Citizen" tragen sie zunehmend gesellschaftliche Rechte und Pflichten zugunsten des Gemeinwohls. Die „neue Denke" in der Wirtschaft hat dabei kaum etwas mit Mäzenatentum zu tun. „To be a good citizen“ heißt vielmehr: Im Geschäftsleben sozial handeln und damit ein soziales Kapital schaffen, das als Vertrauen in die Gemeinschaft verstanden und gleichzeitig für wirtschaftliche Ziele genutzt werden kann.

3.1 Vorreiter des Corporate Citizen

Vorreiter dieses Trends ist Amerika. Aus dem „Musterland“ des Kapitalismus ist der Corporate Citizen, das gesellschaftlich engagierte Unternehmen, nicht mehr wegzudenken, das auf diese Weise mit dazu beiträgt, die Lücke zu schließen, die der – relativ schlanke – amerikanische Staat lässt. *Milton Friedman* vertrat zwar 1970 noch die These: „The only social responsibility of business is to maxime profits. (…) The sole constituency of business management is the stockholders, and the sole concern of the stockholders is financial return.” (*Friedman* 1970, S. 30). Doch in den Folgejahren entwickelte sich die Corporate Social Responsibility immer mehr in Richtung „alignment of business operations with social values“. Die soziale Verantwortung stellt sich als “key driver” für den guten Ruf und den Goodwill eines Unternehmens in der Öffentlichkeit und seinen relevanten Zielgruppen heraus. Dabei kommt in der aufkommenden Wissensgesellschaft immer mehr die Förderung des Bildungswesens in Mode. Die Goldman Sachs Foundation beispielsweise konzentriert sich ausschließlich auf die Unterstützung von Schulen. AOL, Microsoft und Oracle schließen Schulen kostenlos ans Internet an und stellen dabei so ganz nebenbei sicher, dass die Zahl ihrer potentiellen Kunden wächst.

In Großbritannien begann das verantwortliche Denken und Handeln der Unternehmen für gesellschaftliche Belange schon mit der Industrialisierung. Vor allem aber in den vergangenen drei Jahrzehnten gab der Staat gesellschaftliche Verantwortung zunehmend an die Unternehmen ab, wobei diese – stärker als bei der eher philanthropischen Bewegung in den USA – den Eigennutzen in den Vordergrund stellen und nicht nur Gutes tun, sondern auch davon profitieren wollen.

In Deutschland hat das soziale Engagement der Unternehmen eine jahrhundertlange Tradition. So bauten schon die Fugger eine eigene Wohnsiedlung in Augsburg. Später taten dies die Industriebarone des Ruhrgebietes. Nicht nur heute auch früher gewährten Großunternehmen ihren Mitarbeitern eine bessere Krankenvorsorge und unterstützten eigene Schulen vor den Werkstoren. In der Nachkriegszeit war es das erklärte Ziel der sozialen Marktwirtschaft Ludwig Erhards, wirtschaftlichen Erfolg und soziale Wirkung miteinander in Einklang zu bringen. So bestand deren Philosophie darin, das Prinzip der Freiheit auf dem Markt mit dem des sozialen Ausgleichs und der ethischen Verantwortung des Unternehmens dem Ganzen gegenüber zu verbinden.

3.2 Moderne Zivilgesellschaft mit einem aktiven Bürgertum

Doch heute hinkt das Mutterland der sozialen Marktwirtschaft in punkto Freiheit und Verantwortung anderen Ländern weit hinterher. Bei einer Staatsquote von annähernd 50 % engt der Leviathan Staat die individuelle Freiheit zu sehr ein, bei Steuersätzen über 40 % vergeht selbst den wohlmeinendsten Bürgern die Freude, persönlich gesellschaftliche Verantwortung zu übernehmen. Aufgeschreckt fordern die Politiker aus fast allen Parteien ein aktives Bürgertum. Die Rede ist zunehmend von einer „modernen Zivilgesellschaft" mit einem „aktivierenden Staat". Nach *Ralf Dahrendorf* ist hierbei nicht die Frage entscheidend: „Wie sozial ist die Marktwirtschaft?", sondern vielmehr: „Wie viel Soziales verträgt eine wettbewerbsfähige Marktwirtschaft?" Doch etwas steht fest: Der Kapitalismus alleine reicht nicht aus. Es muss etwas hinzukommen, um dem Kapitalismus ein menschliches Gesicht zu geben (*Dahrendorf* 2004, S. 13).

Vor dem Hintergrund dieser Diskussionen ist festzustellen, dass auch in Deutschland das Potenzial für **Corporate Social Responsibility** eigentlich sehr groß ist. Insbesondere die hierzulande so typisch mittelständischen Betriebe, die in ihrem lokalen Milieu verwurzelt sind, haben eine natürliche Neigung zu gesellschaftlichem Engagement. Sie investieren derzeit etwa 0,2 % ihres Umsatzes in gesellschaftliche Aufgaben, während bei den Großunternehmen der vergleichbare Wert bei ca. 0,05 % liegt. Insgesamt gesehen aber steht Deutschland in Sachen Corporate Social Responsibility gegenüber anderen Ländern, wie Dänemark, Niederlande oder Großbritannien, noch etwas zurück. Je mehr sich jedoch der Reformstau auch in Deutschland auflöst, desto mehr wird aktives Mitwirken der Unternehmen in der heraufziehenden, durch Globalisierung und Deregulierung erzwungenen Zivilgesellschaft zu einem wichtigen Standortfaktor.

Dabei ist abzusehen, dass vor allem auch die von Globalisierungsgegnern kritisierten transnationalen Unternehmen zu „Wohltätern" werden. Während der Staat den finanziellen Offenbarungseid leisten muss, schlagen sich Deutschlands globale Unternehmen tapfer. Die Unternehmen sind zwar nicht die „Reparaturwerkstatt" für die wirtschaftlichen und sozialen Probleme des Landes. So können beispielsweise die Fehler in deutschen Bildungssystemen nicht durch Privatisierung gelöst werden. Doch in der Praxis haben sich diese Unternehmen längst dafür entschieden, selbst aktiv zu werden. So bieten in Deutschland etwa 50 so genannte „Corporate Universities" Studiengänge samt staatlich anerkanntem Abschluss an. Daimler-Chrysler und Lufthansa waren 1998 die Ersten. Siemens wiederum betreut 600 Studenten aus 23 Ländern in eigenen Programmen (vgl. *Hildebrand/Mogge* 2004). Alle diese Firmen haben vor allem ein Interesse: Sie wollen ihre Fachkräfte auf ein Niveau bringen, das ihren Ansprüchen genügt – offenbar traut man den öffentlich-rechtlichen Bildungseinrichtungen dies nicht mehr zu.

Als **Fazit** gilt es festzuhalten, dass sich die Unternehmen zunehmend der Bedeutung einer Corporate Social Responsibility bewusst werden und ihr Denken und Handeln danach ausrichten. Die Rolle der Unternehmen als Teil der Bürgergesellschaft hat eine hohe Zukunftsbedeutung. Dies gilt auch für den Standort Deutschland. Globalisierung führt dabei keineswegs zu einer Abkoppelung der Unternehmen von der gesellschaftlichen Realität an ihren lokalen und nationalen Standorten. Die Unternehmen müssen vielmehr lernen, mit vielen gesellschaftlichen Realitäten umzugehen.

Ein Feld, in dem die Unternehmen zunehmend bereit sind, Verantwortung zu übernehmen, stellt die Bildung dar. Die Situation der Schulen und Universitäten kann einem Unternehmen nicht gleichgültig sein – wird doch dort die Grundlage für das Investitionsklima eines Landes und damit für Leistungsfähigkeit zukünftiger Generationen gelegt. Alle diese Entwicklungen werden dazu führen, dass zukünftig dem Bildungssponsoring eine höhere Bedeutung zukommen wird als dies heutzutage der Fall ist.

4. Steigende Marketing-Professionalität der Bildungsinstitutionen

Ein zunehmendes unternehmerisches Interesse an Bildungsthemen und damit auch an entsprechenden Fördergeldern kann von Seiten der Schulen und Hochschulen nur begrüßt werden. Sponsoring als Finanzierungsquelle spielt für sie zwar nur eine ergänzende Rolle, doch die Budgetsituation der Länder und Kommunen ist derart angespannt, dass die Bildungsinstitutionen auf zusätzliche Mittel angewiesen sind. Wer sich um Sponsorengelder bemüht, sollte jedoch bedenken, dass einige Voraussetzungen erfüllt sein müssen, wenn es zu einer nachhaltigen Zusammenarbeit mit den Unternehmen kommen soll.

4.1 Vorhandene Marketingdefizite

Im Hinblick auf eine erfolgreiche Kooperation mit den Unternehmen mangelt es allerdings den Sponsorensuchenden zumeist noch an der erforderlichen Professionalität. In vielen Fällen wird das Sponsoring noch als reine Finanzquelle angesehen, ohne dabei zu berücksichtigen, dass eine entsprechende kommunikative Gegenleistung geboten werden muss. Als ein Ergebnis der aktuellen

EMNID-Studie „SPONSOR VISIONS 2005" attestieren die befragten Unternehmen den Non-Profit-Organisationen, vor allem den in den sozialen Bereichen tätigen, noch beträchtliche Marketingdefizite. Dies gilt im wesentlichen für Anforderungen wie Kreativität, Flexibilität, Kooperations-bereitschaft und Serviceorientierung (vgl. *Sponsor Visions* 2005).

Zu ähnlichen Erkenntnissen kommt die Studie „Sponsoring Trends 2002" der Bob Bomliz Group. Danach schätzen über 60 % der Unternehmen das Bildungssponsoring als attraktive Kommunikationsmöglichkeit ein, aber nur etwa 30 % der Unternehmen betreiben es auch. Der wichtigste Grund für die Zurückhaltung ist, dass etwa 80 % der Befragten der Meinung sind, dass das Bildungssponsoring nicht wirksam genug ist (vgl. *Bob Bomliz Group* 2002).

Unsere Beratungsgruppe (*Dr. Mussler & Partner*) hat in einer Vielzahl von Einzelgesprächen mit Unternehmen genauer hinterfragt, was unter diesen **Marketing- und Kommunikationsdefiziten** speziell im Bereich Bildung zu verstehen ist. Nachstehend sind die Argumente aufgeführt, die von nahezu allen Befragten genannt wurden:

- Die Unternehmen vermissen konkrete Beschreibungen der Sponsoringprojekte, anhand derer sie eine Bewertung und Beurteilung dieser Angebote aus ihrer spezifischen individuellen Unternehmenssicht vornehmen können.
- Des weiteren wird bemängelt, dass sich die Sponsorensuchenden nicht ausreichend mit den Unternehmen beschäftigen, die sie ansprechen möchten. Dies gilt für die Auswahl dieser Unternehmen, die zumeist nach dem „Gießkannenprinzip" erfolgt und für die unzureichende Identifizierung der geeigneten Ansprechpartner. Und dies gilt vor allem für die unzulängliche Beschreibung des „Sponsorennutzens", der den Unternehmen für ihr Geld geboten werden soll.
- Eine weitere Schwachstelle liegt in der ungenügenden Medienwirksamkeit vieler Projekte. Für das Sponsoring reicht es einfach nicht aus, die gesellschaftlich relevanten Themen kompetent zu belegen. Sie müssen auch mit Leben erfüllt und den relevanten Zielgruppen emotional und aufmerksamkeitsstark vermittelt werden. Dies ist Aufgabe der Kommunikation – speziell der Öffentlichkeitsarbeit – die professioneller gehandelt werden sollte.
- Schließlich fehlt es nach wie vor an einem klaren und deutlichen Bekenntnis zur Finanzbeschaffung über Sponsoring, an dem konsequenten „Wollen", sich professionell in diesen Markt zu begeben. Dabei geht es nicht nur um die Einsicht, marktorientiert denken und handeln zu müssen, sondern auch um die Tatsache, dass das Sponsoringgeschehen nach wie vor noch durch Berührungsängste auf Seiten der Bildungseinrichtungen und

durch eine tiefe Skepsis hinsichtlich möglicher Einmischungen in die Lehrinhalte geprägt ist (vgl. *DM&P Panel* 2004).

Hier muss ein eindeutiges Umdenken erfolgen, will man zukünftig in einem höheren Maße an den Sponsoringgeldern partizipieren. Wenn man sich einmal die jüngsten Entwicklungen im Bildungssponsoring genauer betrachtet, kann man aber durchaus feststellen, dass man sich bereits auf einem guten Weg in die richtige Richtung befindet.

4.2 Stärkere Aufgeschlossenheit gegenüber dem Sponsoring

Dies gilt in erster Linie für die **Hochschulen**, die grundsätzlich keine einschränkenden gesetzlichen Regelungen für das Sponsoring kennen. Hier ist deshalb entscheidungsrelevant, ob die jeweilige Hochschule sich der Förderung durch Wirtschaftsunternehmen öffnen will. Eine ganze Reihe von Hochschulen haben hierfür bereits mit dem Aufbau professioneller Ressourcen in Form von Konzepten und Personal begonnen.

Etwas komplizierter sieht es hingegen im **Schulwesen** aus, denn in den einzelnen Bundesländern gibt es nach wie vor noch unterschiedliche Gesetze und Bestimmungen für den Umgang mit dem Sponsoring. Doch zunehmend vertritt man auch hier über alle Ländergrenzen hinweg die Meinung, dass private Mittel seitens der Wirtschaft das Bildungsangebot einer Schule sinnvoll erweitern oder ergänzen können und deshalb anzustreben sind. Oberster Maßstab für die rechtliche Beurteilung von schulischen Sponsoringaktivitäten ist dabei deren Vereinbarkeit mit dem Bildungs- und Erziehungsauftrag der Schule. Der ordnungsgemäße Schulbetrieb muss gewährleistet sein, die Rechte von Schülerinnen und Schülern, Eltern und Lehrkräften dürfen nicht beeinträchtigt werden. Außerdem darf das Sponsoring nicht die Grenzen des kommerziellen Werbeverbotes überschreiten. Sind diese Rahmenbedingungen erfüllt, sieht man im Sponsoring durchaus eine willkommene Chance, den Handlungsspielraum und die Eigenständigkeit der Schule zu erweitern. Viele Schulen nutzen bereits diese Möglichkeiten und haben dabei gute Erfahrungen mit den Sponsoren gesammelt.

4.3 Marketingkonzeption als Voraussetzung des Sponsoring

Doch die neue Aufgeschlossenheit gegenüber den Möglichkeiten und Chancen des Sponsoring und die Öffnung der Rahmenbedingungen alleine reichen heute nicht aus. Wer sich um Sponsorengelder bemüht, sollte sich darüber bewusst sein, dass seitens der Schulen und Hochschulen noch einige weitere Voraussetzungen erfüllt sein müssen, wenn es zu einer dauerhaften Zusammenarbeit mit den Unternehmen kommen soll. In den meisten Fällen wird Sponsoring immer noch als reine Finanzquelle angesehen, ohne dabei zu berücksichtigen, dass dem Unternehmen ein entsprechender kommunikativer Nutzen geboten werden muss. Dies aber setzt voraus, dass die Finanzbeschaffung über das Sponsoring nur dann erfolgreich sein kann, wenn sie einen integrierten Bestandteil einer umfassenden Marketingkonzeption der Bildungseinrichtung darstellt. Und dass die Leistungen, die den potentiellen Sponsoren geboten werden, sich konsequenterweise eigentlich nur aus dem erfolgreichen Agieren der Schulen oder Hochschulen in „ihrem Markt“ ergeben.

Private Hochschulen hierzulande waren die ersten, die sich professionell um Fördermittel aus der Wirtschaft bemühten. *Bernd Frye* von der privaten Universität Witten-Herdecke sagt: „Für uns gehörte das Sponsoring von Anfang an mit zur Finanzierung, schließlich sind wir auf die Gelder von privater Seite stärker angewiesen.“ Inzwischen versuchen immer mehr auch staatliche Hochschulen spendable Unternehmen zu finden. So startete beispielsweise die Technische Universität München (TUM) schon 1999 unter dem Titel „Allianz fürs Wissen“ eine professionelle Fundraising-Kampagne, die bisher mehr als 80 Millionen Euro an Sponsorengeldern in die Kassen brachte. Mit den Geldern finanziert sie unter anderem Lehrstühle oder spezielle Projekte wie eine Begabtenförderung.

Die Kooperation von Wirtschaft und Universitäten hat viele Varianten. Der Sponsor kann seine Mittel der gesamten Universität oder einzelnen Lehrstühlen und Fakultäten widmen. Er kann aber auch, wie an der Uni Mannheim geschehen, die sanitären Einrichtungen behindertengerecht umbauen helfen. Oder er unterstützt bestimmte Projekte, wie zum Beispiel die Einrichtung oder Renovierung eines Hörsaals. Auch eine nicht geldwerte Zusammenarbeit kann beiden Seiten Vorteile bringen: An der Hamburger Universität arbeitet das Studierendensekretariat seit einem Jahr mit der AOK zusammen. Die Krankenkasse berät die Studenten unter anderem kostenlos zu Themen wie Steuern und Sozialabgaben. Im Gegenzug kann die AOK mit ihrem Logo an verschiedenen Stellen – etwa auf den Bewerbungsmappen der Universität - auf sich aufmerksam machen (*Hildebrand/Mogge* 2004).

Auch im Schulsponsoring gibt es vorbildhafte Beispiele: Die Initiative „Wissensfabrik“ der Unternehmen BASF, Thyssen-Krupp und Bosch, die Schülerlabore der BASF, das Förderprogramm der Siemens AG mit dem Titel „Jugend und Wissen“, die Vermittlung moderner Lernkonzepte durch FOCUS, die Projekte „Schulen ans Netz“ der Deutschen Telekom sowie „Schulen in Bewegung“ von Coca Cola, oder das Public Private Partnership-Projekt „Internatsschule Schloss Hansenberg“ der Altana AG, Dresdner Bank AG und Linde AG. Das wichtigste Motiv für diese Unternehmen, Schulen zu sponsern, liegt in der Chance, auf diese Weise die Zielgruppe der Jugendlichen direkt ansprechen zu können. Dabei denken sie durchaus auch daran, die Akquisition potentieller Mitarbeiter zu erleichtern und zu unterstützen.

Voraussetzung für ein erfolgreiches und nachhaltiges Bildungssponsoring ist jedoch, dass Unternehmen und Bildungseinrichtungen auch den Mut haben, aufeinander zuzugehen und gemeinsam diese zahlreichen Chancen professionell und kreativ angehen. Hier ist vor allem die Wirtschaft gefordert, denn den Schulen und Hochschulen fehlen häufig das erforderliche Know-how und Do-how, aber auch die entsprechenden Gelder für die Umsetzung. Das Schlüsselwort für diesen Prozess heißt **Public Private Partnership**. Trotz des Prinzips von Leistung und Gegenleistung geht es in erster Linie darum, etwas gemeinsam zu bewegen und verantwortungsvoll umzusetzen. Kommt dann noch eine aufmerksamkeitsstarke Platzierung des Themas in der Öffentlichkeit hinzu, bietet das Feld Bildungssponsoring vielfältige Möglichkeiten eines effizienten Kommunikationsinstrumentes.

5. Die Rolle der Medien für das Bildungssponsoring

Sponsoring bedeutet bekanntlich, nicht nur gute Taten zu vollziehen, sondern auch dafür zu sorgen, dass über diese gesprochen wird. Dies gilt auch für den Bereich des Bildungssponsoring. Ohne Unterstützung der Medien ist dies jedoch kaum möglich. Sei es, dass diese über interessante Projekte berichten und dabei die Rolle der Sponsoren entsprechend würdigen, oder dass sie solche Projekte sogar als Medienpartner kommunikativ begleiten und in ihre redaktionelle Arbeit einbeziehen.

Doch Deutschland ist nach wie vor noch „durch eine deutlich zurückhaltende Vermarktung“ des gesellschaftlichen Engagements in der „medialen Öffentlichkeit geprägt“ (*Heuberger et al.* 2005, S. 11). Zwar gibt es Ansätze wie Wettbewerbe, Preisverleihungen oder Symposien, die geeignet erscheinen, die Unternehmen mit ihren Engagements für das Thema Bildung in der Öffentlichkeit zu präsentieren. Alles in allem sehen es die Redakteure jedoch nicht gerne, sich zu Zwecken der Imagepflege instrumentalisieren zu lassen. Viele von ihnen tun sich schwer damit, die Unternehmen als Sponsoren zu nennen. Fördern und helfen ist zwar eine wichtige gesellschaftliche Aufgabe der privaten Wirtschaft, doch eine zu proaktive oder gar aggressive Öffentlichkeitsarbeit wird als „sehr amerikanisch“ eher gescheut.

5.1 Steigende Akzeptanz seitens der Redakteure

Auf der anderen Seite wächst aber auch die Zahl der Redakteure, die eine solche Einstellung eher für antiquiert und nicht zeitgemäß halten. Dies nicht zuletzt vor dem Hintergrund, dass das Sozial- und Bildungssponsoring mittlerweile eine hohe Akzeptanz besitzt. So finden es 90 % der Bevölkerung gut, wenn die Unternehmen in diesen Bereichen den Staat entlasten. Außerdem sehen es moderne und aufgeschlossene Redakteure zunehmend als ihre Informationspflicht an, auch darüber zu berichten, welche Unternehmen mit welchen Motiven sich für gesellschaftliche Aufgaben engagieren. Auch deshalb, um auf diese Weise „Best-Practice-Beispiele“ zu präsentieren, die zur Nachahmung anregen.

5.2 Das Diktat der Quote

Ein zentrales Hemmnis für eine umfassendere Berichterstattung über Aktivitäten im Bereich Bildungssponsoring in den Medien ist das „wirtschaftliche Diktat“ der Quote. Diesem kann sich offensichtlich kein Medium entziehen. Auch nicht die öffentlich rechtlichen Rundfunkanstalten, obwohl diese im wesentlichen über Gebühren finanziert werden. So dominieren beim Sport Fußball und Formel 1, in der Kultur Rock- und Pop-Konzerte, doch bei sozialen und bildungspolitischen Themen ist im wahrsten Sinne des Wortes „Sendepause“.

Dies muss aber nicht so sein. Auch vermeintliche „Randthemen“ können interessant und emotional aufbereitet werden, so dass sie die Chance bieten, einen größeren Teil der Bevölkerung direkt anzusprechen. Dies setzt allerdings Kreativität, Flexibilität und Aufgeschlossenheit gegenüber den Anforderungen der Kommunikation voraus. Eigenschaften, die bei den im Sponsoringgeschehen beteiligten Partnern nach objektiver Einschätzung noch nicht ausreichend gegeben sind. Deshalb sollten diese – ob Unternehmen, Medium oder Bildungsinstitution – noch mehr aufeinander zugehen und gemeinsam versuchen, aufmerksamkeitsstarke und damit publikumswirksame Lösungen zu entwickeln. In diesem Falle kommen profunde Kernkompetenzen aus den unterschiedlichsten Funktionen und Bereichen zusammen, die sich unbürokratisch und zielorientiert im Sinne eines professionellen Sponsoring ergänzen können.

5.3 Best Practice als Vorbild

Erfolgversprechende Ansatzpunkte in diese Richtung gibt es bereits. Das Mathematikum in Gießen beispielsweise ist eine Einrichtung, die sich unter der

Leitung von Professor Beutelspacher erfolgreich darum bemüht hat, das eigentlich so „spröde" Thema Mathematik populär aufzubereiten und zu präsentieren. Medien und Sponsoren stehen deshalb diesem Projekt sehr aufgeschlossen gegenüber. Ein anderes faszinierendes Beispiel ist das Konzept „Zukunft@Bphil" der Deutschen Bank, bei dem man unter Mithilfe der weltbekannten Berliner Philharmoniker darum bemüht ist, benachteiligten Kindern und Jugendlichen Erfahrungen mit klassischer Musik zu verschaffen und zur Eigentätigkeit anregt (vgl. hierzu *Mussler* 2004, S. 25 ff.). Dieses Beispiel zeigt darüber hinaus auf, wie zwei Sponsoringfelder – in diesem Falle Kultur und Bildung bzw. Soziales – zusammen gefügt werden können, um ihre unterschiedlichen Stärken zielgerichtet zu nutzen. Dies macht Sinn, solange bei diesen gemeinsamen Aktivitäten die Glaubwürdigkeit und die Eigenständigkeit der Partner aufrecht erhalten bleiben. Etwas zwiespältige Gefühle kommen in diesem Zusammenhang bei den in Mode gekommenen Benefiz-Galas der öffentlich rechtlichen und privaten Fernsehsender auf. Es ist immer wieder erstaunlich, welch hohe Summen für die betreffenden sozialen Institutionen gesammelt werden. Doch dabei muss bedacht werden, dass diese Institutionen bzw. Organisationen in eine Unterhaltungsbranche eingebettet werden, deren Abläufe und Ziele, wie vor allem das Interesse an einer hohen Einschaltquote, sie nicht mehr bestimmen oder beeinflussen können. Abschließend bleibt festzuhalten, dass die derzeitige Schwachstelle einer unzureichenden Medienwirksamkeit vieler Bildungssponsoring-Projekte nicht so fortgeschrieben werden muss. Vielmehr gibt es durchaus Ansatzpunkte, wie man die Medien stärker mit einbinden kann, damit das Sponsoring im Bildungsbereich öffentlichkeitswirksam und emotional vermittelt werden kann. Notwendige Voraussetzung hierfür ist, dass alle Partner ohne Vorbehalte aufeinander zugehen und eventuell noch vorhandene Berührungsängste abbauen.

6. Fazit

Als Fazit kann festgehalten werden, dass im Bildungssponsoring noch erhebliche Potentiale liegen. Diese resultieren zum einen aus der dynamischen Entwicklung des Sponsoringmarktes sowie dem sich abzeichnenden Paradigmenwechsel in Richtung qualitativer Ziele im Sponsoring. Begleitet wird dieser Trend durch die zunehmende Übernahme gesellschaftlicher Aufgaben und Verantwortung durch die Unternehmen. Ein Schwerpunkt bilden hierbei die Investitionen in die Bildungseinrichtungen in Deutschland.

Unterstützung erfährt diese Entwicklung durch die steigende Akzeptanz des Bildungssponsoring in der Öffentlichkeit und bei den Medien. Damit werden noch vorhandene Berührungsängste und bürokratische Hemmnisse auf Seiten der Bildungsinstitutionen gegenüber dem Sponsoring abgebaut.

Es reicht allerdings nicht aus, bildungsbezogene Themen nur zu belegen und zu fördern. Sie müssen auch mit Leben erfüllt und den relevanten Zielgruppen der Unternehmen aufmerksamkeitsstark und möglichst emotional vermittelt werden. Dies ist eine Aufgabe der Kommunikation, deren professionelles Handling einen hohen Stellenwert im Bildungssponsoring besitzt. Hier sind vor allem die Unternehmen gefordert. Denn das bei ihnen vorhandene Know-how und Do-how, speziell im Marketing, kann gewissermaßen als Know-how-Transfer auf die Bildungsinstitutionen übertragen werden, ohne dass hierfür gleich viel Geld für den Aufbau eigener Ressourcen ausgegeben werden muss. Umgekehrt können die Unternehmen von den bildungspolitischen und wissenschaftlichen Leistungen der Schulen und Hochschulen und von deren Network profitieren. Das Schlüsselwort heißt Public Private Partnership. Dabei geht es in erster Linie darum, etwas gemeinsam auf dem Bildungssektor zu bewegen und verantwortungsvoll umzusetzen. Wenn das gelingt, ist ein erstes beträchtliches Stück eines gemeinsamen Weges zur Ausnutzung der vorhandenen Potentiale geschafft.

Literatur

Bauer, K. (2004): The use of Corporate Social Responsibility as a Public Relations Strategy considering Latin America as an example, Diplomarbeit im Sommersemester 2004 an der Fachhochschule Wiesbaden

Biedenkopf, K. (2001): Sozialmacht bedroht die persönliche Freiheit, in: Frankfurter Allgemeine Zeitung vom 16.6.2001, S. 15

Bob Bomliz Group (2002): Sponsoringtrends 2002, Berlin u.a. 2002

Bob Bomliz Group (2004): Sponsoringtrends 2004, Berlin u.a. 2004

Dahrendorf, R. (2004): Wirtschaftlicher Erfolg und soziale Wirkung, in: Frankfurter Allgemeine Zeitung vom 24.12.2004, S. 13

DM&P Panel (2004): DM&P Panel 2004, hrsg. v. Dr. Mussler & Partner GmbH, Frankfurt am Main 2004

Friedman, M. (1970): The social responsibility of business is to increase its profits, in: New York Times Magazine, 13.9.1970, S. 30 ff.

Heuberger, F./Oppe, M./Reimer, S. (2005): Der deutsche Weg zum bürgerschaftlichen Engagement von Unternehmen, Thesen zu „Corporate Citizenship“ in Deutschland, Bürgergesellschaft 12, Friedrich-Ebert-Stiftung, Bonn 2005

Habisch, A. (2003): Die gesellschaftliche Rolle des Unternehmens, in: Frankfurter Allgemeine Zeitung vom 10.11.2003, S. 20

Hildebrand, J. /Mogge, B. (2004): Sponsoring, in: Rheinischer Merkur Januar 2004

Inacker, M. (2003): Mit Unternehmen ist Staat zu machen, in: Frankfurter Allgemeine Sonntagszeitung vom 5.10.2003, S. 7

Info Studie (2001): Info Studie 2001, hrsg. v. Info-Meinungsforschungsinstitut, Berlin 2001

Mussler, D. (2002): Dem Nachwuchs eine Chance, in: Frankfurter Allgemeine Zeitung Beilage vom 3.9.2002, S. B4

Mussler, D. (2004): Bayern München contra Berliner Philharmoniker, in: Zeitschrift Stiftung & Sponsoring, Ausgabe 6/2004, S. 25-30

Mussler, D. (2004): Spitzenleistung durch Innovation – Bessere Chancen mit Hochschulsponsoring, in: Die Internationale Hochschule, Deutsche Studienangebote im Ausland, W. Bertelsmann Verlag 2004, S. 56-62

Peters, T. J./Waterman, R. H. (1989): Auf der Suche nach Spitzenleistungen – Was man von den bestgeführten US-Unternehmen lernen kann, Landsberg/Lech 1989

Ramthun, C. (2000): Corporate Citizen, in: Wirtschaftswoche vom 21.9.2000, S. 19-26

Schultheis, J. (2004): Umsatz verpflichtet, in: Frankfurter Rundschau vom 22.9.2004, S. 27

Sponsor Visions (2005): Sponsor Visions 2005, hrsg. v. pilot checkpoint Hamburg, Hamburg 2005

Wermelskirchen, A. (2005): „Spenden und handeln“, in: Frankfurter Rundschau vom 10.6.2005, S. 19

Autorenverzeichnis

Dr. Ariane Bagusat

Dr. Ariane Bagusat, Jahrgang 1972, studierte an der Ludwig-Maximilians-Universität München Betriebswirtschaft mit den Schwerpunkten Marketing sowie Markt- und Werbepsychologie. Nach ihrem Abschluss zur Dipl.-Kffr. war sie als Projektleitern im Bereich Marktforschung bei MIL Marketing Information GmbH tätig. Seit 2000 ist sie wissenschaftliche Mitarbeiterin bei Prof. Dr. Arnold Hermanns am Institut für Marketing der Universität der Bundeswehr München. 2005 promovierte sie an der Fakultät für Wirtschafts- und Organisationswissenschaften der Universität der Bundeswehr München zum Thema Kundenbindungsstrategien auf Business-to-Consumer Märkten. Zudem ist sie Dozentin an der Technischen Universität München, am Zentrum für Fernstudien und universitäre Weiterbildung (ZFUW) an der Technischen Universität Kaiserslautern sowie an der Bayerischen Akademie für Werbung in München. Zu ihren Forschungsschwerpunkten zählen die Bereiche Kundenbindung, Marktforschung sowie Online-Marketing. Kontakt: bagusat@marketing-munich.de

Dr. Stefanie Beier

Dr. Stefanie Beier, Jahrgang 1974, studierte an der Universität Hannover, University of Bristol und Wirtschaftsuniversität Wien. Parallel folgten Tätigkeiten in Print, Funk und Agentur. Anschließend ging sie zur Pressestelle der Universität Hannover. Sie promovierte bei Prof. Dr. Ludwig Schätzl im Fachbereich Geowissenschaften und Geographie, Abteilung Wirtschaftsgeographie der Universität Hannover. Sie ist dort als Leiterin für die gesamte Presse- und Öffentlichkeitsarbeit einschließlich Hochschulmarketing zuständig und verantwortlich. Kontakt: beier@pressestelle.uni-hannover.de

Dr. Dr. Gerhard Beisenherz

Dr. Dr. Gerhard Beisenherz ist wiss. Referent am DJI (Teilzeit) und Rechtsanwalt in München. Er arbeitet am DJI seit 1978 vorwiegend an Fragen der Sozialisation von Jugendlichen und Kindern, insbesondere auch über den Einfluss neuer Medien auf die Sozialisation sowie über schulische Sozialisation. Seit ca. 1998 beschäftigt er sich schwerpunktmäßig über Probleme der Kinderarmut und seit 2001 arbeitet er im Kinderpanel des DJI. Kontakt: beisenherz@dji.de

Birgitt A. Cleuvers

Birgitt A. Cleuvers ist seit 2000 für das Forschungsinstitut für Bildungs- und Sozialökonomie (FiBS) in Köln tätig. Forschungsschwerpunkte der stellvertretenden Leiterin des interdisziplinären Instituts sind (internationales) Bildungs- und Sozialmarketing, Public Relations in Bildung und Forschung sowie wissenschaftliche Weiterbildung und eLearning. Zu diesen Themen berät sie Politik, Unternehmen, Förderprojekte, Bildungs- und Sozialeinrichtungen (auch freiberuflich). Zuvor war die gelernte Historikerin/Philologin als Online-Redakteurin und internationale Projektleiterin beim DeutschlandRadio (Programm Deutschlandfunk), freie Journalistin und Lehrbeauftragte an der Universität Wolgograd tätig. Kontakt: b.cleuvers@fibs-koeln.de

Dr. Dieter Dohmen

Dr. Dieter Dohmen ist Gründer und Leiter des theorie- und praxisorientierten Forschungsinstituts für Bildungs- und Sozialökonomie (FiBS) in Köln. Der Bildungsökonom beschäftigt sich als Wissenschaftler, Politik- und Unternehmensberater mit Studien und Konzepten zu Finanzierung, Planung und Management im gesamten Bildungssystem, Sozial- und Arbeitsmarktpolitik. Aktuelle Schwerpunkte sind Arbeiten zu Qualität und Management in Kindertagesstätten, Hochschul- und Studienfinanzierung, Marketing wissenschaftlicher Weiterbildung, Einführung von Gender Budgeting in den Bundeshaushalt, Strukturentwicklung in Hochschulen, technologischer Leistungsfähigkeit Deutschlands, Bildungsmanagement, u.a. auf EU-Ebene und im Rahmen von Entwicklungszusammenarbeit, Ressourcen im europäischen Bildungswesen und Hochschulmanagement in Syrien.

Dr. Ludwig Eckinger

Ludwig Eckinger, Dr. phil., geb. 1944, wurde an der Pädagogischen Hochschule in Regensburg zum Volksschullehrer ausgebildet. Nach dem zweiten Staatsexamen an der Hauptschule Kelheim arbeitete er als wissenschaftlicher Assistent an der Universität Regensburg und promovierte nach einem Aufbaustudium in den Fächern Pädagogik und Politische Wissenschaften. Von 1982 bis 1994 leitete er die Grundschule Saal an der Donau. Seit Ende 1993 ist Ludwig Eckinger Bundesvorsitzender des Verbandes Bildung und Erziehung (VBE); seit 1996 Vorsitzender der Expertenkommission Schule, Bildung und Wissenschaft des Deutschen Beamtenbundes (dbb) und seit 2003 stellvertretender Vorsitzender der dbb Akademie. Er ist zugleich Vizepräsident des Bayerischen Lehrer- und Lehrerinnenverbandes (BLLV). Seit mehreren Jahren ist er als VBE-Bundesvorsitzender Mitglied der Europa-Vorstände des Europäischen Gewerkschaftskomitees für Bildung und Wissenschaft (EGBW) und der

Bildungs-Internationale (Education International/EI) in Brüssel. Er vertritt den VBE auch in der von EI und EGBW neu gegründeten Pan-Europa-Kommission. Kontakt: bundesverband@vbe.de

Tilman Falt

Tilman Falt, geb. 1963, war von 1976 bis 1984 aktiver Radrennfahrer und absolvierte 1984/85 ein Volontariat bei einer Tageszeitung. Im Anschluss war er für unterschiedliche Tageszeitungen und das Special-Interest Magazin „Tour" als Redakteur tätig. 1991 wechselte er als Pressesprecher für Deutschlands Profi-Radrennstall Team Deutsche Telekom zur Bob Bomliz Group (ehemals Sponsor Partners). Seit 1993 gehört der gebürtige Bielefelder zur Geschäftsleitung der Agentur. 1996 wurde Tilman Falt Geschäftsführer. Er verantwortet Beratung und Neugeschäft in den Bereichen PR und Sponsoring.

Stefanie Gleim

Nach einem Studium der Kommunikationswissenschaften mit den Nebenfächern Marketing und Kunstwissenschaft an der Universität-Gesamthochschule-Essen war Stefanie Gleim von 1996 bis 2001 Pressesprecherin der BARMER Ersatzkassen Hessen und von 2001 bis 2003 PR-Beraterin bei Leipziger & Partner, bevor sie als freie Mitarbeiterin bei Agenturen und Institutionen im Bereich PR/Organisation bis 2004 tätig war. Seit 2004 ist sie bei Konzept 360° GmbH & Co. KG als Assistentin der Geschäftsführung verantwortlich für Kommunikation und Projektmanagement. Kontakt: s.gleim@bildungsprojekte.com

Martin Gries

Martin Gries, Diplom-Pädagoge, Fundraiser und Referent, arbeitet freiberuflich u.a. für Bücherpiraten e.V. und den Förderverein des Lübecker Unterwasser Marionettentheaters. Er berät seit 1999 Kindertagestätten zu Fragen des Fundraisings. Seine Schwerpunkte sind Benefiz-Veranstaltungen und Inhouse-Schulungen zu Grundlagen des Fundraisings. Kontakt: m.gries@buecherpiraten.de, Tel.: 0451-3846005, http://www.buecherpiraten.de

Birgit Hackl

Birgit Hackl, geb. am 19.12.1968 in Mannheim, absolvierte ein Studium der Volkswirtschaftslehre in Grenoble (Frankreich) und Mannheim, das sie 1995 als Diplom-Volkswirtin abschloss. 1993 bis 1996 war sie als wirtschaftswissenschaftliche Mitarbeiterin am Lehrstuhl für Makroökonomik an der Universität Mannheim tätig. Anschließend war sie für Eventmarketing, Presse- und Öffentlichkeitsarbeit bei Radio Hundert,6 in Berlin Hundert verantwortlich, bevor sie als PR-Beraterin von 1998 bis 2000 bei Ahrens & Behrent, Agentur für Kommunikation in Frankfurt und daraufhin bei Kohtes Klewes in Frankfurt tätig war. Von 2001 bis 2004 arbeitete sie als Associate Director Corporate Communication in der Finanzkommunikation bei BSMG, später bei Weber Shandwick in Frankfurt. Seit 2004 ist sie Seniorberaterin bei SCRIPT Corporate + Public Communication GmbH in Oberursel.

Dr. Marita Haibach

Dr. Marita Haibach, frühere hessische Staatssekretärin und Landtagsabgeordnete, leitet die deutsche Niederlassung des internationalen Fundraising-Beratungsunternehmens Brakeley Ltd. Der Schwerpunkt ihrer Beratungstätigkeit liegt auf dem Bereich Hochschule und Wissenschaft. Von 1996 bis 2002 war sie als stellvertretende Vorsitzende maßgeblich am Aufbau des Deutschen Fundraising Verbands beteiligt. Sie ist Vorsitzende des Prüfungsausschusses der Fundraising Akademie und Präsidentin der European Fundraising Association (EFA). Akademische Abschlüsse: Diplom-Dolmetscherin in Englisch und Spanisch (FH Köln); Magister Artium (M.A.) der Johann Wolfgang Goethe Universität, Frankfurt/Main in Amerikanistik, Politologie und Neuere Geschichte; Promotion als Dr. phil. an der FU Berlin. Kontakt: marita.haibach@brakeley.de

Dr. Hans Georg Helmstädter

Dr. Hans Georg Helmstädter studierte Physik, Philosophie und VWL an den Universitäten Tübingen und Bonn. Nach dem Abschluss zum Dipl.-Volkswirt an der Universität Bonn1989 folgte 1999 die Promotion am Fachbereich Raumplanung der Universität Dortmund. 1988 bis 1998 war er als wissenschaftlicher Mitarbeiter am Institut für Mittelstandsforschung in Bonn, am Institut für Stadtforschung und Strukturpolitik in Berlin sowie am Forschungs- und Anwendungsverbund Verkehrssystemtechnik in Berlin tätig. 1999 wurde er Geschäftsführer des Interdisziplinären Forschungsverbundes Bahntechnik an der TU Berlin. Seit Juli 1999 ist er Leiter der Unternehmensbeziehungen/Sponsoring an der Handelshochschule Leipzig (HHL) und seit 2001 Geschäftsführer der für Management Weiterbildung zuständigen Tochtergesellschaft HHL Executive gGmbH. Kontakt: hgh@hhl.de

Prof. Dr. Arnold Hermanns

Prof. Dr. Arnold Hermanns, Jahrgang 1942, ist Inhaber der Professur für Allgemeine Betriebswirtschaftslehre, insbesondere Marketing an der Fakultät für Wirtschafts- und Organisationswissenschaften der Universität der Bundeswehr München. Nach einem Studium der Betriebswirtschaftslehre an den Universitäten Freiburg (Brsg.), Wien, Köln und Erlangen-Nürnberg mit einem Abschluss zum Dipl.-Kfm., promovierte er 1972 an der WISO-Fakultät der

Universität Erlangen-Nürnberg. Ab 1971 war er wissenschaftlicher Assistent an der Universität Augsburg, wo er 1979 habilitierte. 1981 übernahm er die Professur an der Universität der Bundeswehr München, der Rufe an die Sporthochschule Köln und die Universität Göttingen folgten. Zu seinen Forschungsschwerpunkten zählen die Bereiche Marketing-Kommunikation und Sponsoring, Internationales Marketing, Electronic Commerce/Online-Marketing, Sport- und Mode-Marketing. Kontakt: hermanns@marketing-munich.de

Christine Kadolli

Christine Kadolli, geb. 1957, studierte an der Universität Stuttgart Germanistik, Geschichte und Politikwissenschaft. Nach dem 1. Staatsexamen und einigen Praktika beim Rundfunk sowie Fachverlagen (Verlag Eugen Ulmer, Stuttgart und Georg Thieme Verlag, Stuttgart) trat sie 1981 in den Deutschen Sparkassenverlag ein, wo sie im damaligen Bereich Schrifttum in der Abteilung Sparkassen-SchulService ihre berufliche Tätigkeit aufnahm. Heute ist sie in der Sparte Medien Lektorin im Kompetenzcenter Bildungsmedien, wo sie verschiedene Sortimentsbestandteile des Sparkassen-SchulService betreut. Außerdem hat sie die Spielleitung der StartUp-Werkstatt inne, des Existenzgründerplanspiels der Partner stern, Sparkassen, McKinsey & Company und ZDF. Kontakt: christine.kadolli@dsv-gruppe.de

Jan Dirk Kemming

Jan Dirk Kemming, Jg. 1973, ist „angelernter" Lehrer (1. Staatsexamen Germanistik, Sozialwissenschaften Sek. II/I) und Diplom Betriebswirt. Nach beruflichen Stationen als Bereichsleiter Kreation/Strategie bei der Bob Bomliz Group (ehemals Sponsor Partners) in Bonn und als Kreativ Direktor bei facts+fiction in Köln arbeitet er aktuell an seiner M.S. thesis/Dissertation zum Thema „Nationen als Marken – Imageaspekte des EU-Beitritts der Türkei" an der Business School der Bilkent University in Ankara. Kontakt: kemming@bilkent.edu.tr

Stephanie Caroline Kiendl

Stephanie Caroline Kiendl, Jahrgang 1979, studierte internationale Betriebswirtschaftslehre an der European Business School (ebs) International University Schloß Reichartshausen, der San Francisco State University, San Francisco (USA) sowie der ITESM Mazatlan (Mexico) mit den Schwerpunkten Marketing und Organisation & Personal. Nach ihrem Studienabschluss zur Diplom-Kauffrau ist sie seit Januar 2005 wissenschaftliche Mitarbeiterin bei Prof. Dr. Arnold Hermanns am Institut für Marketing an der Universität der Bundeswehr München. Ihre Forschungsschwerpunkte sind Sponsoring,

Eventmarketing, integrierte Marketingkommunikation sowie Markenführung. Kontakt: kiendl@marketing-munich.de

Reg.-Dir. Hans Meyer-Albrecht

Hans Meyer Albrecht, geb. 1951 in Göttingen, war nach dem Studium der Rechtswissenschaften in Göttingen und Bremen und Ablegung der Staatsexamina zunächst selbständig und danach im Geschäftsbereich des Bundesinnenministeriums beschäftigt. Derzeit ist er als Regierungsdirektor im Kultusministerium des Landes Sachsen-Anhalt in Magdeburg tätig. Neben diversen Vorträgen und Fachveröffentlichungen ist er zeitweise Lehrbeauftragter u.a. für Computerrecht, Verwaltungsrecht und Rechtsanwendung. Kontakt: http:// www.meyer-albrecht.de

Dr. Christoph Müllerleile

Dr. Christoph Müllerleile, geb. 1946, studierte nach einer journalistischen Ausbildung bei der Frankfurter Neue Presse Publizistik und Politikwissenschaft an der Universität Mainz. Dort promovierte er zum Dr. phil. mit einem Thema zur politischen Integration. Seit 1976 ist er beruflich im Bereich Öffentlichkeitsarbeit für Nonprofit-Organisationen und seit 1986 auch im Bereich Fundraising tätig. 1993 war er Mitgründer und bis 2002 Vorsitzender des Deutschen Fundraising Verband e.V., Frankfurt/M. Seit 1998 ist er Inhaber des Büros für Öffentlichkeitsarbeit und Fundraising in Oberursel/Taunus. Kontakt: Mozartstraße 11, 61440 Oberursel, Tel.: 06171-581010, Fax: -59773, E-Mail: muellerleile@fundraising-buero.de, Internet: http:// www.fundraising-buero.de

Dr. Dieter Mussler

Dr. Dieter Mussler studierte Volkswirtschaftslehre an der Universität Freiburg. Mit einem marketingbezogenen Thema promovierte er zum Dr. rer. pol. Sein beruflicher Weg führte ihn vom Objektleiter beim Burda Verlag, Offenburg, zum Geschäftsführer der NUR Touristik GmbH, Frankfurt sowie der Neckermann Eigenheim GmbH, Frankfurt. 1986 wurde Dr. Mussler vom Nationalen Olympischen Komitee und der Stiftung Deutsche Sporthilfe mit der Gründung der Deutschen Sportmarketing GmbH und der Vermarktung der Olympischen Ringe beauftragt. Seit 1988 ist er selbstständig als Marketing- und Kommunikationsberater tätig – immer mit einem Schwerpunkt in PR und Sponsoring. Dr. Mussler verantwortete über zehn Jahre als Vorstandsmitglied das Programm des Marketing Club Frankfurt, außerdem ist er Gründungsmitglied des Deutschen Werbemuseums. Von 1998 bis 2000 unterrichtete er als Lehrbeauftragter das Fach Sportmarketing an der Sporthochschule Köln und in den Jahren 2002 und 2003 Immobilienmarketing an der Fachhochschule

Mainz. Er hält regelmäßig Seminare für das F.A.Z.-Medieninstitut zum Thema Sponsoring. Seit 2002 ist er Vorstandsmitglied und Vizepräsident des FASPO – Fachverband für Sponsoring e.V. Kontakt: Consulting@dr-mussler.de

Thomas Osburg

Thomas Osburg, Dipl.-Ökonom, ist Marketingleiter Education der Intel GmbH in München, verantwortlich für Europa, den Mittleren Osten und Afrika. Nach seinem Studium der Wirtschaftswissenschaften war er in verschiedenen Führungspositionen für Texas Instruments und Autodesk im internationalen Marketing und Management in Frankreich, den USA und Deutschland tätig. Daneben hat Herr Osburg Lehraufträge für Internationales Marketing und Brand Management (Schwerpunkt Bildung) und engagiert sich in Public-Private-Partnership Projekten, wie z.B. den Internationalen IT-Tagen München oder der Initiative D21. Kontakt: thomas.osburg@intel.com

Christoph Potting

Christoph Potting, geb. am 3.1.1950 in Mönchengladbach, studierte Sozialwissenschaft und Psychologie an der Ruhr Universität Bochum. 1975 bis 1976 war er als Bildungsreferent in der außerschulischen Jugendbildungsarbeit tätig, bevor er 1976 bis 1980 als Autor und Redakteur einer sozialpolitischen Fachzeitschrift arbeitete. Von 1980 bis 1994 war er als Hörfunk-Autor, Produzent akustischer Medien, freier Journalist, Feature- und Hörspielautor sowie Medienproduzent tätig. Von 1994 bis 1997 war er Mitinhaber, Projektleiter und Redakteur bei der Fernsehproduktion cineteam in Frankfurt. Seit 1997 ist er als Seniorberater der Agentur Ahrens & Behrent in Frankfurt tätig mit den Arbeitsschwerpunkten Public Relations sowie Kultur- und Medienkommunikation. Seit Dezember 2002 ist er Mitbegründer der Agentur script Corporate+Public Communications GmbH in Oberursel. Kontakt: c.potting@script-com.de

Rolf Prudent

Rolf Prudent, geb. 1938, ist Wirtschaftsjournalist und war bis 1991 Chefredakteur der Zeitschrift „Capital". Anschließend war er bis 2000 als Kommunikationsberater für Großunternehmen tätig. Derzeit ist er Gründungsgeschäftsführer der Lernenden Region Tölzer Land gemeinnützige GmbH.

Gerhard Regenthal

Gerhard Regenthal ist Leiter und Inhaber der Corporate Identity Akademie in Braunschweig und war langjähriger Lehrbeauftragter an der Hochschule für Bildende Künste Braunschweig. Er ist Management-Trainer, CI-Berater und CI-Berater-Ausbilder, Unternehmens- und Schulberater und Autor zahlreicher

Veröffentlichungen. Kontakt: Hackelkamp 9, 38110 Braunschweig, Tel.: 05307 -9119063, Fax: -9119064, regenthal@ci-akademie.de, www.ci-akademie. de).

Prof. Dr. Karin Reinhard

Prof. Dr. Karin Reinhard ist Dozentin für Marketing, Medien- und Internetmanagement an der BA University of Cooperative Education in Ravensburg und Vorstandsmitglied der internationalen Gesellschaft ISBE – International Society of Business Education. Nach einem Studium der Wirtschaftspädagogik an der Universität Mannheim und Promotion in Vergleichender Erziehungswissenschaft zum Thema Bildungssponsoring an der Technischen Universität Dresden, war sie als stellvertretende Referatsleiterin für Informations- und Kommunikationstechnologiepolitik in der Bayerischen Staatskanzlei mit dem Arbeitsschwerpunkt „BayernOnline“ und dem Bildungsportal „Virtueller Campus Bayern“ tätig. Kontakt: reinhard@ba-ravensburg.de

Gerhard Regenthal

Gerhard Regenthal ist Leiter und Inhaber der Corporate Identity Akademie in Braunschweig. Er war langjähriger Lehrbeauftragter an der Hochschule für Bildende Künste Braunschweig und ist Management-Trainer, CI-Berater und CI-Berater-Ausbilder, Unternehmens- und Schulberater und Autor zahlreicher Veröffentlichungen. Kontakt: regenthal@ci-akademie.de, Hackelkamp 9, 38110 Braunschweig, Tel.: 05307-9119063, Fax: -9119064, www.ci-akademie.de

Kirstin Schiewe

Kirstin Schiewe, Jg. 1964, Diplom Sozialpädagogin, studierte an der Evangelischen Fachhochschule Freiburg. Seit neun Jahren ist sie Inhaberin und Trainerin von „impulse – Beratung und Seminare für Non-Profit-Organisationen“ in Freiburg (www.impulse-freiburg.de) mit den Themen Fundraising und Sponsoring, Öffentlichkeitsarbeit, Zeitmanagement, Moderationsmethoden, Konflikt- und Beschwerdemanagement sowie Bildung. Sie ist Referentin in Fachhochschulen, Wohlfahrtsverbänden und Weiterbildungseinrichtungen. Zu ihren beruflichen Stationen zählten: Kindergartenleitung, Leiterin einer Begegnungsstätte, Erfahrung in Erwachsenenbildung, Altenarbeit und Pressearbeit. Kontakt: St. Peter Str. 27, 79199 Kirchzarten, Tel.: 07661/98 29 50, impulse, Dreikönigstr. 45, 79102 Freiburg, Tel.: 0761/ 70 77 612, E-Mail: schiewe@impulse-freiburg.de

Brigitte Schünemann

Brigitte Schünemann, Personalfachkauffrau, studierte Marketing und Betriebspsychologie. Nach jahrelangen Erfahrungen im Export in der Investitionsgüterindustrie für Asien, Afrika und Amerika ist sie seit 1989 Trainerin für Verkauf und Telefonverkauf und Führungskräfteentwicklung und ist seit 1992 in der Schulung von Call-Center-Agents sowie als Projektberaterin und Pressesprecherin der GFS (Gesellschaft für Sportförderung, Böblingen) für Sportsponsoring an Schulen und für Vereine tätig. Kontakt: b.schuenemann@ gfs-europe.org

Enno Urbeinz

Der Politikwissenschaftler Enno Urbeinz, geb. 1968, ist seit 2000 als PR-Berater für die Bob Bomliz Group tätig. Mehrere Jahre zeichnete der Reserveoffizier für Medienerzeugnisse der Bundeswehr verantwortlich. Für den Nato-Einsatz im ehemaligen Jugoslawien konzipierte und betreute er u.a. ein Magazin für bosnische Jugendliche. Nach mehreren Praktika im Bereich Öffentlichkeitsarbeit beendete er 2000 ein Fernstudium mit der Prüfung zum PR-Berater (DAPR). Bei der Bob Bomliz Group betreut Enno Urbeinz die Medienarbeit für das Basketball-Engagement der Deutschen Bahn und arbeitet für Kunden wie Deutsche Post und Volkswagen. Kontakt: eurbeinz@aol.com

Prof. Dr. Dietmar Waterkamp

Dietmar Waterkamp ist Inhaber der Professur für Vergleichende Erziehungswissenschaft und europäische Bildungssysteme sowie Leiter des Institutes für Allgemeine Erziehungswissenschaften an der TU Dresden. Zu seinen Forschungsschwerpunkten zählen die Bildung in Ländern der EU, in den USA und in Japan, die Bildung in freier Trägerschaft sowie Verfahren im Bildungswesen.

Manfred Weber

Nach einem Lehramtsstudium für Sport und Biologie an der Johann Wolfgang von Goethe Universität Frankfurt am Main und anschließendem Referendariat war Manfred Gleim von 1977 bis 1990 Lehrer an der Integrierten Gesamtschule Maintal, bevor er von 1990 bis 1998 als Unternehmensberater und daran anschließend bis 2003 als Geschäftsführer von P:P Die Bildungsagentur GmbH tätigt war. 2003 gründete er die 360°Bildungsprojekte GmbH und ist derzeit geschäftsführender Gesellschaft der 360° Bildungsprojekte GmbH, Vorsitzender des Schule und Partner e.V. sowie Schatzmeister des Oper in die Schule e.V. Kontakt: Konzept 360° GmbH & Co. KG, Wilhelm-Leuschner-

Str. 42, 63263 Neu-Isenburg, Tel.: 06102-358898-0, Fax: -358898-99, E-Mail: manfred.weber@konzept360grad.de, http://www.celsius-projekte.com

Christa Zeller

Christa Zeller ist Dipl. Betriebswirtin (FH) und Erzieherin. Neben einer 20-jährigen Berufserfahrung als Erzieherin, darunter fünf Jahre in der Erzieherausbildung in Zimbabwe/Afrika, ist Christa Zeller Fortbildnerin für Soziale Einrichtungen zu Themen wie Sozial Sponsoring, Öffentlichkeitsarbeit, Leitbildentwicklung oder Projektarbeit. Seit ihrem Abschluss zur Betriebswirtin ist sie zudem als Wissenschaftliche Mitarbeiterin an der Fachhochschule Heilbronn tätig und als freie Mitarbeiterin im Museum Würth für museumspädagogische Themen zuständig. Kontakt: Christa@beizeller.de

Prof. Dr. Heide Ziegler

Heide Ziegler promovierte und habilitierte an der Universität Würzburg. Von 1982 bis 1984 war sie Gastprofessorin an der University of Texas at Austin; 1987 Gastprofessorin an der Harvard University. Seit 1984 ist sie Professorin für Amerikanistik und Neuere Englische Literatur an der Universität Stuttgart. Von 1990 bis 1992 war sie Prorektorin für Lehre der Universität Stuttgart. 1991 gründete sie das "Stuttgart Seminar in Cultural Studies", das bis zum Jahr 1998 fünf Sessions, die letzte mit dem Titel „The Translatability of Cultures" für Fellows aus aller Welt mit einer ausgesuchten internationalen Faculty durchführte. 1992 wurde sie zur Rektorin der Universität Stuttgart gewählt; 1994 in diesem Amt ein zweites Mal bestätigt. 1998 gründete sie zusammen mit Prof. Dr.-Ing. Andreas Reuter die International University in Germany, die erste staatlich anerkannte private Universität in Baden-Württemberg, die sie sieben Jahre lang als Präsidentin leitete. Seit Oktober 2005 lehrt sie wieder als Professorin an der Universität Stuttgart.

Stichwortverzeichnis

A

B

C

D

E

F

K

L

Z

MICHAEL WEHRHEIM
(HRSG.)
Marketing der
Fußballunternehmen
Sportmanagement und
professionelle Vermarktung
KULTURKOMMERZ 12
ESV
ERICH SCHMIDT VERLAG